北京大学政治发展与政府管理研究所项目成果

Reinterpreting Tradition
传统的拷问
——中国传统政治文化的现代化研究
Researches on the Modernization of Chinese Traditional Political Culture

江荣海/主编　葛荃　萧延中/副主编

图书在版编目(CIP)数据

传统的拷问:中国传统政治文化的现代化研究/江荣海主编;葛荃,萧延中副主编. —北京:北京大学出版社,2012.1
（政治学前沿）
ISBN 978-7-301-19835-3

Ⅰ.①传… Ⅱ.①江…②葛…③萧… Ⅲ.①政治思想史-研究-中国 Ⅳ.①D092

中国版本图书馆CIP数据核字(2011)第252315号

书　　　名：传统的拷问：中国传统政治文化的现代化研究
著作责任者：江荣海　主编　葛荃　萧延中　副主编
责 任 编 辑：倪宇洁
标 准 书 号：ISBN 978-7-301-19835-3/D·2998
出 版 发 行：北京大学出版社
地　　　址：北京市海淀区成府路205号　100871
网　　　址：http://www.pup.cn　电子邮箱：ss@pup.pku.edu.cn
电　　　话：邮购部62752015　发行部62750672　编辑部62753121
　　　　　　出版部62754962
印 　刷 　者：三河市北燕印装有限公司
经 　销 　者：新华书店
　　　　　　965毫米×1300毫米　16开本　24印张　344千字
　　　　　　2012年1月第1版　2012年1月第1次印刷
定　　　价：48.00元

未经许可，不得以任何方式复制或抄袭本书之部分或全部内容。
版权所有，侵权必究
举报电话：010-62752024　电子邮箱：fd@pup.pku.edu.cn

目录

总论篇
　散论中国传统文化的现代化 …………………………… 江荣海 / 3

政治思想篇
　儒家不主张君主独裁专制 ……………………………… 江荣海 / 23
　论儒家的功利思想 ……………………………………… 江荣海 / 40
　先秦儒家的政治哲学 …………………………………… 刘九勇 / 61

政治统治篇
　中国古代帝王政治文化传统及其现代转化刍议 ……… 袁德良 / 81
　论"以德治国"的操作合理性 ………………………… 葛　荃 / 92

政治情感篇
　中国传统农民的政治情感及现代转化 ………… 江荣海　张学艺 / 109
　也谈传统中国农民的政治情感及其现代转化 ………… 钟　诚 / 119

政治人格篇
　作为政治人格的狂狷、乡愿与伪君子
　　——以晚明东林诸君见解为据 …………………… 葛　荃 / 133
　中国古代士大夫政治文化传统管窥 …………………… 袁德良 / 147

政治意识篇

试论先秦儒家的忧患意识及其现代转化 …… 李定文　任　远 / 175
中国化的宽容与和谐
　　——从传统到当代的政治文化整合 ………… 葛　荃 / 186

文化冲突篇

近代中西政治文化冲突对中国政治现代化的影响
　　——中国早期资产阶级改良派政治思想透视 …… 金剑苞 / 203

治理比较篇

中国社会结构与社会意识对国家稳定的影响
　　——以中国国家强制职能的发展为视角 ………… 樊　鹏 / 257

启示篇

教化之道：传统中国的政治社会化路径析论 ………… 葛　荃 / 287
刍议先秦法家政治文化中的合理因子及其现代启示
　　……………………………………… 任　远　郭战伟 / 304
中国古代"天学"理念与政治合法性信仰的建构 ……… 萧延中 / 314
论中国传统政治文化对当代政治发展的意义
　　……………………………………… 江荣海　樊　鹏 / 332

研究方法论

"知识论"在中国传统政治思想史研究中的意义
　　——为什么需要对中国政治传统做"知识的拷问"
　　………………………………………………… 萧延中 / 349
中国思想研究的独特视角
　　——从《知识与文化》看"中国思想"研究之
　　　方法论问题 ………………………………… 萧延中 / 363

总论篇

散论中国传统文化的现代化

江荣海[*]

> 传统文化是一个民族的血液,是现代文化的基础。它的客观存在是不以人们意志为转移的,无所谓完全打碎和完全抛弃的问题,只能是根据现实的需要,逐步转化的问题。中国传统文化里的优秀因素,是可以突破时空界限而为现代化服务的;即使为人们诟病较多的传统政治文化,也有转化的空间和为现代化服务的可能。利用正面宣扬(而不是一味地反面批判)的方法去转化传统文化,是当今中国现代文化建设的重要任务。学习其他民族文化中的优秀东西,不能照搬照抄,而应该结合自己的需要融会贯通。中国传统文化不应该断裂,而应该在融合和转化中继续传承下去。

一、传统、传统文化与现代化的关系

传统,是人类创造的不同形态的特质,尤指风俗礼仪、信仰习惯,经由

---

[*] 江荣海,北京大学政府管理学院教授,博士生导师。

历史凝聚而相对稳定并长期延续的诸文化因素构成的有机系统。它具有相对稳定性和长期延续性两个明显的特点。具体来说,"传统"是已经建立起来的权威、习俗和信念,已经获得社会大众的普遍支持与认同,并代表文化上的共识。所以,传统本身是一种结构框架,也是一种历史遗留于现在的力量,一种过去施加于现在的力量。"传统"与"现代"有着密切的联系:传统代表连续性,现代则代表某种突破性;传统很难直接有效地解决历史演变到今天所产生的新状况与问题,因而促成"现代"的来临;而"现代"的出现,则代表问题的新方案、新观点。现代对传统的态度,应该是尽可能采取不与"现代"冲突的传统因素,最好是转化传统以为现代之用。

中国的现代化的主要目标是追求中华民族的独立、富强,追求中国的工业化、中国的民主化等。在这些追求之中,当然必须对传统加以整理、评鉴、批判乃至部分地丢弃;但是,中国的现代化绝不是、也不可能是对传统的全面否定。换言之,中国的现代化并不意味着对传统消极地进行巨大"摧毁",而是要积极地去发掘传统里的积极因素,使之成为实现中国现代化目标的发酵剂,让传统发生正面的功能。史实证明,传统里的很多东西,是能够为现代服务的。比如,就制度方面而言,有人(Robert E. ward)就认为,日本的天皇制度,虽然是传统的遗物,但它却在现代化的过程中扮演了一个极其重要的角色,即它为日本国家的认同提供了一个未定的象征,从而促进日本现代化如此迅速而成功。就意识方面而言,有人(如Max Weber)就认为,西方中世纪清教徒的新教伦理意识,促进了西方资本主义的兴起。从而可见,有些传统的制度与意识对于现代有很大的正面价值。

对中国传统文化也应作如是观。从文化发展的连续性来看,传统文化是不能完全被抛弃的,它已积淀于中华民族的心理结构、价值取向、人生态度乃至社会组织管理、社会发展图景等各个方面。潜意识地在人们言行举止中起作用。传统文化中一些积极精神,可以突破时空的局限,超越不同的社会形态起作用,甚至还可能在一定范围内、在某些问题上,对社会、人生和精神生活起导向作用,使其为建设中国社会主义新文化、为发展中国的社会主义现代化、为精神文明建设、为社会的和谐稳定、为人类的和平进步事业作出贡献。

传统文化中的确有很多惰性的有害的东西,然而,对此我们应该作实事求是的具体分析,不能把什么东西、尤其是一些不好的东西都推在传统文化头上。比如,人们一般认同传统文化是注重集体主义而消融个人利益的,那么今天人们的自私自利行为就不应该算在传统文化头上;人们一般认为传统文化很注重道德修养,那么现在社会中的不讲公德、不讲职业道德的根源就不在传统文化。有些是社会发展中必然会出现的现象,不能都算在传统文化的头上。美国社会也同样存在自私自利、道德败坏、漠视政治等现象,这难道也要归咎于美国的传统文化吗?美国有传统文化吗?有些东西正是过分违背了传统所导致的恶果。还有,传统文化和封建文化不是一码事。因为传统文化中的许多成分在封建社会建立之前就形成了;即使是封建时代产生的文化,也不能和封建文化画等号,因为文化有脱离社会制度而独立发展的能动性。在封建社会里有封建文化,也有反封建的文化。

我们今天也许对中国传统文化并无多少自豪,但是,在18世纪,中国传统文化却在西方曾风靡一时,西欧也曾有一阵学习中国文化的热潮。法国思想家伏尔泰认为:中国的传统文化有一以贯之理性,孔子"己所不欲、勿施于人"的道德规范和行为准则,显示中国人在精神文明上具有超越时代的优越性;他称赞中国实行的是开明君主制,体现了法律和理性对君主权力的节制,应该成为君主立宪制的范本;他认为中国是地球上无论在道德或治理方面都是最好的民族。① 如今,我们中华民族回首上下几千年的历史,对我们祖先所创造的文化,虽不必有太多的自豪感,但更不必有什么自愧感!

此外,还要看到,西方现代化国家也不是一个极乐世界。现在一些已经现代化的发达国家,同样存在着很多社会问题。

当然,从总体来说,人类走向现代化,这是历史发展的一个趋势。虽

---

① 参看《伏尔泰经典文存·论中国》,上海大学出版社2006年版。

然可以在一个时期改变它,但从长期来说,是无法改变的,这是不以人的意志为转移的。然而,在现代化的过程中,要充分注意到传统文化的力量。要注意到两种选择:一是现代化要选择传统文化,有部分传统政治文化与现代历史进程扭曲得太厉害,但最终将要在现代化的过程中淡化、消失或经过必要的改造。这是一个选择。另一个选择是,传统文化也在选择现代化的道路。现代化的道路在各个地区、各个民族、各个国家并不完全一致,如果现代化的道路完全不顾及传统文化,招致挫折或失败是在所难免。中国一大二公的人民公社之路之所以走不通就是明证。所以,必须考虑传统文化与现代化之间的相互选择关系,要善于运用传统文化中的积极因素和优秀成分来推动现代化;也要善于通过现代化来传扬或转化传统文化。一般来说,传统文化应该是实现现代化的基础,而不是现代化的惰性力量。马克思说过:"人们自己创造自己的历史,但是他们并不是随心所欲地创造,并不是在他们自己选定的条件下创造,而是在直接碰到的、既定的、从过去继承下来的条件创造"①。我们经常强调中国的"特色"和"国情",悠久而不曾中断的传统文化应该是中国人时时事事应考虑的重要因素。

二、传统文化的现代性转化

如上文所说,社会将进入现代化,这是不以人们意志为转移的趋势。而现代化即意味着一场社会的变革,因而传统文化本身也应该现代化,即也要变革,使之适应现代化社会生活的需要。然而,传统政治文化能否现代化,怎样才能使之现代化,对此,人们见仁见智。笔者认为,哲学释义学或许是一种有效的途径。

哲学释义学,是一种新的哲学思辨态度。它通过研究和分析"理解的条件和特点",论述人在历史、传统和当下世界的经验以及语言的本性,最后达到对于世界、历史和人生意义的理解和解释。它是一门边缘学科,采

---

① 《马克思恩格斯选集》第 1 卷,人民出版社 1995 年版,第 585 页。

用跨学科的研究方法。它为人文学科的各学科开辟了新的途径和天地。释义学以为,不应把理解看成人的主观性行为,而是将自己置身于传统过程中,将过去和现在进行融合。传统不仅仅是理解的前提,在理解过程中,我们自己也产生新传统。只要我们去理解,我们就参与了传统的发展。

其实,对传统文化的原有命题作新的解释,即做转化工作,这种做法是早已实行着的。比如,孔子和孟子理念中的"天",在绝大多数情况下是指无意志的"天",并且只是在怨天尤人的感情发泄时偶尔提及;而董仲舒则大不相同,他把"天"描写成能遣人祸福的至上神。再如,孔孟思想中的"仁",基本上是一种道德含义,或者说是一种精神境界,而朱熹则把"仁"释为万理之原、万事之本,即把"仁"赋予"本体"的意义。儒家关于"革命"的解释更是很好的例证。《易传·革卦》说:"天地革而四时成,汤武革命,顺乎天而应乎人,革之时义大矣。"这里有"自然之革"和"人之革"的问题,其关键是如何解释"顺乎天"。如果把"天"看成是"自然之天",那么所能得到的解释只能是:人世中政权转移(商汤伐夏桀、武王伐商纣),如同自然四时的天命运转。这也是"顺乎天"的一种解释。这种解释并没有给"革命"提供某种道义优先的理由,不存在道义上"应该"的问题;如果把"天"视为"道义"或"正义"的象征,那么所得到的解释是:根据道义理由(如仁义、德行、人民之意愿、公平正义等)的"应该",从而推导出政权转移或政制革新的"正当性"。这两种解释历史上都存在,但后来在儒家学者(如孟子、荀子)的影响下,人们更多的是从"道义"上来解释"顺乎天"。如果把"革命"解释成自然更替,强调革命就没有任何意义。正因为此后对革命都作道义性、政治性的理解,并上升到宗教神圣性的高度(即圣人"受命"而革命),革命才具有巨大的号召力,这也是马克思主义的革命论能在中国得到广泛响应的思想基础。

当然,我们并不主张无中生有的胡乱解释传统文化,只是希望有根据地把传统文化中能适应现代生活那部分因素充分展现出来,并予以发扬光大。此外,对传统文化中不合现代生活的东西是应该批判的,但传统思想中的很多命题,往往都包含积极和消极的两个方面,只有认真地做解析工作,才能充分克服消极方面而弘扬积极的方面。如果不批判能解决问题的,最好不要用批判的手段。比如中国传统文化中关于人的问题:有人认为中国传统文化对人的设计根本上是错误的,是使人不成其为人(如鲁迅在《狂人日记》中将中国历史描述为"吃人"史);但几乎同时也有更多的人不同意这种观点,认为中国传统文化具有显而易见的人文主义精神。笔者也同意后者。孔子说:"三军可夺帅也,匹夫不可夺志也"①,这不可夺的"志",就是人的独立意志!孟子进一步强调"富贵不能淫,贫贱不能移,威武不能屈"②的大丈夫气概!孔孟的伟大人格哺育了无数的后来者!在中国历史上,为了维持人格的尊严,孤高自傲、不惜丢官掉头的例子俯拾皆是,我们为什么不突出宣扬这些尊严的人格,偏要拣那些反面的东西来批呢?再如,一讲到传统社会的女性问题,很多人立刻就来批判宋儒"饿死事小,失节事大"的说法,那你为什么不去宣扬司马相如和卓文君为了爱情冲破礼教而私奔呢?想提倡一种东西未必一定要去批判它的反面,即使把反面的东西批倒了,也不等于正面的东西就树立起来了。

　　不固步自封,向别人学习,在"地球村"的现代社会,是不可缺少的,而且是必须的。但是,向别人学习,也有个学习态度和学习方法的问题。有的人为了向别人学习,不惜完全抛弃自己已有和已经所学,低声下气地、诚惶诚恐地、亦步亦趋地跟着别人走,这样的人,其学习结果虽不敢断言是邯郸学步,至少是不会超过师傅的。有的人也向别人学习,但是他把已有已学的东西和道理加以改造,再结合别人的道理融会贯通,这样的学习才有可能"青出于蓝而胜于蓝"!我们不赞成一说要加快民主建设就骂祖宗,埋怨他们没有给我们留下民主制度;一说到学习和借鉴别人,就想抛弃自己原来所有的东西。完全抛弃是不可能的,完全照搬也是不可能的。世界文化是多元的,现代化也不可能是一种模式。应该允许各种文化有自己的价值观,要承认国情和传统文化的相对不同。我们没有理由对自己的传统文化自暴自弃,我们自信能够在传统文化的基础上,建设成具有中国特色的现代文化。

---

① 《论语·子罕》。
② 《孟子·滕文公下》。

三、中国传统政治文化里的积极因素举略

以上论说的是笼统的"传统文化",下面将论域的范围仅限于传统的"政治文化"的范围。

中国古代的传统政治是君主专制。是专制,就谈不上民主,也谈不上真正的法治。因而,作为制度的民主是没有的,这是确定而毫无疑义的。但有没有一些值得挖掘的民主思想或民主思想因素的东西?这个问题还是可以讨论的。

从哲学的意义上而言,矛盾的每一方存在都是以它的另一方存在为前提条件,失去任何一方,另一方也就难以继续存在。专制与民主,也应该是相互依存的矛盾体,是一对范畴。如果说人是一种政治动物的话,那么就不可能所有的人都喜欢做奴才,都喜欢做专制的对象。难道几千年里,中国就没有人在民主的方面作过一点思考?何况有人论证中国在商周时存有一千多年的贵族民主制。① 我认为民主意识或民主意识因素多少还是有的。

比如,在《礼记·礼运篇》讲大同时说:"大道之行也,天下为公,**选**贤与能,讲信修睦"。《墨子·尚同上》也说:"**选**天下之贤可者,立以为天子。天子立,以其力为未足,有**选**择天下之贤可者,置立之以为三公……以其力为未足,又**选**择其国(指诸侯国)之贤可者,置立之以为正长"。这里都说到"选"的问题,即使有人把这里的"选"理解为"天选",但天地不言,故《尚书》说"天视自我民视,天听自我民听",所以,无论是形式或实质,最终还是要经过人来选,"民意"即天意,实质上还是以人民的意志为准。《荀子·哀公》里说:"君者,舟也;庶人者,水也;水则载舟,水则覆舟"。把"水则覆舟"这四个字理解为人民有根本或最终的决定权、做主权或革命权是不过分的。黄宗羲主张"天下为主君为客"②,天下为主就是天下人民是主人,君是客,就应客随主便,这其中就含有民主意思。

---

① 张秉楠:《商周政体研究》,辽宁人民出版社1987年版。
② 《明夷待访录·原君》。

如果说民主是指人民有参与和议论国事的权利的话,传统政治文化里就一直有这种思想。《左传》记载:郑国有个乡校,许多人都到乡校里议论时政,有人建议执政的子产毁掉这个乡校。而子产却回答说:别人给我提点意见,他们的意见正确,我就采纳,意见不正确也没什么关系,从这个意义上说,他们都是我的老师,我为什么要毁掉乡校呢?子产不毁乡校是说明他愿意接受群众的意见,甚至说他愿意接受群众的监督,这应该说子产有点民主风度。后来,孔子知道了子产这一番话之后,佩服地赞扬说:"以是观之,谓子产不仁,吾不信也"①。看来,孔子也是赞成民主作风的!孔子虽说:"天下有道,则庶人不议"②,但是如果进一步推论下去:如果天下无道,庶人议政便是天然合理的。孔子的时代是个混乱无道的时代,所以孔子当时是到处议论政治的。孟子一段话更直接表达了古代的民主意识,他对齐宣王说:"左右皆曰贤,未可也;诸大夫皆曰贤,未可也;国人皆曰贤,然后察之;见贤焉,然后用之。左右皆曰不可,勿听;诸大夫皆曰不可,勿听;国人皆曰不可,然后察之;见不可焉,然后去之。左右皆曰可杀,勿听;诸大夫皆曰可杀,勿听;国人皆曰可杀,然后察之;见可杀焉,然后杀之……如此,然后可以为民父母"③。孟子主张由国人这个多数来决定贤不贤、升徙和生死,即使这里的国人不包括奴隶,仅指平民,这也能叫平民民主吧。黄宗羲"学校议政"的思想也含有某种参与意识,甚至有人说是议会制的雏形。黄宗羲认为,国家级的中央学校其主要任务是培养健全而公正的舆论:"天子之所是未必是,天子之所非未必非,天子亦遂不敢自为非是,而公其非是于学校……太学祭酒,推择当世大儒,其重与宰相等,或宰相退处为之。每朔日,天子临幸太学,宰相、六卿、谏议皆从之。祭酒南面讲学,天子亦就弟子之列。政有缺失,祭酒直言无讳"④。黄宗羲这种对中国君主政治的设计,几乎没有什么专制气氛了。

到目前为止,人们对"民主"有各种各样的解释,有人将民主理解为西

---

① 《左传·襄公三十一年》。
② 《论语·季氏》。
③ 《孟子·梁惠王下》。
④ 《明夷待访录·学校》。

方的两党制;也有人把民主理解为程序化的宪政体制,即用政治生活中的平权代替政治生活中的强权,用和平理性的方式运行国家权力。如此等等,不一而足。如果说民主的核心包括平等、自由等内涵的话,中国传统政治文化虽然在人伦关系上强调等级,但也有很多地方强调平等。比如中国传统文化强调人性平等。儒家认为,人人都有与生俱来的良知良能,只要严格修养,人人皆可成为尧舜,"途之人可以为禹"。法家虽然坚持人性好利说,但人人都一样,这还是"性相近"的翻版。与平等相关的所谓"机会均等"问题,中国传统文化中也是讲求的,如科举做官方面,虽然时有作弊现象,但总体来说是公允的。至于穷人家的孩子读不起书,那是另外一个问题。再如,教育方面也是主张平等的,孔子主张"有教无类",只要愿意学习,就有接受教育的权利。这些都是机会均等的实际生活。如果没有机会均等的实际生活,如何能产生"将相本无种,男儿当自强"的观念呢?中国传统政治文化中也有真理面前人人平等的思想,诸如有"孙子有理值太公","当仁不让于师"等观念意识。关于"法律面前,人人平等"的问题,虽然中国实际政治生活中君主权威高于法律,但这作为一般的口号,统治者表面上一直是倡导的,"法"仍然具有较为普遍的约束力,普通老百姓都知道触犯法律的严重性。即使我们传统政治文化中的法制不健全,但今天经过努力也能够把中国造就成法治社会。新加坡同样是一个以华人为主的社会,但英国人所奠定法治的基础已毫无困难地由新加坡华人继承下来了。这更从事实上说明中国人实行法治无所谓"能不能"的问题。

再就自由而论,至少在广大的乡土社会里,人们生活是比较自由的。不是有人用"一盘散沙"来形容中国人不受约束吗?在行政官僚体系中,人们要受到一定的限制和约束,但这并不一定意味着不自由,自由不是说毫无限制,毫无限制的自由是不存在的。我们认为,中国传统政治文化有较多的宽容精神,在实际生活中也比较自由。思想言论上除了不准说君主的坏话之外,基本上是可以随意思考:你可信儒学,你可服道家,你可皈依佛门,你可以反对礼法而主张顺任自然(魏晋玄学),你可以攀登仕途,你可以隐居于山林,你可以种地,你可以行商,你可以习文,你也可以练武,你可以游东,你可以居西,你可以规行矩步,你也可以眠花宿柳。做人做鬼,可以自行设计与选择,有才者可佩六国相印,无能者可自阉而侍他人。以上所讲这些,虽然说不上是民主,而且在中国传统上也未形成事实上的民主,但这些因素至少和民主思想不相违背,在今天的社会,完全有可能从这些民主因素种子里结出民主制度来。我们今天社会主义民主的确有不够完善的地方。但你应该承认,中国在民主方面还是实实在在地进步着,如果不承认这一点,就不是实事求是的态度。

在制度上,中国传统的监察制度就很有些特点:1.组织独立,自成系统。我国古代监察机构自魏晋以来完全独立,至唐朝开始自成系统,从而为监察制度的完备和监察效能的发挥提供了组织保证。2.台官自选。唐宋以前,监官多由行政长官荐选或者由皇帝随意任命,弊端明显,因为行政长官荐选的监察官很难实现对行政的有效监察,所以到元朝,大体上采用了台官自选的方针,选者多为敢谏直言之士。监察机关自选监官,不仅防止行政官吏对监察机关的控制而削弱其监察职能,又能免除监察官吏对被监察者影响自己前程的顾虑,从而大胆履行监察职责。3.以条问事。汉隋唐明几个朝代对刺史和监察御史的职责各作了几条具体规定。这样既能使监察官明白事权,又能限制监察官滥用权力。4.以轻制重。对监察官采用秩卑权重,厚赏重罚的政策。5.实行回避制度,凭实迹黜陟等。总之,我国古代监察制度的结构日益完备,政策大体得当,法规不断严密,故在维护国家机器正常运转方面发挥了一定程度的作用,其中不乏值得我们今天借鉴之处。

有人说中国传统抑商轻商,不重功利,但孔、孟、荀思想中也有很多重商、重功利的思想。孔子的弟子端木赐就是卫国的大商人,孔子并没有因此拒绝收他为徒。孔子还谴责鲁大夫臧文仲"置六关"妨碍了商人贸易,认定这是他的"三不仁"行为之一。[①] 孟子也认定商业贸易不可少,他说:"子不通功易事,以羡补不足,则农有余粟,女有余布。子若通之,则梓匠轮舆皆得食于子"[②]。至于荀子的重商思想,那是非常突出的,在《王霸》、

---

① 参见《左传·文公二年》。
② 《孟子·滕文公下》。

《君道》、《富国》诸文中都有所论述(从略)。至于立功,更是传统政治文化中的一项重要内容。"太上立功,其次立德,其次立言",这是中国人追求不朽、追求超越三个主要途径。孔子曾明白地说:"君子疾没世而名不称也"①。孟子也满怀功业之志。有人问孟子:如果让你在齐国执政,你能再现管仲晏子的功业吗?孟子不屑地回答说:管仲如彼深得君主宠信而专断权柄,执政又那么久,功绩却如此那么点大,我怎么会像他那样呢?②对于财利,儒家一点也不鄙视。孔子说:"富与贵,是人之所欲也"③;孟子说:"欲贵者,人之同心也"④;荀子也说:"夫贵为天子,富有天下,是人情之所同欲也"⑤,据此,怎么能说中国传统政治文化不重视财利呢?传统文化里反对的是无原则地攫取不义之财,而倡导"见利思义","义,然后取"⑥。只要合乎义,他们也认为越多越好。孔子说"无见小利……见小利则大事不成"⑦;孟子说:"鱼,我所欲也,熊掌,亦我所欲也,二者不可得兼,舍鱼而取熊掌者也"⑧。这难道不是很明显"两利相权取其重"的功利原则吗?诚然,孔子的确说过"君子喻于义,小人喻于利"⑨,孟子也的确说过"王何必曰利"⑩,但这并不是儒家贬低小人、不讲财利的证明,而是儒家从"礼"的角度恪守社会分工的主张。因为,依照荀子在《大略》篇里的说法,"礼"的要求是:"天子不言多少,诸侯不言利害,大夫不言得丧,士不通货财。有国之君不息牛羊,错质之臣不息鸡豚;冢卿不修币,大夫不为场园。从士以上,皆羞利而不与民争业,乐分施而耻积藏。然故民不困财,贫窭者有所窜其手"。各个阶层有各个阶层的社会职守与分工,从士以上"皆羞利"为的是"不与民争业",并不是真的不要社会财富和个人财利。此外,传统政治文化中的富民主张、重视教育、强调廉洁和注重道德等积极

① 《论语·卫灵公》。
② 参见《孟子·公孙丑是》。
③ 《论语·里仁》。
④ 《孟子·告子上》。
⑤ 《荀子·荣辱》。
⑥ 《论语·宪问》。
⑦ 《论语·子路》。
⑧ 《孟子·告子上》。
⑨ 《论语·里仁》。
⑩ 《孟子·梁惠王上》。

因素,都值得发掘与弘扬,使之更好地为中国现代化服务。

不可能设想,一种政治伦理观和学说思想,如果没有合理的积极因素,如何能在我们的这样一个大国有那么持久的生命力?会造成那么深远的影响?总之,中国传统文化的现代化,具有多方面的可能性,原来适应于某一方面的理论、观点、原则,经过改造和转化,可以适应于现代社会生活。当然,中国传统政治文化的现代化有赖于对中国古代思想文化和西方现代文化的重新把握,进而发掘文化再造的素材。我们坚信,传统政治文化绝非一无是处。我们从严复和梁启超前后的态度转变中也许会有所启发:

严复作为中国近代启蒙思想家,曾站在时代的前列,主张学习西方文化,力主"以自由为体,以民主为用"①。民国成立后,他越发觉得西方文化不能解决社会问题,1918年竟说:"不佞垂老,亲见支那七年之民国与欧罗巴四年亘古未有之血战,觉彼族三百年之进化,只做到'利己杀人、寡廉鲜耻'八个字。回观孔孟之道,真量同天地,泽被环区"②。1921年秋,严复临终时留给子女的遗嘱第一条竟是:"中国必不亡,旧法可损益,必不可叛"③。曾以生花妙笔"誓起民权移旧俗"的梁启超在第一次世界大战结束后赴欧洲作了一次考察,其结果令他惊诧不已:科学并没有解决是非善恶问题,也没有解决人与人之间的行为准则,虽然满足了人们的一些物质享受,但那只是浅薄的人生问题;而且一向被认为"天经地义、尽善尽美的代议政治,今日竟会从墙脚上筑筑动摇起来"。于是,他大声疾呼:"故见自封,说什么西学都是中国所固有诚然可笑,那沉醉风雨的,把中国什么东西都说得一钱不值,好像我们几千年来就像土蛮部落、一无所有,岂不更可笑吗?"因而他竭力鼓吹要以中国"孔、老、墨三位大圣"和"东方文明"去调剂西洋物质文明,去超拔大洋彼岸好几万万"喊救命"的欧洲人。④ 他还夸说:"我国儒家之人生哲学为陶养人格至善之鹄,全世界无论

---

① 《严复集·第一册·原强》。
② 《严复集·第三册·与熊纯如书·第109封》。
③ 严璩:《侯官严先生年谱》,载《严复集·第五册·附录一》。
④ 参见《欧游心影录》。

何国、何学派之学说,未见其比,在今日有发挥光大之必要"①。

严复、梁启超都曾是热情而真诚地向西方寻求真理的思想家,然而绕了一个圈子之后,最终又回到孔庙,转而向传统文化顶礼膜拜,难道不发人深省!

新加坡东亚哲学研究所所长吴德耀说:新加坡于80年代就在中小学里实行儒学伦理学的教育。台湾孔孟学会名誉会长陈立夫认为,台湾经济的发展有赖于儒家教育思想与经济思想之助。日本东北大学名誉教授金容治说:"在日本传统的思想文化中,儒学和作为日本文化传统的神道结合非常紧密。儒学已深入日本文化中,是想脱离也脱离不了的。所以,明治维新后,日本对儒学采取一种合理主义态度,选取儒学中符合现实的思想,运用到现实中去。西洋的合理主义是从理性出发,发展成为自然科学,儒学从合理主义发展成为社会科学、人文科学和伦理科学……西洋的自然科学虽然促进了社会的大发展,但作为人类生存来说,必须从儒学中吸取营养"。德国、苏联、美国等一些汉学家都对儒学有较高的评价。② 当然,也有相反的观点。上世纪80年代,西方的一些学者中曾有一种观点认为,东方的儒家文化从本质上不利于经济发展和政治民主化。但是后来,随着儒家文化圈中的"四小龙"的崛起,随着中国持续不断的改革所取得的令世界瞩目的经济成就,那种认为儒学不利于经济发展的论调已经没有市场了,没有人再提及了,甚至有人提出了相反的、即认为儒学有利于经济发展的论说。而说儒学不利于民主化的论调直到目前还有一定的市场,然而我们要问:说儒学不利于民主化要比说儒学不利于经济发展有更多的依据吗?中国自改革开放以来在民主化方面所取得的进步不是有目共睹的吗?

诚然,我们也认为,现代政治文化,其政治参与意识是其主要内容之一。就目前而言,中国人的政治参与意识还不够强烈,但这种现状未必能归咎于传统政治文化,因为在中国历史上,士大夫群体意识的主流是经世

---

① 梁启超:《研究文化史的几个重要问题》,载《饮冰室合集·文集》(四十),中华书局1989年版,第5页。

② 参见《走向世界》杂志1990年第1期。

致用、兴邦建国、教化民俗,主要信条是修齐治平、正德、利用、厚生,即使是归隐山林,他们也不会对政治运行和天下大势抱漠视态度,如诸葛亮等;绵延不断的农民起义,则是远离政治生活的农民参与政治的极端或激烈的形式。"天下兴亡,匹夫有责","家事国事天下事,事事关心",这是对传统政治文化中参与意识的经典概括。目前我们生活中的政治参与意识不强、参与热情不高,主要可能还是我们目前的政治体制方面存在问题,比如说国家政治生活的透明度不高,群众对政治系统决策的程序、内容和意义缺乏完整全面的了解,普通农民和工人的代表人数较少,人民对国家机关的批评和监督尚未形成制度,加之少数国家机关工作人员官僚主义习气严重,压制了群众的意见,干扰和阻塞言路,等等。这些因素都在一定程度上压抑了人们的政治参与热情。尽管如此,新中国成立以来,1957年知识分子的"大鸣大放"、1976年1月悼念周总理逝世、10月庆祝粉碎"四人帮"的全国性且自发的活动等都体现了中国人的政治参与意识。

四、为传统文化现代化而努力

传统文化的现代化有赖于整个社会的现代化。这牵涉到整个社会发展的问题。传统文化是在不同的历史条件下形成的,也只能随着历史条件的变化而产生变革并得到发展。因此,传统文化的继承,并非文物的保管,也不是古学原封不动的复兴,而是按照"人事有代谢,往来成古今"[①]这一历史客观规律,基于主体自觉地对历史中形成的传统去进行筛选和评判,去发现先驱者开拓的足迹,去探索新旧文化代谢的历史根据,从而找到传统文化与现代文化的历史结合点。对传统文化的继承和选择、对现今文化的创建以及对未来文化的设计及追求,三者是密切结合在一起的。

文化是流动在肌体里的血液,不是躯体的皮肤,不是轻易就能打碎的。五四运动以降,人们好几次想真心想打碎它,但直到今天也打不碎。我们姑且不去考虑打不碎的原因,而可以讨论一下,如果真的打碎了,对

---

① 孟浩然:《与诸子登岘山》。

我们民族和国家真有好处吗？我们还可以追问一下，欧美各民族在现代化的过程中，有没有自我毁灭文化的经历？有没有靠批判自己文化作为历史发展和前进动力的先例？连西方近代思想启蒙运动那样一场伟大的革命，不也是打着"文艺复兴"的旗号进行的吗？如果说五四时期或"文革"时期，我们有感情激动的那一段时期，那么到了今天，我们是否能更理智、更周全地来思考传统文化问题了呢？

"民族"这一概念的主要内涵就是文化，没有文化就没有民族！所谓"民族精神"，其实质上就是文化的显现。民族文化的巨大力量是难以估量的。1945年，德国被盟军的飞机炸得一塌糊涂，汉堡的建筑90%被夷为平地，西方许多学者或经济学家都认为，德意志这个强大的第三帝国再也爬不起来了，如果要重建德国，至少要半个世纪或一个世纪。然而，十年之后，奇迹出现了：1955年，德国的国民生产总值就恢复到了战前水平！德国能在战败的糟糕背景下如此迅速地崛起，原因可能是多方面的，但与民族优秀的文化是绝对分不开的，没有向上的民族精神和力量，创造这一奇迹是绝对不可能的。每个民族的前进只能在本民族文化与本民族传统的基础上进行。把自己说得一钱不值，而只知道仰慕他人，想学习别人也学不会。另外，强行地实行另外一种文化，是否有利于国家的现代化，很值得怀疑。同样一个德意志民族，西德（联邦德国）没有中断它的传统文化，而东德（民主德国）教条地引入马克思主义政治文化，其结果，东德的发展长期落后于西德。朝鲜与韩国也是如此。有鉴于此，中国该何去何从呢？

中国的传统文化对非主体文化和新东西并不采取极端的排斥态度，相反却表现得比较宽容，这种兼收并蓄的中和宽容精神，使儒学能不断吸收部分非主体文化和新东西，从而丰富发展自身。在历史上，儒学先后吸收了诸子百家、谶纬、道教、佛教的某些思想，使他能随着中国社会的发展与变化，不断更新内容、变换形式，在历史上依次形成了两汉经学、魏晋玄学、隋唐佛学、宋明理学、清代朴学。其间，既有一脉相承的基本内涵，又呈现出彼此各异的形态。在这些不断的变化中，又一定程度上保持了自己的活力和独尊地位。纵观中国文化这一特征，我们对中国传统文化的发展前景充满信心！

现在就趋势而言,敢于批判传统文化的人占多数,而人们常常以通时达变或思想解放的眼光看待他们;相反,说传统文化好话的人是少数,而且往往有被人说成保守、顽固之可能。我认为,对此要具体分析。首先从理性的角度,看看他们在解释传统文化的过程中,是否有所发现、有所创新,至少是否言之成理。如果这些人对中外文化很了解,而且从比较的角度的确能说出中国传统文化中有适应现代社会的优秀成分,我们就应该尊重他们的意见。其次从感情的角度,充分谅解他们。人们总是有"血浓于水"的感情,试想,如果一个民族对自己的文化没有一点情感,这个民族的存在会是什么样子呢?这个民族还有必要、还有可能存在吗?这个民族区域是否成了没有殖民者的殖民地了呢?因此,不要将情感和理性绝对对立起来,适当地照顾情感,这本身就是理性。现在,新儒家对传统文化肯定得多些,但他们的愿望也是好的,和以批判为主的人的愿望一样好,都是在追求中华民族的独立富强平等。毛泽东在《改造我们的学习》一文中,就表示了对传统文化的重视,他批判当时一些学者"言必称希腊,对于自己的祖宗,则对不住,忘记了"。

20世纪以来,世界日益走向现代化,与此同时,中西文化交流存在着明显的"双向对流"的运动:双方都有一部分人在背弃自己的传统而向对方的传统靠拢,双方又都有一部分人再次向被自己抛弃的传统回归,从而形成批判与回归并存的复杂局面。这既同时打破了各自传统文化体系的自足与封闭,又同时产生出对自己传统文化和政治价值观的危机感和优越感,但其主流则是以更新的现代文化观念,检讨、评估、解释本民族传统文化,吸取外来文化的某些成分,而以本民族文化精神为中心,重构具有现代观念和本民族文化传统、文化精神双重品格的现代新文化。

另外,在传统文化的现代化过程中,要考虑国情,要防止急躁情绪。由于中国近代的历史是一部屈辱痛苦的血泪史,急于摆脱屈辱痛苦、急于祖国强大的心态,使得中国近现代史上经常出现这样的现象:即认为中国社会要进步,就必须学习西方,打破传统权威;当不可避免出现动荡时,则归咎为旧的权威还没有彻底破除,还需要更激烈手段。我们认为,这样的心态是革命的思维定式和焦躁情绪相结合而构成的一种浪漫主义心态。

其实,中国的国情确有不同于西方的特质,生搬硬套西方的东西,往往因为找不到支点而损害政治经济的持续发展。西方文化自有其自身的深厚历史文化背景,它是在西方古代的希腊、罗马以及希伯来传统的背景上,从文艺复兴、宗教改革和启蒙思潮的创造性转变中,自然而然地生长出来的。同样,中国的现代文化,也应当从中国自身社会文化背景的创造性转变中,有机地、合乎逻辑地生长出来。因此,我们中国目前的改革,应该从传统中找到可现代化的因素,借助传统,努力创新,力戒焦躁,循序渐进。中国有句成语叫"欲速则不达",在"根本解决问题"的条件成熟之前,我们不得不为创造这种条件做相当长期的艰苦努力。这需要时间和韧性,需要灵活变通的手段以及脚踏实地的奋斗精神,这种艰苦努力绝不是靠激烈的反传统可以一蹴而就的。

相反,激烈的反传统往往与动乱或动荡有不解之缘。在19世纪以来的世界历史中,我们看到的是这样的规律:经济和政治进程越是呈现断裂而缺少连续性的国家,其现代化进程就越是困难和曲折,相反的,经济、政治、文化的发展以和平演变、改良性演进的模式,或保持连续而较稳定发展的国家,在现代化进程中人民所受的苦难较小,成效就比较显著。例如英国、美国、日本、加拿大、瑞士以及北欧诸国,都是例证。过去人们有一种观点认为,只有激进的暴力革命才能解放生产力,而历史事实对这个命题的普遍适用性提出了质疑。例如,以历史文化背景极为相似的英国与法国来看,过去人们总是说,英国资产阶级不流血的革命是很不彻底的;而法国则爆发了1789年的大革命,又发生了1848年的革命和1871年的革命,其间还有王朝复辟与反复辟的多次交替,暴力程度和动荡指数明显高于英国。但是,就现代化进程和经济增长而言,英国曾长期领先于法国。亚洲新兴工业化国家和地区的经验也表明同样的道理。中国自19世纪以来,是世界上动荡频率最高最密集的国家,这当然有其客观的历史原因,然而结果是造成现代化进程的滞缓。一百多年以来,历史经验表明:中国总是吃激进主义和急躁情绪的亏。这种情绪主要是来自一百多年来中华民族受侮的自卑感。这样一种社会心态和不稳定的政治系统相结合,使得经济得不到持续稳定的发展,文化成果也难以积累,大量的人才精英和物质财富在社会动乱中白白消耗。虽然有时候社会表层政治与经济迅速跃进,但社会的真正进步却甚为缓慢。与东方儒家文化圈中的那些国家和地区相比,如与日本、韩国、新加坡等相比,我们是最反传统的,然而即使最彻底的反传统也没有反出比别人更好的现代化来。因此,反省历史,摆脱意识形态和政治形态的激进主义,连接已断裂的民族文化传统,重新估价我们传统文化的价值,塑造我们民族新的灵魂,重建我们民族文化的尊严感和自信心,从我们民族的自身传统中,有根基地培育和生长出现代文化,是我们今天应努力去做的工作。无论如何,不能再倡导任何激进而非理性的所谓"文化革命"之类。

中国传统文化(包括政治文化)的现代化,是以中国民族文化为基础,实现对世界各民族优秀文化的新的综合;这种综合不是新旧文化或中西文化机械地拼凑,而是在中国现代化的过程中立足于民族传统文化的深厚基础,并从现实生活中吸取激情,不断地选择、融化、重组、整合世界各民族优秀文化的特质而实现中国文化的现代化。深厚、博大的中国文化自古以来就有包罗万象的综合能力,可以说巍巍峨峨、浑然一体的中华文化正是对各民族文化大综合、大融汇的结果。中华文化对各民族的文化、对外来的文化的态度从来不是保守的,而是积极吸取的。虽然一些外来文化一度也想同化、消融中华文化,然而其结果都被中华文化同化了,消融了,综合了。放眼未来,她必然还会以顽强的生命力实现更大规模的现代文化综合,并在这种综合中实现自身的现代化!

最后,笔者愿意再次重复强调的是,在传统政治文化的现代化过程中,其方法很值得思考。人们老是花很多的时间和精力从宏观上来批判君主专制和王权主义,批来批去也没有多少用处,我们且不说中国君主专制的烈度到底如何,就是人人都来批判君主专制,是否就能批出一个非常理想的现代民主制度来了呢?我们是否可以在建设方面多做一点文章?即花更多的精力去发掘传统政治文化中正面的、能适应现代政治生活需要的因素。人们常常强调不破不立,然而我认为,不立也同样不能破!

政治思想篇

儒家不主张君主独裁专制

江荣海

有人认为,儒家思想是中国君主专制的根源,其实,这种认识是对儒家思想的误解,不符合政治思想史的实际。儒家虽然主张尊君,但并不主张君主独裁专制。儒家主张有限君权说,因而儒家历来对君主独裁专制持批评态度。中国君主独裁专制的思想源头是以韩非为代表的法家理论。汉武帝以降,儒家虽表面上逐步走上独尊地位,但历代统治者还是坚持阳儒阴法的伎俩,不愿真正实行儒家主张,从而导致中国君主独裁专制长盛不衰。

"专制"与"独裁"是同义词,专即独,制即裁断。专制与独裁其原意就是"无限的权力",如果权力有限,就谈不上独裁或专制。所谓"君主独裁专制",即是指君主拥有毫无限制的绝对权力,臣民皆处于绝对服从地位。在中国长期的封建社会里,基本上都是实行君主独裁专制制度,加之中国儒家思想学说长期被统治者视为正统的官方思想意识,所以"五四"以降,许多学者一直认为儒家及其学说是君主专制独裁的思想根源。例如:李大钊说:"余之掊击孔子,非掊击孔子之本身,乃掊击孔子为历代君主所雕塑之偶像的权威也;非掊击孔子也,乃掊击专制政治之灵魂也"。他认定孔子是"历代帝王专制之护符也"①。陈独秀也认定"孔子主张君主专制"②。现在学界持这种观点者更是很多,如学者蔡尚思说:"在中国,孔子学说被当作封建专制主义的理论基础,时间长达二千年之久"③。儒家果真主张君主独裁专制吗?我认为这是一种误解,不符合中国政治思想史的实际。本文就此问题提出论证,并希望就教于大方之家。

一、孔、孟、荀不主张君主独裁专制

毫无疑问,儒家的代表人物都是主张尊君的,然而主张尊君并不等于主张"君主独裁专制"。在君主、卿、大夫、士、庶人的实际封建等级社会,还没有产生真正民主思想的社会条件,因而不仅是儒家主张尊君,就是法家和墨家等学派也都是主张尊君的。但是,儒家的尊君是有条件的,所谓"尊尊",其确切含义是"尊敬那些值得尊敬的人"。以"中庸之德"来处身立世的儒家,更是把"义"放在首要位置。所谓"义",就是"宜",就是标准或前提条件。由于人们的社会身份各不相同,因而"义"的含义也就随着人们的社会身份不同而各不相同。"五伦十义",即"父慈、子孝、兄良、弟悌、夫义、妇听、长惠、幼顺、君仁、臣忠"④,很明确地说明了这一问题。可见,儒家的人伦关系是相对的,关系的双方都应以"义"为准则,一方不义,就无权要求另一方。儒家在君臣、君民关系上,也同样是持此种态度。

儒家的首要的代表人物孔子是从来不主张君主独裁专制的。他所理想的君臣关系应该是"君使臣以礼,臣事君以忠"⑤,"君君,臣臣"⑥很明确地说明了这一问题。换言之,君使臣若不以礼,则臣事君就可不以忠;君不像君,臣就可以不像臣。在孔子看来,君臣关系不是主奴关系,臣子有

---

① 《李大钊选集·自然的伦理观与孔子》。
② 《独秀文存·答常乃德》。
③ 《孔子思想体系》,第244页。
④ 《礼记·礼运篇》。
⑤ 《论语·八佾》。
⑥ 《论语·颜渊》。

臣子的独立人格，"三军可夺帅，匹夫不可夺志也"①，一切以义为准。所以，他说："君子之于天下也，无适也，无莫也，义之与比"②，"君子义以为质"③，"君子义以为上"④。鲁哀公问孔子说："子从父命，孝乎？臣从君命，贞乎？"三问而孔子不答。孔子最终的答案是："父有争子，不行无礼；士有争友，不为不义。故子从父，奚子孝？臣从君，奚臣贞？审其所以从之之谓孝、之谓贞也"⑤。这就是孔子以"义"为准的最好解释。孔子也明白，一切顺从君主，就能够长期保持禄位和富贵，但是，孔子认为：如果君主不像君主，臣子却不能使君主行德政，泽及万民，这种富贵是可耻的。所以孔子说："富与贵，是人之所欲也，不以其道得之，不处也；贫与贱，是人之所恶也，不以其道去之，不去也"⑥，"不义而富且贵，于我如浮云"⑦；"邦有道，谷；邦无道，谷，耻也"⑧。孔子再三强调，臣子绝不能因贪图禄位而唯命是从。他明确指出："所谓大臣者，以道事君，不可则止"⑨，并自负地说："鸟能择木，木岂能择鸟乎？"⑩孔子不仅如此说，而且也是如此做的。在他身为鲁司寇之时，执政者因沉湎于齐国送来的女乐文马而三日不朝之后，他便离职而去，另择善主。所以孔子在平时抽象言尊君时，他不言自明的前提是：君像君，即君主应该像尧、舜、禹、文王、武王之类的圣君，并不仅仅是指在君位的君主。如果说孔子的核心思想之一是礼的话，那么，孔子主旨就是要统治者首先"克己复礼"。他要求君主首先从自身做起，做出表率来感化、影响臣民。他说："政者，正也，子帅以正，孰敢不正？"⑪"苟正其身，于从政乎何有？不能正其身，如正人何？"⑫"其身正，不

---

① 《论语·子罕》。
② 《论语·里仁》。
③ 《论语·卫灵公》。
④ 《论语·阳货》。
⑤ 《荀子·子道》。
⑥ 《论语·里仁》。
⑦ 《论语·述而》。
⑧ 《论语·先进》。
⑨ 同上。
⑩ 《史记·孔子世家》。
⑪ 《论语·颜渊》。
⑫ 《论语·子路》。

令而行,其身不正,虽令不从"①。"虽令不从"四个字,准确无误地表明他是反对盲从君主的,也明确说明了他认为臣下有不服从君主的权利。

孔子理想的君主,除严于律己之外,还要做两件事:其一是任贤使能,即"举贤才"②。他说:"举直措诸枉,则民服;举枉措诸直,则民不服"。鲁哀公问政于他,他回答说:"政在选臣"③。其二是行"德政"。他说:"为政以德,譬如北辰,居其所而众星拱之"④。德政的主要内容是富民、教民、利民、济众、爱众、亲仁、齐礼、节使、薄敛等等。孔子称颂的古代圣王有尧、舜、禹等。他之所以称赞尧,是因为"尧之为君也,巍巍乎!唯天唯大,唯尧则之。荡荡乎!民无能名焉。巍巍乎!其有功成也。焕乎!其有文章"⑤。他之所以称颂舜、禹,是因为"舜禹之有天下也,而不与焉"⑥。尤其是大禹,"菲饮食而致孝乎鬼神,恶衣服而致美乎黻冕;卑宫室而尽力乎沟洫"⑦。君位不是靠武力夺取,而是通过自身修养来取得人民拥护;既有君位仍能俭朴生活而极力修治水利,并能给人民带来广泛利益,人民因此都找不到确切美好的词语来称赞他们。对于这些君主,孔子倡忠未必不好,未尝有错。而对当时在位的君主,孔子没有称赞而多有批评。例如他说:"晋文公谲而不正"⑧;说"卫灵公之无道"⑨,好色而不好德⑩;说齐景公贪财轻德,有马千驷而死时"民无德而称焉"⑪。子贡问他"今从政者何如",他回答说:"噫!斗筲之人,何足算也"。⑫ 陈蔡大夫说:"孔子贤者,所议刺皆中诸侯之疾"⑬。这些材料从侧面证明,孔子忠君是有条件的。对那些不好的君主,臣民"不服"是应该的,如果强行要求臣民忠于不好的

---

① 《论语·子路》。
② 同上。
③ 《史记·孔子世家》。
④ 《论语·为政》。
⑤ 《论语·泰伯》。
⑥ 同上。
⑦ 同上。
⑧ 《论语·宪问》。
⑨ 同上。
⑩ 《论语·子罕》。
⑪ 《论语·季氏》。
⑫ 《论语·子路》。
⑬ 《史记·孔子世家》。

君主,这本身就不符合道义要求。孔子认为,直谏君过是臣子应尽的首要职责。子路问事君,孔子回答说:"勿欺也,而犯之"①。君主如果不听正确的谏诤,就是独裁专制,根据"道不同不相为谋"②的原则,臣子就可辞官离去,即"陈力就列,不能者止"③。孔子称赞的臣子有史鱼、蘧伯玉、管仲等。他之所以称赞史鱼,是因为"直哉史鱼,邦有道如矢,邦无道如矢"④;他之所以称赞蘧伯玉,是因为"君子哉蘧伯玉,邦有道则仕,邦无道则可卷而怀之"⑤。本是公子纠臣子的管仲,在公子纠被齐桓公杀害时,不仅不能像召忽那样身死君难,反而甘为齐桓公之相,对于这种不轨于君臣之道的管仲,孔子却赞道:"管仲相桓公,霸诸侯,一匡天下,民到于今受其赐。微管仲,吾其被发左衽矣。岂若匹夫匹妇之为谅也,自经于沟渎而莫之知也?"并给他"如其仁,如其仁"⑥的评价。这些就是孔子主张以"义"为准的具体体现,孔子反对君主独裁专制最明显的一例是:鲁定公问他是否有"一言丧邦"之事,孔子说:有的君主认为作为君主最大的快乐是没有人敢违抗我的话("唯其言而莫予违也"),"如其善而莫之违也,不亦善乎?如不善而莫之违也,不几乎一言而丧邦乎?"⑦孔子在这里明确表示:君主不能、也不应该独裁专制,独裁专制的危险在于一言不慎而有丧邦之虞。孔子不仅不承认君主有绝对权威,相反认为,无道之君,人民有权利推翻他。他曾说:"丘闻之,君者舟也,庶人者水也,水则载舟,水则覆舟"⑧。这哪里有君主独裁专制的含义?简直是民主思想的表白!孔子反对君主独裁专制的另一例是他对郑国行政过程的称赞:他说郑国"为命,裨谌草创之,世叔讨论之,行人子羽修饰之,东里子产润色之"⑨。需要讨论、修饰、润色的政令,不可能是独裁专制的产物。

---

① 《论语·宪问》。
② 《论语·卫灵公》。
③ 《论语·季氏》。
④ 《论语·卫灵公》。
⑤ 同上。
⑥ 《论语·宪问》。
⑦ 《荀子·子路》。
⑧ 《论语·哀公》。
⑨ 《论语·宪问》。

现在人们攻击孔子说他主张君主独裁专制的最常用的两条材料（其实出于同一条语录）是孔子这样的两句话：其一是"天下有道，则庶人不议"①；其二是"天下有道，礼乐征伐自天子出"②。有些人之所以将这两条材料作为孔子主张君主独裁的论据，我认为是在对这两条材料的理解上的有误。就"天下有道，则庶人不议"而言，"不议"不是说"不准议论"，而是"无可议论"。既然天下有道，一切都合宜，那么还有什么可议的呢？再者，孔子"不议"的前提是"天下有道"，如果天下无道，则孔子认为庶人有议政权利。据《左传·襄公三十一年》记载：郑国子产允许人们到乡校去议论政事得失，当时有人提议毁掉乡校以消除议政场所，而子产认为人们关于政事得失的议论，如同老师的指点一样利于政事，坚持不毁乡校。孔子听说这件事后评价说："以是观之，人谓子产不仁，我不信也。"可见，孔子也是主张人们议政的。当时是个无道而混乱的时代，孔子在实际生活中也是到处议论政治的。这些材料都是孔子反对君主独裁专制的佐证，如何能作为孔子主张君主独裁专制的论据呢？就"天下有道，礼乐征伐自天子出"而言，这也很难作为君主独裁专制的根据。理由是：其一，礼乐征伐，是古代政治生活中的大事，既然是天子，即是最高行政长官，最大的事情当然需要最高级别来颁布。即使是现代社会的政治生活，关于国家大事，无论在背后是如何争论和商讨的，最后都是以最高行政机关或最高行政首脑的名义颁布的。其二，在孔子的时代，一些诸侯恃仗强力，擅用天子名义或通过要挟天子等手段，来发号施令。诸侯王擅自发号施令，同样是一种独裁专制行为，不过是诸侯独裁专制而已。孔子反对这种行为，与他不主张独裁专制的思想是一贯的，没有什么更值得批评的地方。

孟子继承孔子学说，然而在君臣关系上，比孔子更少君臣等级框框。在孟子看来，君臣关系在人格尊严和道义面前完全是一种平等关系。他说："君之视臣如手足，则臣之视君如腹心；君之视臣如犬马，则臣视君如国人；君之视臣如草芥，则臣视君如寇仇。"③对待寇仇般的恶君，孟子怎能

---

① 《论语·季氏》。
② 同上。
③ 《孟子·离娄下》。

让他去独裁专制呢？孟子和孔子一样，认为臣下规谏君主，使之立志于仁，不做错事和坏事，是臣下义不容辞的职责。他说："君子之事君也，务引其君以当道，志于仁而已"①。如果"君不向道，不志于仁"，而为臣的帮他富，那是"富桀"，帮他强战，那是"辅桀"。孟子对那些不能谏君之过又逢迎君恶的臣子，深恶痛绝，斥之为"罪人"。他说："长君之恶其罪小，逢君之恶其罪大"②；并认为，只有像他那样富有知识才辩的人，才能"格君心之非"③。对于君主的过错，为臣的不但要谏，而且要态度坚决，不可轻易妥协。他说："君有过则谏，反复之而不听，则去"④；如果大臣又身兼皇亲国戚即"贵族之卿"，对待君主的错误，其应有的态度是："君有大过则谏，反复之而不听，则易位"⑤。可见，在孟子看来，君主不仅会反犯错误，而且必须要接受批评，改正错误，否则，将是大臣散去或君位移易。试想，持这种君臣观念的人，怎么可能主张君主独裁专制呢？孟子还进一步认为，为恶之君不仅可以被易位，而且也可以被流放，甚至可以被杀掉。例如他说：只要有伊尹之志而无篡位之心的臣子，其君不贤，就可以流放其君。⑥而对那些"狗彘食人食而不知检，涂有饿莩而不知发"⑦的暴虐之君，是完全可以杀掉的。他在齐宣王因"武王伐纣"而提问"臣弑其君可乎"的回答中说："贼仁者谓之'贼'，贼义者谓之'残'，残贼之人谓之'一夫'。闻诛一夫纣矣，未闻弑君也"⑧。他还对"周公相武王，诛纣伐奄，三年讨其君"⑨的功绩，给予充分的肯定和赞扬。总之，孟子认为大臣有权谏诤君主、离开君主、废弃君主、杀掉君主、更立君主。就其实质而言，就是他认为君主的权力不能是无限制的，应该采用不同办法适当限制君权。和孔子一样，孟子对当时的君主多是不满的。在《孟子》一书中，找不到任何一

---

① 《孟子·告子下》。
② 同上。
③ 《孟子·离娄上》。
④ 《孟子·万章下》。
⑤ 同上。
⑥ 见《孟子·尽心上》。
⑦ 《孟子·梁惠王上》。
⑧ 《孟子·梁惠王下》。
⑨ 《孟子·滕文公下》。

个他所称赞的时君。相反,他却一针见血地批评当时君主的罪恶,指责他们是:"庖有肥肉,厩有肥马,民有饥色,野有人饿莩,此率兽而食人也"①;并认为诸侯王们争城争野的不义之战而杀人盈城盈野,是"率土地而食人肉,罪不容于死",大声疾呼:"善战者服上刑"②。在平时和君主打交道的过程中,孟子没有丝毫的奴颜媚骨,而是大有"说大人则藐之"③的傲气。一次,齐宣王派人去召见他,他东躲西藏就是不去,并援引曾子的话说:"彼以其富,我以吾仁,彼以其爵,我以吾义,吾何慊乎哉?"并说:"大有为之君,必有不召之臣,欲有谋焉,则就之……管仲且犹不可召,而况不为管仲乎"④。他不仅背后指责梁惠王"不仁"⑤,"望之不似人君"⑥,并当面指责他"率兽食人",不能为民父母。还有一次,他用逻辑推理的办法,当面逼问齐宣王"国境之内不治则如之何",使得"王顾左右而言他"⑦。综上所述:孟子认为,君主不是圣人,错误在所难免;臣下要"格君心之非",君不听谏,臣子"则去";恶君可以易位、流放、处死;对于"不召之臣",君主欲谋"则就之";为臣的可当面指陈君主过失,使之下不了台……所有这一切,如何能看出孟子有君主独裁专制的思想呢?

与主张君主独裁专制思想相反,孟子比较注重民意,尤其要求君主尊重民意。例如他希望君主在选拔或罢免官吏以及处人死罪时,要以人民的意志为准则。他对齐宣王说:"左右皆曰贤,未可也,诸大夫皆曰贤,未可也,国人皆曰贤,然后察之,见贤焉,然后用之。左右皆曰不可,勿听,诸大夫皆曰不可,勿听,国人皆曰不可,然后察之,见不可焉,然后去之。左右皆曰可杀,勿听,诸大夫皆曰可杀,勿听,国人皆曰可杀,然后察之,见可杀焉,然后杀之……如此,然后可以为民父母"⑧。孟子甚至认为,即使要吞并其他国家,也应该要服从被吞并国人民的意愿:"取之而燕民悦,则取

---

① 《孟子·梁惠王上》。
② 《孟子·离娄上》。
③ 《孟子·尽心下》。
④ 《孟子·公孙丑下》。
⑤ 《孟子·书心下》。
⑥ 《孟子·梁惠王上》。
⑦ 《孟子·梁惠王下》。
⑧ 同上。

之……取之而燕民不悦,则勿取"①。孟子尊重民意的言论还有很多,再如:"天视自我民视,天听自我民听"②;"桀纣之失天下也,失其民也;失其民者,失其心。得天下有道:得其民,斯得天下矣;得其民有道:得其心,斯得民矣"③。总之,在孟子看来,天命也好,君位政权也罢,最终都要以民心民意为归依。虽然,古代中国没有真正的民权、民主思想,但孟子主张尊重民意、人民有最终决定权的思想,是否有较多的民主因素呢?至少它们和君主独裁专制思想相对立。

荀子也是儒学大家。至于荀子是否主张君主独裁专制,只要读一读他的《君道》和《臣道》两篇文章,即可明白。为方便读者,我们简单提供如下一些材料:荀子说:"人主不能不有游观、安燕之时,则不得不有疾病、物故之变焉。如是,国者,事物之至也如泉原,一物不应,乱之端也。故曰:人主不可以独也,卿相辅助,人主之基杖也,不可以不早具也"④。又说:"从命而利君,谓之顺,从命而不利君谓之谄;逆命而利君谓之忠,逆命而不利君,谓之篡。不恤君之荣辱,不恤国家臧否,偷合苟荣以持禄,养交而已耳,谓之国贼。君有过谋过事,将危国家、殒社稷之惧也,大臣父兄,有能进言于君,用则可,不用则去,谓之谏。有能比知同力,率群臣百吏,而相于强君挢(矫)君,君虽不安,不能不听,遂以解国之大患,除国之大害,成于尊君安国,谓之辅。有能抗君之命,窃君之重,反君之事,以安国之危,除君之辱,功伐足以成国之大利,谓之拂。故谏诤辅拂之人,社稷之臣也,国君之宝也。"⑤从以上言论看出,荀子主张为了君国利益,该谏诤时一定要谏诤,为此甚至不惜"抗君之命,窃君之重",这难道是主张君主独裁专制吗?下面再抄录荀子讲述的一个故事:"魏武侯谋事而当,群臣莫能逮,退朝而有喜色。吴起进曰:'亦尝有以楚庄王语闻于左右者乎?'武侯曰:'楚庄王之语何如?'吴起对曰:'楚庄王谋事而当,群臣莫逮,退朝面有忧色。申公巫臣进问曰:"王朝而有忧色,何也?"庄王曰:"不谷谋事而当,

---

① 《孟子·梁惠王下》。
② 《孟子·万章上》。
③ 《孟子·离娄上》。
④ 《荀子·君道》。
⑤ 《荀子·臣道》。

群臣莫能逮,是以忧也。其在中蘬(仲虺)之言曰:诸侯得师者王,得友者霸,得疑者存,自为谋而莫己若者亡。今以不谷之不肖,而群臣莫吾逮,吾国几于亡乎!是以忧也'。楚庄王以忧而君以喜!武侯逡巡,再拜曰:'天使夫子振寡人之过也'"①。君主谋事已当,群臣已经提不出意见来了,君主还因此忧愁,这难道是主张君主独裁专制的人所称颂的吗?荀子讲述这个故事业已证明他是反对君主独裁专制的。他还说:"愚而自专事不治。主忌苟胜,群臣莫谏必逢灾"②;"迷者不问路,溺者不问遂。亡人好独"③。荀子反专制独裁的言论还有不少,为节省篇幅,不再赘述。

二、董仲舒和朱熹也不主张君主独裁专制

董仲舒思想比较驳杂,不算醇儒,但他毕竟是汉代有名的大儒,基本上还是坚持了儒家的立场,即坚持以"义"为一切伦理关系的标准,在君臣父子关系上也是如此。例如董仲舒说:"父不父,则子不子,君不君,则臣不臣"。④ 又说:"胁严社而不为不敬灵,出天王而不为不尊上,辞父母之命而不为不承亲,绝母之属而不为不孝慈,义矣夫"⑤。虽然他强调君主至尊,并常与"天"相提并论,但他并不主张君主独裁专制。他明白"独阴不生、独阳不生"⑥、阴阳不和、万物不成的道理,仅此就能证明他在理论上是不可能主张君主独裁专制的。他强调指出君主"得臣"与否是国家存亡的根本:"故伍子胥一夫之士也,去楚干阖卢,遂得意于吴,所托者诚是,何可御邪?楚王髡托其国于子玉,得臣而天下畏之。虞公托其国于宫之奇,晋献患之。及髡杀得臣,天下轻之。虞公不用宫之奇,晋献亡之。存亡之端,不可不知也"⑦。又说:"独身者,虽立天子诸侯之位,一夫之人耳,无臣

---

① 《荀子·尧问》。
② 《荀子·成相》。
③ 《荀子·大略》。
④ 《春秋繁露·玉杯》。
⑤ 《春秋繁露·精华》。
⑥ 《春秋繁露·顺命》。
⑦ 《春秋繁露·灭国上》。

民之用矣。如此者,莫之亡而自亡也"①。可见,托国政于良臣,是董仲舒所强调的,君主独断专行,则是董仲舒所反对的。董仲舒所理想的君主并不是独裁专制的形象,而是无事修身养性、有事谋于众贤的开明君主。他说:"为人君者,谨本详始敬小慎微,志如死灰,形如委衣,安静养神,寂寞无为,体形无见影,掩身无出响,虚心下士,观来察往,谋于众贤,考求众人,得其心遍见其情,察其好恶以参忠佞,考其往行验之于今,计其蓄积受其先贤,视其仇怨,视其所争……累日积久,何功不成"②。众所周知,董仲舒是有过"屈民而伸君,屈君而伸天"③的言论,"屈民而伸君",只是为了迎合当时君主的狂妄心理,而"屈君而伸天"才是他话语的重心。他大讲"灾异谴告"之类,其深刻用心就是为了防止无道昏君独断专行。他自己就曾经利用辽东高庙失火之机,用灾异谴告之论来谏诤汉武帝。由此看来,"天人感应"和"灾异谴告"理论的中心就是为了约束日渐失控的君主权力。其实,君主独裁专制的理论来自于法家,其实践的第一人是秦始皇。如果说董仲舒是主张或拥护君主独裁专制的话,请看看董仲舒对公认的法家人物以及秦始皇的态度,也许会得出相反的结论。董仲舒说:"至秦则不然(不像周朝行仁义教化——笔者注)。师申、商之法,行韩非之说,憎帝王之道,以贪狼为俗,非有文德以教训于天下也"④。又抨击秦始皇的独裁政治:"重禁文学,不得挟书,弃捐礼谊而恶闻之,其心欲尽灭先王之道,而专为自恣苟简之治,故立天子十四岁而国破亡矣……其遗毒余烈,至今未灭"⑤。从董仲舒对韩非等法家人物的指责以及对秦始皇"专为自恣苟简之治"的抨击,说明董仲舒是反对君主独裁专制的。

宋代理学大师朱熹同样是站在儒家立场,反对君主独裁专制的。他说:"盖君虽以制命为职,然必谋之大臣,参之给舍,使之熟识,以求公议之所在。然后扬于王庭,明出命令,而公行之。是以朝廷尊严命令详审,虽有不当,天下亦皆晓然知其谬之出于某人……臣下欲议之者,亦得以极意

---

① 《春秋繁露·仁义法》。
② 《春秋繁露·立元神》。
③ 《春秋繁露·玉杯》。
④ 《汉书·董仲舒传》。
⑤ 同上。

尽言而无所惮。此古今之常理,亦祖宗之家法也"①。朱熹这里反对君主独裁专制的意思相当明确。在他看来,君主制订政令必须与大臣、官吏充分地商量、议论,然后再公布;做臣子的就应该尽量发表自己的意见而无所畏惧。他以"常理"和"家法"来要求宁宗做事不能单凭己见,由此来限制宁宗的独断行为。他当面指责宁宗道:"今者陛下即位未能旬月,而进退宰执,移事台谏,甚者方骤而忽退之,皆出于陛下之独断。而大臣不与谋,给舍不及议,正使实出于陛下之独断。而其事悉当于理,也非为治之体,以启将来之弊"②。朱熹在此强调:即使君主独裁专制的事情合乎道理,也不是治国之道的根本,它将给后世带来弊端。持这种思想的人,我们能说他是君主独裁专制的主张者吗?朱熹也曾指责孝宗用非其人,说他的朝臣皆"疲懦熟,平日不敢直言正色之人"③。他对光宗说,君主最重要之事就是选择贤相,而选相如果只是"求其适己而不求正已,取其可爱而不取其可畏"④,就是君主失职;而宰相如果"当正君者不以献可替否为事,而以趋和承意为能,不以经世宰物为心,而以容身固宠为术"⑤,就是宰相的失职。君相若交失其职,国家将体统不正,纲纪不立,政体日乱,国势日卑。总之,朱熹也是反对君主独裁专制的,而是主张君主有事要与宰相和大臣多作商讨,共持国政。朱熹虽反对君主独裁专制,自己还是做了君主独裁专制的牺牲品。朱熹之所以做了宁宗侍讲不久,便被罢出朝,就是因为朱熹多次进言,赵扩嫌他越俎代庖,干预朝政,"今乃事事欲与闻"⑥。这无疑是宁宗独裁专制的障碍,所以才有此悲惨下场。如果朱熹认同君主应该独裁专制,那么他就不会多次批评宁宗"独断",也就不会再三进言论事。他的不幸结局,也从侧面证明他不主张君主独裁专制。

当然,限于篇幅,笔者只列举董仲舒和朱熹两位大儒作为典型来分析。其间,还有因上疏《谏迎佛过骨表》并差一点丢了性命的韩愈,以及批

---

① 《朱文公文集·经筵留身面陈四事札子》。
② 同上。
③ 《朱文公文集·戊申封事》。
④ 《朱文公文集·己酉拟上封事》。
⑤ 同上。
⑥ 《续资治通金》卷154。

评君权神授观的柳宗元等,都是儒家思想占据主导地位的思想家,他们也都不主张君主独裁专制。尔后的黄宗羲、王夫之、顾炎武和唐甄等人,更是以孔孟原初儒家理论为思想武器,对君主独裁专制制度进行了猛烈的批判。

三、中国君主独裁专制思想的源头及其他

综上所述,儒家的政治学说是不主张君主独裁专制的。无论是他们的仁政德治说,还是民本思想,无论是"民贵君轻"说,还是禅让主张,无论是无道覆舟说,还是求贤纳谏说,无论是德主刑辅说,还是领导表率说,无论是政在得民说,还是立君为民说,这些儒家的思想主张,虽然还上升不到民主的高度,但至少和君主独裁专制主张不是一个范畴。儒家坚持的是君权有限的主张,因而就不会再坚持君主独裁专制的主张。正因为儒家的思想主张对君主独裁专制不利,才有秦始皇的焚书坑儒,才有后世的《孟子节文》等。

也许有人要问,中国长期以来,君主独裁专制思想源于何处?答案是法家!人们只要打开《韩非子》,君主独裁专制思想的源头不难发现。集法家思想之大成的韩非,继承了商鞅关于"权者之所独制也……权独制于君则威"的独裁专制思想,并予以发扬光大。

韩非认为,君主的权力是绝对的、无限的。在他看来,君臣关系就如同帽和鞋子的关系,绝对不能颠倒。他引经据典地比喻说:"冠虽穿弊,必戴于头,履虽五彩,必践之于地"[1],君臣关系就是这种不能颠倒的鞋帽关系。作为人臣的周文王,因行仁义、作好事,使得"百姓悦之,诸侯附焉",就是犯了死罪,"不可不诛"[2]。而作为君主的纣,即使无恶不作,"虽不肖,臣不敢侵也"[3]。韩非甚至认为,天下至今不治,原因就是君臣关系颠倒的结果,其首恶就是尧舜汤武。理由是:"尧为人君而君其臣(以人臣为

---

[1] 《韩非子·外诸说左下》。
[2] 同上。
[3] 《韩非子·忠孝》。

君),舜为人臣而臣其君(尧年老时让舜掌权管事),汤武为人臣而弑其主,刑其尸(汤伐夏而流放夏桀,武王将已投火而死的纣王斩首,挂在旗杆上),而天下誉之,此天下所以至今不治者也"①。韩非也经常讲任贤使贤,然而他所谓的"贤臣",只是君主矢忠矢志的工具,不能有自己的独立意志。他说:"贤者之为人臣,北面委质,无有二心,朝廷不敢辞贱,军旅不敢辞难,顺上之为,从主之法,虚心以待令而无是非也"②。可见,韩非的"贤臣"就是无独立思想、无独立人格、盲目服从君主的机器人而已。他还认为,既然做了臣子,无论君主如何不好,也不能随便离开君主,也不能谏诤君主的所作所为。他说:"轻爵禄,易去亡,以择其主,臣不谓廉;诈说逆法,背主强谏,臣不谓忠"③。令人百思不得其解的是:韩非既然要求臣下矢忠矢志地效命君主,又认为忠臣是不存在的。他认为君臣关系实际上是"上下一日百战"④的虎狼关系,大臣、重臣无时无刻不在觊觎君位。所谓"忠臣",只是臣子一时力量不具备或机会未到而且为了己利不得不为君主奔走卖命罢了。"臣之所以不弑其君者,党与不具也"⑤,一旦有了力量和时机,臣下极可能要弑其君而代之的。故此,韩非极力主张君主独裁专制。他告诫君主不要相信任何人,包括和自己同床的夫人、后妃,以及太子和左右大臣,对谁都不要表示真实感情。"爱臣太亲,必危其身,人臣太贵,必易主位"⑥;"若地若天,孰疏孰亲,能像天地,是谓圣人"⑦。又说:"独视者谓明,独听者谓聪,能独断者,故可以为天下主"⑧。临事"独断",睡觉"独寝"⑨,平日"贵独道之容"⑩,这就是韩非献给君主的独裁秘诀。韩非是主张"法治",但综合他"法治"的内容无非是:国法产生于君主,君权大于国法;君主出言为法,君主的命令就是最根本的法律渊源,具有最

---

① 《韩非子·忠孝》。
② 《韩非子·有度》。
③ 同上。
④ 《韩非子·扬权》。
⑤ 同上。
⑥ 《韩非子·孤愤》。
⑦ 《韩非子·扬权》。
⑧ 《韩非子·外诸说右上》。
⑨ 《韩非子·备内》。
⑩ 《韩非子·扬权》。

高的法律效力;君法无误,不容怀疑与议论;法治的对象是臣民,君主不存在守法问题,法治的目的,是最大程度地实现君主个人利益。① 由此可见,这种"法治"是十足的君主独裁专制理论。韩非主张"势治",然而"势治"的核心就是期望君主独掌"刑赏"这二柄利器而不以示人,以此来生杀予夺,威福由己,更好地实行君主独裁专制。② 韩非主张"术治",但所谓的"术治"就是采用那些挑拨离间、特务盯梢、妻子为质、暗杀重臣、明杀无辜等一系列阴谋卑鄙手段,来实现君主独裁专制的目的。③ 由此可见,法家代表人物韩非才是中国君主独裁专制思想的炮制者与极力鼓吹者,是中国君主专制理论的源头。

有人或许要问:汉武帝以后,法家不是销声匿迹而儒学当道了么?为什么中国在此之后的两千多年里,其君主独裁专制思想根深蒂固而民主民权思想未能发展起来呢?我认为该问题应该从以下方面加以考虑:其一,我认为以农业为基础的中国封建社会,不利于民主民权思想的发展,或者说这种生产方式对民主民权思想要求不甚强烈。关于这一点,就不在这里展开说了。其二,受法家君主独裁专制思想路线影响太深。众所周知,秦王朝在法家思想路线指导下,建立了君主绝对专制的体制。焚书坑儒,禁锢人的自由意志,严刑峻法,刻薄少恩,仁义不施,用民太酷,君主有绝对权威。秦王朝虽短暂而亡,但"汉承秦制",很多东西被汉代君主所继承。不仅继承了秦代具体的政治经济制度、社会结构和施政大纲,也包括了秦代奉行的法家指导思想。汉初的黄老思想,表面看来是对秦代严刑酷法的纠正,但只是纠正与改变秦代"法治"的滥用,而其"法治"的精神与立场,则没有实质性地改变。其三,汉武帝时,虽然采纳董仲舒建议,罢黜百家,独尊儒术,但实际上只是借儒学作为"法治"的装饰,其"法治"比文景时更为严酷。从汉武帝本人对宰相制度的破坏,足能表现出汉武帝的法家风骨:先后任汉武帝宰相的有窦婴(弃市),许昌(因故免职),田盼(因早死而善终,否则因淮南王刘安事会遭族诛),薛泽与公孙弘(不敢面

---

① 参看拙作:《论韩非人治思想》,载《北京大学学报》1993年第1期。
② 同上。
③ 同上。

折庭争,谀君固位),李蔡(因罪自杀),庄青翟(因罪自杀),公孙贺(下狱死),车千秋(因武帝先死而存)。这些宰相要么谨唯以听君命,要么阿谀奉承君主,凡是想有所作为而真正实施相权的,无一能善终。汉武帝在人事安排上,尽可能选择不适合做宰相的人做宰相,又以常情之外的严刑峻法,使宰相的职位名存实亡,这完全是为了实现君主一人独裁专制的需要。董仲舒生活在已经形成君主独裁专制现实的汉武帝时代,艰难地继承着儒家有限君权的传统,不得已时也说了些君主爱听、几乎与韩非相似的话来,这也是情势所迫。这个"情势"就是:全国已经统一,没有其他国度可去,没有别的君主可投,毫无限制的君主权威已成现实等。在这种严酷情势下,董仲舒只好用"天人感应"、"灾异谴告"之类的理论来限制君权。然而,董仲舒的这套理论不但对限制君权收效甚微,而且反被统治君主用来宣扬君权神授、加强君权的工具。这是董仲舒所始料不及的。自汉武帝后,是否真正实施儒家理论呢?汉宣帝曾给这一问题一个很好的回答,他说:"汉家自有制度,本以霸王道杂之,奈何纯任德教、用周政乎?"①正因为历代君主帝王打着儒家的旗号,而不完全实施儒家主张(尤其不愿实施儒家君臣这一伦的理论),所以明眼人一眼就看破中国几千年来的政治文化是"阳儒阴法"或"外儒内法"这一西洋景。朱熹就曾一针见血地指出:"秦法尽是尊君卑臣之事,所以后世不肯改"②。由于题目和篇幅所限,对汉以后的君主独裁专制问题,不宜作过多阐述,拟以后再作专文详细讨论之。

本文引用了很多材料,主要是想说明以下几个问题:第一,儒学政治理论和儒家代表人物虽然主张尊君,但并不是指在位的君主,而是他们理想中的圣君明主。第二,儒家虽然主张尊君、忠君,但并不主张君主独裁专制。他们是有限君权论者,有限君权论者在逻辑上是不会主张君主独裁专制的,因为"独裁专制"就意味着君权无限。第三,实际上,他们也是不主张或反对君主独裁专制的,他们主张君主求贤纳谏,臣下仗义执言,

---

① 《汉书·元帝纪》。
② 《朱子语类》卷128。

君臣集思广益,共同论道执政。第四,从政治思想史的实际来看,中国君主独裁专制思想的源头是法家韩非,而中国几千年君主独裁专制的历史也是因为没有真正实行儒家学说而暗行法家主张所致,不能把"独裁专制"这盆脏水泼在儒家头上。第五,儒家主张最高行政长官要注意倾听下属意见,下属也要坚持原则,秉公直言,上下集思广益,相互配合,共同行政。这种主张与现代化政治生活要求并不违背,而是适合现代政治生活要求,应该继承。

论儒家的功利思想

江荣海

儒家经典的内容证明儒家是讲功利的。儒家代表人物孔、孟、荀对耕、战、工、商的强调和重视以及他们想有功于世、有利于民的意愿和实践都证明儒家有浓厚的功利思想。强调道德修养与注重功利的思想并非矛盾。后儒董仲舒和朱熹虽然有些反对言功讲利的言论,但是,如果能仔细分析和从总体上来看问题,就可看出:他们实际上也是讲功利的。与法家功利思想相比较,儒家功利思想虽然有较多的人民性立场和较全面考虑问题的特点,但在审时度势地抓主要矛盾方面,显然不如法家思想敏捷。

长期以来,很多人一直认为儒家是只讲仁义(或礼义)而不讲功利的,这几乎成了定论。我对此有不同的看法。在为祖国建功立业的改革开放年代里,我们来探讨中国思想史上儒家的功利思想,弃其糟粕,弘扬精华,使其更好地服务于社会主义现代化建设,是具有一定意义的。

一、儒家经典《诗经》、《周易》等书中的功利思想

我们在讨论儒家功利思想之前,首先要注意两个问题:第一,中国汉字的一词多义和一义多种表达法的特点。比如功字就有业、事、烈、庸、绩、勋、绪、考、就、成等同义词,利字就有吉、福、财、货、禄、祜、祉、泽、快、乐、避祸、除害、无咎等不同表达法。而且,功与利在某种意义上就是一个同义词。第二,避苦求乐的功利思想并不是不讲道德、一味追求个人私利,而主要是谋求社会和公众的利益与幸福。当然,儒家是不会、也不可能完全站在人民立场上,全心全意替广大劳动人民谋福利的,阶级立场决定他们最终仍是为统治阶级利益服务的,这是毫无疑义的。然而,封建阶级思想家的眼光较之封建阶级本身更远大一点。尤其在封建阶级的上升时期,进步思想家是能部分地或较多地突破自己阶级的局限性,在某些问题上、某种程度地反映广大公众和社会的利益,因而不能将他们所有富国富民的主张一概视为虚伪的说谎。

儒家著作精要为《十三经》。据说,《诗经》是孔子亲手修改删定的,然而《诗经》里歌功求利的言论不胜枚举,这里列举一些如下:

> 肃肃谢功,召伯营之。①
> 文王受命,有此武功……丰水东注,维禹之绩。②
> 王犹允塞,徐方既来。徐方既同,天子之功。③

至于求福利的话更是举不胜举,总共三百篇诗,光是福、禄、祉、祜四字就共出现了八十三次之多,可以说是充斥《诗经》的自始至终。

《周易》列为"十三经"之首。在它短短的六十四卦中,利字就有九十见,吉字有一百零七见,"无咎"九十二见,其可谓满目皆"吉利"!自《论语》到《左传》等儒家著作,每每引证《周易》之辞,孔子晚年也精心研读

---

① 《小雅·黍苗》。
② 《大雅·文王有声》。
③ 《大雅·常武》。

《周易》,以致"韦编三绝",因而我们有理由认为,儒家是不反对讲吉利、求事功的。

《尚书》、《左传》都是史书。古代历史,戎马征伐是其主要内容之一,南征北讨,你争我夺,不为求功利为什么?"一部《周礼》,理财居其半"①,不为求功利为什么?只要认真浏览一下儒家的代表作《十三经》,不难看出,无论对治国理民一统天下的政治主张还是在习兵布阵、考工务农等方面,都有深刻的见解和造诣。对天下为公、世界大同理想社会的向往追求,则是儒家功利思想具体而有力的证明。如果仅以个别儒家人物的一两句话来认定儒家不讲功利,这是不能叫人首肯的。

二、儒家代表人物孔、孟、荀的功利思想

儒家三大代表人物孔子、孟子、荀子都认为,人人都有追求财富和幸福的天性。孔子说:"富与贵,是人之所欲也"②,孟子也说:"欲贵者,人之同心也"③,荀子也说:"夫贵为天子,富有天下,是人情之所同欲也"④。由此可以看出,他们都承认人有向往富贵、追求幸福的天性,这是他们功利思想的基础。

儒家并不一味反对讲私利,只是要求人们在追求个人利益之前,首先考虑这种追求是否符合礼义,至少是酬有应得而不是损人利己。这就是孔子说的"见利思义","义,然后取"⑤,孟子说的"非其义也,非其道也……一介不以取诸人"⑥,荀子说的"君子……欲利而不为所非"⑦。但是,只要符合道义,哪怕作"执鞭之士"⑧去求富贵也行,只要符合道义,"则舜

---

① 《王安石全集·卷八·答曾公立书》,上海古籍出版社1999年版。
② 《论语·里仁》。
③ 《孟子·告子上》。
④ 《荀子·荣辱》。
⑤ 《论语·宪问》。
⑥ 《万章上》。
⑦ 《荀子·不苟》。
⑧ 《论语·述而》。

受尧之天下不以为泰"①,"附之以韩魏之家"也"自视欿然"②,只要符合道义"禄天下而不自以为多"③。近代革命家章太炎在《诸子学略说》中批评儒家说"儒家之病,在以富贵利禄为心","湛心荣利"。这种批评虽有些过甚其词,但也确反映出儒家是不反对适当而合理的个人利益。

虽然儒家都承认适当而合理的个人私利,但以天下为己任的儒家,还是较少地谈个人私利。从这个角度去看,孔子"罕言利"是符合史实的。一部《论语》,除了回答子张问"干禄"和"执鞭求富贵"两段话外,很少涉及追求个人私利的言论。并且认为,作为一个要治国理民的君子,如果是以个人"恶衣恶食"为耻,那么这样的人是不足与谋的。在个人财富上,孔子的信条是"贫而乐,富而好礼"④。孟子也很少谈及个人私利,只是认为在穷得没办法时,也可干一个卑职少钱的小官。"仕非为贫也,而有时乎为贫……为贫者,辞尊居卑,辞富居贫"⑤。很显然,做一个"辞尊居卑,辞富居贫"的小官,不是在追求私人财利。与此相反,孟子明白地说:"堂高数仞,榱题数尺,我得志弗为也,食前方丈,侍妾数百人,我得志弗为也,般乐饮酒,驱驰田猎,后车千乘,我得志弗为也"⑥。一些国君送给他个人的礼物,只要不符合礼义,不管多少他都拒收。孟子还有一点与众不同的是,他甚至耻谈"利"字,宁愿用财货、恩泽等字来代替利字,但他却是人们公认的中国古代有真知灼见的伟大的经济思想家之一。荀子也同样认为君子不应过多地追求私利。他说:"古之贤人,贱为布衣,贫为匹夫,食则饘粥不足,衣则竖褐不完,然而非礼不进,非义不受"⑦,"君子之能以公义胜私欲"⑧。

如果说儒家代表人物在个人物质利益上强调俭略不争,甚至耻谈私利,但对他人、尤其是对社会整体的物质利益与幸福,却是极为关心极为

---

① 《孟子·滕文公下》。
② 《孟子·尽心上》。
③ 《荀子·荣辱》。
④ 《论语·学而》。
⑤ 《孟子·万章下》。
⑥ 《孟子·尽心下》。
⑦ 《荀子·大略》。
⑧ 《荀子·修身》。

提倡的。具有现实主义精神的儒家,都较为深刻地认识到:经济生活是其他社会活动的基础,人们的衣食住行是社会安定的首要前提。孟子说:"民非水火不生活……圣人治天下,使有菽粟如水火。菽粟如水火,而民焉有不仁者乎?"①"乐岁终身苦,凶年不免于死亡,此惟救死而恐不赡,奚暇治礼义哉?"②孔子也清楚地认识到"贫而无怨难"③,"小人穷则斯滥矣"④。荀子更是认为"不富无以养民情"⑤。为了地主阶级的长远利益,维持社会安定,儒家都极力主张提高人民的生活水平以减少人民的困苦。《论语·子路》记载:"子适卫,冉有仆。子曰:'庶矣哉',冉有曰:'既庶矣,又何加焉?'曰:'富之'"。孔子还以"邦有道,贫且贱耻也"⑥为口号,号召人们发展生产,追求财利。孟子的治国方案也是:"五亩之宅,树之以桑,五十者可以衣帛矣!鸡豚狗彘之畜,无失其时,七十者可以食肉矣!百亩之田,勿夺其时,数口之家可以无饥矣!谨庠序之教,申之以孝悌之义,颁白者不负戴于道路矣!七十者衣帛食肉,黎民不饥不寒,然而不王者,未之有也"⑦。荀子更是重视富国富民。为此,他特地写了《富国》篇,在《富国》篇中,他乐观地认为,只要按儒家主张的一套行事,就会使得"财货浑浑如泉源,汸汸如河海,暴暴如丘山,不时焚烧,无所藏之,夫天下何患乎不足也",如此,老百姓自然就会"爱其上,人归之如流水,亲之欢如父母,为之出死断亡而愉者"⑧。

为了保障人们的物质生活,儒家代表人物在重民、惠民、保民、养民等口号下,还提出了一系列具体主张。第一,他们都极力反对贪得无厌的统治者对人民的横征暴敛。孔子发出了"苛政猛于虎"⑨的感叹。主张"灾年去彻"的孔子希望统治者能放松对下层人民的剥削,这可能是孔子一生

---

① 《孟子·尽心上》。
② 《孟子·梁惠王上》。
③ 《论语·宪问》。
④ 《论语·卫灵公》。
⑤ 《荀子·大略》。
⑥ 《论语·卫灵公》。
⑦ 《孟子·梁惠王上》。
⑧ 《荀子·富国》。
⑨ 《礼记·檀弓下》。

"罕言利"的主要原因。当孔子得知自己的门徒冉求帮助"富于周公"的季氏去聚敛百姓时,极为恼怒,命令其他弟子说:"非吾徒也,小子鸣鼓而攻之可也"①。薄税敛,反对垄断,"轻田野之税,平关市之征"是孟子和荀子的一贯主张。第二,在人们物质利益之间的关系上,鉴于"放于利而行,多怨"②,"上下交征利,而国危"③,儒家提出了礼让不争、忠恕等原则。孔子说的"君子无所争"④,"己欲达而达人"⑤,"财利至,则善而不及也,必将尽辞让之义,然后受"⑥,都是要求人们在相互间财利关系上讲求辞让不争。这种主张与他们的功利思想是一致的。为了保障人们的个人财利而提出的辞让不争,其实质仍是功利的。第三,提出不违农时,扩大生产,以此来增加社会和人民的财富。孔子认为"使民如承大祭"⑦,因而一再强调"使民以时"⑧。孟子也说:"不违农时,谷不可胜食也,数罟不入洿池,鱼鳖不可胜食也,斧斤以时入山林,材木不可胜用也。谷与鱼鳖不可胜食,材木不可胜用,是使民养生丧死无憾也"⑨。荀子也同样强调说:"百姓时和、事业得叙者,货之源也,等赋府库者,货之流也。故明主必谨养其和,节其流,开其源,而时斟酌焉,潢然使天下必有余……是故禹十年水,汤七年旱,而天下无菜色者。"⑩

重视农耕也是儒家财利思想的一个重要方面。有人从孔子回答樊迟学稼圃的话语,以及"耕也,馁在其中矣"⑪一两句话,就认定儒家轻视农业生产,这个较为传统的看法也是值得商榷的。如果说儒家个人轻视直接参加农业生产的行为,这也许是对的。因为儒者往往过高估计他们自己治国安邦的雄才大略,认为他们不应该是参加具体劳动的一般人,而应该

---

① 《论语·先进》。
② 《论语·里仁》。
③ 《孟子·梁惠王上》。
④ 《论语·八佾》。
⑤ 《论语·雍也》。
⑥ 《荀子·儒效》。
⑦ 《论语·颜渊》。
⑧ 《论语·学而》。
⑨ 《孟子·梁惠王上》。
⑩ 《荀子·富国》。
⑪ 《论语·卫灵公》。

是社会上层的管理者。孔子所处的时代,随着生产力的发展,社会正处于变革时期,急需一批有知识、有安邦理民能力的"贤才"。不论在当时或在任何历史环境中,管理者的作用肯定要大于具体劳作者。正是在这种意义上,孔子才讥笑樊迟为"小人"。即使孔子本人真的"四体不勤,五谷不分",也不能因此说他不重视农业生产。能够勤四体而分五谷的,除了农家外,诸子百家(包括墨子)又有几人能做到呢?相反,孔子对农业生产是很重视的。从"所重民食、祭丧"①,从政在"足食足兵,民信之矣"②等言语中,我们看出孔子对农业生产是很重视的。而且,他对参加农业生产的人也是很尊敬的。他很羡慕"偶尔耕"的长沮和桀溺,如果要不是天下无道,他将和他们同群。对于骂他"四体不勤、五谷不分"植杖而芸的丈人,孔子与子路对他都很尊敬。③ 当南宫适同孔子谈论了"禹稷躬稼,而有天下"后,孔子背下称赞南宫适说:"君子哉若人!尚德哉若人!"④在《论语》全书中,我们找不到对种田行业轻视的语言。"耕也,馁在其中矣",这是对当时广大农奴穷困不堪境况的真实叙述。省徭薄赋,减轻人民痛苦,才是孔子挚挚以求的。正是为了避苦求乐,孟子才精辟地分析了社会分工的必要性。仅从"无野人,莫养君子"⑤一句,就可看出孟子同样是不会轻视农业生产的。他对"小人""大人"的区分,只是说明孟子认识到了一个人工作的性质,对社会作用的重要性有大有小。有人看到孟子要对"辟草莱、任土地"的人用刑,就认为孟子是反对开荒种地、发展农业生产,这也是误解。孟子是在"春秋无义战"⑥的历史环境中,看到了"争地以战,杀人盈野,争城以战,杀人盈城,此所谓率土地而食人肉,罪不容于死"⑦的情况,才发出了"善战者服上刑,连诸侯者次之,辟草莱、任土地者次之"的偏激言论。这里的前提和推断很清楚:孟子是为了反对不义战争,从而反对人们开荒辟草去支持不义战争。主张"乐岁终身饱,凶年免于死亡"的孟

---

① 《论语·尧曰》。
② 《论语·颜渊》。
③ 参见《论语·阳货》。
④ 《论语·宪问》。
⑤ 《孟子·滕文公》。
⑥ 《孟子·尽心下》。
⑦ 《孟子·离娄上》。

子,怎么会无缘无故地反对开荒种地、发展农业生产呢?他一再强调说"民事不可缓"①,古代民事的主要成分不就是农业生产吗?孟子对农业生产的真正态度是:"春省耕而补不足,秋省敛而助不给。入其疆,土地辟,田野治,养老尊贤,俊杰在位,则有庆,庆以地。入其疆,土地荒芜,遗老失贤,掊克在位,则有让"②。田野垦辟有赏,土地荒芜有罚,怎么能说孟子反对开荒种地、发展农业生产呢?荀子更是重视和研究农业生产,他为发展农业生产提出一系列具体措施。这些具体措施大致有:(1)"罕举力役,无夺农时";(2)"朴力寡能"③;(3)"众农夫"。(4)"多粪肥田";(5)"刺草殖谷";(6)"掩地表面"④;(7)"相高下,视肥墝,序五种";(8)"修堤梁,通沟浍,行水潦,安水藏,以时决塞。岁虽凶败水旱,使民有所耘艾"⑤。

从以上所引可看出,儒家同法家一样重视农耕。在以农业为社会主要经济命脉的古代,任何一个统治集团,都毫无例外地把农业当作自己安身立命的基础,切身利害迫使他们不得不重视农业。

重视工商的思想,是儒家功利思想又一重要组成部分。

孔子对于工,没有多少涉及。《论语·卫灵公》中有他"工欲善其事,必先利其器"的言论,子夏也有"百工居肆以成其事"⑥的言论,可是都难以看出臧否色彩。然而孔子重商的态度却是明确的。他的弟子端木赐就是卫国的大商人,孔子并不因此而拒绝收他为徒;相反,他谴责鲁大夫臧文仲"置六关"妨碍了商人贸易,认为这是他"三不仁"之一。⑦可见孔子是不反对商业自由贸易的。

孟子肯定了百工之事不可少,认识到"一人之身而百工之所为备",同意"百工之事",不必"耕且为也"⑧。他还同样认定商业贸易不可少。他

---

① 《孟子·滕文公上》。
② 《孟子·告子下》。
③ 《荀子·王霸》。
④ 《荀子·富国》。
⑤ 《荀子·王制》。
⑥ 《论语·子张》。
⑦ 参见《左传·文公二年》。
⑧ 《孟子·滕文公上》。

说:"子不通工易事,以羡补不足,则农有余粟,女有余布,子如通之,则梓匠轮舆皆得食于子"①。为了促进贸易顺利地进行,他反对巨屦小屦同价②,也反对"垄断"市场的行为③,而是主张"市廛而不征,法而不廛"④。

荀子也很重视工商的作用。他在《王霸》、《君道》、《富国》诸文中都有所论述,这里就不一一列举了。

对于孔孟财利思想,胡寄窗作了这样一些断语:关于孔子,他说"事实上,孔丘在《论语》中谈到财利之处并不算特别少",并认为"子罕言利"的四个字是"简略而谬误的四个字"⑤;关于孟子,他说"《孟子》一书的第一篇第一段,记载他对梁惠王答复时说'仁义而已矣,何必曰利!'这段话给人一种印象,似乎他也和孔丘一样是'罕言利'的,其实这完全是错觉。在早期儒家中,他不独谈了不少经济问题,而且还提出了不少杰出的经济见解"⑥。无论是"简略而谬误"也好,或是"完全是错觉"也好,都是不同意那种认为孔孟是不讲财利的观点。在这一点上,我完全赞同胡寄窗教授的意见。因为无论是孔子的"义以生利,利以平民"⑦,还是孟子的"无政事则财用不足"⑧,"周于利者,凶年不能杀"⑨,或者荀子的"量地而立国,计利而蓄民"⑩,都不得不使我们承认:儒家也是强调财利的。不仅如此,儒家还工于利弊取舍之权衡。荀子说:"见其可欲也,则必前后虑其可恶也者,见其可利也,则必前后虑其可害也者;而兼权之,熟计之,然后定其欲恶取舍,如是则常不失陷矣"⑪;孔子说:"无见小利……见小利则大事不成"⑫;孟子说:"鱼,我所欲也,熊掌,亦我所欲也,二者不可得兼,舍鱼而取

---

① 《孟子·滕文公下》。
② 参加《孟子·滕文公上》。
③ 参见《孟子·公孙丑下》。
④ 《公孙丑上》。
⑤ 胡寄窗:《中国经济思想史简编》,中国社会科学出版社1981年版,第40—41页。
⑥ 同上书,第55页。
⑦ 《左传·成公三年》。
⑧ 《孟子·尽心下》。
⑨ 同上。
⑩ 《荀子·富国》。
⑪ 《荀子·不苟》。
⑫ 《论语·子路》。

熊掌者也"①。这些难道不是"两利相权取其重"的功利原则吗？

以上，我们基本上说的是孔、孟、荀的求利思想，下面我们探讨一下他们求功的思想。

孔子是很强调有"功"于民的。他心目中的"圣人"、"仁人"都是人民的功臣。子贡问他："如有博施于民而能济众，何如？可谓仁乎？"孔子答道："何事于仁，必也圣乎！"②他还将不轻易赐人的"仁"衔，送给了为人民立有大功的管仲，并对管仲的功绩进行了热情的歌颂。他说："桓公九合诸侯，不以兵车，管仲之力也。如其仁！如其仁！"③"管仲相桓公，霸诸侯，一匡天下，民到于今受其赐，微管仲，吾其被发左衽矣！"④他在称赞唐尧时，用无限敬慕的口气说："巍巍乎，其有成功也！"⑤他还直言不讳地将"敏则有功"作为衡量仁人的标准之一。⑥以"斯文"的继承者和传播者自居的孔子，不仅仅极力对圣人、仁人的功绩进行歌颂，而且他自己也一直想有功于世、名传千古。他毫不掩饰地说："君子疾没世而名不称焉"⑦。为了名称于后世，他带领弟子，不辞辛苦地游说诸侯，以至于"斥乎齐，逐于宋、卫，困于陈、蔡之间"，"累累若丧家之狗"⑧。他到处陈说自己的政治主张，并为自己长期"不试"，只能充当"系而不食"的"匏瓜"而懊恼。他还自负自信地夸口表白："苟有用我者，期月而已可也，三年有成"⑨。显而易见，孔子希望有功于世、为民建功立业的功名心是十分强烈的。

孟子同样是以为人类所作的贡献，作为衡量圣人的标准。与农家学派陈相的辩论中，他在批驳君民"并耕而食"观点的同时，充满激情地歌颂古圣人为民救民的功勋。也正因为古圣王对人类立下了不可磨灭的功勋，儒家才开口不离尧舜禹，闭口不离法先王。毫无疑问，为民立功立德

---

① 《孟子·告子上》。
② 《论语·雍也》。
③ 《论语·宪问》。
④ 同上。
⑤ 《论语·泰伯》。
⑥ 参见《论语·阳货》。
⑦ 《论语·卫灵公》。
⑧ 《史纪·孔子世家》。
⑨ 《论语·子路》。

是儒家敬仰古圣王的主要原因之一。在歌颂古圣王功业的同时,孟子本人也希望经世致用,亲自建功立业。当有人说他"好辩"时,他理直气壮地反驳说:"天下之言,不归杨则归墨。杨氏为我,是无君也,墨氏兼爱,是无父也。无父无君,是禽兽也……我亦欲正人心,息邪说,距诐行,放淫辞,以承三圣者,岂好辩哉?予不得已也。能言距杨墨者,圣人之徒也"①。承三圣之后,作圣人之徒,为民立功立德,这是孟子终身的雄心壮志。公孙丑问他,如果"夫子当路于齐,管仲晏子之功,可复许乎?"对于孔子都夸赞的功臣管仲,他也很不服气,借曾西之口讥讽地说:"管仲得君如彼其专也,行乎国政,如彼其久也,功烈如彼其卑也"。他极为不满地反讥公孙丑说:"管仲,曾西之所不为也,而子为我愿之乎?"并不无狂妄地说:"以齐王,由反手也"②。他还极端自负地声称:"王如用予,则岂徒齐民安,天下之民举安";"如欲平治天下,当今之世,舍我其谁也?"③总之,孟子救国救民、建功立业的志向是很大的。他为实现自己的政治抱负摩顶放踵,仆仆风尘,虽然他的一些理论被人认为迂阔不济世用,但他那种锲而不舍的追求,却给后人以很深的印象。

荀子也同样是功绩的倡导者。他还从性恶论出发,认为"名声若日月,功绩如天地,天下之人,应之如景响,是又人情之所同欲也"④。他在《非十二子》中批评惠施和邓析的重要一条,就是指责他们"甚察而不惠,辩而无用,多事而寡功,不可以为治纲纪"。此外,"省求多功"⑤,"功大而名美"⑥,都是荀子的口头禅,限于篇幅,我们不能过多引证。

对于战争的态度,也应是儒家求功思想的一个重要内容。一般地说,儒家是反对战争的,尤其是不义之战。儒家认为统一天下的方法,应是以德治仁政为手段,争取民心,让天下人自动跑来接受推行仁政君主的统治。但具有现实主义态度的儒家,并不是一概反对战争,对于除暴安民的

---

① 《孟子·滕文公下》。
② 《孟子·公孙丑上》。
③ 《孟子·公孙丑下》。
④ 《荀子·王霸》。
⑤ 《荀子·儒效》。
⑥ 《荀子·君道》。

讨伐战争,对于保国卫家的自卫战争,儒家都是肯定的。例如,齐国大夫陈恒杀了齐简公,孔子不是"沐浴而朝",要哀公讨之吗?① 孟子不也对那种东面而征西夷怨晚、南面而征北狄怨迟的正义讨伐战大加赞赏吗?② 不是也私下怂恿齐国大夫沈同说"燕国可伐"吗? 孔子不是强调"足食足兵"③、"有文事者必有武备"④吗? 孟子不也是强调"凿池""筑城"、"民效死而弗去"⑤的守卫战吗? 孔子明白地认识到,卫灵公之所以"无道"而"不丧",其主要原因之一就是有"王孙贾治军旅"⑥。孔子虽对卫灵公说"军旅之事未之学"⑦,那不过是对卫灵公常发动不义之战的不满,其实未必不懂军旅。据《史记·孔子世家》记载:"冉有为季氏将师,与齐战于郎,克之。季康子曰:'子之军旅,学之乎,性之乎?'冉有曰:'学之于孔子'"。可见,孔子对军旅还是有一定研究的。荀子对军事有更深的造诣,他有专门的军事论文《议兵》篇。为了慎重作战,儒家提出了"先教后战"的主张。孔子说:"善人教民七年,亦可以即戎矣!""以不教民战,是谓弃之"⑧。孟子说:"不教民而用之,谓之殃民。殃民者,不容于尧舜之世"⑨。荀子更强调教民以战,主张军队要训练有素。他说:"将死鼓、御死辔,百吏死职,士大夫死行列。闻鼓声而进,闻金声而退,顺命为上,有功次之"⑩。由此,我们完全有理由说,儒家对兵战还是给予足够重视的,不过同法家比较起来,似乎还有程度上的差别。这种程度不同的原因,主要是在春秋战国、列强争雄的年代,法家强调进攻霸天下,头脑里根本没有战争正义与否的是非观念,所以提倡穷兵黩武。而儒家则强调战争的性质,反对杀人盈城盈野的侵略战争,更多地是谈消极的自卫,因而也就不像法家那样把军事战事放在高于一切的地位。然而,反对侵略也好,慎重防御也好,仍是符

---

① 参见《论语·宪问》。
② 参见《孟子·梁惠王下》。
③ 《论语·颜渊》。
④ 《史记·孔子世家》。
⑤ 《孟子·梁惠王下》。
⑥ 《论语·宪问》。
⑦ 《论语·卫灵公》。
⑧ 《论语·子路》。
⑨ 《孟子·告子下》。
⑩ 《荀子·议兵》。

合避苦求乐的功利主义原则要求的。

然而,有人看到儒家有时把"义"与"君子"、"利"与"小人"相联系,就认定儒家是不讲功利的。我们认为,对此要作具体的分析。

儒家笔下的"君子"与"小人"有两种含义:其一是指社会地位的高低,其二是指道德品格的优劣。就社会地位的高低而言,他们把尊贵的、有身份的上层统治者称作君子,而把卑贱的、从事生产劳动的下层庶民称作小人。孔子说的"君子学道则爱人,小人学道则易使也"[①],孟子说的"无君子莫治野人,无野人莫养君子"[②],荀子说的"君子以德,小人以力"[③],皆是此义。就道德品格的优劣而言,他们称道德高尚、品格完美的人为君子,称道德败坏、品格卑劣的人为小人。"君子喻于义,小人喻于利"一语中的"君子"与"小人",我们认为指的是第一种情况,即讲的社会地位和社会分工而不是人格的褒贬。儒家认为,不同社会地位的人,他们分工职守是各不相同的。荀子说:"天子不言多少,诸侯不言利害,大夫不言得丧,士不通财货;有国之君不息牛羊,错质之臣不息鸡豚,冢卿不修币施,大夫不为场园,从士以上皆羞利而不与民争业,乐分施而耻积藏,然故民不困财,贫窭者有所窜(措)其手"[④]。这里,荀子从社会分工出发,明确地指出哪些人该求利,哪些人该羞利。《左传·文公二年》记载:孔子批评鲁国臧文仲有"三不仁",其一是不该让他的妾"织蒲"来"与民争利",其二就是不该"置六关"而妨碍了商人贸易求利。这也是就社会地位和分工的角度而言的。同样,"君子喻于义,小人喻于利","王何必曰利",很可能就是孔孟在用"君子思不出其位"[⑤]的教条来界定二者不同的社会职责。倡导做官的讲求仁义而不以争私利为事,号召老百姓孜孜求利以发展生产,这就是儒家的义利观。

孔、孟、荀是发表了不少仁义礼教之类的言论,但这与避苦求乐的功利思想并不矛盾。相反,儒家认为,仁义礼智等道德规范是个人生活或社

---

① 《论语·阳货》。
② 《孟子·滕文公上》。
③ 《荀子·富国》。
④ 《荀子·大略》。
⑤ 《论语·宪问》。

会生活避苦求乐的必要前提。在个人生活方面:孔子说:"恭近于礼,远耻辱也"①;孟子说:"仁则荣,不仁则辱"②;荀子说:"为君子则常安荣矣,为小人则常危辱矣"③。由此可见,无论是孔子的"礼"也好,孟子的"仁"也好,荀子的"君子"也好,无非是叫人们求安荣而避危辱,这与功利主义思想不矛盾。在社会生活方面:孔子倡仁,那是因为"人而不仁,疾之已甚,乱也"④。乱世,当然对社会绝大多数成员都是不利的。所以孔子希望多出几个"如其仁"的管仲,使老百姓免于"被发左衽"而"受其赐"。孟子主张仁政,因为只有老百姓"仰足以事父母,俯足以畜妻子,乐岁终身饱,凶年免于死亡",才能不"放辟邪侈,无不为已",才能安定社会秩序。荀子强调礼,那是因为"人生而有欲,欲而不得,则不能无求,求而无度量分界,则不能不争,争则乱,乱则穷"。只有礼,才能"使欲必不穷乎物,物必不屈于欲,两者相持而长"⑤。只要我们进一步探求一下儒家"仁"的实质,"义"的目的,就可看出儒家的仁义道德的最后落脚点都是在"功""利"二字上。

三、后儒董仲舒和朱熹的功利思想

"百家"之间经过一段长时间的相互批判、相互渗透和相互吸收,尤其是经过《吕氏春秋》试图将百家融为一炉的努力,西汉武帝以后,原来意义上的儒家已有了很大的变化。董仲舒的思想已不是先秦儒家思想的本来面目,而是以儒家思想为主,兼采道家、法家、阴阳五行家等思想,经过一番改造以适应西汉加强中央集权需要的新儒学了。宋明理学,更是儒、佛、道的混合物。董仲舒和朱熹是中国思想史上较有名气的"大儒",而且也说过一些不求功利的言论,因而我们有必要也对他们的功利思想进行一些剖析。

在《汉书·董仲舒传》里记载了董仲舒"正其谊不谋其利,明其道不计

---

① 《论语·学而》。
② 《孟子·公孙丑上》。
③ 《荀子·儒效》。
④ 《论语·泰伯》。
⑤ 《荀子·礼论》。

其功"的言论。这句话后来成为历代统治者自诩仁政的口头禅。但是我们并不能因此认定董仲舒是不讲功利的空谈家。董仲舒是一位一心要巩固西汉封建大一统局面、加强中央集权统治的地主阶级政治家。他明白地认定,应该充分利用人们趋利避害的功利之心来加强统治。他在《春秋繁露·保位权》篇中说:"圣人之治国也,因天地之性情,孔窍之所利,以立尊卑之制,以等贵贱之差,设官府爵禄。利五味,盛五色,调五音,以诱其耳目;自令清浊,昭然殊体,荣辱焯然相驳,以威动其心;务致民令有所好,然后可得而劝也,故设赏以劝之。有所好必有所恶,有所恶然后可得而畏之,故设法以畏之。既有所劝,又有所恶,然后可得而制。""民无所好,君无以权也,民无所恶,君无以畏也。无以权,无以畏,则君无以禁止也。无以禁止,则比肩齐势而无以为贵矣"。很显然,董仲舒认为,人应该有功利之心,如果人人都无功利之心,则赏罚难施,贵贱不显,禁止不行,天下就无以为治了。此外,他认为君主的职责就是为天下人民兴利除害。他说:"圣人之为天下兴利也,其犹春气之生草也,各因其生小大而量其多少;其为天下除害也,若川渎之泻于海也,各顺其势倾侧而制于南北。故异孔而同归,殊施而钧德,其趣于兴利除害一也"①。董仲舒还认为,提倡功利能提高统治机器的效率。他说:"功盛者赏显,罪多者罚重。不能致功,虽有贤名不予之赏;官职不废,虽有愚名不加之罚……则百官劝职争进其功。"②由上所引,可充分看出一个最简单的事实:董仲舒不是不讲功利的,而是在讲义礼的同时也讲功利的。

那么,"正其谊不谋其利,明其道不计其功"的言论不也是董子讲的吗?是的,这话也确是他说的,他写的《对胶西王越大夫不得为仁》证实了这一点。然而一个问题不能简单地回答"是"与"否",而应从具体的情况和整体的联系来加以考察。董仲舒的这一言论,是在作"江都相,事易王"时期,与易王的一段对话中说的,是有具体背景的,应具体分析。易王是汉武帝的哥哥,"素骄好勇",野心勃勃。他对董仲舒说:"粤王勾践与大夫庸、种、蠡谋伐吴,遂灭之。孔子称殷有三仁,寡人亦以为粤有三仁。桓公

---

① 《春秋繁露·考功名》。
② 同上。

决疑于管仲,寡人决疑于君"①。在易王的话语中,他自称为"寡人","寡人"是只有皇帝才能用的称谓,又以"九合诸侯""一匡天下"的霸主齐桓公自居。显而易见,在大一统的环境下,易王这种功利观是代表一种与中央政权相对立的地方割据的小集团功利。这种甚至有取中央政权而代之的功利观,是违反董仲舒"三纲五常"和"大一统"主张的,也不符合当时国家的利益和人民的要求。正是这种狭隘的小集团的功心利欲,才引起了董仲舒"粤无一仁"和"正其谊不谋其利,明其道不计其功"的言论。这种具体的有所指的言论,不能代表董仲舒功利观的全部。相反,这种反对个别诸侯王狭隘的虚功私利,正是在总体上和根本上来维护地主阶级的整体功利。因此,董仲舒并非不讲功利。

朱熹是中国思想史上反对功利言论最多的人。即使如此,我们认为他并不是真的不讲功利。

首先,他承认君子也是讲利的。他说:"君子未尝不欲利"②,"欲富贵而恶贫贱,人之常情,君子小人未尝不同"③。他在反对宋金议和的《壬午应诏封事》里说:"所谓讲和者有百害无一利","愿陛下畴谘大臣,总揽群策,鉴失之之由,求应之之术,断以义理之公,参以利害之实,罢黜和议"。在《朱子语类》一〇八卷中又说:"居今之时,若欲尽除今法行古之政,则未见其利,而徒有烦扰之弊"。这些难道不是他在讲利吗?

其次,功也是他孜孜以求的。他说:"仁义之道明于上,而忠孝之俗成于下……则何事之不可成,何功之不可立哉?"④"陛下之志,必于复仇启土而无玩岁愒日之心,更相激励,以图事功","如此十数年间,自然渐见功效"⑤。在《壬午应诏封事》里,他又说:"天下之人……盖皆以非常之事、非常之功,望于陛下",再一次强调:"将相军民更相激励,以图事功"。这些,难道不是他在讲功吗?

---

① 《汉书·董仲舒传》。
② 《四书章句集注·孟子集注:梁惠王上》。
③ 《四书或问·论语或问》卷四。
④ 《朱子文集大全类编·癸未垂拱殿奏札二》。
⑤ 《朱子文集大全类编·庚子应诏封事》。

他所说的"古圣贤之言治,必以仁义为先,而不以功利为急"①,这是在谈仁义功利的先后缓急问题,而不是不要功利。仁义为先,这是儒家功利思想的特点。当然,我们承认他有很多反对功利的言论,他之所以常有些激烈攻击功利的言论,大概有如下原因:第一,他认为,过分地强调功利,会带来种种社会弊病。如"国虽富,其民贫,兵虽强,其国必病,利所近,其为害必远"②,并把南宋统治集团的腐败政治诸如朝廷贿赂公行,贪官污吏遍于国中,"财用日匮","军政日紊",仇耻不报,"民生日蹙",老百姓深受其害等已经出现的一切,错误地把它们归结为君主"不信先王之大道,而悦于功利之卑说"而致。③ 如果是为解决这些问题而反对功利,那么朱熹实质仍是在讲功利。第二,这与朱熹对"利"的释义有关。他把"利"释为"人欲之私"④,还说:"或问'义利之别',曰'只是为己为人之分'"⑤。因而他很多反对言利的议论,只是在反对追求私利。注重社会整体利益的他,极力反对言私利是可以理解的。第三,他认为,只要讲仁义,就会有功利,只要以义为心,利就会跟随而来。"专以利为心则有害,惟仁义不求利而未尝不利也"⑥;"盖义便兼得利"⑦,"义未尝不利"⑧,"循天理,则不求利而自无不利,殉人欲,则求利未得而害已随之","正其义,则利自在,明其道,则功自在,专去计较利害,定未必有利未必有功"⑨。不求功利则功利自来,何必苦苦去求呢?这也许是朱熹反对言功利的关键奥妙所在,这也大概是他不同于陈亮的地方。

正因为朱熹骨子里仍主张功利,所以他对社会经济问题进行了潜心的研究。他自己表白说:"臣虽书生,不晓钱谷,然其大体,亦窃讲闻"⑩。是的,他对钱谷都深有研究,这的确不是自夸。在钱的方面:朱熹对货币

---

① 《朱子文集·送张仲隆序》。
② 同上。
③ 参见《庚子应诏封事》。
④ 《孟子集注·梁惠王上》。
⑤ 《朱子语类》卷十三。
⑥ 《孟子集注·梁惠王上》。
⑦ 《朱子语类》卷六十八。
⑧ 《朱子语类》卷五十一。
⑨ 《朱子语类》卷三十七。
⑩ 《朱子文集大全类编·奏盐酒课及差役利害状》。

的流通职能以及货币轻重与物价的关系等方面都有不少论述。为保证货币流通量,防止纸币贬值,他坚决反对用铜钱造铸铜器,更主张采取措施,防止铜钱流向海外。① 在谷的方面:朱熹重视而且研究农业生产。诸如不误农时,改良土壤、合理种植、多种经营、奖励垦荒等等,都在一系列的"劝农文"②中进行了论述。

打开《朱子文集大全类编》第四册,我们可以看到:无论是耘草肥田还是趁时种麦,无论是赈荒救灾还是乞蠲钱税,无论是设置社仓还是米谷粜籴,无论是盐酒课税还是木炭代绢,无论是差役分派还是汰军屯田……可以说是柴米油盐酱醋茶,食货财物,事事关心,种种涉及。这些不特是利,甚至可能是小利,但只要是人民需要的,他都用极大精力关心和研究,怎么能说朱熹是不讲功利的呢?在个人立身处世的道德伦理修养上,朱熹强调修身养性,正心诚意,力倡去"人欲"而反对追求个人私利,但在为国家的社会经济问题上,他就不能不讲求生产、消费、赋税、救荒、赈恤、节用等等经济问题。我们认为,朱熹也是讲功利的。

四、儒法功利思想之比较

儒法两家都是新兴地主阶级的代言人,他们在理论观点上有所不同,但不同点主要是在治国方法上,而不是讲不讲功利的问题。在治国方法上,儒家侧重礼义教化,法家侧重严刑峻法,儒法两家虽然都追求功利,但由于在治国方法上的侧重点不同,因而在功利的内容和取得功利的方法上也有所不同。

在内容上,儒家的功利思想较之法家更全面,更广泛。

如前所述,儒家是重工商的,而以商韩为代表的法家却主张抑制工商。例如商鞅,虽也认识到商业有重要的作用,但是为了突出耕战,还是提出了很多抑制商人的具体措施,如"使商无得籴","贵酒肉之价,重其租,令十倍其朴";"重关市之征,则农恶商",另外还要以多派商人差役为

---

① 参见《朱子语类》卷一一一。
② 参见《朱子文集大全类编》第四册。

手段,使得"农逸而商劳"①。到了韩非,则明确提出"耕农之本务也,而纂组锦绣刻画为末作"②,正式将工商与"末"相连。并认为工商之民是"修治苦窳之器,聚沸靡之财,蓄积待时,而侔农夫之利",因而斥工商之民为"五蠹"之一。③ 法家为了片面强调耕战而诋毁工商,可见法家的功利思想内容是比较狭隘的。

另外,儒法两家虽都主张富国,但富国的具体内容也不尽相同。儒家的富国是主张藏富于民的。"百姓足,君孰与不足"④;"王如好货,与百姓同之"⑤;"下上俱富"⑥。而法家的富国则是建立在"民贫"的基础上,譬如商鞅,虽然他也说:"民贫则弱国",主张用耕战和赏赐的方法使他们富足,但这不是他的本意。因为民"富则淫",富了就不再追求耕战,国君的赏赐就失去了效力。"民……弱则尊官,贫则重赏"⑦。所以他说:"治国之举,贵令贫者富,富者贫"⑧,让人们在贫富之间不停地变动。不过从他分官爵为十二等级来看,他的"贫者富,富者贫"只是要在老百姓之间(不包括统治者)缩小贫富差距,维持一个最低的生活标准,好让统治者的刑赏二柄时时能起作用。但无论如何,国家却要"仓府两实"⑨。这就是他贫民以富国的政策。韩非也是公开反对足民的。他举例说:"当家之爱子,财货足用。财货足用则轻用,轻用则侈泰……侈泰则家贫",所以他的结论是,"凡人之生也,财用足则隳于用力,上治懦则肆于为非。财用足而力作者神农也,上治懦而行修者,曾(参)史(鱼)也,夫民之不及神农曾史亦已明矣"⑩。为此,他还极力反对济民政策。可见,韩非也同样认为,只有让人民保持贫困不足的状态,国家才能治理好。韩非有时也讲"自环谓之私,

---

① 均参见《商君书·垦令》。
② 《韩非子·诡使》。
③ 参见《韩非子·五蠹》。
④ 《论语·颜渊》。
⑤ 《孟子·梁惠王下》。
⑥ 《荀子·富国》。
⑦ 《商君书·弱民》。
⑧ 《商君书·说民》。
⑨ 《商君书·去强》。
⑩ 《韩非子·六反》。

背私谓之公"①,有时也讲"公利",但他的"公"就是人主,他的"公利"就是人主之利。他说:"匹夫有私便,人主有公利,不作而养足,不仕而名显,此私便也;息文学而明法度,塞私便而一功劳,此公利也"②。如果韩非真的在讲"公利",那么"好利""自为"而不可改变的人性,怎么能产生出"公利"呢?皇帝也是人,怎么会有讲求"公利"和"利民"的善性呢?因而他的"人主之公利"实质上就是人主视天下为私产。偶尔一两句"利民"的话,只能理解为"利君"的手段而已。因为他明白地说:"为政而期适民,皆乱之端"③,一切对君有利,才有存在的价值。法家这种贫民富国的主张,是儒家所反对的。从这种贫民富国的主张中,我们有理由认为,法家考虑更多的是地主阶级一个阶级、甚至是君主一人的功利,大有竭泽而渔之嫌。而儒家藏富于民的功利思想,则有较多的人民性立场,更近于功利主义的原则。不管是从较多的人民性立场或是包括工商在内的较广泛的求功利范围,我们都认为儒家功利思想的内容,较之法家更全面、更广泛。

在求取功利的方法上,儒家强调以义求利,重视仁义道德的功用,而法家则是为求利而不择手段。孔子的"义以生利"④,孟子的"无礼义,则上下乱"⑤,荀子的"义立而王,信立而霸"⑥,都是在强调用义求利。而法家则不然。商韩都认为,"自为""好利"是人不可改变的本性,人与人之间,无仁义道德可言。医生吮人之伤,造车者希望人多富贵,造棺材者希望多多死人,这些并非有什么恩怨,只是为了求利而已。韩非说:"夫严家无悍虏而慈母有败子,吾以此知威势之可以禁暴,而德厚之不足以止乱也"⑦;并且认为,"仁义用于古不用于今",当今只能"争于气力"。在他们看来,君主为了达到个人目的,可以全然不顾任何道德的约束,不择手段地为所欲为。为了达到巩固统治的目的,君主不但应该而且必须充分利用人们趋利避害的本性,以赏罚二柄作为武器,用厚赏引诱人们心甘情愿

---

① 《韩非子·五蠹》。
② 《韩非子·八说》。
③ 《韩非子·显学》。
④ 《左传·成公二年》。
⑤ 《孟子·尽心下》。
⑥ 《荀子·王霸》。
⑦ 《韩非子·显学》。

地为国君卖命,以重刑迫使人们不得不为国君卖命,这种非道德主义的观点,无疑是偏激的。

我们应该看到,儒家理论上的构思是很完备的:他们强调德治,并不否认刑罚;重视农业,也强调工商;反对不义之战,但支持正义战争;强调足君富国,更重视富民利民……面面俱到,无懈可击。但其根本的缺陷则是有时不能审时度势,抓住社会的主要矛盾,集中全力予以解决,更多的是在作理论的思辨。另外,儒家虽然也有功利主义的思想,但如何把理论原则付诸实现,则缺乏具体的论证和有力的措施。这样有时不免流于空谈。法家的农战政策,虽然片面狭隘,但的确是抓住了社会主要矛盾并能集中全力予以解决。正如刘泽华先生指出的那样:"从那个时代看,应该说,抓住了农战,确实握住了链条的中心环节,与其他诸子相比,远不如他们娓娓动听,但是从历史进程看,大而无当的娓娓动听之论,远不如著明切实的政策有利于事"①。突出的农战政策,非道德主义的严刑峻法,在当时较之儒家以仁义道德为主而面面俱到的方法获取功利更为有效。法家的功利思想在秦国争取一统天下的征战中,的确发挥了惊人的作用。史实证明,儒家全面考虑问题的做法和法家抓主要矛盾的做法,都有合理的内核值得借鉴。此外,在我们今天改革开放、建设社会主义现代化的事业中,作为国家和政府,要注意人们适当而合理的个人利益,作为个人,应以大局利益为重,不要"见利忘义",这些方面,儒家的功利思想也值得我们借鉴。

---

① 刘泽华:《先秦政治思想史》,南开大学出版社1984年版,第222页。

先秦儒家的政治哲学

刘九勇[*]

作为儒家政治哲学基础的人性论是性善说,根据其性善论而建立的政治价值体系是:政治是实现民众道德的工具,因此一方面应当以身作则,导民向善;另一方面应当改善民众培养德行所需的生活环境。从这些价值原则出发,儒家设计了相应的政治制度。但儒家的制度设计存在重大缺陷,不能满足其政治价值原则的要求。而德治存在目的和工具两方面价值,其本身不应受缺乏操作性的批评,因为它们的实现都依赖于制度设计的完善。这样可以抽取出儒家政治哲学中的普世性价值——基于性善论的社会理想和政治价值原则。基于普世性价值,可以讨论借用现代政治制度来弥补儒家政治思想在制度设计上的缺陷。

有关政治方面的论述在先秦儒学中如果不是其最终归宿,也至少是其中一项主要内容。虽然长期以来,学界对于此主流的研究往往自足于

---

[*] 刘九勇,北京大学政府管理学院政治思想史方向的博士生。

制度考证和历史分析而忽视理论评价,少数旨在评判思想价值的努力也多以所谓的唯物史观或西方的民主制度为标尺而进行否定①,但这并不意味着先秦儒家的政治思想已成为历史陈迹和思想史中过时的教条,而是蕴含着体系化了的永恒的普世价值,是仍然值得继承和发扬光大的。对此,本文拟从西方政治哲学的角度对儒家政治思想的逻辑架构试做分析。②

一、西方政治哲学的经典路径

西方文化中的政治哲学传统源远流长,对西方政治和社会的形态影响至深。在这一政治哲学的传统中,有一个经典的构建路径甚为明显,即建立在抽象人性基础上的政治哲学。简言之,首先,或根据旨在理解世界的形而上学本体论,或直接地,对人性进行分析;然后,根据其人性论,在期求实现和提升人性的思路中,抽象出一套与人性相符的、有关社会政治生活的价值体系;最后,在这一价值体系的指导下,批判现实政治,并构建一套理想的、与上述价值体系相符的政治生活准则和政治社会制度。这种构建政治哲学的路径在不同的思想家中都有普遍的体现。

比如,亚里士多德的政治哲学即起源于其人性论,亚氏根据其形式论的形而上学,认为人性的形式即其本质,也就是人性区别于动植物的特殊属性,即理性。理性表现为德性,纯粹的理性表现为理智德性,作用于欲

---

① 包括儒家政治思想研究在内的中国政治思想史研究的流派可归纳出三种:一、"新学历史学"流派,以传统的史学研究模式为主,注重历史资料的考订钩沉,热衷于史实梳理、师承归纳、流派订正。二、"马克思主义历史学"流派,以唯物史观和辩证唯物主义为学术研究的指导思想,而关注思想及思想家的阶级性质。这两种方法都是历史的研究,较少的理论评价,或者有所涉及,如"马克思主义历史学"流派,也主要以是否顺应历史潮流为评价标准,而对儒家思想多持否定态度。三、现代政治学流派,采用史学与政治学结合的方法,以西方政治学理论为认识方法,代表了中国政治思想史研究的方向(参见刘泽华、葛荃编:《中国政治思想史研究·近百年中国政治思想史研究引论》,湖北教育出版社 2006 年版)。

② 上注中"现代政治学流派"以西方政治学理论为认识方法,而西方政治学包含政治科学与政治哲学两部分。本文之所以采用政治哲学的分析方法,乃是由于政治哲学不同于实然的历史研究,而是一种应然的价值探讨,其目的即在于追求政治生活的永恒真理,树立规范政治生活的不易标准。任何一种旨在影响现实(而不仅是解释现实)的政治社会理论若想保有持续的生命力,必得形成一种讲得通的政治哲学。

望的理性表现为道德德性。人性的实现即人性本质的实现,也就是德性的实现,这就是幸福。政治的目的就在于通过立法促进人对德性的追求和幸福的实现。① 据此,亚里士多德设计了一个以法治为特征、由中产阶级主导、城邦与社会融为一体的理想国家。再如,斯宾诺莎的政治哲学是一种社会契约论,同样来自对人性的分析。不过不同于亚里士多德,斯宾诺莎认为人的本性是欲望,但必须是理性控制之下的欲望。为了实现这种欲望,人们在自然状态下达成公共的契约,树立公共权力,而进入社会状态,通过体现理性精神的法律代替缺乏强制力的理性来控制欲望、情感,使彼此间确保信心,互相信赖,每个人都能遵循理性的指导而生活,从而实现每个人的真正的欲望。这就是斯宾诺莎理想国家的基础。②

总之,这是一条在西方政治哲学传统中已经得到详尽阐述和应用的政治哲学构建途径和思想史的分析方法。而儒家思想也恰恰是从人性论出发的,因此我们完全可以利用西方政治学的这一分析方法来研究儒家的政治哲学。上述西方经典的政治哲学的内容可分为两部分:人性论基础和通过逻辑推导而得出的政治理想。政治理想取决于人性论,而连接二者的逻辑规则是放诸四海而皆准的,任何两种理论在这点上都没有差别。因此,政治理想的不同实际上就是人性论的不同。而儒家的以良知为核心的人性论就是显著地区别于西方普遍以欲望和理性为内容的人性分析的。另外,儒学很少有探究世界本源的兴趣,因此没有发展出类似西方的建立在逻辑论证之上的形而上学本体论,因此其人性论也非本体论的逻辑延伸,而是来自于孔孟等先哲的人生经验和自身体认,从中发现人性的真正内涵。而由于人性论不同,其逻辑结果,即理想政治的设计,也有所不同。

---

① 参见亚里士多德:《尼各马可伦理学》,商务印书馆2003年版。
② 参见斯宾诺莎:《伦理学》,商务印书馆1983年版。

二、儒家政治哲学的人性论

儒家产生的背景是周室东迁,礼崩乐坏,原有的道德秩序沦丧,因此孔子及其传人所要解决的核心问题就是如何恢复周礼所代表的道德体系,重建道德价值。之前,道德的存在基础是一种宗教式的天命观,认为道德从天而降,加于人身。原始宗教发展到周初,开始出现道德的人文精神,如"若保赤子"、"用康保民"、"义刑义杀"①等观念。并认为,人既是由天所生,人的一切都是有天所命,那么人的道德根源亦当为天所命。至春秋时代,人格神性质的天命退去宗教色彩而演变为法则性质的天命,即礼,以作为道德的根源。"夫礼,天之经也,地之义也,民之行也"②。但后来随着礼崩乐坏,天命失堕,这就出现一个为道德寻找新的存在基础的问题。儒家的根本性格就在于对这一问题做出了一个"性善论"的回答。而儒家的在道德、社会、政治等诸方面的学说都是建立在这一个人性论的基础之上的。

孔子没有明确提出人性本善,但他将"仁"作为理论的核心进行论述,而"仁"本身就具有了性善论的思想内涵,并且孔子在他自身的生命体验中已经体认出"仁"或性善的真实存在,即"五十而知天命"③,天命即为仁。子思在《中庸》中首次将天命归结为人性(天命之谓性),将人性作为道德和社会理想的基础(率性之谓道)。最终由孟子系统阐述了性善论的内涵,将性善具体化为心善,提出"良知"的概念和"四端"之说,并将性善从孔子的个人体验扩展为一个在人心中普遍存在的客观之物。从而真正确立了性善论在儒家道德和社会政治学说中的基础性地位。总之,"从人格神的天命,到法则性的天命;由法则性的天命向人身上凝集而为人之性;由人之性而落实于人之心,由人心之善,以言性善:这是中国古代文化

---

① 《尚书·康诰》。
② 《左传·昭公二十五年》。
③ 《论语·为政》。

经过长期曲折、发展,所得出的总结论。"①当然也是儒家人性论的总结论。

儒家的人性论是性善说,因此必须首先辨明儒家所说的"性"为何物。一般的观念称生而即有的欲望为性,这可以算作性的广义。但孟子通过人禽之辩又分析出性的狭义,"人之所以异于禽兽者,几希"②,这"几希"之处正是人性与禽兽在生理欲望的相同之外,而有的特别属性,也就是人的本性。这才是真正的人性,而从这个意义上说,性是善的。"因此,孟子所说的性善之性的范围,必一般所说的性的范围要小"③,它的内容不包括物质欲望。孔子说:"仁者爱人",这是性善的核心内涵。具体而言,孔子提出了诸如仁义礼智信、温良恭俭让等很多相关的概念,而孟子概括为"恻隐之心"、"羞恶之心"、"辞让之心"、"是非之心"的"四端"④。这些人性的内涵表现于外在就成为道德。因此,道德是人性唯一的、真正的要求。

既然道德是人性的生发,道德的培养也就只能依靠人性自觉的力量,依靠每个人自己的努力,而不能通过外在强制的方式,否则就会遮蔽、抑制人性,也不会建立真正的道德。并且人具有将其本性之善外化为道德的完全能力。所以孔子说:"仁远乎哉,我欲仁斯仁至矣"⑤,"为仁由己,而由人乎哉?"⑥孟子也说:"万物皆备于我"⑦。同样,善源于人之本性,那么相应地,恶就与人性绝缘,而是来自人的非本性的欲望和外在的不良环境。儒家并不否认欲望在广义人性中的存在,只是认为它不是人的本性,也不具有道德意义。其本身并不是恶,只有当欲望泛滥,裹挟、压迫了善端的生长,才会产生恶。另一方面,环境对于善端的培养也有重要影响。"富岁子弟多赖,凶岁子弟多暴,非天之降才尔殊也,其所以陷溺其心者然也"⑧,即人性皆善,莫不相同,但实际上个人的道德成就却有不等,这是因

---

① 徐复观:《中国人性论史》,华东师范大学出版社2005年版,第100页。
② 《孟子·离娄下》。
③ 徐复观:《中国人性论史》,华东师范大学出版社2005年版,第101页。
④ 《孟子·公孙丑上》。
⑤ 《论语·述而》。
⑥ 《论语·颜渊》。
⑦ 《孟子·尽心上》。
⑧ 《孟子·告子上》。

为环境不同的关系。

三、儒家政治哲学的价值体系

宋明儒学和现代新儒家均将思孟一派看做先秦儒家的正统,从人性论或性善论之作为儒学全部理论的基石这个角度来说,这一点是毫无疑问的。

根据上述政治哲学的原则,人性的实现是政治理想的目的。既然儒家认为性善是人的本性,良知是人的本质特征,那么一个理想的社会和政治应该以人性的呈现和发展为宗旨,以建立在人性善基础上的道德为真实内容。因此,儒家的政治理想就以每个人都能致良知为终极目的,以整个社会成为一个建立在仁爱基础上的道德共同体——大同社会为根本追求。人性善的内容及其实现的要求,构成了儒家政治哲学的价值体系。**一言以蔽之,政治是实现道德的工具。政府应该为人性善的实现而服务。**这种价值原则就成为其理想政治制度设计的指针。具体而言,一方面如上所述,道德的基础存在于每个个人的心中,因此道德的建立也必须是每个人基于其内心的自发行为,即致良知应该是个体的自为,也就是孔子说的"为仁由己"。另一方面,"仁"或良知必须借助于外在的客观规范或一定的程式才能更方便地体现出来,这就是礼。因此孔子有对周礼的改造,以适应仁或良知的要求。那么,既然通过礼来致良知是个体的自为,所以政治的原则就是帮助、促进民众道德的自发实现,它只是提供服务的辅助性角色,而不能越俎代庖,成为主导性力量。

第一,积极的方面,在上位的统治者应当以身作则。通过自己的德性和对礼的恪守感召在下位的百姓,对他们进行启发和引导,使之进于道德,即所谓的"风行草偃"[①],而不是强制和惩罚。孔子说:"导之以政,齐之以刑,民免而无耻;导之以德,齐之以礼,有耻且格",就是针对统治者的作为应当以促进人民道德为目标这一角度而言的。因此,一方面要求只

---

① 《论语·子路》:"君子之德风,小人之德草。草上之风必偃。"

有道德高尚足以为人师表的人才能位居政治的上位。自身具有为民众所信服的德行是儒家理想的政府和统治者的核心特征。所以孔子说:"自古皆有死,民无信不立"①,即政府拥有足以使百姓信服的德行是其能够成立的合法性根源,舍此,统治者不当立。另一方面,要求这些作为统治者的德高之士必须能够不辱使命,承担职责,即通过展现自身的德行来感召民众,而不应使用法令强制的手段来追求人民的道德。这是由道德只能来自个人的人性生发这一判断而得出的价值原则。

第二,消极的方面,政府应当改善民众的生活环境。如果说上面的统治者以身作则是从积极的方面引导民众行善的话,那么这里的改善环境就是从消极的角度帮助人民排除后顾之忧,或者帮助人民克服在行礼过程中可能遇到的困难。因为如上所述,个体能否遵从道德而行仁爱,环境起着很大的作用,所以孔子说"性相近也,习相远也"②。民众的生活环境包括很多方面,如果用现代政治学的术语可以概括为安全、秩序、福利等。即政府必须保证民众的生命财产安全,并在此基础上形成秩序,同时还要为公民提供一个必要的经济基础,并使民众间的经济条件不至差距过大等等。从理论上讲,这些外在条件并不是道德的必要前提,即便在极度恶劣的环境下仍然能够产生有德之人,因为如上所述,道德只取决于人性。但是在实际中,绝大多数人能否实践道德会受到环境的影响制约。如孟子所说"若救死而恐不赡,奚暇治礼义哉"③。因此,政府必须为民众提供一个有利于增进道德的生活环境。儒家主要讨论了经济和教育两个方面:

其一是富民。在环境中儒家特别注重经济生活的影响。认为应使人民具备一定的经济条件,才能寄予其道德提升的希望。"无恒产而有恒心

---

① 《论语·颜渊》:"子贡问政,子曰:足兵足食,民信之矣。子贡曰:必不得已而去,于斯三者何先?曰:去兵。子贡曰:必不得已而去,于斯二者何先?曰:去食。自古皆有死,民无信不立。"对此有不同解释,郑康成、朱元晦认为此处之"信"指人民而言;孔安国、刘宝楠认为是就统治者自身来说的。徐复观基于对儒家政治思想整体性格的考察,认定后者的解释最得孔原意。即通过德行取信于民是对统治者的要求。参见徐复观:《释〈论语〉"民无信不立"》,收于徐著:《中国思想史论集续编》,上海书店出版社2004年版。

② 《论语·阳货》。

③ 《孟子·梁惠王上》。

者惟士为能,若民则无恒产,因无恒心。苟无恒心,放辟邪侈无不为已,及陷于罪然后从而刑之,是罔民也"①。所以孔子提出要先富之,然后教之②,养民在教民之先。孟子提出:"明君治民之产,必使仰足以事父母,俯足以蓄妻子,乐岁终身饱,凶岁免于死亡,然后驱而之善"(同上),即政府必须保证人民最基本的物质生活得到保障,在此基础上才谈得上期望人民向善。民生是民众追求道德的先决条件,因此也就成为政府的任务。

其二是教民。富民之后应当进行教化,即建立系统的教育体制。"饱食暖衣而无教,则近于禽兽"③。虽然人性本善,良知不可教,但仍需启发以帮助其成长,且承载道德的具体的"礼"也绝非凡人能生而知之者,这就需要教育。因此儒家之所谓教,只是"申之以孝悌之义"④、"皆所以明人伦"⑤,基于人所固有的本性,信任人类理性的自由选择,而启示以基本规范。决不能通过强制的手段进行教育,也不能使教育的内容偏离启发良知的轨道。孔子一生的教育实践即是儒家教育理想的完美体现。这样的教育是民众追求道德的重要辅助,因此也就成为政府的任务。

总之,上述政治的价值原则,其基本精神就是保护个人在实现其道德的过程中的主体地位,并使政府处于为民众自发地而不是被动地追求道德提供服务的辅助性地位。据此,孟子将政府和统治者对民众的职责概括为:"劳之,来之,匡之,直之,辅之,翼之,使自得之"⑥。而对儒家任何一点政治思想和制度设计的解释与评论,都应以上述价值体系为标准,不能符合这些价值原则的思想和制度就不是完全的儒家思想的呈现。

四、儒家政治哲学的制度设计

以上几点即是先秦儒家政治思想的基本点,其他的主张,如君子小人

---

① 《孟子·梁惠王上》。
② 《论语·子路》:"子适卫,冉有仆,子曰:庶矣哉。冉有曰:既庶矣,又何加焉? 曰:富之。曰:既富矣,又何加焉? 曰:教之。"可见孔子富民与教化之先后。
③ 《孟子·滕文公上》。
④ 《孟子·梁惠王上》。
⑤ 《孟子·滕文公下》。
⑥ 《孟子·滕文公上》。

的等级秩序,选官立君的制度安排,儒家对于井田制和工商业的态度等都是从上述几点价值生发出来,而最终以实现一个以仁爱为纽带的道德共同体为终极归宿的。

一、**选贤任能**。这是根据统治者应当以身作则这一点而来的制度设想。统治者以身作则的前提就是其本身即是道德上的贤人。因此,理想的制度应该有效地使贤人登上统治地位。具体到最高统治者,儒家反对君主世袭制,主张禅让制度,期望其能产生贤能之士担任统治者。如果统治者不够贤德,又无法通过合法途径加以更换,就应当革命。所以,孔子既称许尧舜之禅让,也赞成汤武之革命。对此,孟子亦所言甚明。但是,对于用什么方式才能保证贤人上位,禅让制度能否真正地举出贤君,统治者什么时候才算不足胜任而必须下台,以及除暴力革命外有无他法使其易位等等这些问题,儒家并没有给出明确而具体的制度安排。

二、**以德治国**。这也是根据统治者当以身作则这一点而来的制度设计。统治者首先应当修身,修身以正人,而不用政刑。儒家认为这样就可以"不令而行"、"无为而治"、"天下归仁"。儒家反对以政刑加诸百姓,如季康子问政,孔子则谓"焉用杀";论听讼则曰"必使无讼"。因此,这样的统治者甚至不需要强制性的权力,更不必、也不应使用权力,只需道德高尚即可。有德之君主的以德治国主要是要求君主在礼乐征伐、饮食祭祀乃至待人接物诸方面都能行之以礼,为民表率。但是,儒家并没有进一步回答应采用什么制度来保证统治者始终践行德治而不入歧途,不醉心于权力的攫取与滥用。

三、**宗法等级**。儒家好言先王之政,主要是周礼,而周礼又主要是宗法等级制度。但儒家企图恢复宗法等级,有其新的内涵,即儒家理想的社会政治等级要根据道德的高低来排列。这样一套经过改造的周礼成为儒家渴望恢复的理想制度。因为它将儒家关于选贤任能、然后以德治国的制度设想具体化了,使所有人都在一个伦理的关系中接受在其上位者的道德影响,并能有序可循地学习和展现道德礼仪。因此,这仍然是为保证统治者以身作则这一原则而设计的。但问题是,这种脱离了恒定的血缘关系而以难以确定的德行为新的标准的等级排列应当由谁来决定,又如何来安排？

四、经济教育制度。儒家对于经济民生非常关心,因此提出一系列制度设想。在农业上,"不违农时"、"薄税敛"①,实行井田制②,"耕者助而不税"③,"五亩之宅,树之以桑"之后的一段话凡三见于《孟子》书中;在工商业上,儒家鼓励其自由发展,"劝百工"④,"关市讥而不征"⑤,"市廛而不征,法而不廛"⑥。这些制度都是为达到"七十者衣帛食肉,黎民不饥不寒"的目的,都是服务于富民这一政治价值。另外,以孟子为代表儒家还开辟出一套学校制度,即一个教育系统。来作为实现教民这一价值原则的载体。

总之,儒家制度设计的基本精神就是德治。儒家对德治的内涵及其相关的体现德治的制度都进行了详尽的阐述。但是这些制度设计并不能完全符合上述儒家价值原则的要求,因此也不是儒家政治思想的完全呈现,从而是使儒家政治哲学留下了很多缺陷,下面试做分析。

五、对儒家政治哲学的检讨

上述儒家的"人性论—价值体系—制度设计"构成了一套完整的政治哲学。如果要对此作一检讨的话,可以简单地说,儒家政治哲学在人性论上没有问题,在价值体系上稍有纰漏,而在制度设计上出现了重大困境。

儒家的价值体系是以促进所有人的道德提升为中心而阐述的一套建立和运行政府的政治根本原则。上文将其分为积极和消极两方面,而缺陷出现在后者。即改善人民的生活环境,为民众生发德行扫除后顾之忧,这涉及很多方面,但儒家仅仅主要关注了经济和教育两个领域。在这些不同的方面中,如果说经济民生比教育更基础,那么至少还有两点其必要

---

① 《孟子·梁惠王上》。
② 孟子所主张的井田制并不等于历史上井田制,而是儒家一种理想的、并未在现实中实现过的土地制度。
③ 《孟子·公孙丑上》。
④ 《中庸》。
⑤ 《孟子·梁惠王下》。
⑥ 《孟子·公孙丑上》。

意义更甚于经济,即国家的安全和秩序①,这是一个政治共同体存在的前提②,当然也是建设一个道德的政治共同体的基础。但儒家并没有给予明确的重视和阐述,因此成为儒家政治价值体系的缺陷,而这一缺陷也直接影响到了其制度设计中的完善性。

从政治哲学的逻辑上讲,政治制度应该完全根据其价值体系的要求来设计,并能够保证这些价值的实现。因此,针对儒家价值体系的积极方面,即统治者应当以身作则以启发民众道德的生发,相应的政治制度应该既保证永远由最有贤德者组成统治阶层、担任统治者,又要保证统治者始终修身不懈,并通过某种制度安排或礼仪程式而展现其高尚的德行。而儒家设想的选贤任能、以德治国、宗法等级等政治制度只是部分地满足了这一制度要求。其缺陷在于这些制度在如何确保其自身的有效性上没有给出明确的、令人信服的回答。比如,选贤任能应当如何操作,是自上而下的拔擢,还是自下而上的选举,儒家似乎更倾向于前者,毕竟对于选择贤德之士而论,有更高德行的上位者比更少德行的下位者应该更具权威。但是对于如何保证各级统治者在举贤时不会因某种原因而失德,而以公谋私、弃贤而取不肖,儒家并没有给出相应的制度安排。再如,一旦出现平时为人师表的统治者因某种原因而违背道德准则,或滥用权力、亵渎教化民众之职责的情况,除了暴力革命,儒家并没有提出一个可以有效补救的措施,或设计一种约束统治者不出现上述情况的制度。这其实是儒家政治哲学的逻辑未得到彻底贯彻的结果。"这个缺陷……与其说它是儒家人性论和圣王理想的逻辑结果,不如说是它们的不逻辑的结果、半途而废的结果更准确些。"③

另一方面,针对儒家价值体系的消极方面,即政府应当改善民众的生活环境,相应的制度设计应该是在充分考察安全、秩序、经济、教育等现实问题的内在要求和客观规律的基础上,而建立起的某种稳定的运行机制,

---

① 本文此处所说的秩序的含义参见本书72页注③。
② 这一点已经成为现代政治学的常识,参见〔美〕莱斯利·利普森:《政治学的重大问题:政治学导论》,第三章"国家的起源",华夏出版社2001年版。
③ 胡平:《儒家人性论与民主宪政——与张灏教授商榷》,载《中国论坛》第374期(1991年11月),第112页。

包括国家安全机制、保持秩序的机制、经济福利制度、学校教育制度等。但由于儒家在价值体系中对安全、秩序等民生最基本要素的忽视,而产生了明显的制度设计缺陷。

首先,安全是国家存在的前提,是政治的基本问题,从逻辑上讲也是儒家政治思想之价值体系的一部分。因为如上文所述,安全是关系到民众道德培养之生活环境的一部分,所以也是政府应当改善民众生活环境这一职责的一方面。但是实际上,儒家很少谈论安全及与之相关的军事问题。虽然孔子本人"能执干戈,以卫社稷"①,冉有的军事才能也是"学之于孔子",但包括孟子在内,儒家对于能够长期保证国家安全的制度设计几乎未置一词。

儒家认为在国际竞争中"仁者无敌"②,即统治者的仁政可以保证国家的富强。但问题在于两方面:一是,仁政虽可以使民众富足且"孝悌忠信""出以事其长上",但是民间的财富必须聚集于国家,民众的忠信必须转化为服从,才能满足军事与安全的需要,这种聚集和转化就要求一个主权机关和相应程度上的公共权力,但儒家并没有根据上述需要明确设定君主作为其理想主权者的权力范围;二是,即便仁政能够保证国家安全,那么什么又能保证君主必须实行仁政呢?除了君主自身的"不忍人之心",儒家并没有提出任何外在的约束和保障机制。这都是儒家在安全问题上的制度设计缺陷。

第二,秩序是安全需要的自然延伸,"保护生命和财产安全的职能被扩大到要围绕人与人、人与物之间关系建立的一种安全机制"③,即是秩序。这是社会稳定、人民安全有序地生活的直接前提。而"秩序是普遍性机构有效实施普遍性法则的产物"④。儒家主张以"礼治"建立秩序,其中的"礼"确实可以作为这种普遍性法则,但根据上文分析,儒家认为礼治作为一种道德行为,应在良好的引导和教育下,基于个人的自觉体现出来,

---

① 《左传·哀公十一年》。
② 参见《孟子·梁惠王上》"梁惠王曰:晋国天下莫强焉,叟之所知也"。
③ 〔美〕莱斯利·利普森:《政治学的重大问题:政治学导论》,华夏出版社2001年版,第50页。本文所讲的秩序如非文中特殊说明,即是指这一意义上的秩序。
④ 同上书,第51页。

而非迫于外力的强制,因此只有单个的个人才能作为礼治的唯一实施者,而只有自觉自愿才能作为实施礼治的动力,这也就是说儒家缺少一个普遍性机构,缺少一种强制性力量来有效实施"礼"这一普遍性法则,或实施礼治。即儒家的礼治虽有普遍性法则,却无普遍性机构和普遍性权力来有效实施,因此儒家单纯的礼治方案难以建立秩序。

礼治内容的道德性要求其个人性的、自觉地实现,但秩序的上述含义又要求其普遍性的、强制地实现,解决这一矛盾的关键在于区分秩序的高低不同等级。完全礼治下的秩序是由高尚的道德行为构成的较高级的社会状态,而本文所要求的秩序只是一种仅仅关系到民众生命财产得到保护的最基本的社会环境,前一种秩序是具有儒家鲜明特征的政治理想,后一种秩序是所有政治思想(包括儒家)都必须解决的现实基本问题,而后者是前者的基础和前提。相应的,儒家的普遍性法则——"礼"也必须分作两部分:一部分直接关系到最基本的民众生命财产安全的内容(如不可杀人、不可偷盗等),另一部分包括其他的内容。前者是基本秩序的普遍性法则,后者是较高秩序的法则要求。儒家笼统地反对刑法,并认为在礼治之下一样可以建立秩序。这一主张只能适用于后者及其相应的较高秩序。至于作为较高秩序基础的基本秩序,及其相应的那部分"礼"的内容,必须借助普遍性机构和普遍性权力的有效实施。这样将秩序和法则分为两部分,就可以避免两种极端,既避免了完全依照作为规则之"礼"的道德性本质而放弃普遍性强制实施,从而使秩序无从建立;又避免了完全依照秩序的普遍性要求而放弃"礼"应个人自发实行的儒家教旨,从而有变成道德专制的危险。① 即在较高秩序中仍遵从"礼"应在统治者以身作则和教育教化的辅助下,由个人自觉实现的儒家主张,而在基本秩序中,使关乎民众生命财产安全的"礼"的内容得到普遍性强制实施,从而建立现实的秩序,并成为追求较高秩序的基础。这是对礼治思想进行政治哲学的

---

① 实际上,荀子将礼客观化,将礼等同于法而礼法并称,并极端强调君师的权威,忽视个人的道德自主性,从而萌生法家专制之端,就是走上这一条道路的反映。

分析,对秩序的概念进行政治科学的分析①,二者相结合的方案,也应是儒家政治哲学之完善形态的题中之义。

简言之,礼治应区分出其最基本的内容,牺牲它们,将其改造成强制性的法治,以作为礼治其他大部分能够继续实行礼治的基础。而儒家正是缺乏这种对秩序和普遍性规则的高低区分,以及缺乏针对这一区分中后者的以普遍性机构和普遍性权力为内容的专门的制度设计。

第三,经济制度方面,对于安全和秩序,得到了儒家更多的关注,其总的精神是保护民众的经济利益,据此,儒家已经设想了很多具体的制度安排。但是,就像上文提到的儒家没有提出一项制度以防止统治者背离以身作则的原则而滥用权力一样,儒家的经济制度中也没有一个防止统治者与民争利的机制。其设计的经济政策作为一种"不忍人之政",所依靠的只是统治者的"不忍人之心",但这不是一个恒定的制度性约束。

第四,教育制度是儒家的独创,也在儒家的理想政治中扮演着重要的角色。但是,其中的制度设计仍然存在缺陷,即旨在培养民众德行的学校体系和教育内容都是由拥有道德权威的统治者建立和设定的。如果统治者和政府本身已经背离了儒家的宗旨,那么学校和教育的职能也会严重扭曲。这就要求一个保证统治者和政府始终忠于儒家精神的机制。

总之,儒家在政治制度设计上的缺陷,简单地说就是,对于选贤任能和以德治国有制度设想但缺乏制约和保障机制;对于经济和教育制度同样有制度设想但缺乏保障机制;而对于安全和基本秩序问题既缺乏现实的制度安排更没有相应的保障机制。② 这些问题之所以称为儒家政治哲学的缺陷,只是因为它们没有满足儒家政治价值体系的要求,不能保证儒家的政治价值理想能够实现,而使其从人性论到价值体系,从价值体系到制度设计的政治哲学不得完整。

---

① 所谓政治哲学的分析就是强调礼治应致力于民众道德的提升,因此应排除刑罚强制;而政治科学的分析,就是强调政治科学语境下的秩序(即本文中的基本秩序)的建立所需要的现实条件。

② 至于儒家为何会出现这种制度设计的缺陷,包括未发展出民主政治,众多思想家如第二代新儒家的唐君毅、牟宗三、徐复观等,以及当代学者张灏、胡平、李明辉等都对此做出了解释,更多的学者将之归结为历史条件的局限,而非儒家自身思想的缺陷。参见李明辉:《儒家视野下的政治思想》,北京大学出版社 2005 年版,第 34—38 页。

六、儒家德治的双重价值

儒家政治制度始终围绕着"德治"二字展开。而理解儒家政治思想的关键就是,对于道德,儒家既赋予其目的价值,又赋予其工具价值。儒家不是或者不仅是将其用作推动政治实践的动力,而更主要的是把它当做政治社会所应追求的理想。道德不仅是服务于其他政治目的的手段,而更是最高的目的本身。历来关于儒家政治思想的解释所以多有谬误者,关键就在对道德的目的与工具双重价值并存的理解发生了混乱。

在多数时候,儒家谈到以德治为特征的治国思想时,实际上是在描述一种德治下的社会政治理想状态,而不是把德治当做解决现实政治问题的有效途径,或实现安全、秩序、民生等其他政治目标的手段,因为儒家本身就很少考虑解决这些现实问题的办法或制度安排,而这些制度安排又是儒家政治哲学的逻辑所要求的,如上所述。在这些时候,道德或德治对儒家而言主要是一种目的价值的意义,因此从工具的角度,批评儒家的德治不能有效解决现实问题的传统观点是不恰当的。

当然,在另一些时候,儒家也赋予道德或德治以工具价值,除了阐述其启发民众道德理性的作用外,更认为其对于解决现实问题,实现诸如秩序、富民等目标具有重要作用,但儒家从不认为仅仅是统治者的道德或德治就可以必然地导致上述现实目标的达成。比如,代表先秦儒家政治思想之综合的《大学》,将儒家的治国思路概括为"三纲八目",由修身达到治国平天下,即由"内圣"而开"外王"。但是《大学》的原意并不认为修身即等于齐家,等于治国平天下,并不认为德治会自然地造成外在的事功。而是在从"格物"、"致知"到"治国"、"平天下"的每两个阶段之间都有一个距离,前一阶段只是后一阶段的必要条件而非充分条件,在每一次前后件的发展中都增加了新的因素。①《大学》中没有明言这些新因素是什么,实际上就是上文分析出来的那些儒家政治价值所要求的政治制度,这些制

---

① 参见徐复观:《中国人性论史》,华东师范大学出版社2005年版,第170—172页。徐复观先生同时分析了《大学》中将这种前后件的发展关系,作连锁式陈述的原因。

度不仅仅是儒家在字面上提出的内容,更包括其逻辑体系中所蕴含的潜在要求。

儒家的价值体系所要求的政治制度一方面应保证统治者在道德上的以身作则,另一方面应保证民众在生活上的基本需要,德治或统治者的道德在其中的工具价值,在前一方面中的体现在于德治本身就是这一制度所要求的内容。而对于后一方面,由于这些制度的任务是直接解决关乎民生的现实问题,因此这些制度只需按照解决现实问题的客观逻辑来设计、然后机械性地运作即可,不需直接对培养民众德行服务,但是也不能驱民向恶,违背导民向善的基本精神。这样,德治之原则的意义就在于,加在这些机械性的制度上面可以保证这些制度在完成其现实任务时不至于违背了儒家精神。同时,德治或统治者的"不忍人之心"也是促进这些制度更加服务于民生环境的有效动力。因此,对于事关民生环境的现实问题的解决,主要还是应依靠相应的客观制度,道德只起辅助作用。并且二者是并行不悖,不能相互替代的。比如,富民教民作为一项政治价值原则,需要某种合理的制度安排来达成它的实现,统治者的道德并不是一种制度,而只能是促进这种制度正确运行的推动力量。动力不能代替机制,道德也不能代替制度。制度上的欠缺及其造成的政治理想的难以实现不是作为动力的道德所能挽救的。其中的责任也不应由道德来承担。以上就是德治或道德的工具价值。

因此,儒家政治思想的缺陷不在于德治或道德在政治实践中的无能——因为,儒家的德治或道德主要是作为一种目的或理想状态,而不是从事政治实践的工具或手段;并且,儒家认为德治或道德即使作为一种工具也主要是配合另一种主导性工具,即政治制度,运行的辅助性工具——儒家政治思想的真正缺陷是其在政治制度设计上的欠缺,这既是德治作为儒家价值目的得以实现的途径,又是德治作为一种辅助性的政治实践工具得以发挥作用的载体。如果这种制度是民主政治的话,可以说"德治思想实通于民主政治,也要在彻底的民主政治中才能实现"[①]。因此,儒家

---

① 徐复观:《孔子德治思想发微》,载徐著:《中国思想史论集》,上海书店出版社2004年版,第195页。

将道德或德治作为治国方式,无论是作为目的还是工具的价值,这本身没有错,错的是没有为之提供相配套的完善的政治制度。

七、结语:儒家政治哲学的普世性价值

本文之所以先勾画儒家的政治哲学架构,再检讨其在政治制度设计上的缺陷,最后又分析德治的双重价值及其在儒家思想中的真正意义,目的就在于通过排查儒家政治思想中真正的缺陷所在,而抽取出其中真正的永恒的普世性价值。

传统上认为儒家思想的逻辑是"内圣开出外王",即人性善,因此统治者或从政者可以具备高尚道德,所以就可以实行仁政。但从政治哲学的角度看,儒家的逻辑体系应该是:人性善,所以需要建立某种政治社会以提升道德、实现人性,即需要相应的制度安排,而德治或统治者的"内圣"是这种制度有效运行的重要推动力。在这一逻辑链条中,儒家的缺陷只是在于制度设计的欠缺,而另外的部分则充满了永恒的普世性价值。因为抽象的政治哲学本身即具有永恒性和普世性。

具体而言,儒家政治思想的普世性价值首先在于它在人性中发现了良知这一普遍的人性因素,因此由性善论而生出的道德学说、社会理想、政治价值原则也就应当具有永恒和普遍的价值。即儒家对于以仁爱为基础的政治共同体的追求,政府应当致力于人的道德建立的政治原则,以及由此细化而来的政府应当以身作则、应当改善民众生活环境、应当提供安全、秩序、经济福利、教育等条件的价值体系,这些都是儒家政治哲学的普世价值。这种价值不仅对于建立合理的政治制度具有永恒的指导意义,更是批判现实政治、促进现实进步的永恒而有力的武器。

其次,儒家政治思想的普世性价值还在于它所赋予道德或德治的工具性意义(德治或道德的目的性价值就等于上段所述)。即统治者的道德对于合理的制度有效运行具有重要的推动作用,但不是绕开合理的制度而直接促成现实的治理。所以,这种德治的普世性价值同样要求合理的政治制度的建立。

因此，我们可以根据上述儒家政治哲学中的普世性价值来试图弥补其所欠缺的制度安排，既然儒家的政治价值是清晰可见的，那么其所要求的政治制度也是明确可知的。比如，徐复观先生即主张现代民主制是与儒家的政治精神相通的，认为孟子"所说的'王政'，即是以人民为主的政治。他所主张的政治，实际是以人民为主的政治，而并非如一般人所说的只是以人民为本的政治。他代表了在中国政治思想史中最高的民主政治精神，只缺乏民主制度的构想。"①因此，考察民主制、福利经济等现代政治经济制度能否符合儒家政治价值的要求而可以加入儒家政治思想的结构，成为其中的一部分，将会作为进一步研究的问题。

---

① 徐复观：《中国人性论史》，华东师范大学出版社2005年版，第114页。

政治统治篇

中国古代帝王政治文化传统及其现代转化刍议

袁德良[*]

中国古代的帝王政治文化传统源远流长,影响深远,是中国政治文化传统现代化研究的重要对象。帝王政治文化传统可以从帝王与天道、帝王与臣属以及帝王与民众等三个方面的关系加以剖析。这三个方面中,既有皇权专断、专制的一面,又有适应现代社会的一面。要实现中国传统帝王政治文化的现代化,重要的就是要发扬和改造其中的优秀文化要素,使之适应现代政治和社会。传统的专制制度对帝王政治文化具有重要影响,要想实现帝王文化的现代化,政治制度的转变是一个重要条件。

一、导 论

帝王政治是一种世界性的政治现象。从全球视角来看,中国从周王

---

[*] 袁德良,北京大学政府管理学院政治思想史方向的博士生。

朝的衰落到秦汉帝国的建立,正处于欧亚大陆的帝国化时代。这一时期,欧亚大陆的主要文明中心,都摆脱了王制、共和制和民主制,形成了几个大帝国,其中最主要的是中国的秦汉帝国、欧洲的罗马帝国,以及中东和南亚地区的安息帝国、贵霜帝国和安德拉帝国等。①

无论是希腊的民主制、罗马的共和制,还是中国先秦的王制,在发展到一定程度时,都演变为帝制政治和君主专制。这一现象的背后,具有深刻的历史必然性。在这些帝国中,位于欧亚大陆最东端的中华帝国政治组织最为严密,持续时间最久,帝王政治文化传统最为完备,影响也最为深远。

中华帝国的高度持久和稳定,在进入近代之后,成了一场噩梦。在西方国家竞相实现政治民主化和经济现代化之时,中国浓厚的帝王文化传统成为现代化的严重障碍。因此,一方面,帝王政治曾经是一种世界性的历史现象,并非中国所特有;另一方面,中国的帝王政治文化传统又影响深远,渗透到社会和文化的各个角落,不可能全盘根除。因而我们在批评帝王文化传统的缺陷的同时,也应关注其现代转化,这样,研究结果往往更具建设性意义,对于现实也更具有指导意义。

二、帝王政治文化传统述论

帝王政治文化传统在中国绵延数千年,与帝制政制相互依存。因此,我们在研究帝王政治文化传统时,也应考虑政治制度的因素。

(一) 帝制政制与帝王文化传统

与西方古典时代的政治学家柏拉图、亚里士多德、西塞罗等非常重视政治制度的比较研究不同,中国先秦的诸子百家,虽然在具体的统治思想和治国模式方面莫衷一是,但在主张建立统一的集权政体和君主制度方面并无多大差异。"无君则乱,人们众口一词,高度一致。在君主制度的

---

① 斯塔夫里阿诺斯:《全球通史》,董书慧等译,北京大学出版社2005年版,第83页。

天经地义、君尊臣卑、道高于君、君主决定治乱等层面,人们的认识大同小异"①。秦国是战国时期君主集权制度最有力的诸侯国,也是采用法家思想最彻底的国家;统一全国后,秦王朝将自己的专制帝制推广到当时的全中国范围。这一政治制度为此后的皇朝所沿袭和完善,成为两千年间不证自明的制度现实。此后虽然也有人对君主专制制度提出过怀疑和否定,但在整个社会形成不了重大的影响,君主制度高度的稳定性和延续性,使得人们几乎没有考虑其他政治制度的思维空间。

思想和制度之间相互依赖、相互制约。先秦的政治思想和传统奠定了帝制政制的理论基础;而这种制度形成之后,又从自身的生存出发,反过来影响和制约政治思想,帝王政治文化传统正是在这种背景下形成、发展和延续的。

帝制政治和帝王文化的相互配套,目的就是要维护君主制度的长治久安。因此,一方面,帝制政治具有高度的专制性:在帝制时代,皇权在制度上有不断强化的趋势;法律是君主维护皇室统治的"王法","有生法,有守法,有法于法:生法者,君也;守法者,臣也;法于法者,民也"②。在思想上,帝制时代的政治儒学和刑名法术在主张君尊臣卑、等级秩序方面,也无根本冲突。

另一方面,由于帝制政治的单极权力结构,很容易将统治集团引向腐化纵欲,造成皇朝的崩溃,特别是秦政和此后历朝历代惨痛的灭亡教训,使得统治集团在维护集权的前提下,寻求在制度和思想上对帝制加以约束,因此形成了一些制约皇权的制度安排,如两汉的贤良方正对策制度、隋唐的封驳制度以及历代的谏官制度等,有助于纠正不当决策。与此同时,统治者又有意发扬文化传统的政治调节功能:要求君主尊师重道,兼听纳谏,遵循"天道"、"孝道",情形不利时要勇于"罪己";宣扬"君臣一体"、利害相关,鼓励臣下进谏;对于民众,主张"民为邦本,本固邦宁"③,上天设立君主不是为了维护君主的私利,而是为民众兴利除害,"天之生

---

① 张分田:《中国帝王观念》,中国人民大学出版社2004年版,第116页。
② 《诸子集成本(第五册)·管子·任法》,上海书店1986年版,第256—257页。
③ 孔安国注、孔颖达疏:《尚书正义·五子之歌》,北京大学出版社1999年版,第177页。

民,非为君也;天之立君,以为民也"①。这些制度和思想虽然只是帝制的从属和附庸,但在一定程度上有助于缓解帝制的僵化倾向,也有助于协调帝王文化传统的专制倾向,形成一股内在的张力,达到制度和思想的平衡。

(二)帝王政治文化传统一:帝王与天道

君主与天道的关系,是帝王政治文化的一个重要命题。一方面,中国的帝王政制,让君主掌握了绝对权力,因此也必然在理论上寻求自我神化和圣化,这表现为宣扬君主是天道的体现者。与西方中世纪主张君权神授的"上源理论"(descending theory of government)②相似,中国的君权天授思想认为君主是上天的代表者,所谓"朕为天子,奉天命,应期运"、"代天牧民"、"奉天承运,皇帝诏曰"等语句,在历朝正史中无数次出现。只有君主才是天道的代表,君主至高无上,具有无可置疑的权威性。尊君理论甚至认为君主高于天道,《李觏集·佚文》载:"无王道可也,不可无天子",甚至神也依赖于君主,《唐律疏议·名例》载:"君为神主,食乃人天,主泰则神安,神宁则时稔……君位若危,神将安恃?"

另一方面,帝王政治文化传统更多的是宣扬君主也受制于天道,道高于君,君主必须遵循天道,否则,天出灾异,君位不保。君主受命于天,但天命并非一成不变,"惟命不于常"③,天命是公正无私的,"皇天无亲,惟德是辅"④,君主只有修德保民,才能维持自己的统治。相反,如果君主不循天道,不修厥德,不顾民生,将会出现天谴,"日月告凶,不用其行。四国无政,不用其良。彼月而食,则维其常。此日而食,于何不臧?"⑤两汉以后,天谴思想更为盛行,"国家将有失道之败,而天乃先出灾害以谴告之;不知自省,又出怪异以警惧之;尚不知变,而伤败乃至"⑥。如果君主坚持

---

① 《诸子集成本·荀子·大略》(第五册),上海书店出版社1986年版,第332页。
② Ullmann walter. Medieval political thought, Harmondsworth:Penguin Books Ltd., Reprinted 1979,pp.12—13.
③ 孔安国注、孔颖达疏:《尚书正义·康诰》,北京大学出版社1999年版,第372页。
④ 孔安国注、孔颖达疏:《尚书正义·蔡仲之命》,北京大学出版社1999年版,第453页。
⑤ 洛江生:《诗经通诂·小雅·十月之交》,三秦出版社1998年版,第532页。
⑥ 班固:《汉书·董仲舒传》,北京:中华书局2000年版,第1901页。

不改,那么天道将剥夺其统治权,这是"天之道也"。西方基督教神学家奥古斯丁认为暴君是上帝对人类罪行的惩罚,因此民众只能逆来顺受①,而中国的政治理论则认为,"汤武革命,顺乎天而应乎人"②,民众有权以"革命"的方式推翻暴君的统治,因为"有道伐无道,此天理也,所从来久矣"③。

(三)帝王政治文化传统二:帝王与臣属

君尊臣卑是帝王政治文化传统的基本特征,但在此前提下,帝王文化传统中也存在着君臣合道、君臣一体的思想,作为君臣尊卑文化的调节。

帝制时代,君臣关系(尤其是君相关系)是帝制政制趋于集权化的重要原动力,君尊臣卑观念是君臣关系的基础。君主是主宰,高高在上,作威作福,《尚书·洪范》载"惟辟作福,惟辟作威,惟辟玉食","辟"就是君主;相反,"臣无有作威作福,亡有玉食;臣之有作威作福玉食,其害于而家,其凶于而国"。为了维护君主的尊崇地位,帝制时代从礼仪、教化、制度等等方面进行了严密的设计,君主的名号、服装等等,臣子均不能仿效,否则就是僭越大罪。帝王文化传统还倡导君主运用赏罚权术控制臣属,"为人臣者,畏诛罚而利庆赏,故人主自用其刑、德,则群臣畏其威而归其利矣"④。就像马基雅维利所说的"君主必须是一头狐狸以便认识陷阱,同时又必须是一头狮子,以便使豺狼惊骇"⑤,君主要软硬兼施,驾驭群臣。总之,君臣之间是上尊下卑、控制和被控制的关系,君主的权势地位决不允许臣属觊觎。

另一方面,帝王文化传统在君尊臣卑思想的基础上,又发展出各种更加和谐的君臣关系理论。首先,君臣之间在道义上具有一致性。"君臣上下,各尽至公,共相切磋,以成理道"⑥,君臣之间以道相和,才能融洽和睦,

---

① 徐大同:《西方政治思想史》(第二册),天津人民出版社2000年版,第88页。
② 王弼注、孔颖达疏:《周易正义·革卦》,北京大学出版社1999年版,第203页。
③ 钟肇鹏:《春秋繁露校释·尧舜不擅移汤武不专杀》,河北人民出版社2005年版,第499页。
④ 《诸子集成本(第五册)·韩非子·二柄》,上海书店1986年版。
⑤ 马基雅维利:《君主论》,潘汉典译,商务印书馆1985年版,第84页。
⑥ 吴兢:《贞观政要·求谏》,珠海出版社2003年版,第30页。

道义是君臣关系凝聚力的源泉。其次,君臣之间利害一致。如唐太宗等君主一再鼓励臣下勇于进谏,不要企图容身保位,因为"君臣本同治乱,共安危……君失其国,臣亦不能独全其家"①,君臣之间利害攸关,荣辱与共,以此调动臣下积极性,形成和谐融洽的君臣关系。再次,君臣之间相辅相成。天下至广,庶事至繁,君主不能独治,"君为元首,臣作股肱"②,君臣只有上下一心,各尽其能,才能实现治理和善治,《明夷待访录·原臣》载"夫治天下犹曳大木然,前者唱邪,后者唱许。君与臣,共曳木之人也",君臣就像号子手和抬木工一样,相辅相成。

(四)帝王政治文化传统三:帝王与民众

在帝制时代,君主相对于民众,具有绝对的优势地位。《唐律疏议·名例》载:"王者居宸极之至尊,奉上天之宝命,同二仪之覆载,作兆庶之父母。为子为臣,惟忠惟孝",君主是亿兆庶民的父母。当然,君主为民父母只能是粉饰之辞,事实是"君者,出令者也……民者,出粟米麻丝,作器皿,通货财,以事其上者也"③,君主拥有发号施令的权利,民众则只有政治义务而无政治权利。

尽管"君为民主"是君民关系的实质,但在理论上,帝制文化传统中的"民本"思想又极为强大。就像西方中世纪存在君权神授(上源理论)和君权民授(下源理论)两种截然不同的思想一样,中国帝制时代的政治文化传统一方面宣扬君主的崇高权威,同时又大力宣扬民本思想,从先秦到明清,"民为邦本"的思想以各种形式不断出现,成为约束皇权绝对性的重要手段。传统民本思想主要可分为以下几类:第一,民为天本。传统社会最高的秩序等级是天道和神,而儒学经典中宣扬的天命和神意体现民意的学说具有很大的影响。《尚书·泰誓中》载"天视自我民视,天听自我民听",天命和天道反映的是民众的态度,而不是君主和统治集团的态度,因

---

① 吴兢:《贞观政要·君臣鉴戒》,珠海出版社2003年版,第30页。
② 司马光:《资治通鉴》卷七十三,中华书局1956年版,第2308页。
③ 马通伯:《韩昌黎文集校注·原道》,古典文学出版社1957年版,第9页。

此"民人所欲,天必从之"①。《左传·桓公六年》载:"所谓道,忠于民而信于神也",《左传·庄公三十二年》载"国将兴,听于民;将亡,听于神。神,聪明正直而壹者也,依人而行"。当出现地震、日食等自然灾害时,君主一般都要下诏痛责自己因罔顾民众利益而导致上天降罪,同时宽徭减赋,以解民怨。第二,民为国本。民众是国家政权的根本,失去民心,国将危亡,《管子·霸言》载:"以人为本,本治则国固,本乱则国危"。历代君主也都大谈"民为邦本",如唐太宗说:"君依于国,国依于民"②,《明太祖文集》也载明太祖说"国以民为本"。第三,民为君本。君主得民心者得天下,失民心者则失天下,"桀纣之失天下也,失其民也;失其民者,失其心也。得天下有道,得其民,斯得天下矣。得其民有道,得其心,斯得民矣"③,既然民心是君主得天下的根本,所以民众地位高于君主,"民为贵,社稷次之,君为轻",君主治理天下,不是为了一己私利,而是为了天下民众的利益,"惟以一人治天下,不以天下奉一人"。贾谊甚至提出了"民无不为本"的观点,"闻之于政也,民无不为本也。国以为本,君以为本,吏以为本。故国以民为安危,君以民为威侮,吏以民为贵贱,此之谓民无不为本也"④。

三、对帝王政治文化传统现代化的几点思考

如上所述,帝王政治文化传统的内容存在看似矛盾而又相系相维的特点,这种二重性是由专制帝制和基层宗法社会之间关系、帝制自我调节机理的运行等方面原因造成的,也是中国政治文化传统中普遍存在的一种现象。⑤ 对于这一传统中一些影响深远而又有积极意义的文化要素,我们应该加以发扬和改造,这样现代化所遇到的阻力会减小,改革成本会降低,也更易为社会层面所接受。

---

① 杜预注、孔颖达疏:《春秋左传正义(中)·襄公三十一年》,北京大学出版社1999年版,第1125页。
② 司马光:《资治通鉴》卷192,中华书局1956年版,第6026页。
③ 《四书章句集注本·孟子集注·离娄上》,中华书局1983年版,第280页。
④ 王洲明、徐超:《贾谊集校注·新书·大政上》,人民文学出版社1996年版,第332页。
⑤ 参看袁德良:《中国古代士大夫政治文化传统的两重性分析》,载《河南大学学报》2008年第2期。

（一）政治制度的转变是实现帝王政治文化传统转型的根本

秦汉以来，中国的政治制度虽然存在演变，但从未突破秦政确立的集权帝制模式。在这一单向等级权力结构中，君主拥有最高权力，同时其权力缺乏硬性的分权制度制约，整个政治体制最大的特征就是集权和等级专制。在以后的帝制时代，有极少数人提出了对帝制的批评，但社会舆论应者寥寥，而批评者除了"小国寡民"之类不切实际的理想外，也没有提出较专制帝制更为优越的制度建构理论。舆论的主流将"君父至上"视为理所当然，君主上承天意，臣下分职牧民，是天经地义的；民众只能位于社会金字塔的底层，没有制约上级的制度性权力，因此，"汉魏而还，人主喜秦法之便于一人也，明诋其非，暗袭其利，陵夷而肇中原陆沉之祸"①。专制帝制自身也具有强大的自我延续力，德国学者雅斯贝斯说："一旦建立了独裁制，便不可能从内部把它消除。……这部机器几乎自动地保持它自己"②，而这种延续性具有强大的阻碍和破坏力量，所谓"专制政体者，实数千年来破家亡国之总根源也！"③

这种专制政制是与现代政治格格不入的，它的强大和无所不在又严重阻碍了传统政治文化的现代化，因此要想发掘帝王政治文化传统的优秀成分，使之适应现代社会，最根本的就是要改变单极性的权力制度结构，以硬性分权制度架构来防止帝制的专制之弊，而不是企图以软制度（如进谏、封驳等附庸性制度）和文化道德说教来限制权力的专断性。在此基础上，发扬传统政治文化的法理传统、协商传统和民本传统，实现传统文化的现代化。

（二）帝王政治文化传统现代转化的几点思考

第一，天道与法治。帝王文化中，很重要的一方面就是宣扬"道高于

---

① 郑观应：《郑观应集·日报·上》，上海人民出版社1982年版，第354页。
② 卡尔·雅斯贝斯：《历史的起源与目标》，魏楚雄等译，华夏出版社1989年版，第234—235页。
③ 梁启超：《饮冰室合集·饮冰室文集·之九·论专制政体有百害于君主而无一利》，北京：中华书局1989年版，第90页。

君",天道是中国古代政治学说体系中的最高秩序,君主也要循天遵道,不可任意妄为。在帝制时代,这种思想更多的是道德观念上的软约束,这主要是因为制度建构所形成的,而非这种思想本身不具备合理性。实际上,这种"天道理论"与西方的自然法理论存在相通之处。有的学者借用西方学者的观点,认为中国"道法自然"的观念只能产生侍奉权力的律令,而不可能产生出控制权力的法体系。① 这一论断似嫌武断,中国并非没有类似于西方的自然法理论,而是因为中国古代缺乏西方中世纪经历的封建分权局势和政教二元体系,缺乏分权制约的大一统帝制使得君主政治权力在实践中必然表现为任意性和专断性,进而破坏天道自然理论,将法律转变为维护皇权和"官家说得算"的"王法",造成不关注维护平等、正义,只关注维护统治的局面②。因此,要实现帝王政治文化的现代化,首先就是要确立法至上的观念,法的根本宗旨是实现社会公平和正义,以此为出发点,来"确立"具体的法律,并严格执行。西方中世纪的"自然法"理论强调具体的"法律"(leges)是依据"法"(laws)而发现的,而非主观制定的,正是基于维护公平正义的理念。③ 因此,与西方"自然法—法律—法治"的观念相类似,"道高于势"的理论也可以推导出"天道—法律—法治"的观念。当然,对于天道的解释和与之相应的专制制度,必须作出适应时代的变更(这种变更在西方近代思想史中也很常见),以公平正义和分权制衡为本,才能将"行政命令式的官僚法"转化为"控制权力的法体系",真正维护社会公益。

第二,协商与民主。帝制时代,君臣之间虽然存在严格的尊卑关系,但一些明君贤臣认识到,君臣共治国家,要想发挥臣属的积极性,单靠权力强制和监察约束,行政成本过高,效果也不理想。因此,开明贤能的君主常常和臣属之间就不同的意见和利益进行协商、协调,往往形成了和谐融洽的政治关系和政治风气,降低了行政成本,减少了政治矛盾的能量内

---

① 参看王毅:《中国皇权制度研究》(上),北京大学出版社1999年版,第121页,文中引用了美国学者R.M.昂格尔的这一观点。
② 参看张国华:《中国法律思想史》,法律出版社1982年版,第462—463页。
③ R.W. Carlyle & A.J. Carlyle. A History of Medieval Political Theory in the West, vols. 6, Vol. 5, New York: Barnes and Noble, Inc, 1903—1936. pp. 58—59.

耗,提高了行政效率。这对我国如今正在大力倡导和探索的协商民主和基层民主也具有重要的借鉴意义。协商民主是20世纪90年代西方兴起的一种新型民主理论,即不同的利益群体或意见群体,通过公共协商的方式,确立公共政策的正当性,"达至理性立法、参与政治和公民自治的理想"。由于中国固有的一元文化传统和非此即彼观念,相对于票选民主引起的激烈竞争,协商民主在政治实践中往往效果更为理想,所产生的政治分裂程度也更低,有利于政策法规的执行。

第三,民本与民权。民本思想强调民众是国家和政府的根本,在几千年的帝制时代,民本思想经受住了帝王权力的考验,深深地扎根在中国人的思想中,是传统文化中的优秀成分。我们认为,简单地将"民本"观念同专制思想挂钩,而将其与"民权"思想绝缘,有失偏颇。如前所述,民本思想之所以常常与专制帝制和专断权力胶结在一起,根本上是秦汉以来不曾间断的专制帝制和等级权力使然,并非民本思想自身毫无现代社会值得借鉴之处。首先,民本思想宣扬政治人格平等。《孟子·滕文公上》载:"'夫道一而已矣'。成覸谓齐景公曰:'彼,丈夫也;我,丈夫也;吾何畏彼哉?'颜渊曰:'舜,何人也?予,何人也?有为者亦若是'"。《日知录·卷七·周室班爵禄》载:"故知天子一位之义,则不敢肆于民上以自尊,知禄以代耕之义,则不敢厚取民以自奉",君主并无"绝世之贵",他的工作和民众耕地并无根本区别,只在于分工不同。其次,民本思想宣扬民众是君主和政府的权力来源,"民惟邦本",不符合民众利益的君主和政府不是合格的政府,谭嗣同《仁学》提出:"生民之初,本无所谓君臣,则皆民也。民不能相治,亦不暇治,于是共举一民为君。……夫曰共举之,则因有民而后有君。君,末也;民,本也。天下无有因末而累及本者,亦岂可因君而累及民哉?夫曰共举之,则且必可共废之。君也者,为民办事者也;臣也者,助民办事者也。赋税之取于民,所以为民办事之资也",君主是民众选出来为自己办事的,民众是他的权力来源,不符合民众意愿的君主应该被废除。从这一点上来说,君民之间的关系类似于契约关系。第三,天下为公。君主并不能代表天下,只有民众才能代表天下。王夫之说:"一姓之兴亡,私也;而生民之生死,公也"①,民众的利益高于君主一家一姓的利益。

有的学者提出,传统的民本思想没有多少个人权利(如选举权、言论自由等)的内容,因此与民主观念风马牛不相及。② 这一观点有其合理之处,即传统民本思想在讨论民众权利方面确实比较少,但正如我们所说,在帝制时代,民本思想能够在理论上生存下来,已经很不容易,在当时的制度现实和政治实践中,根本没有民本思想进一步探讨具体权利内涵的余地,从这一点上说,并非民本思想不想、不会探讨具体的民众权利,而是政治现实不允许它这么做。因此,如果在政治制度和法治观念得以改善的条件下,民本思想会迅速的发展出一套可以和民主思想相衔接的权利理论和内容。

总之,帝王政治文化传统存在专制、专断的一面,但也存在一些可以与现代社会相契合的思想要素。在中国实现现代化的过程中,这些思想要素由于自身源远流长且与现代思想存在共通,更容易为政治现实和社会大众所接受,因而我们改革的成本就会降低,阻力也会减小。同时,我们一定要注重政治制度和法理的建设,这样才能为帝王政治文化传统的转型提供保障。

---

① 王夫之:《船山全书(第十册)·读通鉴论·卷十七》,岳麓书社1988年版,第669页。
② 参看刘泽华:《王权思想论》,天津人民出版社2006年版,第125—126页。

论"以德治国"的操作合理性

葛荃*

历史上的"德治"是对于构成君主政治的全部统治合法性基础的理论概括,当代德治显然不会是传统德治的简单重复。在现代社会理念的观照下,法制与道德是社会政治管理不可或缺的两个方面,对于推动当代中国的现代化进程而言,"依法治国"和"以德治国"不可偏废,缺一不可。而把握"德治"的操作合理性将是实现"以德治国"的关键,否则,人们期期以待的当代中国道德文明仍然不免是画饼而已。

江泽民同志于2001年1月10日全国宣传部长会议上提出"以德治国"的问题,并清楚地指出:在现代中国,德治与法治都很重要,二者不可偏废。① 然而,至今还有些人或许是对于德治与法治的理解产生了歧义,

---

* 葛荃,山东大学政治学与公共管理学院院长,教授,博士生导师。
① 江泽民同志在2001年1月10日全国宣传部长会议上的讲话中指出:"我们在建设有中国特色社会主义,发展社会主义市场经济的过程中,要坚持不懈地加强社会主义法制建设,依法治国,同时也要坚持不懈地加强社会主义道德建设,以德治国。对一个国家的治理来说,法治与德治,从来都是相辅相成、相互促进的。二者缺一不可,也不可偏废。法治属于政治建设、属于政治文明,德治属于思想建设、属于精神文明。二者范畴不同,但其地位和功能都是非常重要的。我们应该始终注意把法制建设与道德建设紧密结合起来,把依法治国与以德治国紧密结合起来。"

他们担心倡导德治有可能会影响到法治的权威性。一个本来并不应该成为问题的问题,引起了人们的广泛关注。这种担心实际上在理论上涉及了这样一个问题:在当代中国,如何评估德治与法治的关系,以及德治的实际社会政治价值究竟何在?本文拟对这些问题略作分析,以区区之我见,就教于方家。

一、中国历史上"德治"的缘起及其基本内涵

德治是中国传统政治思想的基本命题之一。从文化的源头而论,甲骨文中已有德字,但是其本初的含义难以确定,一种比较普遍的看法认为,将德字用于"道德"或为后起之义。① 在殷商时代,德的概念已经被用之于指称政治,如《尚书·盘庚》:"汝克黜乃心,施实德于民";"式敷民德,永肩一心"。显而易见,这时"德"的内涵已经不是简单的社会伦理意义,而是被用于表明一种"统治的方式"。其后,经由西周王朝的实际开创者周公和儒学宗师孔子的传承与倡导,"德治"被统治者们视为较之"法治"更具有历史合理性的政治主张,运用"德"的概念来指称或表明政策原则和统治方式逐渐形成了传统。自兹以降,千百年来,人们经常引用的孔子的名言是:"道之以政,齐之以刑,民免而无耻。道之以德,齐之以礼,有耻且格"②。

然而,德作为一种文化存在,何以在中国传统文化中不仅具有伦理意义,而且更与政治结下了不解之缘?统而言之,在中国先民的观念中,德的内涵上达天道,下通人心,中及世事,涵盖着所有的道德规范,因而对于全社会有着广泛的约束意义。

"上达天道"是说,自从周公提出了"惟命不于常",以德作为君主秉承天之大命,主宰天下的必要条件,德就与天道有了密切的联系。在传统文化中,一般是以圣人的名义,通过德的中介,沟通人事与天道的交往。比较典型的表述如《易·乾卦·文言》:

---

① 请参阅葛荃:《政德志》,上海人民出版社 1998 年版,第 2 页。
② 《论语·为政》。

> 夫"大人"者与天地合其德,与日月合其明,与四时合其序,与鬼神合其吉凶。

依照古人的比附循环逻辑,既然德可通天,于是天亦有德。如《大戴礼记·四代》:"有天德,有地德,有人德,此谓三德"。卢辩注:"天道曰至德,地道曰敏德,人道曰孝德……夫学天地之德者,皆以无私为能也,动而乐施者,天德也;安而待化者,地德也。故天之德有广狭矣。自余礼义忠信以下,皆为人德"[1]。再如汉儒董仲舒也说:"阳者天之德"[2]。这种认识是很普遍的,虽然具体表述不同,但他们都认可"德"并不只是人类社会自身才具有的行为规范,而且是天道的运行规律或某种属性的体现。这样一来,德凭借着与天道的沟通而在认识上具有了极强的权威性。

"下通人心"指的是以儒学为代表的传统文化明确地以德来规范人的本性。譬如孟子提出了性善说,要人们修养自身固有之德,由内及外,推而广之。荀子主张性恶论,要求人们"化性起伪",改恶为善。此后,有汉儒的"性品说",宋儒的"天地之性"、"气质之性"说等等。这些有关人性的理论在具体的表述上颇有差异,不过在德与人性的内在联系上并无歧义。他们都认为,认识人性,改造人性的根本目的是使人性在道德上臻于完美之境,这种认识促使德的观念深入人心,在实际生活中与每个人的生命历程相通相连。

"中及世事"是说,德的概念从一开始就内涵着人们的行为规范。据《左传·文公十八年》载,鲁太史克(里革)说:"先君周公制《周礼》曰:'则以观德,德以处事,事以度功,功以食民'"。杜预注:"处犹制也。"孔颖达疏:"既有善德,乃能制断事宜,故曰'德以处事'"。《易·乾卦·文言》:"君子体仁足以长人,嘉会足以合礼,利物足以合义,贞固足以干事。君子行此四德者,故曰:'乾:元,亨,利,贞'"。德被古人视为处置事务,制断事宜的行为规范,成为判定人们社会行为合理性的重要依据。

---

[1] 《大戴礼记·卫将军文子》注。
[2] 《春秋繁露·阴阳义》。

可见在中国传统社会,道德作为一种文化存在具有强烈的弥散性,是人们沟通"天道"和外部世界,审视自家本性和为人处世不可或缺的行为依据。这种特点必然会促使德向着中国社会的各个层面弥散渗透,也正是在这样的文化环境中,使得道德向着政治的全面浸入成为可能。

那么,何为"德治"?我们将如何评估道德在中国传统社会的政治生活中的价值和作用呢?如果从道德与政治的关系着眼,德的政治定位大体上可以归纳出五个方面。

其一,道德是立国之本,也是一代王朝的祸福之本。早在春秋时期就有人提出了这一认识,郑国著名政治家子产说:"夫令名,德之舆也;德,国家之基也。有基无坏,无亦是务乎。有德则乐,乐则能久"①。晋国的范文子则说:"夫德,福之基也,无德而福隆,犹无基而厚墉也。其坏也无日矣"②。这些认识被后世的儒学所继承,以德为本的认识贯穿于儒学经典之中。如《礼记·大学》:"有德此有人,有人此有土,有土此有财,有财此有用。德者本也,财者末也"。

其二,道德是君主即统治者建立政权的主要条件。这个认识早在周人总结王朝兴替得失之时就已经意识到了。如《尚书·多士》:"惟天不畀不明厥德。凡四方小大邦丧,罔非有辞于罚。"儒家自孔子起就深受周文化的影响,极其看重道德与天下得失的关系,其中以孟子的倡导最力。他引用孔子的话说:"夫国君好仁,天下无敌"③。又说:"以德行仁者王,王不待大——汤以七十里,文王以百里"④。以德得天下与历史的实际并不完全相符,不如汉高祖刘邦"马上得之"来得真切;不过,这一认识强调了在获取权力、创建政权的过程中,以德为号召而广泛占有社会资源的重要性,突出了道德的政治功能和政治地位。正如孟子所言:"得道者多助,失道者寡助。寡助之至,亲戚畔之;多助之至,天下顺之。以天下之所顺,攻

---

① 《左传·襄公二十四年》。
② 《国语·晋语六》。
③ 《孟子·离娄上》。
④ 《孟子·公孙丑上》。

亲戚之所畔;故君子有不战,战必胜矣"①。

其三,道德是导致国家安危治乱的主要根源。这个认识亦源于周人。如《尚书·召诰》:"我不敢知曰,有殷受天命,惟有历年;我不敢知曰,不其延。惟不敬厥德,乃早坠厥命。"儒家继承周人之论,遂从道德的角度审视国家治乱之由。如荀子说:"君人者,隆礼、尊贤而王……权谋、倾覆、幽险而尽亡矣"②。此后,从春秋、秦汉以至后世,人们从关于实际政治成败得失的讨论与反思之中,愈发意识到道德与治乱的因果关系,这一点遂成为人们议论最多的话题之一。如汉末诸葛亮:"夫三纲不正,六纪不理,则大乱成矣"③。唐魏征:"思国之安者,必积其德义"④。宋苏轼:"夫国家之所以存亡者,在道德之深浅而不在乎强与弱"⑤。

其四,道德是治理国家的主要政策原则。"德治"是以儒家文化为主体的中国传统政治文化的重要内容之一。孔子曾明确提出:"为政以德,譬如北辰,居其所而众星拱之"⑥。作为政策原则的德治,其最根本的特点是,在坚持以"道德教化"作为基本统治手段的前提下,并不排除刑杀。孔子有言:"不教而杀谓之虐"⑦。后世儒者承袭了这一认识,以汉儒贾谊、董仲舒为代表,建构了"德主刑辅"的治国方策。德治作为人们公认的政策原则形成了传统,从汉代直至清末,历史上有关这方面的论述也最丰富。

其五,道德是君主得以拥有权力和权威的必要条件,也是官僚士大夫谋求官爵的重要条件。西周人关于明德、敬德的认识已经对君主的政治素质提出了要求,儒家文化讲求修身之道,更是把道德看作成为君主的关键。比较典型的表述见于《中庸》,其文曰:

舜其大孝也欤!德为圣人,尊为天子,富有四海之内,宗庙飨之,

---

① 《孟子·公孙丑下》。
② 《荀子·强国》。
③ 《便宜十六策·治乱》。
④ 《贞观政要·君道》。
⑤ 《东坡七集·续集·上神宗皇帝书》。
⑥ 《论语·为政》。
⑦ 《论语·子路》。

子孙保之。故大德必有其位,必有其禄,必有其名,必有其寿……故大德者必受命。

对于群臣百官来说,道德是他们获取官爵俸禄的重要途径或手段。春秋时人们已经认识到了这一点。据《国语·晋语九》载,晋大夫郇无正认为赵文子得官和升迁的根本缘由就是德,所谓"有孝德以出在公族,有恭德以升在位,有武德以修为正卿,有温德以成其名誉。"秦汉以后,随着儒学地位的提升,对于德行的评估成了人们摘取乌纱,谋求仕禄的首要依据。传统文化在这一方面有着丰富的理论,兹不赘引。

综上所述,历史上的"德治"并不是单指某种统治手段,而是对于构成君主政治的全部统治合法性基础的理论概括。所谓"统治合法性"亦即统治的"正当性",一般是指一个政权或政治系统能够使社会一般成员承认自身是正当的,并且能相对自觉地认可、服从或拥护这一政权的统治,形成比较普遍的政治认同感和国家归属感。依照马克斯·韦伯的理解,"统治合法性"是一个政权得以存在的必要条件,否则"不可能构成一个统治的可靠的基础"①。中国古代的统治者及其理论家们虽然没有类如韦伯的理论自觉,但是他们显然在一定程度上成功地解决了统治合法性问题,他们在儒家"德治"理论的认识观照下,凡国家政权、政治体制、政治权威、政策制定以及制度设置等等,无不以道德作为其合法性的基础。与"以德为本"相比较,法制刑杀不过是"治术"之一端。于是正如我们所看到的,在君主政治的殿堂之上高高矗立着的是道德的旗帜,迎风飘摇了近两千年。恰如汉初贾谊所言:"势已定,权已足矣,乃以仁义恩厚因而泽之,故德布而天下有慕志"②。

中国古代社会的政治特征是君主政治条件下的权力私有和政治集权,其主要社会生产方式是手工劳作的初始农业,构成社会组织的基本规则是以血缘关系为纽带的宗法制,社会主流文化则是以儒家文化为主体的政治文化,这些就是"德治"的"历史语境"。这就是说,作为中国社会之

---

① 一般认为,这一概念最早由德国社会学家马克斯·韦伯提出,参见韦伯:《经济与社会》,中译本,商务印书馆1997年版,第238—240页。
② 《新书·制不定》。

政治传统的"德治"有着非常明确的历史内涵。从历史的进程来看,伴随着儒学跃升为政治指导思想,儒学倡导的道德信条同时也具有了政治意识形态的性质。于是道德作为与君主政治相呼应的"政治意识形态"而具有了极为鲜明的政治整合功能,恰恰可以弥补和调节基于血缘关系、手工劳作等等而实际存在的社会形态的政治疏离趋向。以德为本和倡导德治并不意味着政治公平和社会公正的实现,只不过是表明了儒家思想家们的集体政治智慧。他们将专制王权的政治合法性基础定位于"道德合法",这就使得这种合法性的验证变得极具主观性与模糊性,它不需要通过什么程序性的规定来考量和证明,只需要政治权威的主观认定,至多再加上一定的理论论证或某种仪式性的确认。一旦这种道德合法性形成了自足的逻辑演绎和范畴体系,它便具备了似乎是颠扑不破的真理性,这一过程正是由儒家文化完成的。

历史上的德治是传统政治文化的产物,它只适合于传统的君主政治的需要。

二、"以德治国"的学理合理性与操作合理性

从文化承传的角度看,今天讲的"以德治国"有着一个绵延深厚的政治传统和文化传统,但是一般而言,这只应是单纯意义的抽象"文化符号"的延传,而不应是传统文化的质的延续和发展,今日之德与昨日之德理应有着本质的不同。形成这一判断的一般前提是,现代道德的"历史语境"已经迥异于往昔,这个问题其实无需多论。当代中国在政治体制、社会生产方式、社会组织结构以及社会主流文化等方面均与传统社会不可同日而语,与之相应,道德的价值构成和表现形式当然具有现代社会的特点。因而,"以德治国"作为一个政治理念,我们除了论证它的政治必然性,更要关注它的学理合理性与操作合理性,并从这个层面体现传统文化的现代意义和古为今用。

所谓"学理"指的是一个学科自身的知识特点及其独特的逻辑结构,一般可以从价值构成、认知逻辑和知识体系等方面进行分析。学理合理

性指的是该学理形成的逻辑依据。"以德治国"作为一种内涵丰厚的政治理念,它的学理合理性要从道德与社会政治的关系来分析。

如果我们以"现代社会"的一般理念作为认识的参照,那么"以德治国"的学理合理性主要体现为道德与法制权威的逻辑关系。在当代中国的现代化进程中,从政治管理的角度来看,法制当然构成了覆盖全社会的主导性权威;与之相对应,道德作为现代社会"治术"之一端,在"以法为本"的前提下,"守法为德"就成为现代道德的最本质的价值规定。而德治的根本社会政治意义就是为强化法制权威建构一个理性自觉的人文环境,正是在这个意义上,德治成为法制的必要补充。

事实上我们已经看到,江泽民同志于2001年提出"德治"问题时,已经把德治与法治的关系讲得十分清楚:关于"法治"的关系界定是"依","德治"的关系界定是"以"。"依"法治国,"以"德治国,两字之别,大有讲究。

"依法"者,法制是治理国家的根本法则和规范,国家政治权力的合法性、权威性只有"依法"才是合理和有效的;政策的制定与实施、政治权力的具体行使和运用,也只有在法制规定的范围内才是合法和有序的。

"以德"者,德治是被用为一种管理或治理的手段,它的约束面向是当代社会的各个层面。如果以人的生活领域来划分,有政治道德、社会公德、亲情私德;以社会角色划分,有公民道德、官员道德以及类型各异的职业道德。以德为治,就是要通过道德的途径实现对人的行为的约束、制约或制裁,以求得一种唯有道德方式才能实现的治理效果。

如果从文化表象、规范内容、施用领域、作用对象及制约特点等方面来看,道德与法制当然有区别。但是,如果从两者的价值规定来看,则德与法又互为依赖,彼此互通。

如果我们把"秩序化"或"有序性"作为人类社会的基本属性,那么人类文明经验所能提供给我们的是,法和德是实现人类社会政治秩序的基本途径,此二者构成了人类社会两种基本的制约或约束方式。只取其一端的做法在历史上并非仅见,但这常常会引发或导致社会政治秩序的动荡与破坏。于是在通常情况下,统治者的明智选择是德与法兼而施之。不过,在不同的历史条件下,人们关于法与德主次关系的认识会有所区别。

譬如在中国古代社会有所谓"人治"与"法治"之争,这里的人治即是德治。依照孔子说法,统治者治理百姓应该以道德方式为主,以法刑为辅。孔子的认识成为儒家的祖训,道德的政治约束功能得到思想家和政治家们普遍赞许,所以有子说:"其为人也孝弟,而好犯上者,鲜矣;不好犯上而好作乱者,未之有也。"①曾子也说:"慎终,追远,民德归厚矣。"②

如果就其实质而论,在君主政治时代,政治权力宰制着整个社会,人们在理论或认识上可以区分出法治、德治或人治,然而在实际政治过程中,私有化的政治权力主宰一切才是问题的关键,政治的过程是自上而下的权力控制,这一过程的道德表现是"上行下效",所谓"政者,正也,子帅以正,孰敢不正?"③从认识的表象看,儒家文化强调的是道德的感召力,但是其政治的实效却是提高并强化了君主控制社会的绝对权威。

那么,在现代社会条件下,虽说法治、德治依然离不开人的承载,但是,由于政治权力的主体由私人私家转移为社会公民,以认定和维护公众基本权利与利益为宗旨的法制权威必然会取代道德的权威,而上升为制约社会与政治的主要方式。在这样的条件下,法制的权威就会超越个人的权力而成为社会的最高主宰,道德正是以此为前提,与法制形成互补之势。

一方面,法律的优劣要以人类社会的一般道德价值为准则,人们正是以此为据来维护和把握法制的公正、公平的本质,建制良法,剔除恶法。④

另一方面,道德的一般价值标准也要以法制为坐标,遵守相应的法律

---

① 《论语·学而》。
② 同上。
③ 《论语·颜渊》。
④ 2001年4月中国的新《婚姻法》的出台,就是以道德价值调整法律的典型例证。

规定成为公德、私德、政德以及林林总总的职业道德的价值前提和基本价值内涵。

因之,在现代化社会的理念下,德与法的具体规定或有不同,法或无情,德亦有缺,但是,两者在基本价值的层面上只有相通互补,而并无抵牾。

如果道德与法治的逻辑互通可以成立,那么"以德治国"的学理合理性可以简要概括为如下三点:

首先,道德价值是法制自身合理性论证的重要指标,道德准则被人们用来衡量法的良与恶。这一点在中国传统文化中即有非常明确的表达。例如,中国自古就有关于"立法理论"的认识。法制如同人类创造的所有其他概念一样,是一个历史概念。法的本身其实是一个绵延久远、生生不息的社会历史过程。在这一过程中,随着历史的演进,法的价值规定及其理想价值取向也有所变动或调整。也就是说,法的自身合法性还需要进行合理性的评估与验证,故而法有良、恶、合理、不合理之分。在这一点上,道德的善恶标准就会为法的合理性论证提供评估指标。

其次,法制的有限性,决定了德治的必要性。正如涂尔干所言:"道德法则是产生于人类本性和社会本性的自然法则;它们是人类社会所独有的进化的产物,这种进化过程是人们无法随意更改的"①。

再次,人的主体性和独立性,表明行为自觉的重要与合理,德治则是最适合这种制约需要的。中国古代的学者们已经充分地论证了这一点。例如宋儒胡宏说:"法制者,道德之显尔。道德者,法制之隐尔。……有道德结于民心,而无法制者为无用,无用者亡;有法制系于民身,而无道德者为无体。无体者灭。是故法立制定,苟非其人,亦不可行也"②。朱熹说:"政者,为治之具;刑者,辅治之法。德礼则所以出治之本,而德又礼之本也"③。

---

① 爱弥尔·涂尔干:《职业伦理与公民道德》,中译本,上海人民出版社2001年版,第248页。
② 《知言·修身》。
③ 《四书集注·论语集注·为政》。

事实上,值得我们进一步追问的是,在当代中国,"以德治国"的操作合理性将如何把握?怎样体现?因为,迄今已经有了足够的理由令我们相信,对于中华民族来说,规划高远的道德理想并不难,真正摆在我们面前的难题是,如何才能将普遍的道德规范内化为真诚的信念,怎样将不言而喻的普适道德价值准则转化为人的自觉的行为选择。如果我们关于"德治"的全部认识不包括这样的环节,那么,我们所有的豪言壮语都只能是空话连篇。

道德与法制的不同之处甚多,其中之一就是道德作为一种行为规范,其覆盖面遍及人们的社会生活的每一个层面和角落;"所以,无论伦理学有什么样的起源,有什么样的最终目的,它必定是一种生活的科学;它的作用首先就是让人们能够在一起生活"①。对于个人而言,道德的制约始于孩童,终于垂暮,伴随着人生历程的每一步。如果从人类社会的发展历程看,人们对于道德规范的认同较之法制来得更为真实、贴切和久远。中国传统政治文化正是在这一方面的体悟极深,领悟最透,因而在道德的政治定位和文化定位上与众不同,并且积累了丰富的成功经验——儒家的政治伦理在政治整合与文化整合方面,对于君主政治而言可谓"功不可没"。因而我们在梳理"以德治国"操作合理性的思路上,恰恰需要从传统文化当中寻求借鉴。

中国传统政治文化从一开始就极为关注道德的实践性,古人用他们的语言概括了德治的行为逻辑,即儒家文化倡导的"修身、齐家、治国、平天下"。在这里,修身是手段,成圣即实现"内圣外王"是目标。而决定这一行为逻辑具有了操作合理性的关键是,儒家文化是以"做人"作为这一切的道德起点;也就是说,做人是论证德治操作合理性的逻辑起点。我们且看他们的论述:宋儒朱熹说:

　　圣贤千言万语,只是教人做人而已。②

---

① 爱弥尔·涂尔干:《职业伦理与公民道德》,中译本,上海人民出版社2001年版,第244页。
② 《朱子语类》卷十三。

道学问是大事,要识得道理做人。①

明儒顾宪成认为:

国家设学,本教人为圣为贤;今兹之会,专以道义相切磨,使之诚意正心修身,以求驯至乎圣贤之域,而设学之初意,庶几不负。②

赵南星说:

夫圣学者,学为人而已。人之所以为人者,以心无邪思,身不苟动,口无妄言。入则为孝子悌弟,出则为信友,仕则为忠臣良吏。此非求异与于人也,仅可为人耳,否则与禽兽无异。③

冯从吾做有专论《做人说》,用"做人"概括全部的人生意义。他说:

吾侪立身天地间,只有做人一事。试观吾侪今日聚首讲学,容容与与,无半点尘嚣,宛然洙泗杏坛景象,固是做人。明日朝夅课业,或揖让于禁近,或吟咏于秘阁,亦是做人。异日散馆之后,或留而在内,或出而在外,职业所关,钜细不一,无大无小,无敢瘝旷,亦是做人。

他们说的做人,是依照儒家文化关于人的本质规定,用道德规范约束人的一生。正如前引赵南星所说"入则为孝子悌弟,出则为信友,仕则为忠臣良吏。此非求异与于人也,仅可为人耳,否则与禽兽无异"。这里最有意义的是,传统文化要求人们的道德追循从孩童做起,从日常生活的琐屑之处做起。这在儒家的典籍中均有明文规定。

《礼记·内则》:

凡内外,鸡初鸣,咸盥、漱、衣服,敛枕、簟,洒扫室堂及庭,布席,各从其事。

《礼记·曲礼上》:

夫礼者,自卑而尊人,虽负贩者,必有尊也,而况富贵乎。

---

① 《朱子语类》卷十。
② 《东林书院志·卷二·院规》。
③ 《赵忠毅公文集·卷一·刻圣学启关臆说序》。

> 夫为人子者，出必告，反必面，所游必有常，所习必有业。
> 年长以倍，则父事之；十年以长，则兄事之；五年以长，则肩随之。
> 从于先生，不越路而与人言。遭先生于道，趋而进，正立拱手。
> 登城不指，城上不呼。
> 将上堂，声必扬。
> 将入户，必视下。
> 凡与客入者，每门让于客。

显而易见，这样的道德教育必然要始于童年，而其规定的道德目标则极为浅近，所谓"洒扫应对，揖让进退"。正是在这"举手投足"极其平凡的普通道德规范教育过程中，在"一颦一笑"的做人礼貌行为演练中，人们接受了最基本的社会道德观念，逐渐形成了人生初步的道德意识。正是在这样的实际操作过程中，伴随着年龄的增长和生活范围的扩展，所谓忠孝仁义，三纲五常等道德教条渐次被人们认同和体悟，最终内化为某种自觉的道德信仰。

中国传统文化的道德理想本来极高远，谓之"内圣外王"，做成"圣贤"，这显然不是一般的凡夫俗子可以望其项背的。不过，中国传统文化同时又承认人们在道德起点上具有平等性，谓之"人皆可以为尧舜"。这种文化的逻辑特点可以概括为"高目标、低起步"，古来圣贤高山仰止，却无不把"做人"树为其追循宏大道德理想的第一步。这样的道德入门路径无疑具有极为坚实的操作合理性：在古人看来，道德不是简单的知识学习或经验传授，而是个人的实际社会生活体验，是在每个人无可回避的人生经历与历练中，对于道德价值的理解、认同和内化。

"做人"的道德起点操作简易便捷，触手可及，正所谓"千里之行，始于足下"；圣贤之道规范着的道德教条经过人们童稚时代的一招一式的操练，实际与人们日复一日的日常生活相伴行，势必会渐次转化为人们的生活方式。当一个民族的道德规范被溶解为一种生活方式，文化孕育的道德价值凝化为人生观念或生活理念的时候，这时，全社会的道德文明的形成便可立而待了。

古人以"教化"言之，则重在"化"；今人以"教育"言之，则重在"育"。

这种旨在整塑人性的"化育"之功,其实不在道德目标多高远,口号多激昂,而是在于实际德行演练的可行性和操作效果。

因而从某种意义来说,"做人"的失败才是事业失败的内因,道德人格与政治人格的实际背离正是导致政治腐败的政治文化条件。因之,把握"德治"的操作合理性是实现"以德治国"的关键,否则,人们期期以待的当代中国道德文明仍然不免是画饼。

政治情感篇

中国传统农民的政治情感及现代转化*

江荣海　张学艺**

> 中国传统农民的政治情感是一种依附型的政治情感,主要围绕统治集团中的明君、贤相和清官展开,这种情感包括对皇权的崇拜,以及期盼"明君"、"贤相"和"清官"的情感。在中国传统政治文化现代化的过程中,政治情感同样需要实现现代转化,以建立农民自身的主体意识,以及政治制度与法治的情感。

一、政治文化中的政治情感

自从美国政治学家加布里埃尔·A.阿尔蒙德1956年提出政治文化的概念以来,政治文化研究在西方进入了热潮,而美国学者墨子刻的著作《摆脱困境——新儒学与中国政治文化的演进》,则突破了西方学者政治文化研究的界限,将政治文化概念体系应用于中国传统政治文化的

---

* 本文将新中国成立以前农民的政治情感视为传统的政治情感。
** 张学艺,北京大学政府管理学院比较政治学方向的博士生。

研究。在这一概念体系中,对政治情感的思考是政治文化研究的重要内容。

从概念上来看,情感是个性的基本心理要素,是个体对客观现实的一种特殊反映形式,是主体对于客体是否符合其需要而产生的态度体验,是主体认识世界的一种内在驱动力。并非人们所有的态度和情感都属于政治情感,只有经常而明显地影响政治发展的哪些态度和情感,才能界定在政治情感的范畴之内。[①] 同时政治情感属于政治心理层面的内容,不同于系统的政治理论和政治意识。依据阿尔蒙德的定义,政治情感是人们对政治体系或政治体系的某一方面所产生的好恶感情,也是人们对政治对象的一种内在体验:喜爱或者憎恶,尊重或者轻视,同情或者冷漠等。政治情感是在政治认知、政治偏好形成的过程中形成的,又对人们的政治态度、政治行为有着重要的影响。

政治情感是政治社会中的主体的基本素质,是主体对政治制度、政治体制、政治信仰的偏好,是政治上层建筑中的主体性因素。其在现实中的表现就是政治参与,其极端的表现是政治激情或政治冷漠,其实质是由利益矛盾、冲突及其协调整合过程所引起的人们对政治系统的态度化理解。"人是天生的政治动物",不同的个人、集团出于对自身利益或某种价值的关切,对自己某种政治需要的满足感,而对不同的政治制度、政治理念产生不同的态度和体验。这种态度和体验就是政治情感。

二、中国传统农民的政治情感

《汉书·食货志》称:"士农工商,四民有业。学以居位曰士,辟土植谷曰农,作巧成器曰工,通财鬻货曰商。"本文所指的传统农民,是所有以农为谋生方式的人们,即"士农工商"中的"农"。

经典现代化理论认为,传统政治向现代政治、传统文明向现代文明的转变是现代化的重要内容。受马克思·韦伯"新教伦理和理性化"思想的

---

① 派伊:《政治文化与政治发展》一书序言,转引自《〈资治通鉴〉与中国政治文化》,中国广播电视出版社1993年版,第10页。

影响,重视文化的现代化学者认为是政治文化影响了政治文明的进程。如著名的现代化研究的学者英格尔斯在《人的现代化》中,勒纳在《传统社会的消逝——中东的现代化》中都认为现代化是一种精神状态或心理状态。我国学者李秋洪在《中国农民的心理世界》中也认为现代化首先是一种心理态度的转变过程,是一种由传统人格转变为具有现代人格的过程。

我国是一个农业大国,从政治文化的角度来看,在中国从传统社会向现代社会转型的过程中,农民政治心理的现代化是现代化的重要内容。尤其是广大农民政治情感的形成、发展与成熟,对于一个国家的现代化进程至关重要。

农民作为中国传统社会最大的一个群体,在几千年的历史发展和文化延续过程中形成了他们独特的政治情感,尽管中国传统农民的政治情感在各个王朝存在差异,但是农民的传统政治情感也具有一些共同特征,即依附型的政治情感,它主要表现为对政治权力充满崇拜,在政治稳定时期对政权逆来顺受,而在政治黑暗时期揭竿而起的矛盾情感。

(一) 传统农民依附型的政治情感

中国传统农民对政治系统的看法是模糊的,他们没有明确的国家概念,在他们心中,上至皇帝、官僚,下至他们的家族长,都可以代表他们行使政治权力,因此,他们对政治的情感不是围绕政治系统自身展开,而是针对政治系统中的个人,最终总是归结到官僚个人或者一家一姓的君主身上。

这是一种依附型的政治情感,包括对皇权的崇拜以及期盼"明君"、"贤相"和"清官"的情感。传统社会,个体农民由于自身生产的分散性和经济、政治上的弱小,使得他们没有能力进行主动的政治参与,他们的政治情感是在被动中形成的。从而形成了其政治上将自身的政治诉求诉之于"明君"、"贤相"与"清官"的依附心理。在统一的中央集权制建立后,无论是两汉的荐举制,三国、两晋、南北朝时期的士族门阀制度,还是隋唐及以后的科举考试制度,真正意义上的农民很难走进封建王朝的政权体系,他们要改变自身的政治地位,首先要改变自身的身份,因而,在政治上,农民自身没有机会在政治体系中代表他们的利益。十九世纪中期,马克思在研究法国农民阶级后也得出这一结论:农民"不能代表自己,一定要别人来代表他们",而且"他们的代表一定要同时是他们的主宰,是高高站在他们上面的权威,是不受限制的政府权力"①。

传统农民的政治情感贯穿、渗透在社会生活的各个领域,蕴涵在中国传统文化之中。他们畏惧天灾人祸、寇盗病瘟等灾难,希望能在天地、自然、人际和谐的环境中生存,这是农民的淳朴要求。这一要求不是依靠自己,而是依赖对明君、清官、天地、祖先、神灵、命运等的权威崇拜和寄托来实现。对皇权、清官的拥戴,使农民把实现和谐生活的希望寄托在有道明君和"青天大老爷"身上,当他们有冤无处申的时候,他们期待明君与"青天大老爷"的出现。丧失主体意识、依赖客体的主宰来实现自己和谐、安宁的价值目标,决定了传统农民自我价值评判中的臣民依附情感。几千年来,农民在对权威主宰的崇拜、寄托、服从中安分守己地生活,他们的本分就是勤劳耕作,纳税服役,礼敬、服从这些权威,这也使得中国的农民最好统治。

中国传统农民本身是一个变动的阶层,中国传统农民绝大多数是自耕农,在人格上,他们只是作为国家最高人格体现的君主的编民而不单纯依附于某一地主,因而在人身上有一定的独立性和自由。同时,中国封建社会的土地可以买卖转让,"在土地买卖的制约下,中国封建社会各阶层的阶级地位和经济身份还具有变动不居的特色"②,这就使得小农通过机遇和自身努力改变自己的社会地位和等级身份成为可能。普遍而低下的社会地位,使农民时刻垂涎官宦与政治权威,梦想有朝一日改变自己农民的身份,进入上层社会而出人头地,因此,他们对于政治权力有着天然的崇拜。从农民改变自身身份的手段来看,除了少数农民子弟读书做官改变身份外,也有通过学工学商来改变身份的。但农民这种低下的政治地

---

① 马克思:《路易·波拿巴的雾月十八日》(1851.12—1852.3),见《马克思恩格斯选集》第1卷,人民出版社1995年版,第678页。
② 胡如雷:《中国封建社会形态研究》,三联书店1979年版,第53页。

位,只有经过多代积累上升才能成为地主,才能享有参与政治的权力。农民除了不得已揭竿而起外,他们一般都安于现状,是社会的保守力量。通常情况下,一般农民不关心国家政治,也没有参与政治的资本和途径,但是他们人数众多,一旦造起反来,就会引起社会极大的震荡,甚至是改朝换代。但是农民中也不乏有政治眼光和有头脑的人,发动农民是历次"革命"的中心任务。同时,农民是传统社会赋税的主要承担者,他们却几乎难以享受相应的政治权利。

对传统农民而言,他们对于政治的情感更多体现在一些个体身上,而非政治系统本身。在儒家思想占统治地位的中国传统社会,明君、贤相与清官往往成为民本思想的贯彻者,因此,传统农民在政治上渴望出现明君圣主来爱护他们。除了明君,传统农民还渴望有像诸葛亮、刘伯温这样的贤相,像包拯、海瑞这样的清官来保护他们的政治利益。农民对包拯、海瑞等"青天大老爷"怀有强烈的爱戴,这是一种清官情结。从政治文化的视角来看,传统清官情结是一种理想型的政治文化,它把原属于国家治理结构中的问题寄托于某一"清官"身上。

(二)传统农民政治情感的产生原因及途径

1. 儒家政治文化的影响

传统农民政治情感的形成,同以儒家为主体的传统政治文化有着必然的联系。农民之所以会产生依附型的政治情感,是因为在传统社会,农民几乎没有什么文化,文字对他们而言是既具有神秘性也具有权威性的东西。就他们生活的环境而言,士绅等政治精英拥有的文化与知识确立了他们的政治特权与政治地位。农民为什么对明君、贤相,清官充满感情,也可以从传统政治文化中找到答案。

从传统文化来看,对儒家文化的认同则缔造了权威类型中的最高角色——圣人。秦汉以后,君主与圣人逐步趋于等同和统一,这使得人们对君主权威的认同极具普遍性和广泛性。人们对君主权威的认同,主要体现在对君主人格魅力的崇拜和对传统权威合法性的认可上。在农民眼中,有道明君能够"参天地,化万物,立人极",他不仅决定政治盛衰,国家兴亡,而且是道的主宰和决断是非的总裁,"圣人也者,道之管也"①,君主权威的传统合法性则表现为一种无需证明的"历来如此"。而对于无道昏君,农民则充满了厌恶,"有道伐无道"的传统为"革命"提供了合法性依据。因而,农民起义和易姓"革命"并不是为了挑战君主的权威而是用明君来取代暴君。正是这种"反皇帝不反皇权"的改朝换代,不断地强化着人们对于君主权威的认同感。对明君的崇拜和对昏君的厌恶使传统农民除了对君主的顶礼膜拜之外,在潜意识中又怀有取而代之的皇帝梦,"皇帝轮流做,明年到我家。"

圣君、贤相、清官,这是中国传统社会的政治理想,它充分地体现了儒家政治文化的"人文"和道德特征。"仁"是儒家最高的社会理想,而"仁政"则可以被看成是儒家最高的政治理想。"仁"的社会理想和"仁政"的政治理想最终都要落实在"人"上。人的主要作用表现在他要按照儒家为之设定的"礼"的准则和"仁"的规范进行活动,即君要守君道、臣要守臣道,"欲为君,尽君道;欲为臣,尽臣道。二者皆法尧舜而已矣。不以舜之所以事尧事君,不敬其君者也;不以尧之所以治民治民,贼其民者也"②。

2. 农耕文化的影响

就自然环境来看,农民的政治利益围绕农业生产展开。农业生产所需要的自然环境随四时而变化,这种周而复始的农业简单再生产在相对稳定的社会环境中就可以进行。因此,农民所要求的外部环境条件相对简单,即农民渴望一个和谐、稳定的社会环境,体现在政治上,就是政治社会的稳定。只有在这种政治环境和氛围中,农业生产才能顺利进行。而频繁连绵的战火,耗神竭力的内讧和争斗,都会给农业生产带来动荡和破坏,给小农家庭增添无穷的灾难和不安定因素。农民的这种情感体现在政治上,就转化为一种渴望社会和谐、政治稳定的情感。但是,由于传统农民处于无钱、无权、知识缺乏的不利地位,小农没有能力建立一种政治机制来维护这种和谐、稳定的政治诉求,而只能诉之于两个方面:一方面是诉诸祖宗传统的力量,即严格地按照祖宗先辈的传统经验、礼俗、习惯

---

① 《荀子·儒效》。
② 《孟子·离娄上》。

和规范办事,保证社会在既定秩序上的和谐;另一方面是诉诸个人权威,即通过依赖"真龙天子""太平宰相""青天老爷"等的超凡力量来统一人们的思想和行为,以实现社会的和谐和安宁,这也使得传统农民丧失了主体性。

3. 中国传统政治结构的制约

从中国传统社会家国同构的政治结构来看,农民的依附型政治情感来源于家族权威。在乡里社会,地缘与血缘是融为一体的,农民祖祖辈辈生活在一块土地上,与土地融为一体,乡土成为农民生活和生命的根基和故土。人们对祖宗家族的认同和追思,对土地的依恋、归属和崇拜则体现了这种情感。土地与人之间的联系是一种地缘联系,更是一种血缘联系。正是农民与土地间的这种自然的、血缘的情感的联系,形成了中国传统社会中特有的农业文明,人们的政治情感可以在这种文明的演进中得到解答。人们在血缘认同过程中对父权制家长权威的绝对崇拜,促成了根深蒂固的权威认同心理。从儿童时代开始,他们就被灌输父母对子女拥有的绝对权威,而中国传统政治文化中血缘认同的普遍化,又加强了这种认同权威的心理,在君主和官员面前,农民从来都是"子民"和晚辈。

总之,对于政治权力,小农怀有既向往又害怕、既崇拜又疏远的矛盾情感。一方面,由于官方拥有生杀予夺、而且不受制约的政治权力,农民在政府面前是弱小无力的,他们害怕官府找自己的麻烦而有意疏远;如果有官员找上门来,他们的第一反应是恐惧。但另一方面,政治权力代表一切的诱惑又驱使他们对权力充满崇拜,他们渴望通过改变身份而拥有政治权力,一旦他们真正拥有了权力,他们也就转变为封建官僚,拥有受人尊崇的社会地位和财产了。中国封建社会经常出现经济、政治动荡,造成王朝频繁的兴衰更迭,土地所有权的无端运转。"一朝天子一朝臣"就是这种权力转移情况的形象概括。这也给农民带来了某种朦胧的希望,使农民祈盼世道改变给自己带来权力和社会地位,"皇帝轮流做,明天到我家"。

三、中国传统农民政治情感的现代转化

政治文化的建设不可能完全抛开传统,在某种程度上,新型政治文化建设的过程也就是改造传统的过程。这一过程表现为继承与重建两个方面,即在挖掘传统价值的同时实现自我超越。一方面,不挖掘传统,便不能将政治文化的分析触角伸向传统文化与政治的内部深层结构,另一方面,中国传统政治文化的现代化必然反映着中国社会由传统走向现代这一历史跃进过程中政治文化的创新。因此,对于中国传统的政治文化,既不能全盘否定,也不应全部继承,而是要根据时代发展的需要,挖掘传统价值并使其发扬光大。

农民作为目前中国社会人数最大的一个群体,其政治现代化水平在很大程度上可以反映中国的政治现代化水平。一个国家的现代化以心理现代化为基础,美国著名现代问题专家英格尔斯认为:"如果一个国家的人民缺乏一种赋予这些制度以真实生命力的广泛的现代心理基础,如果执行和运用着这些现代制度的人,自身还没有从心理、思想、态度和行为方式上都经历一个向现代化的转变,失败和畸形发展的悲剧是不可避免的。再完美的现代制度和管理方式,再先进的技术工艺,也会在一群传统人的手中变成废纸一堆。"[①]所以农民政治心态的现代化,对中国政治的现代化及其农村地区的政治稳定和政治发展具有十分重要的意义。而农民政治情感由传统向现代的转化则是其中的一个重要方面。

从中国传统农民的政治情感来看,农民缺乏一种主体参与意识,是一种依附型的政治情感。并且这种政治情感更多表现为一种对个人,如明君、贤相、清官的情感,而非公共情感,这也使得传统农民缺乏一种公共精神。对农民来讲,农村、家族、家庭、村庄是他们赖以生存的支柱,维系亲情、家庭对他们的生产、生活非常重要,而这种情感的扩大就成了他们对政治的一般情感。从这种意义上来看,必须把这种依附型的政治情感转

---

① 英格尔斯:《人的现代化》,殷陆君编译,四川人民出版社 1985 年版,第 108 页。

化为参与型的政治情感,通过扩大农民的政治参与机会,增强农民的主体参与意识。

另一方面,从农民的权威崇拜中,可呼唤出对法律的情感,对科学的崇尚;安分守己的善良本性,又可成为认同新道德的基础,从而抑制社会职业道德的沦丧。对于明君、贤相、清官的情感则代表了一种农民对政治清明的一种诉求,在当前的政治生活中仍然具有积极的意义。有学者从清官情结与现代法治的不相容来看待农民的这种政治情感,其实清明政治与现代法治两者并不必然矛盾。不但在处于封闭状态的传统社会,而且在政治多元化的现代社会,都需要政治上的清明,虽然明君、清官情结依靠的更多的是个人因素,但是在重视制度化建设取代人治的现代社会,同样需要政治体系中的精英怀有政治良知,以一种公共精神为基础为民众服务。

而且,受难以隔断的传统的影响,这些积极的政治情感仍然存在于民众的内心之中,就当前农民的政治情感来看,人们心中的清官情结仍然非常强烈,特别是当前,中国处于政治社会的转型期,腐败问题日益严重的状况下,人们首先想到的不是实现民主,而是渴望出现清官。如在我国目前的领导人中也可以看到这种平民政治情感,如朱镕基的言论:"准备一百口棺材,九十九口给贪官,留下一口给我"。"我只希望在我卸任以后,全国人民能够说一句,他是一个清官,不是贪官,我就很满意了。如果他们再慷慨一点,说朱总理还是办了一点实事,我就谢天谢地了"[①]。

在加速农村现代化和深化改革的今天,剖析传统农民的政治情感,把握农民政治心理的运行轨迹,制定合理、科学的政策和法律去引导农民,自觉摒弃传统农民意识中的负面因素,重新铸就一种新的政治情感,实现农民价值观的现代化超越,是农村实现政治现代化的重要内容。改革开放以来,农民的传统政治情感正处在逐步分化、转换的状态中,农民的政治主体意识与权利意识不断强化,消极被动的依附型政治文化逐步向参与型政治文化转化,这主要表现在如下方面:

---

① 2000年3月15日朱镕基在九届全国人大三次会议记者招待会上的发言。

其一,农民的政治主体观念逐步形成。随着政治改革的深入,农民开始有了政治主体的价值取向,并形成自主参政的政治诉求。农民的政治情感更多是围绕着自身的政治感受展开的,他们认为应该由自己的选举代表,来代表自己从事政治活动、管理社会和管理涉及自身的公共事务而且这一意识得以增强。尽管周边环境与传统习俗对农民的政治心理仍然产生着重要影响,造成部分农民在参政过程中不敢表达自己的政治不满,但农民不再满足于上级一切说了算的政治行为,提出自己的候选人,要求通过选举权与被选举权的落实来实现自己参政的愿望,这则表明农民的政治主体观念已经增强。

其二,政治权利意识的觉醒。与传统的农民要么通过改变自身的身份,要么将政治情感寄托于明君、贤相、清官,要么通过农民起义和农民战争来亲自参与政治不同的是,今天农民已经意识到参与政治是自己的权利,从而在法律的框架下通过各种形式合法地参与政治。而农民政治权利意识的觉醒和逐步增强对于民主政治的发展将具有重大的推动意义。

其三,对制度情感的关注。传统农民的政治情感更多表现的是对个体的一种感情,不涉及制度本身,而当前农民对政治的情感更多是对制度和法律的关注,而不是寄托于个人。如农民对村民自治的关注。村民自治是农民的创举,在村民自治制度中,农民自主管理乡村事务有了更大的权力和活动空间,从而维护了自身的利益。村民自治作为农民的一种参政形式,更多体现的是农民对选举制度的一种政治情感,同时,在村民政治下,农民可以根据对自身利益的认知选择自己政治参与的形式,如农民认为选举于己无益而疏远政治,就会对政治产生冷漠。这都表明农民开始走出封闭的熟人社会,树立一种更加开放的政治情感。

也谈传统中国农民的政治情感及其现代转化

钟 诚*

> 传统农民的政治情感在我们今天的现代化建设事业中特别是农村基层民主建设中具有相当的影响。传统农民的政治情感主要包括权力崇拜与依附、平均主义、人治观念与臣民意识、家国同构下的集体主义等几个方面。传统农民的政治情感应该进行"创造性"的转化,以期在理论上对我们正在进行的现代化建设特别是基层民主和村民自治事业有所助益。

政治情感是处于政治世界里的主体对客观政治对象所体现出来的价值的一种主观的体验和反映,主要表现为"人们对于政治领袖、政治权威及政治系统的好恶、憎恨、忠心、淡漠等感情"[1]。政治情感不同于系统化、理论化的政治文化,它并没有经过缜密的反思和推理,它更多是在人们的日常生活中存在并且于"日用而不知,习焉而不察"的状态中发挥着自身的作用,政治情感是政治文化长期积淀的结果,而这种积淀一旦形成,就

---

* 钟诚,北京大学政府管理学院政治思想史方向的博士生。
[1] 葛荃:《中国政治文化教程》,高等教育出版社2006年版,第5页。

具有了自身的独立性和传承性以及相对稳定性,特别是处于传统中国社会的稳定结构中,政治情感在社会生活中发挥着独特的作用,直接影响着人们的政治行动和政治选择。

"以农为本"、"以农立国"的思想观念在传统中国社会有着根深蒂固的影响。而农民,作为传统的"士、农、工、商"四民社会其中之一"民",自然在中国传统社会扮演了非常重要的角色。历次轰轰烈烈的农民起义就向我们展示了其自身的力量。但是,不可忽视的却是,作为一个重要的阶层,农民从来没有掌握"话语权",而具有话语权的"士大夫"阶层和统治集团对农民之关注也仅限于道德与生产活动层面,这以孟子的"民本思想"和唐太宗的"君民舟水"说等为代表,而缺乏更为深入的讨论。在今日中国,要求农村现代化并且实行有效的农村基层民主建设已经成为大家的普遍共识,那么,了解农民、特别是分析传统中国社会农民的政治情感,对于我们农村的现代化建设,就是一件极具意义的事情。

一、传统农民的政治情感分析

(一)权力崇拜与依附

权力是人类政治现象的核心要素之一,也是人类社会各阶层的政治情感的重要指向对象之一,在传统的中国社会,相当长的时间里,由于缺乏制度化的有效率的权力制约机制,政治权力更是扮演着举足轻重的作用。传统社会中的农民阶层在主体意识上虽然一般不同政治权力直接和经常地发生关系,但是却有着强烈的权力崇拜依附感。这和马克思所描述的法国小农有些相似:"他们不能代表自己,一定要别人来代表他们。他们的代表一定同时是他们的主宰,是高高站在他们上面的权威,是不受限制的政府权力,这种权力保护他们不受其他阶级侵犯,并从上面赐给他们雨水和阳光"①。传统农村的"耕读之家"就是一个比较明显的例子,在那里,主流的内圣外王的政治文化以一种家长敦促后代"入仕为官、出

---

① 《马克思恩格斯全集》第 1 卷,人民出版社 1995 年版,第 678 页。

人头地"的政治情感方式表现出来,而且我们往往发现这样一个有趣的现象:在社会稳定、政治清明的时期,农民对代表最高政治权力的"天子"所施行的"仁政"感恩戴德;而在民不聊生、政治黑暗的时代,农民阶层对于政治权力的依附和崇拜还是没有太大变化,他们只不过是希望用一种新的比较照顾他们利益的政治权力来取代旧的已经丧失合法性的政治权力而已,正如我们通常听到的"反贪官不反皇帝"之类的说法。权力既以强制力为后盾,同时在其实施和运用的过程中又包含着某种合法性的成分,这是农民阶层对其产生依附感和崇拜感的关键原因之一,这种合法性是建立在家国同构制度中的以父权至上为社会基础之上的,这样的环境在潜移默化中使对权力的认同感得到加强。之所以产生农民阶层的权力崇拜与依附的政治情感的另一重要原因在于:由于生产力不发达,生产资料的匮乏,在传统中国社会,资源的配置大部分乃是由政治权力来加以完成,正所谓"溥天之下,莫非王土;率土之滨,莫非王臣"①。权力的指向始终是自上而下的单向性,农民阶层是权力行使产生效果的接受者和承载者,因此,对于他们来说,政治权力业已成为一个全能的主宰利益分配的象征,农民阶层可以通过直观的方式感受到它的力量,在缺乏替代性选择的情况下,就不可避免地自内心对其产生一种崇拜与依附感,久而久之,这就积淀成为一种稳定的政治情感,并且在相似的社会境况中代代相传。

（二）平均主义

这是传统农民阶层政治情感的又一大特征。这种政治情感至少可以追溯到先秦时期,在先秦时代的典籍中就记载了劳动人民对社会不公的强烈感叹:"不稼不穑,胡取禾三百廛兮? 不狩不猎,胡瞻尔庭有县狟兮?"②中国历史上历次农民起义几乎都打出了平均主义的旗号。比如陈胜吴广起义提出的"王侯将相宁有种乎?"钟相、杨幺起义提出的"等贵贱、

---

① 程俊英、蒋见元:《诗经注析》（下册）,中华书局1991年版,第643页。
② 程俊英、蒋见元:《诗经注析》（上册）,中华书局1991年版,第300页。

均贫富"以及太平天国起义提出的"无处不均匀,无人不饱暖"等口号,可见其影响之深。总而言之,平均主义主要体现在以下几个方面:首先,在社会秩序层面,反对森严的等级秩序,崇尚"四海之内皆兄弟"的理想社会;其次,在经济层面,要求"均田"、"均贫富",要求一种平等的资源占有和分配的方式;最后,在文化层面,提倡一种朴素的"等贵贱"思想,向往一种乌托邦式的平等氛围。而所有这三个层面,却又都与"政治"息息相关。因为,社会秩序的、经济的、文化的均平在当时的条件和环境下都离不开权力的作用,权力的获得乃是实现这些理想的最为关键的途径。因其如此,在这些均平理想的后面,往往或是大大小小的农民起义,直接用暴力来对抗社会严重的不公正,并进而形成新的具有合法性的权力,或是对以"皇权"为核心的政治系统和政治权力充满期待,希冀以推广伦理政治的方式来实现平均的主张。

自然,这些带有平均主义色彩的情感与理想并不是凭空产生的,它是农民阶层在长期的社会实践过程中形成的政治情感的集中体现。在传统社会中,农民阶层在政治上处于无权的地位,在经济上受到统治阶层的剥削,同时也并不像"士"阶层那样,占有大量的文化资源,政治、经济和文化方面的资源匮乏促使他们向往一种朴素的结果平等的分配原则。同时,平均主义也常常为统治者所提倡,进而通过种种政治社会化的方式影响到农民阶层,"对于统治者来说,施行人治必须要有借口和依据,一种被百姓所接受的价值目标,恰恰可以成为一块遮人眼目的招牌,扛着这块招牌就可以搞集权,固人治,名正言顺地南面而坐、君临四海"①。当然,历次农民起义最后成为改朝换代的工具,在一定程度上说明了这种朴素的想法并不能够解决真正的问题。而且,这种追求结果平等的政治情感诉求一般来讲,总是与社会发展趋势相抵牾,就是在生产力更为发达的当代也难有实现的可能。

---

① 马庆钰:《告别西西弗斯——中国政治文化分析与展望》,中国社会科学出版社 2002 年版,第 247 页。

(三)人治意识与臣民观念

"人存政举,人亡政息",在传统政治生活中,"人"是核心和关键,集司法与行政职权于一身的地方官被农民阶层视作"父母官",这凸显了农民阶层一种重要的政治情感,即所谓的人治意识。解决争端和纠纷必须仰赖于具有权威的人,在家族和政治系统中都是如此。当然,这并不意味着没有"家法"和"国法",而是说,这些"法"的实施端赖于权威的信念以及手段。农民阶层平时少与政治权力发生联系,也并没有一整套成熟的政治文化意识,当他们的利益矛盾需要协调和解决时,自然会首先想到作为政治权威代表的地方官员,并且由他们来实现正义和公平。最为关键的一点乃是,农民阶层并没有形成自己独有的权利意识,他们的利益的获得要靠一个高高在上的主宰来赐予。这是人治意识产生的重要主观根源之一。而客观根源则在于农民阶层所身处的家国同构的历史环境,这是他们唯一的渠道和途径。人治意识的最突出表现就是"清官情结"。广大农民希望行使政治权力的官员能够清正廉明、伸张正义,将实现自身利益寄托在政治权力的载体——官员的身上,对政治权力的运行寄予过多道德化的期待,并最终将政治与道德等同。

与人治意识和清官情结相联系,就是广大农民的臣民情感。这的确是一个很奇怪的现象。因为我们前面已经提到,传统中国的政治权力一般只到达县一级,广大的乡村经常是处于一种"自治"的状态,但是,需要指出的是,这种自治并不同于当代从西方政治学中所延展出来的自治观念:即公民是治理的主体,通过政治生活的参与来获取物质和精神利益。传统中国基层社会的"自治"是家国同构条件下的家长和族长治理。我们知道,在中国传统的乡村里,都广泛地存在着所谓"天地君亲师"的排序观念,而在现实的人间,君就成为了实际的主宰,是天的象征和代表,所以称作"天子"。其他阶层的人都在"君"之下,只占有少量资源的农民阶层则更是如此,"只有通过依赖攀附于家长、族长、上级官吏、君主帝王,才能既符合伦理道德,又能够获得满足自己欲望和需求的条件"①。这样的观念和"家国同构"的组织形式结合起来,形成了一张无形之网,对农民阶层从精神和物质两个层面施以很大的影响,最终使他们形成了一种独特的政治情感——臣民情感。也就是说,他们对于自己的臣民身份以及义务已经从价值的角度予以了接受,并且在常态下一直在践行着自身的身份和履行着自身的义务。

(四)家国同构下的集体主义

在传统中国社会,单子式的个人主义文化是不可想象的,即使讲求个人独立人格的儒家也只是在道德意义上谈论个人的独立性而非在其他层面。应该讲,在传统的社会中,与农民联系最过紧密的莫过于"家"了。在传统宗族社会里的家"是一个事业组织,家的大小是依着事业的大小而决定……但无论大小上差别到什么程度,结构原则上却是一贯的、单系的差序格局"②。而比家更大的政治系统"国",也是按照家的构造原则并且以家为基本的构成单位组织起来的。因此,传统中国社会是一个家国同构的社会,家族而非个人乃是社会的基本单位,而个人则在这种家族中获得意义。这与现代社会的个人本位是大异其趣的。所有这些,在长期处于乡土社会中的农民阶层身上表现得尤为明显。中国的文化传统特别是儒家的传统讲求"尊尊、亲亲"之道,这样的思想传统经过社会化的过程后逐步变成了一种家国同构观念下的集体主义政治情感,农民阶层更多的将整个国家视作一个扩大的家庭,而作为"天子"和最高统治者的皇帝则是以大家庭的家长而存在,即所谓"天子作民父母,以为天下王"③。因此,农民阶层在此基础上所意识到的更多的是自己对于这样一个大家庭所尽的义务,而且,这样的义务感更多的是在一种观念的支配和作为政治权力延伸的家族制度的影响之下所形成的。因为政治权力一般并不直接与农民

---

① 马庆钰:《告别西西弗斯——中国政治文化分析与展望》,中国社会科学出版社2002年版,第141页。
② 费孝通:《乡土中国》,北京出版社2005年版,第55—56页。
③ 李民、王健:《尚书译注》,上海古籍出版社2004年版,第222页。

阶层发生联系,传统的政治权力只到达县一级,农民阶层却也正是在这样的集体主义观念的笼罩之下获得了意义感。可以想见,这种家国同构下的集体主义,乃是传统社会稳定的重要观念情感力量。但是,这种群体利益和价值至上的政治情感却往往压制了个人的独立价值,并在一定程度上导致了社会的停滞。

  上述四个方面构成了一个政治情感的整体,影响着整个传统的农民阶层。但是,略加注意我们就可以发现,在这个整体之中存在着固有的矛盾。比如一方面有着强烈的臣民意识,另一方面却又要求打破等级,要求均平主义。之所以出现这种显而易见的矛盾,是同政治情感的特性分不开的。正如在本文的一开始就提到的,政治情感并不像政治文化和政治思想一样乃是经过系统性的反思进而构建出的一个无矛盾的整体,它更多的是直接源自客观环境的刺激,比如,臣民意识在社会政治稳定时比较突出,而平均主义则在社会政治动荡时期更为明显。而农民阶层也没有有意识地去寻求逻辑的自洽。当然,由于诸多因素的影响和作用,传统中国社会具有一种超稳定的结构,因此,这样充满矛盾的政治情感有机体得以作为一个整体长时间延续下来。在今天的全球化时代,我们所置身的社会处于高速的发展状态之中,这种传统的政治情感有机体已经不适应现代社会特别是现代民主政治发展的要求,因此对其进行"现代转化"就成为当务之急。

二、传统农民政治情感的现代转化

  马克思曾说,"人们自己创造自己的历史,但是他们并不是随心所欲地创造,并不是在他们自己选定的条件下创造,而是在直接碰到的、既定的、从过去继承下来的条件下创造"[①]。在今天看来,寻求传统农民政治情感的现代转化,就必须从了解我们传统乡村的政治传统入手。我们知道,传统农民政治情感向现代农民政治情感的转化,与其说一个纯理论的问

---

① 《马克思恩格斯选集》(第1卷),人民出版社1995年版,第585页。

题,不如说更多的是与我们的当代中国农村的政治现实紧密结合在一起。在现阶段,政治体制改革已为国人所瞩目,而农村的基层民主建设和村民自治则成为政治体制改革的一个关键环节之一,农民传统的政治情感要向现代转化,就必须与此一同加以讨论。由前面的分析我们看到,传统农民的政治情感有很多成分不适应现代社会民主和谐政治发展的要求,但是,中国传统文化具有顽强的再生能力,这种再生能力表现为它能不断地从"原生文化"转化为"衍生文化",以适应存在和发展的需要。那么,我们可以说,这种转化的可能就存在于如今的农村基层民主建设和村民自治的实践当中。

从我国的历史来看,乡村在相当长的一个时期内都有"自治"的传统,当然,这种自治不是以现代民主为基础,而是"国家借助于宗族组织制度及其族尊、乡绅、地主等组织精英,以极少的成本有效地控制社会和资源……实现了行政权对民间自主性的有效调动和利用,即小政府大社会的管理"①。而与这种富于宗法等级色彩的"乡村自治"相适应的,则是前面所讨论的传统农民的政治情感。它们以一种传统和习俗的方式维持着这种"自治"的稳定。要打破这种"稳定",社会经济层面的变革和思想情感的现代转化应该同时并行,而我们则必须从两者的互动中来寻求中国农民政治情感的现代形态。

首先,对于农民阶层所普遍存在的权力崇拜和依附的政治情感,我们应当认识到这种心理的存在和演进有其社会根源和意识根源。今天我们已经从农业社会逐步向工业社会过渡,社会形态已经发生了巨大的变化,但是,认识方面的根源仍将会长期存在。在传统社会,处于无权地位的农民常常会对自己所缺乏的权力产生一种渴求,并进而在情感上强烈地认同,所以,今天,我们应该引入"权利"的观念,"权利"观念的形成和巩固乃是制约权力滥用的重要手段之一。一方面,现代化背景下的民主政治和市场经济是以"权利本位"为基础的,唯有保证权利不可侵犯的"私域",政治参与和选举以及正常的市场活动才成为可能。另一方面,在我们的文

---

① 刘娅:《解体与重构——现代化进程中的"国家—乡村社会"》,中国社会科学出版社2004年版,第28—29页。

化传统中,一直缺乏个人权利的观念,虽然孟子有"民贵君轻"的民本思想,宋明理学从"天理"角度论证了儒家的道德理想,但这主要还是立基于道德伦理的角度而非个人权利的角度,有别于西方近代自霍布斯以来所开创的以个人权利为本的自然法。托克维尔曾说:"用什么办法能使人们养成权利观念,并使这种办法能被人们所牢记。结果发现,这只有让所有的人都和平地行使一定的权利"①。当然,这样的教育是不能通过灌输的方式达到目的,而要切实地与农民的寻求利益的政治民主实践相联系。政治情感虽然具有独立性,但终归要以利益和政治参与作为基础,在政治活动中切实地保障广大农民对于权利的行使,特别是民主决策、民主管理和民主监督权利的行使。农民阶层只有在寻求利益和政治参与的实践中才能真切感受和体会到权利对于权力的制约力量,从而也形成对权力的正确认识。

其次,平均主义作为传统农民阶层常见的政治情感,在当代的语境中,发挥着双刃剑的作用。一方面,它是正义感在农民阶层心中最为朴素的情感表达,对于权力的滥用会形成一定程度的制约;另一方面,在传统的情境中,它往往是以结果平等主义的姿态出现,要求结果分配的完全平等,使得情感超越了理智,最后沦为专制和权力支配的工具,不适应于当代政治民主发展的要求。现代民主政治和村民自治也讲求平等,但是这样的平等不是结果平等而是机会平等。机会平等是讲求起点和权利的平等,由于个人禀赋和社会情境的差异最后的结果并不一定完全相同。当然,可以通过政府在一定限度内的调节避免过大的差距,这是与追求发展的现代社会相适应的一种公平观念。因此,我们的当务之急乃是构建一种兼顾公平与效率的理性的政治情感。这需要对广大的农民进行现代平等观的教育。同时,更为重要的是制度方面的建设,我们需要在基层的民主制度中融入兼顾公平与效率的理念,让广大农民在政治参与特别是在民主选举中真正体会到现代化的公平理念,从而在潜移默化中使之沉淀为新的现代化的政治情感,进而成为一项新的民主政治文化传统。

---

① 〔法〕托克维尔:《论美国的民主》(上卷),商务印书馆1991年版,第272页。

再次，要对人治意识与臣民观念进行现代化的转化并防止其妨碍基层民主建设进程，我们就要回到历史情境之中对其加以理解。治理当然不能离开人的主观能动性来完成，因此，对于政治生活中权力行使者和决策者的能力的信念和情感就不应该完全抛弃，即使在要求政治现代化和民主化的今天。只是我们应该致力于走出一条"中庸"之道，从而防止走极端的事情发生。也即意味着，我们既要承认人的主观能动性在政治生活中发挥着重要的作用，应当肯定这种政治情感诉求，比如在村民自治的过程中，要充分认识和发扬领导者的作用，认识到民主与集中的内在辩证统一。当然，在这里值得一提的是，我们传统中所认为的政治治理的主体只有各级官员，而在现代的基层民主政治生活中，政治治理的主体还应包括广大的农民，因此，需要构建一种大众参与、监督和精英管理相结合的体制，以便产生新型的现代政治情感。正如前面所讲到的，民众应当有成为政治行为主体的政治意识和情感诉求，那么，传统农民阶层政治情感中所固有的臣民意识就是必须加以革除的了。不过我们应当特别注意的一点，乃是传统社会的臣民意识在当代社会有一个新的变化，即当传统的皇权至上的君主制已经不复存在之时，臣民意识逐渐演变为当代社会的政治冷漠现象，广大农民一般情况下不是政治生活的主动参与者，并且缺乏对政治系统的认同感。这在片面强调"能人政治"的村民自治实践中会不同程度地出现。因此，增强权利意识和公民意识的教育就成为当务之急，以便逐步培养农民参与政治生活、参与民主监督、积极妥当地行使自己的权利，让广大农民成为政治治理的主体。

最后，对于家国同构之下的集体主义，从某种意义上来讲，这是我们当代的基层民主建设和村民自治应当加以有效利用的资源。我们应当吸取其中在今天仍有活力的因子，比如对于共同体的情感和责任心，进而弥补现代社会的极端个人主义之弊。我们知道，现代的民主政治特别是基层民主建设需要公共领域的存在，而公共领域的存在不仅仅在于一种制度上的构建，更为重要的是，在这种制度的背后，有着某种政治情感和精神的支撑，否则，公共空间就只是无源之水、无本之木。而我们传统中所存在的不同于个人主义的这种集体主义政治情感和精神恰好可以在我们政治现代化的进程中发挥其"社会资本"的作用,特别是作为在人口中占大多数的农民阶层来讲,他们对于政治的态度和情感直接影响到民主政治的落实和发展,这自然应当引起我们的极大重视,在中国特有的文化情境中,这种集体主义的政治情感在一定程度上可以促使广大农民阶层由对家之认同转化为对国和集体之认同,并且作为沟通私人领域与公共领域的中介,抑制基层民主建设初期经常出现的个人私欲膨胀进而影响集体公共利益的现象。当然,传统的集体主义政治情感在很大程度上忽略了在现代社会已被普遍认同的个人权利意识,这一点我们也不能否认,因此,正如前面所一再强调的,我们也应当引入个人权利的观念与集体主义的政治情感形成一种动态的平衡,从而在广大农村的政治现代化建设中发挥积极的作用。

政治人格篇

作为政治人格的狂狷、乡愿与伪君子

——以晚明东林诸君见解为据

葛 荃

> 狂狷、乡愿和伪君子都是中国传统政治文化的政治人格类型,本文主要以晚明东林诸君的见解为据,兼及孔孟,逐次分析这些人格类型内涵的价值理念和行为选择特点。特别指出,将乡愿与伪君子混为一谈是在学理上未作深究,并分析了两者的三点不同。旨在以史为鉴,为当代中国社会现代化政治人格的成长和世俗化,提供文化参照。

政治人格观念是中国传统政治文化的重要论域之一。如果从哲学的视角看人格,可以给出的最为简明的一般性解释是:人格是个体人从心理到行为的诸般特点的总和,及其惯常行为模式。这里说的政治人格(political personality)则是从政治文化(political culture)的角度给出的界定,一般指行为主体的政治性格特征的总和及其惯常行为模式。在现实社会生活中,政治人格首先是个体的,其展现的是个人的政治特质(political trait);政治人格是决定或者影响行为主体的政治选择和行为趋向的内在驱力。在认识上,人格观念是认识主体对于模式化的人格类型的理解和把握,表现为某种形式的文化现象,并带有明显的群体或集团的共性特征。本文拟予辨析的狂狷、乡愿和伪君子,指的正是中国传统政治文化中的政治人格类型。

从当下国内学界的有关研究看,研究者们率先关注的是圣人、君子、小人等人格类型,迄今已有一些论著问世。至于狂狷、乡愿和伪君子,则研究不多,从政治人格层面予以审视者则更为寥寥。而且,在现有的成果中,有一种主要的观点认为乡愿就是伪君子,此说欠妥。本文即继诸前贤精研之后,对乡愿、伪君子并狂与狷等政治人格略作梳析,以就正于方家。

一、中行与狂狷

君子与小人是传统人格的主要类型,但不能涵盖政治人格的全部。当年孔子曾用中行、狂、狷等概念评估士人,这些认识延及后世,也被人们视为人格形象。

孔子说:"不得中行而与之,必也狂狷乎!狂者进取,狷者有所不为也。"①意思是"得不到言行合乎中庸的人和他相交,那一定要交到激进的人和狷介的人吧!激进者一意向前,狷介者也不肯做坏事"(杨伯峻译文)。在孔子看来,"中行之士"是理想的人格形象,如果求之而不得,则激进者、狷介者也可以接受。

孔子以后,孟子又对此三色人等详加解说。孟子也认为"中行之士"是理想人格,"孔子岂不欲中道哉?不可必得,故思其次也"。所谓狂者,"其志嘐嘐然,曰,'古之人,古之人。'夷考其行,而不掩焉者也。"②杨伯峻注引赵岐注:"嘐嘐,志大言大者也。"③如果"狂者又不可得,欲得不屑不絜之士而与之,是狷也,是又其次也"。不屑不絜即不屑于作恶之意。

---

① 杨伯峻:《论语译注》,中华书局1980年版,第141页。
② 杨伯峻:《孟子译注》(下),中华书局1960年版,第341页。
③ 同上书,第343页。

从孔孟的表述看,中行之士实是"君子人格"的另一种说法,体现了传统政治人格的完美性。中行之士在价值理念上能固守孔儒一脉倡导的道德理想和政治理想,在行为选择上,能"从容中道",并无"过"与"不及"。

与中行之士相比较,狂者激进,"志大言大",有言过其行的弊端。狷者"不屑不絜",虽能独善其身,却显得有些落落寡合,是其缺陷。不过,他们对于孔儒传承的君子人格基本价值理念尚能坚持。在行为选择方面,狂者卓然进取,狷者则洁身自爱。虽然他们的行为选择不能遵循"中道",有"过"与"不及"之弊,为君子所不取。但是就其人格的本质规定来看,仍然不失为有道之士。故而得到了孔孟的首肯。

狂与狷作为政治人格类型,对于后世士人的影响是颇深远的。宋儒朱熹对狂狷就很赞许,说:"狂狷是个有骨肋底人。""彼狂者嘐嘐然以古人为志,虽行之未至,而所知亦甚远矣。狷者便只是有志力行,不为不善。"① 晚明东林党人作为传统士人正面形象的典型,对狂狷人格不只赞许,而且能有所践行,堪为表率。

晚明社会可谓百病缠身,大凡在历史上所能找到的政治弊端,这一时期几乎备具。内忧外患,政以贿成,争权夺利,宦官擅政,加之矿监税使,横征暴敛等等,不一而足。这些社会冲突和政治矛盾的焦点,最后都集中在党争上。中国自古有党争,当以晚明为最烈。东林党人以顾宪成、高攀龙、邹元标、顾允成、赵南星②等人为首脑,他们均学有所成,领袖士林,与魏忠贤③一派的"阉党"激烈对峙。东林党人从政能忠君爱民,清廉刚正,是士人之中"积极求道"的代表,展现的是士大夫的正面形象。在政治人格方面,他们的认识与表现也堪为典范,可圈可点。

---

① 黎靖德编:《朱子语类》卷六十一,中华书局1994年版,第1477页。
② 顾宪成(1550—1612)字叔时,无锡人,人称泾阳先生。万历二十二年重修宋儒杨时(龟山)旧讲院,是为东林书院。聚众讲学,为一时之盛。著作有《泾皋藏稿》、《顾端文公遗书》等。高攀龙(1562—1626),字存之,一字景逸,无锡人。曾长期在东林书院讲学,声望极高。天启六年投水自尽。文集有《高子遗书》。邹元标(1551—1624),字尔瞻,江西吉水人。为东林首领之一。天启初受魏党攻击,辞官还乡,旋病故。著有《愿学集》等。顾允成(1554—1607),字季时,号泾凡,顾宪成胞弟。参与东林讲学,著有《小辨斋偶存》等。赵南星(1550—1627),字梦白,号侪鹤,高邑人。东林首领之一,与元标、宪成号称三君。著作有《味蘖斋文集》、《赵忠毅公文集》等。
③ 魏忠贤(1568—1627),河间肃宁人。熹宗朝任司礼监秉笔太监,兼领东厂,专擅朝政,是天启党祸之魁首。

以顾宪成、高攀龙为首的东林人士理直气壮地自命为君子,同时,他们也完全认可孔孟先师对狂狷的赞许。顾宪成就深悉孔子的用意,曾感慨道:"狂者嘐嘐,流俗之所共笑也;狷者踽踽,流俗之所共疾也,而孔子与之。即此一个榜样,便有大功于世。"①高攀龙亦指出:"取人要知圣人取狂狷之意。狂狷皆与世俗不相入,然可以入道。若憎恶此等人,便不是好消息。"②他们承续了孔子的选择方案,宁为狂狷,不做乡愿。这一人格认同对于东林人士政治行为选择的影响至深。当政治压力呼啸而至之时,他们要么挺身而出,顶风而上;要么归转林下,与闻松涛。他们或激越,或狷介,唯独不去媚权贵。这里列举典型各一。

黄广原,名伯英,字冠龙。从学东林,参与讲习。"乙丑、丙寅间(天启五、六年,1625、1626),书院毁,珰③焰炽。日趋书院旧址,讲习不辍。会忠宪(高攀龙)赴止水,有司欲絷其子。旋奉旨究漏泄。因上台责保状急,高氏四顾无应者。慨然要(邀)华孝廉国才,同署状。极陈罪不及孥之意,获免"④。黄广原从学于东林,不过是普通讲众。但在人格认同上,慨然以狂者自命,视当国如蔑有,置禁令如不闻。偏偏在"书院毁"后,"日趋书院旧址,讲习不辍"。又挺身疏通解救高攀龙家人。在常人唯恐避之而不及,黄广原却要公开介入。这是何等的气魄,非狂者而何?

宿梦鲤,字龙吉,号仁寰。与东林诸子过从甚密,尤其与高攀龙交往最久,"顾泾阳(宪成)、薛玄台(敷教)先生辈俱以畏友目之"。高攀龙为其文稿作序,"有无不读之书,无不了之义,不持一刺,不取一文等语"。可见其为人。天启年党祸兴起,杨涟、魏大中、缪昌期、黄尊素等银铛入狱。宿梦鲤受牵连,被诬陷。当时他"以亲老就禄,令松阳",遂"从松阳挂冠隐居著述",杜门不出,著《易纂全书》、《五经百家类纂》、《古今类书》等,"皆

---

① 顾宪成:《小心斋札记》卷一,广文书局有限公司1975年版,第149页。
② 高攀龙:《高子遗书》卷十《家训》,卷一《语》,第644页,《顾泾阳先生行状》,文渊阁四库全书本。
③ 珰:指宦官。珰为妇人耳上饰物,宦官用为冠饰,故名。这里指魏忠贤一党。
④ 许献等:《东林书院志》卷八《黄日斋先生传》,《宿仁寰先生传》,清光绪七年刊本,1881年版。

生平抄记不辍,食以饴口,急以为枕者也"①。后"以八十一终"。宿梦鲤与东林交往并非泛泛,故而险遭株连,"亦几为松阳劣生所陷",于是断然归隐。昔日东林"畏友",如今终老林泉。无需闻达于天下,只要独善其身。这又是何等的操守,非狷介而何哉!

依照儒家文化的一般规定,合理的行为选择是力求适中,故而中庸之道受到孔孟先师的极度推崇。"过"与"不及"都不是明智之举。孔子念念不忘的中行之士正是通晓"过犹不及"之底蕴的智者,他们在德行上可以归为圣人一路。然而,纯粹的理念与理念的实际践行有时常常难以对应,理念化的道德规范免不了要随着实际语境的变化而有所倾向或调整。以孔儒之道为教的士人君子们当然会遵照圣人的教诲一心一意追循"中道",可是在君主政治条件下,在社会政治的实际操作过程中,常常会事与愿违。

东林人士们正是这样。为了逃避乡愿,他们或有"过正"之言,"矫激"之行,可是,他们环顾利欲横流、危机四伏的晚明社会,确知非此不足以纠陋行。如果以儒学视为精髓和灵魂的"中庸之道"为标尺,则顾允成有言:"弟生平左见,怕言中字。以为吾辈学问,须从狂狷起脚,然后能从中行歇脚。"②此论即有"偏激"之讥。然而,人类认识的发展历程告诉我们,在走向文明的路途中,人的思想和认识就从来没有排斥或杜绝过"偏激"。事实上,如果把人类认识的推进看作是一个持续而完整的过程,那么,持平公允之见正是在偏激之论或左或右的不断校正中形成的。也就是说,偏激与持平不是戏剧性的互相对峙,而是在人类求真的生命体验中,在追循文明的历史流程中的相辅相成。尤其是,当思想本身作茧自缚,在政治压制或其他外力的作用下,认识的桎梏已经郁结成精神壁垒之时。这时,得以拆解桎梏、洞穿壁垒的往往只能是"偏激"之论,否则又怎能突出原则、强化理想理念而亦破亦立、推陈出新呢?知此即知在传统中国,以东林人

---

① 许献等:《东林书院志》卷八《黄日斋先生传》,《宿仁寰先生传》,清光绪七年刊本,1881年版。

② 顾允成:《小辨斋偶存》卷六《简高景逸大行·又》,卷三《札记》,文渊阁四库全书本,第312页。

士为典型的士人君子们有识亦且有胆,他们承传传统而不囿于传统,时有惊世之见、骇俗之行,正是作为政治人格类型的狂与狷为他们的行为选择提供了参照和合理依据。

二、乡　　愿

孔子说:"乡愿,德之贼也"①。意思是"没有真是非的好好先生是足以败坏道德的小人。"(杨伯峻译文)在孔子眼中,乡愿实为害道之人。孟子也说:"阉然媚于世也者,是乡原也"。他又援引孔子曰:"过我门而不入我室,我不憾焉者,其惟乡原乎!"原同愿,意为谨善、谨慎。这种人貌似忠厚,老实巴交,"非之无举也,刺之无刺也,同乎流俗,合乎污世,居之似忠信,行之似廉絜,众皆悦之,自以为是,而不可与入尧舜之道,故曰'德之贼'也"②。孟子的解释符合孔子的本意。

作为一种人格类型,乡愿在价值理念上没有原则和操守,在行为选择上善于左右逢源。与君子交往则逢迎君子,标榜仁义道德。与小人结交则唯利是图,锱铢必较。因而在孔孟儒家看来,所谓乡愿者看似忠信廉洁,无可挑剔,其实最会同流合污,寡廉鲜耻,乱德害道。乡愿人格表现的似是而非颇能惑众,故而最为孔儒一脉所厌恶。孟子引孔子曰:"恶似而非者:恶莠,恐其乱苗也;恶佞,恐其乱义也;恶利口,恐其乱信也;恶郑声,恐其乱乐也;恶紫,恐其乱朱也;恶乡原,恐其乱德也。"③孟夫子比喻贴切,讲得透彻。

孔、孟先师的人格判断给后人的选择作出了表率,乡愿在儒家文化的道德殿堂里丧失了立足点,受到后世的鄙夷和贬斥。汉末曹魏时人徐干在《中论·考伪》中批评道:"乡愿亦无杀人之罪也,而仲尼恶之,何也?以其乱德也。"④宋儒朱熹也说:"乡原是个无骨肋底人,东倒西擂,东边去取

---

① 杨伯峻:《论语译注》,中华书局1980年版,第186页。
② 杨伯峻:《孟子译注》(下),中华书局1960年版,第341页。
③ 同上。
④ 徐干:《中论》卷下《考伪》,文渊阁四库全书本。

奉人,西边去周全人,看人眉头眼尾,周遮掩蔽,唯恐伤触了人。"①

纵观历代士子之论,当属晚明东林人士抨击乡愿最尽力,论析最深刻,显然这与他们身处其中的酷烈政争不无关联。概言之,在晚明激烈的党争中,大敌当前,紧要之务莫过于分清敌友;短兵相接,何去何从不可不旗帜鲜明。乡愿的人格表现恰恰与这样的政治要求背道而驰,不能不令东林诸君极其痛恨。总括其论,主要集中在以下四个方面。

其一,乡愿的学理之源在"性无善恶"说。

此前讲论乡愿者,很少有从学理的层面予以剖析。东林人士则不然。顾宪成追根溯源,以先秦告子的性说为据:"告子无善无不善一语,遂为千古异学之祖。得之以混世者,老氏也;得之以出世者,佛氏也;得之以欺世者,乡愿也。"②又说:"无善无恶四字,就上面做将去,便是耽虚守寂的学问,弄成一个空局,释氏以之。从下面做将去,便是同流合污的学问,弄成一个顽局,乡愿以之。"③当年孔子评论乡愿,只是把它看作一种人格类型;其后孟子描述乡愿,也只是循其流而没有溯其源。唯有东林诸君要刨根问底,深入查寻乡愿的学理之源。顾子以乡愿与佛、老之学相参照,关于"欺世""混世""出世"的概括简明扼要,教人信服。顾宪成进而分析道:"乡愿何以为无善无恶也?曰:其于流俗污世不为倡而为从也;即欲名之以恶而不得矣。其于忠信廉洁不为真而为似也,即欲名之以善而不得矣。是谓无善无恶。"④顾宪成说的乡愿性无善恶,是指其不作首恶,实为伪善,这就在逻辑上根本否定了乡愿人格的价值合理性。因之相对前贤来说,东林诸子关于乡愿的认识深度有所推进。

其二,乡愿的道德本质是"自为",表面忠信的实质是私心和私利。

顾允成总括古往今来,一言以蔽之:"三代而下,只是乡愿一班人,名利兼收,便宜受用。虽不犯乎弑君弑父,而自为忒重,实埋下弑君弑父种

---

① 黎靖德编:《朱子语类》卷六十一,中华书局1994年版,第1477页。
② 顾宪成:《顾端文公遗书》卷九《还经录》卷十一《证性编·罪言上》,齐鲁书社1995年版,第145页。
③ 同上书,第164页。
④ 同上书,第176页。

子。仲尼恶乡愿,正与作《春秋》意同。"①顾允成之目光锐利,不让乃兄,他一语道出了乡愿者貌似忠信的背后是一个私字:"自为忒重"。这班人只顾谋求自家私利,什么道德原则、君父大义自然抛在了脑后。他们确乎没有犯上作乱,但他们一味"自为",不问仁义,不顾正义,不讲道义,则只会给弑君弑父者大开方便之门,在政治上危害严重。正所谓助纣为虐,与纣何异!

"自为忒重"指出了乡愿的非道德人格实质,也是对乡愿"心性"的一种概括。钱一本说:"圣门教人求仁,无甚高远,只是要人不坏却心术。狂狷是不坏心术者,乡愿是全坏心术者!"②这一评价正与顾允成之论相呼应。

其三,乡愿的道德表现似是而非,虚伪乖巧。

乡愿的人格本质与德行无干,可是在行为表现上,却极力装扮有德。冯从吾认为乡愿是"伪中行"。他说:"中行者,资学兼到者也;狂狷者,具美资而可进于中行者也;狂狷一加学问,便是中行矣……若乡愿,便是伪中行。此夫子之所以致慨于三疾而深恶乎乡愿也。"③文中"三疾"见《论语·述而》:"亡而为有,虚而为盈,约而为泰,难乎有恒矣。"④冯子的意思很清楚,狂与狷虽然比不得中行,却也相去未远。有恒固然不比善人,却也坚持了德行操守的真实无欺。唯有乡愿着落在虚伪上,最能混淆视听,不仅令夫子深恶,也使正人君子难以容忍。顾宪成也指出,乡愿欺世,极尽伪巧,可以在君子与小人之间相媚相安。他们"忠信廉洁既足以媚君子,唯其不为真而为似,则小人亦安之而不忌矣。同流合污既足以媚小人,为其不为倡而为从,则君子亦略之而不责矣。乡愿之巧如此"⑤。顾宪成认为乡愿之所以能欺世,就在于他们欺得乖巧,在于"乡愿以生斯世善

---

① 顾允成:《小辨斋偶存》卷六《简高景逸大行·又》,卷三《札记》,文渊阁四库全书本。
② 黄宗羲:《明儒学案》卷五十八《东林学案》,文渊阁四库全书本,第1030页。
③ 冯从吾:《冯少墟集》卷十一《河北西寺讲语》,卷三《疑录录四》,《疑思录五》,文渊阁四库全书本。
④ 杨伯峻:《论语译注》,中华书局1980年版,第73页。
⑤ 顾宪成:《顾端文公遗书》卷九《还经录》卷十一《证性编·罪言上》,齐鲁书社1995年版,第287页。

斯世为可,似人情而非人情"①。倘若欺世而不近人情,或者令人可憎,却不至于视而不见;唯其欺世而又近乎人情,使人不见其欺,不觉其欺,则斯害之大,岂止令人"深恶",简直令人可畏。

其四,乡愿在调节社会关系上不分是非,圆滑媚世。

乡愿人格的虚伪特质在具体的社会关系之中表现得极圆滑,他们最能多方讨好,不失玲珑稳便。顾宪成从他的既定思路出发,讲得很明白:"世间只有两种人。做君子的便著了善一边,小人来非刺他;做小人的便著了不善一边,君子来非刺他。独乡愿不然。同乎流俗,合乎污世,平平稳稳,没些子圭角,既中了小人;居似忠信,行似廉洁,干干净净,没些子斑点,又中了君子。更于甚处寻他善不善?"②刘永澄也指出,小人圆滑处世,以至于贻害不小:"与君子交者君子也,小人交者小人也。君子可交,小人亦可交者,乡人也。乡人之好君子也不甚,其恶小人也亦不甚,其用情在好恶之间,故其立身也亦在君子小人之间。天下君子少,小人亦少,而乡人最多。小人害在一身,乡人害在风俗。"③乡愿人格乃本质使然,他们专一巧伪欺世,以媚取人,在君子小人之间首鼠两端,几至善恶无别,黑白不分。刘永澄"害在风俗"之论,并非危言耸听。高攀龙正是有鉴于此,故而谆谆告诫世人,切不可小觑乡愿之害,君子自当警惕之:"乡原曰'生斯世,为斯世也,善斯可矣。'便是强力人也推仆了。君子曰'我犹未免为乡人也,是则可忧也。'便是醉梦人也唤醒了。"④高子的忧虑之情,话语之中明晰可见。

上述四点评析切中肯綮,分别揭示了乡愿人格的道德本质和行为选择的特点,较之前贤更为深刻。可知在儒家文化看来,乡愿是小人之外的又一种恶劣人格类型。其本质"自为",貌似忠廉,实则乖伪,圆滑柔媚,似是而非。乡愿人格的社会政治表现只能是媚俗、媚雅、媚时、媚权!

不过,如若与小人人格相较,乡愿无疑显得平庸了许多。单纯的平庸

---

① 顾宪成:《顾端文公遗书》卷九《还经录》卷十一《证性编·罪言上》,齐鲁书社1995年版,第298页。
② 同上书,第243页。
③ 黄宗羲:《明儒学案》卷五十八《东林学案》,文渊阁四库全书本。
④ 高攀龙:《高子遗书》卷十《家训》,卷一《语》,《顾泾阳先生行状》,文渊阁四库全书本。

虽说与功业、事业或伟业无缘，却也无争于世、无害于人，似乎也不宜厚非。但是，倘若平庸被注入了野心和嗜利作驱力，或是与权力相接结，甚或位居要冲，统领君子，就会其害无穷。故而孔孟先师一再告诫时人警惕。"进有非刺之狂狷，退无非刺之乡愿"①，顾宪成的表白代表了后世士人的心声。

平心而论，与精英相较，平庸原本是社会的多数。但，现代社会条件下的平庸并不意味着没有原则，据此，则乡愿人格远不及平庸。他们以逐利作为人生标的，以不择手段、左右逢源作为行为方式，最容易混淆是非，追随恶劣，成为社会发展中的惰性与否定性因素。孔孟先师的有关揭示，值得今人深思之。

三、伪 君 子

当前学界有一种普遍性认识，把伪君子解释为乡愿，兹仅举三例：其一，筑思著文讨论《"乡愿"何解》，即认为"'乡愿'一般的理解就是伪君子。"②其二，萧瀚网评宋江，也认为："乡愿就是伪君子，他们的最大特点就是在表面说起来，仿佛有很高尚的道德情操，但真正面临事情需要他行动的时候，他就成了一个卑鄙小人，所以说他是'德之贼也'，因为他们在干下种种邪恶勾当的同时，却窃取了仁德的美名。"③其三，著名教育家陶行知著有《伪君子篇》，开篇即说："伪君子之居乡而假愿者，即孔子所谓之乡愿。人之为伪，不必居乡，凡率土之滨皆可居。人之行诈，不仅假愿，凡君子之德皆可假。然必假君子之德以行诈，始谓之伪。故总名之曰：伪君子，从广义也。"④

本文认为，将伪君子与乡愿混为一谈显然不妥。从传统政治文化的

---

① 高攀龙：《高子遗书》卷十《家训》，卷一《语》，《顾泾阳先生行状》，文渊阁四库全书本。
② http://1home.hainan.net/techforum/Content/647/1698.shtml（2008年7月11日阅读）。
③ http://www.tj66.net/Article/sanwenyuedu/5526.html（2008年7月12日阅读）。
④ 本篇原载1913年11月《金陵光》第5卷第6期及12月《金陵光》第5卷第7期。本文征引源自：http://www.taoxingzh.iorg/show.asp? id=189&lm=%E5%8E%9F%E8%91%97%E9%80%89%E7%99%BB（2008年7月11日阅读）。

视角看,孔儒一脉提出的圣人、君子、小人、狂狷与乡愿等等,大致可以概括了传统政治文化中的主要人格类型。君子的反面就是小人,因而,先秦儒家并没有针对"伪君子"形成广泛的讨论。不过当年孔子曾经有言:"论笃是与,君子者乎?色庄者乎?"①意思是"总是推许言论笃实的人,这种笃实的人是真正的君子呢?还是神情上伪装庄重的人呢?"(杨伯峻译文)后世论者以"色庄者"指伪君子。这种人格类型的本质是一心谋私利,价值理念上如同小人,但是在行为选择上则善于作假,标榜君子。平日里对人对事,不失其君子之风,以致令人确信是君子。一到关键时刻,特别是关系到自家名利,就会原形毕露,丑态立见。

  伪君子与乡愿相较,其相异之处有三。一是伪君子只是伪装君子,结交君子,以君子自诩,并不会与小人为伍。乡愿则既逢迎君子,也追随小人,只顾谋利,不计其他。二是伪君子在价值理念上形同小人,属于明知道义,口谈道义且大言不惭,却在关键处抛却道义,选择利益。正所谓"阴为不善,而阳欲掩之,则是非不知善之当与,恶之当去也"②。乡愿在价值理念上并不以儒家道义为准则,对君子或小人都是随声附和,虚与委蛇。伪君子透着"虚伪",实属欺世盗名。乡愿只是流俗,透着唯利是图。三是伪君子用心深刻,计虑长远。这种政治人格并不甘居人后,而是具有强烈的利、权欲望。之所以伪装君子,为的是图谋大利。乡愿则是混世,所谓"生斯世,为斯世也,善斯可矣"。他们从不出头作表率,只是追随他人获取实惠,即便是蝇头利禄、蜗角功名也会沾沾自喜,自鸣得意。由上可知,在表现形式上,伪君子与乡愿或有相近之处,但是其人格理念与行为选择还是有着很大的不同。将此二者混而为一,是在学理上未作深究耳。

  我们从东林诸君的讲述中,可以看到他们对于口是心非、言行相悖的"假善之人"深恶痛绝,这一类人格表现即应当归之于"伪君子"之属。刘永澄就讲得很明确:"假善之人,事事可饰圣贤之迹。只逢著忤时抗俗的

---

  ① 杨伯峻:《论语译注》,中华书局1980年版,第116页。
  ② 朱熹:《四书集注》,中华书局1983年版,第374页。关于小人人格请参见拙文:《君子小人辨:传统政治人格与君主政治》,载《天津社会科学》1991年第4期。

事,便不肯做。不是畏祸,便怕损名,其心总是一团私意故耳。"①冯从吾指出这种人格的特点是"平日好称人恶,恶道人善,自托于直之人。立朝偏不肯犯颜敢谏,偏不直"。②赵南星则径直把这类人格喻为禽兽:"心好为恶,而口谈孔、孟,是鹦猩之类也"③。

与伪君子相对照,真小人则属于明知作恶、故意为恶和怂恿作恶者。如赵南星抨击的当世巧宦即属此类:"今有司所在贪残,上下雷同。有巧宦者,能自简押,而听属吏之贪残,护名避怨,不顾苍生之命,此真小人。"④至于伪君子,他们作恶的本性与小人无二,所不同者,他们最善于用仁义道德作伪装。冯从吾以王霸、老庄为例,辨析详明。

> 仁义一也。尧舜曰仁义,汤武曰仁义,五霸亦曰仁义。不知尧舜性之也,汤武身之也,五霸假之也。至于老庄,则绝而弃之矣。然五霸之假,老庄之绝弃,总只是不知性善。五霸之意,以为吾性中本无仁义,故不得不假之,以自附于汤武之列。而不知一假之则其弊无穷。故令人欺世盗名,假公济私,使吾儒之教视为虚文、为体面者,五霸为之作俑也,是率天下而为伪也。
>
> 老庄目击其伪,于是愤愤然有绝仁弃义之说。若曰:吾性中既无仁义,何必去假?与其假之而为伪,毋宁绝而弃之,犹不失其为真乎。而不知绝仁弃义以为真,是为真小人,非为真君子也。而其弊更益甚。故令人毁裂纲常,蔑弃礼法,使吾儒之教视为桎梏、为糟粕者,老庄为之作俑也。是又率天下而为乱也。
>
> 五霸假之,其弊为伪君子;老庄绝而弃之,其弊为真小人。世教人心可胜慨哉!⑤

---

① 黄宗羲:《明儒学案》卷五十八《东林学案》,文渊阁四库全书本。
② 冯从吾:《冯少墟集》卷十一《河北西寺讲语》卷三《疑思录四》、《疑思录五》,文渊阁四库全书本。
③ 赵南星:《味檗斋文集》卷八《无极县修学记》卷四《与孙文融》,中华书局1985年版,第328页。
④ 同上书,第143页。
⑤ 冯从吾:《冯少墟集》卷十一《河北西寺讲语》卷三《疑思录四》、《疑思录五》,文渊阁四库全书本。

这段引文有些冗长,不过冯子把问题讲得很清楚:伪君子者,假仁假义;真小人者,绝仁弃义!依照冯从吾的判断,真小人的弊害在于毁弃纲常礼义,较之伪君子更甚。可是,真小人的道德特征和行为表现是"明叛于仁义道德之外矣",易于识别,无需深辨即能明了。伪君子则不然。"五霸之假,是阴附于仁义之内者也,不容不辨"。伪君子常常假以学人长者,冠以仁信忠义诚实厚道,颇能蛊惑人心,辨析最难。正如徐干所言:"人徒知名之为善,不知伪善者为不善也,惑甚矣"①。

传统政治文化概括的诸种人格类型中,当以伪君子最卑劣。其实孔儒一脉的道德理念最讲求忠诚信义,讲求道德践行。伪君子人格深入肌理的虚伪奸诈是对儒家道德理念的整体颠覆,贻害极深。在传统中国权力私有的政治条件下,分享权力即占有利益,卿士大夫阶层读书入仕,介入体制,其思虑和行为或多或少会受到君主政治体制规则的制约,能够在理念和行为选择上将孔儒的教诲坚持下来的毕竟极少。绝大多数不过是"以道谋官"的庸碌之徒。于是,在中国传统社会,在卿士大夫所谓精英层面上,伪君子人格具有了普遍性。他们一方面高举着孔孟之道的旗帜招摇、卖弄,糊弄帝王与黎庶;另一方面则死死盯住利、权不放,伺机纳入私囊。结果是造就了遍在的"假道学",累得鲁迅先生集毕生之力抨击不已。

综上所述,自孔子讲论"狂狷"、"乡愿"与"色庄者",有关的讨论就一直延续下来,融入了传统政治文化之中。也就是说,这些人格类型是中国文化所特有的,体现着某种"中国特色"。当我们站在当今回顾传统,当道德的话题成为今日学界与社会共同关注的焦点,当我们面对着公德缺失、政德疲软的拷问之时,我们不妨扪心思忖,早就被孔孟先师及其后继者们一再抨击否定的乡愿和伪君子,在当代之中国社会,是否还有着强盛的生命力?如果是,为什么?

为此,我们有必要重温孔孟的话语,追根溯源,从政治文化的层面予

---

① 徐干:《中论》卷下《考伪》,文渊阁四库全书本。

以剖析和揭示,为当代中国社会现代化政治人格的成长和世俗化,提供一文化参照。令那些口是心非虚伪狡诈的贪官污吏,那些逢迎权贵结交富豪的"专家学者",在伪君子和乡愿人格的映照下原形毕露。在弘扬中国优秀文化传统的过程中,让我们的现代化进程更为通达顺畅。

中国古代士大夫政治文化传统管窥

袁德良

> 士大夫是中国古代知识阶层的通称,他们的身份是学者、官僚、教师和士绅的统一体。秦汉之后,士大夫从先秦的"游士"逐渐转变为依附于专制皇权的"士大夫",其政治文化传统中具有"两重性"特征:即政治抱负方面的"兼济天下"与"独善其身",处理政治关系方面的"道高于势"与"曲学阿世",政治形象的"伏膺儒教"与"外宽内忌",以及政治行为的"批判、高调"与"缄默、中庸"。

士大夫是中国古代知识阶层的通称,在本文中,我们认为,士大夫是从先秦"游士"演变而来的,两汉以后,士大夫的政治文化特征逐渐成形,在此基础上,形成了以后延续两千多年的士大夫政治文化传统。士大夫是具有较高文化知识的文人,他们主要的人生轨迹是"读书—做官",是"文人—官僚"的复合体;而走下政坛、隐居不仕或未能入仕的士大夫,则主要从事教授生徒、著述立说和教化乡里的作用。士大夫阶层是官员、文人、教师和地方绅士的复合体,而士大夫政治文化传统则是在长期历史发展过程中,士大夫阶层所形成的政治理论、政治价值、政治习俗和政治意识的统称。① 在本文中,我们将"士大夫政治文化"的研究范围缩小,主要以其中的政治情感和政治习俗为研究对象。这是因为与政治理论相比,政治情感和政治习俗往往具有更强的延续性,它的变化往往要落后于政治现实、政治制度和政治理论的变化,因而在现代社会中,其研究更具有现实意义。

在中国古代,士大夫是文化知识的主要创造者,是文学艺术的主要创作者,是政治生活的主要参与者,更是中国传统政治文化的主要遵循者、发展者、传播者和实践者。在中国古代文化中,政治文化尤为发达;而政治文化中,士大夫阶层政治文化的地位最为重要,直到今天,这种文化传统仍然深刻影响着中国人的思维和行动。因而对士大夫政治文化传统的研究,有助于我们更好地认识传统文化与现代社会间的联系。

在本文中,我们从士大夫政治文化传统的一个最重要特征——"两重性"——入手,在此基础上,分析影响和制约这种文化传统的相关因素,最后简单探讨这种文化传统的现代转型问题。

一、士大夫政治文化传统的两重性特征

以"读书—入仕"为主要人生轨迹的士大夫,在从先秦列国纷争、"处士横议"中走出之后,便步入了秦汉专制帝制时代。两汉以来,读儒家之书,入官僚政制之仕,成为士大夫人生经历的常态;东汉时期,士大夫政治文化传统基本形成。从今天的视角来看,士大夫政治文化传统最重要的特点之一,就是自身的各种两重性特征,这些特征本身既相互矛盾,又相系相维。

(一)"兼济天下"与"独善其身"

中国古代绝大部分士大夫都有宏伟的政治抱负,他们主张"鸟兽不可

---

① "政治文化一词表示的是特殊的政治取向,即对政治系统和系统中各个部分的态度,以及对系统中自我角色的态度",政治文化可以分为认知、情感和评价三部分(阿尔蒙德、维伯:《公民文化:五个国家的政治态度和民主制》,徐湘林译,华夏出版社 1989 年版,第 14、17 页),中国学者对政治文化的分类,可以参看戚珩:《政治文化结构剖析》,载《政治学研究》1988 年第 4 期。

与同群,吾非斯人之徒与而谁与?"①因而在野时常"高吟俟时,情见乎言,志气所存,既定于其始矣"②;未受重用时,常自负"苟有用我者,期月而已矣,三年有成"。他们以治平天下、流芳千古为人生目标,视"没世而名不称焉"为奇耻大辱。

与此同时,士大夫往往又宣称"穷则独善其身",他们"不臣天子,不友诸侯"、"无求于人",以诗书自娱,过着"悠然见南山"的隐居生活。

而这两种截然不同的政治抱负常常又紧密联系在一起。很多胸怀天下的士大夫在时机不利时,常常隐居不出;入仕之后,一旦遇到仕途风波,也常常辞官退隐。

东汉末年,诸葛亮"躬耕于南阳,苟全性命于乱世,不求闻达于诸侯",同时却又胸怀大志,"每自比于管仲、乐毅"。③ 这是隐居待时的典型。

唐朝的李泌素有大志,"以王佐自负",但因遭到权臣杨国忠的忌恨,"乃潜遁名山,以习隐自适"。④ 在"安史之乱"时,他又挺身而出,同时"称山人,固辞官秩",声明"俟平京师,则去还山"。⑤ 平定"安史之乱"后,他受到李辅国的嫉忌,于是"畏祸,愿隐衡山。有诏给三品禄,赐隐士服,为治室庐。"⑥这是隐居避祸的典型。

还有的士大夫隐居是为了自抬身价,渴望找到入仕捷径。两汉隐士很多"文不能演义,武不能死君,钓采华名,庶几三公之位"⑦,名不副实。晋代有专门的"充隐"之士;唐人有以隐居终南为"仕宦之捷径"者。

在帝制时代,隐士和志士之间往往是难解难分。士大夫既抱着"学成文武艺,货于帝王家"的功业思想,又常常隐居不仕。两种截然不同的态度不仅同时出现在同一个阶层身上,甚至会同时出现在同一个人物身上。

---

① 《论语·微子》。
② 《三国志·诸葛亮传》。
③ 同上。
④ 《旧唐书·李泌传》。
⑤ 《资治通鉴》卷二百一十九。
⑥ 《新唐书·李泌传》。
⑦ 《后汉书·逸民传》。

(二)"道高于势"与"曲学阿世"

先秦士人的生活环境,使得他们大多具有强烈的主体意识。他们在处理政治关系时,强调坚持道义、不从权势,主张"从道不从君";相反,先觉先知可以藐视当权者,"说大人,则藐之,勿视其为巍巍然"①,因为"彼以其富,我以吾仁;彼以其爵,我以吾义"②。《荀子·王命》中还认为"天地生君子,君子理天地。君子者,天地之参也",更把士大夫的地位提高到与天地平起平坐。

先秦(尤其是战国时期)士大夫"从道不从君"的例证很多。秦汉专制帝制的建立,使得士大夫处理政治关系的态度发生了重大变化。两汉之后,尽管历代都不乏敢于坚守道义、不屈权势的士大夫,诸如西汉的辕固生、汲黯,东汉的杨震、李固、黄琼、杜乔,唐代的魏征、张九龄,明代的海瑞等,但士大夫群体中,更多的是"曲学阿世"之辈。

西汉丞相公孙弘"曲学以阿世",其后诸位宰辅都是"以儒宗居宰相位,服儒衣冠,传先王语,其酝藉可知也。然皆持禄保位,被阿谀之讥。"③东汉情形更为突出,在李固、杜乔等人因坚守道义而殉命时,"无謇直之风"的胡广却"在公台三十余年,历事六帝,礼任甚优。"④唐代的杨再思谄谀巴结,"为人巧佞邪媚,能得人主微旨,主意所不欲,必因而毁之;主意所欲,必因而誉之"。⑤ 宋明以后,朝臣中这类谄谀苟且者更多。

这些士大夫在读书应试时,多以圣人之道自砺;入仕初期,多数尚以道义自守。但在经过一段时间的官场习气熏陶或经过几次挫折之后,就沉默下去,或屈从于当权者的意志。西汉董仲舒喜言灾异,讽论朝政,得罪了汉武帝,"于是下仲舒吏,当死,诏赦之,仲舒遂不敢复言灾异。"⑥明代严嵩初涉官场时,书生意气难以适应,被迫"移疾归,读书钤山十年";东山

---

① 《孟子·尽心下》。
② 《孟子·公孙丑下》。
③ 《汉书·匡张孔马传》。
④ 《后汉书·胡广传》。
⑤ 《新唐书·杨再思传》。
⑥ 《汉书·董仲舒传》。

再起后,即"唯一意媚上"。① 明太祖朱元璋曾无可奈何地评价士大夫说:"擢用之际,并效忠贞;任用既久,俱系奸贪。"②

同时,当君主或上级刚愎昏愚时,士大夫常阿谀取容;而当其开明豁达时,他们又犯颜直谏。裴矩在隋炀帝时,"无所谏诤,但悦媚取容而已";在唐太宗时,却是"遂能廷折,不肯面从"。司马光评价道:"裴矩佞于隋而忠于唐,非其性之有变也。君恶闻其过,则忠化为佞;君乐闻直言,则佞化为忠。"③

在帝制时代,士大夫这种"从道"和"从势"的特征紧密联系在一起。绝大多数士大夫既希望从道,又不得不从势,大多数历史时期的绝大多数士大夫都生活在理念和现实的冲突之中,而专制体制使得生存下来的士大夫要么泯灭了道义良心,要么则是心知不可却又唯唯诺诺。

(三)"伏膺儒教"与"外宽内忌"

士大夫在政治形象上也存在着两重性。他们以儒家的礼仪伦理为思想指导,主张"克己复礼","非礼勿视,非礼勿听,非礼勿言,非礼勿动";但在政治实践中,他们又常妒贤嫉能,不遗余力地打击对自己构成威胁的竞争对手,"士无贤不肖,入朝见嫉"。

西汉公孙弘"学《春秋》杂说",是一位儒家经师,生活中"为布被,食不重肉。后母死,服丧三年",平时也一副儒者"犯而不校"的风范,但实际上"其性意忌,外宽内深。诸常与弘有隙,无近远,虽阳与善,后竟报其过。"④三国时期的司马懿更是如此,史书称他年轻时"伏膺儒教",但是多年宦海后,他表面上继续保持儒家谦恭退让的形象,"帝(司马懿)勋德日盛,而谦恭愈甚。以太常常林乡邑旧齿,见之每拜";同时在政治斗争中却又诡诈毒辣,"内忌而外宽,猜忌多权变"。⑤ 唐代李义府进献《承华箴》,"文致若谠直者",把自己装扮得刚正不阿;同时又"貌柔恭,与人言,嬉怡

---

① 《明史·严嵩传》。
② 《明朝小史》卷二,转引自吴晗:《朱元璋传》,海南出版社2001年版,第210页。
③ 《资治通鉴·唐纪八》。
④ 《汉书·公孙弘传》。
⑤ 《晋书·高祖宣帝纪》。

微笑,而阴贼褊忌著于心,凡忤意者,皆中伤之",人号"笑中刀"。① 宋明理学兴起之后,表里不一的"假道学"更是泛滥。

这些士大夫都是读着儒家"圣贤之书"成长和入仕的,在进入政坛后,官场的尔虞我诈和相互倾轧将他们思想中的儒家道德观逐渐清洗掉了,剩下的只有表面的"宽绰能容"与骨子里的"意深内忌",两种不同政治形象的完美结合,成为中国政治史中一道奇特的风景线。

(四)"批判、高调"与"缄默、中庸"

士大夫的政治行为也存在"两重性"特征。士大夫作为提倡"名教"、追求知识文化和精神理性的文人,有爱批判、喜议论的固有倾向,但同时他们又坚持缄默、中庸的处世为官之道。

在东汉"党锢"事件和明末"东林党"事件中,士大夫的行为都淋漓尽致地表现出敢于批评时政、勇于坚持道义的特点。东汉末年,在朝和在野的士大夫公开与腐朽的外戚、宦官势力作斗争,他们"匹夫抗愤,处士横议,遂乃激扬名声,互相题拂,品核公卿,裁量执政,婞直之风,于斯行矣。"②他们甚至敢公开批评汉桓帝为"亡国之君,讳闻直辞"。明末"东林党"也是"士大夫抱道忤时者,率退处林野,闻风响附,学舍至不能容。……故其讲习之余,往往讽议朝政,裁量人物。"③在帝制时代,士大夫一直是公开批判丑恶腐朽现象的中坚力量。

与此同时,士大夫又倡导缄默、中庸的处世之道。"君子欲讷于言而敏于行",士大夫要谨言慎行;同时提倡中庸处世,"君子中庸,小人反中庸"。

东汉胡广号称"天下中庸",对朝政中的争论,他都左右逢源,不发表过激的看法。④ 唐代苏味道更是公开宣称:"决事不欲明白,误则有悔,模稜持两端可也"。⑤ 清代曾国藩也主张去除"长傲、多言"的习气。

---

① 《新唐书·李义府传》。
② 《后汉书·党锢列传·序》。
③ 《明史·顾宪成列传》。
④ 《后汉书·胡广传》。
⑤ 《新唐书·苏味道传》。

不少士大夫同时具有这两种特征,如曾国藩早年健谈高调,"好与诸有大名大位者为仇,亦未始无挺然特立不畏强御之意",但宦海沉浮后,他逐渐变得缄默、中庸和谦退。有的政客更是貌似敢言直谏,实际却是避重就轻、逃避责任。张禹是汉成帝的师傅,《汉书·张禹》记载,当时很多人以灾异现象抨击外戚王氏专权,汉成帝询问张禹,张禹力驳此说,上书道:

> 灾变之异深远难见,故圣人罕言命,不语怪神。性与天道,自子赣之属不得闻,何况浅见鄙儒之所言!陛下宜修政事,以善应之,与下同其福喜,此经义意也。新学小生,乱道误人,宜无信用,以经术断之。

这些理由看似冠冕堂皇,显得张禹公正直言,实际则是其保身避祸的掩饰之辞,因为他"自见年老,子孙弱,又与曲阳侯(王根)不平,恐为所怨",故而饰词邪说。五代时冯道历事四姓十君,"未尝谏诤",但又偶尔就一些问题发表意见。这是说他对那些争议性问题一般回避不谈,同时又提些无关紧要的意见。

士大夫批判、高调和缄默、中庸的行为方式,不仅同时存在于整个士大夫群体中,也可以同时出现在同一个人物身上。有时它们之间是如此丝丝入扣地结合在一起,让你搞不清楚此人究竟是"深得大臣之礼"[1],还是"士不自爱其身而忍耻以偷生者"[2]。

以上我们讨论了士大夫政治文化传统中"两重性"特征的几个主要方面,即政治抱负方面的"兼济天下"与"独善其身",处理政治关系方面的"道高于势"与"曲学阿世",政治形象的"伏膺儒教"与"外宽内忌",以及政治行为的"批判、高调"与"缄默、中庸"。在两千多年的帝制时代,它们同时出现在同一个集团的身上,甚至同时出现在同一个士大夫人物的身上,这些自相矛盾的特征,相互之间却又可以水乳交融、浑然一体,让人乍一看发现不了它们存在丝毫的裂痕,但只要仔细观察,我们就会发现它们

---

[1] 《旧五代史·冯道传》。
[2] 《新五代史·冯道传·序》。

存在如此之多的矛盾和不和谐。

二、士大夫政治文化传统的制约因素

那么,士大夫政治文化传统的这些两重性是怎么形成的,它们受到了哪些因素的制约?在这一部分,我们将从政治思想的交融性、政治制度的制约性、政治人格的理想性、政治现实的复杂性以及士大夫自身的个性特征和现实适应性等方面,进行简要的探讨。

(一)政治思想的交融性

有的学者以董仲舒为界,将中国古代哲学思想分为"子学"和"经学"两大段①,这对中国政治思想的研究亦有参考意义。但是,我们在研究秦汉以后士大夫的政治表现后就会发现,与理论上的儒家独尊现象不同,士大夫政治行动中的思想来源并非单一的"经学"文化,而是一个融合了先秦诸家思想的混合体,这其中主要有儒家、法家、道家和阴阳家。② 因而,士大夫政治文化传统形式上是以单一的儒家经学为"外衣",而内容上又包涵了其他诸家思想,同时这些思想之间又相互交叉、融合。

第一,表面上的单一性。秦朝的二世而亡让法家思想颜面扫地,同时它也与华夏民族的"礼乐文化"传统不相协调,因而它再也没有被公开树立为社会的指导思想。道家"黄老"一派在汉初曾经一度兴盛,此后,源于道家的"玄学"思想亦曾于魏晋时期风靡一时,但都很快衰没。自汉武帝"罢黜百家,独尊儒术"之后,儒家思想一直是社会的正统思想,占据着意识形态的绝对主导地位。自汉至清,历代政府从政治社会化角度,通过"始乎诵经,终乎读礼"的教育方式、以对儒家经典熟悉程度为标准的选官准则,以及政治实践中以儒家伦理为标准的"君子"、"小人"之评判等方式,将其树立为社会的主流意识。

---

① 冯友兰:《中国哲学史》,华东师范大学出版社2000年版,"前言"。
② 我们认为,士大夫政治文化传统在东汉时期就基本成型,它最主要的理论来源是先秦诸子的政治理论,因而此处不讨论佛教中国化问题。

第二,实际上的多样性。通过对士大夫行为表现的研究,我们可以发现,儒学的独尊地位只是表象,实质上它包含了多种思想要素。儒、法、道等多种政治思想的内容,共同构成了士大夫政治文化传统的内涵。

第三,内容上的交叉性。在政治实践的基础上,儒、法、道等思想融合为一个整体,构成了一个相系相维的士大夫政治文化传统。儒家文化强调士大夫的个人修养,如《论语》中载:"视思明,听思聪,色思温,貌思恭,言思忠","入则孝,出则弟,谨而信,泛爱众而亲仁";此外,儒家文化还认为伦理修养的过程就是政治实施的过程,"其身正,不令而行;其身不正,虽令不从","孝乎惟孝,友于兄弟",就是从政。

儒家文化又强调尊卑有序,《尚书·洪范》称"臣无有作福、作威、玉食","君君、臣臣、父父、子子",是为政的根本。士大夫要随着身份和环境的变化来调整自己的行为,"与下大夫言,侃侃如也;与上大夫言,訚訚如也。君在,踧踖如也……"。① 汉儒进一步发挥,"阴者阳之合,妻者夫之合,子者父之合,臣者君之合……天为君而覆露之,地为臣而持载之"②,君尊臣卑,不言而喻。这与法家存在相通相鉴的关系。法家认为,君主应独掌权势,运用法、术等手段,在君臣间确立起绝对的尊卑关系,所谓"令臣不得不利君之禄,不得无服上之名"。③ 儒学从天道伦理角度论证君尊臣卑这一观点,法家则从政治现实角度阐明如何在政治实践中实现这一目的。二者的结合,使得严守尊卑成为士大夫政治文化的一大特色。

儒家思想中又有避祸顺时的内容,《尚书·洪范》载君子有"柔克"之德,《周易·泰卦》载"泰,小往大来,吉亨",《象》辞的解释是"内阳而外阴,内健而外顺",这些思想外化到士大夫的行为和态度中,就是避祸柔让、谦和中庸,即《论语》所谓"天下有道则见,无道则隐","邦有道,则仕;邦无道,则可卷而怀之",甚至可以"道不行,乘桴浮于海"。这与道家强调以柔弱胜刚强的思想又有共通之处,《老子》七十六章称"强大处下,柔弱处上",六十六章载"以其不争,故天下莫能与其争";同时道家又有顺其自

---

① 《论语·乡党》。
② 《春秋繁露·基义篇》。
③ 《韩非子·外储说右上》。

然的思想,即《庄子·秋水》所谓"天然之性,韫之内心;人事所顺,涉乎外迹;皆非也。任之自然。"道家这类思想与儒家避祸隐忍的思想结合,形成了士大夫"屈折"、退让乃至隐居不出的特征。

道家以退为进、以柔克刚的政治哲学与法家"上下一日百战"、人们之间以势力大小和智谋诡计角斗的政治理念结合,又促进了士大夫对权术诡计的运用和发展。

儒、法、道三派思想是古代士大夫政治文化传统的主要理论渊薮,在政治现实需求的基础上,它们之间又实现了综合和融通,往往你中有我,我中有你,而它的这种形式单一性、内容多样性和交叉性,使得士大夫的政治态度和行为表现出耐人寻味的两重性特征。

(二)政治制度的制约性

"百代都行秦政法",秦朝的专制帝制和官僚等级制,成为中国以后两千多年政治制度的范本。有的学者认为这种制度同时具有家产制和科层制的特征,家产制的特征是皇权的专断性和任意性,官僚科层制的特征是等级层次分明、行政法规健全和理性行政。①

第一,皇权的专断性、随意性。中国古代,皇权是最高权力,对皇权没有任何真正的分权制约制度,同时无论是中央政府还是地方政府的嬗变,都在逐渐强化君权。皇帝的个人喜恶,对于士大夫而言,是可以决定着他们自身乃至家族生死荣辱的金科玉律。皇权的强大和专断,必然导致臣属权力和权利的相对弱小,所谓"伴君如伴虎"。《魏书·崔浩传》记载,崔浩为北魏立下众多功劳,"谋虽盖世,威未震主",仅仅因为主编的《国书》犯了北魏皇室的忌讳,就被诛杀,还连累了无数宗族、姻亲。各种因皇权的专断、任意而造成的大案、冤案史不绝书。皇权的极度任意性和专断性,使得士大夫的各种基本权利实际上没有任何硬性的保障,在这种制度下,士大夫不得不谨言慎行、阳奉阴违和卑躬屈膝。

第二,官僚制度的等级性、权力单向性。帝制时代的官僚制度有着理

---

① 袁刚:《中国古代政府机构设置沿革》,黑龙江人民出版社2003年版,"前言",第9页。

性行政的特点,但与此并行的,则是制度内严格的等级设置和科层划分。秦汉有"三公九卿"、"二十级爵制"和以"石"划分的秩次等级;魏晋以后,九品官制沿用至清。官僚组织的产出难以用严格的标准进行衡量,同时高层次的官员往往难以了解底层官僚的具体情况。对下级官僚信息掌握最充分的一般都是其直接上级,他们的评价往往决定了下级官员的功绩和提升,因而在行政过程中,保持良好的上下级关系非常重要。[①] 这导致士大夫更多的是选择服从上级、逃避争论和中庸处世。

第三,选官制度和谏官制度。帝制时代的选官制度主要是察举和科举。察举的标准一般都是以察举对象的言行是否符合儒家伦理规范,而科举则是以儒家经典为应试教材。这使得士大夫在进入政府之前,其政治社会化的过程是以儒家思想为主导的;在入仕之后,他们的言行举止也要受到儒家伦理标准的评判。历朝历代的谏官制度,就是以儒家伦理对君主和士大夫的行为进行批评和矫正。选官方面的考察内容,造成士大夫政治文化传统中有着深刻的儒家道德伦理印记;而谏诤制度的设计,又使士大夫"以天下为己任"和正直敢言的品性特点有着一小块用武之地。

因而,皇权的专断性和任意性、官僚制度的等级性,造成了士大夫们卑屈恭顺、明哲处世;而以儒家道德为标准的察举制度、以儒家经典为考试内容的科举制度,以及以儒家思想为评判标准的谏官制度,则又在政治社会化和政治过程中鼓励士大夫们发扬公正敢言的性格特征。这两方面看似截然相反的制度设计,在很大程度上塑造了士大夫的两重性特征。

(三) 政治人格的理想性

中国古代政治的一大特点就是道德伦理成为了政治的基础。这一点反映在士大夫政治文化传统上,就表现为士大夫政治人格的理想性特征:

第一,政治人性的"应然性"。儒家文化以伦理道德作为政治基础,它的一个重要特点就是对于人性认识方面的"应然性"而非"实然性"。与公共选择理论将政治人假定为像"理性经济人"那样理性行事不同,传统政

---

① 安东尼·唐斯:《官僚制内幕》,中国人民大学出版社2006年版,第120—121页。

治伦理一直将士大夫的人格和行为理想化为"重义轻利",不合乎道德标准的欲望,都被视为是"心中贼",要通过自我反省和自我修养来祛除。崇高的道德准则成为士大夫行为的最基本标准,成为社会、政府对士大夫和士大夫之间相互评判的基本标准。然而,"以肠胃为根本,不食则不能活,是以不免于欲利之心",能够"衣足以犯寒,食足以充虚,则不忧"①的,只是极少数圣人,绝大多数士大夫都是常人,他们摆脱不了维护自我生存和延续的强烈本能动机。这种自我生存的本能性与政治人性的"应然性"之间的冲突,更多的是以士大夫表面坚持高尚的人格、实际维护自身利益的结局收场。这使得士大夫的性格显得异常"虚伪":一方面"色厉而言方",言貌光明正大;同时却又"欲有所为,微见风采,党与承其指意而显奏之"②,言行之间,背道而驰。

第二,政治行为的"清廉性"。在政治人性"应然性"基础上,很自然推导出士大夫的政治行为应该清廉公正。但是,以理想人格为基础来推导士大夫的政治行为,是不可靠的。据考证,明朝大学士每年正式收入为三百六十两银子,中下级官员的正式收入更是微薄,清代官员也与此类似。③而相对于正式收入,他们的开销则大的多。打点上司、馈赠亲友,都是不菲的开支。与此同时,从汉魏到明清,中央宰辅和地方大员经常招揽大批人员作为自己的宾客、幕僚和书吏。这些工作人员大多不属于政府正式人员编制,他们的薪金要直接从官员的收入中支出。此外,大多数官员都有着沉重的家庭负担和众多的宗族人口,其花费也是一项沉重负担。再加上监督制度的低效,使得大部分官员都心照不宣地接受各种非正当来源的收入,礼仪孝弟让位于"财多而光荣"。少数清廉官员不仅不为风气所容,更是常常度日艰难,"妻子不免饥寒","葛帏敝篓,有寒士所不堪者"。理想化的人性观,造成了对士大夫政治行为的理想化憧憬。

第三,政治约束的"内化性"。与士大夫政治人性的"应然性"和政治行为的"清廉性"相对应,是士大夫政治约束的"内化性"。政治权力单向

---

① 《韩非子·解老》。
② 《汉书·王莽传上》。
③ 张纯明:《中国政治两千年》,台湾商务印书馆1986年版,第74页。

性的缺陷、地方利益团体维护自身利益的固有倾向、上级和下级政权之间在接收信息上的严重不平衡,以及盘根错节的利害关系,使得自上而下式监察制度的实际效果往往并不理想。对士大夫的政治约束,更多的是依靠思想约束,"一日克己复礼,天下归仁焉。为仁由己,而由人乎哉?"①思想说教和舆论宣传,成为了约束士大夫行为的主要手段。然而在政治实践中,要有效地约束士大夫的政治行为,应该通过完善的制度设计来分解其权力,实现权力间的制衡。以自我道德反省来约束和评价士大夫的政治行为,无疑会助长其虚伪求名的倾向。

以儒家伦理道德推导出的人性观,是对士大夫政治人格的认识、政治行为的评价和政治约束的设计的理论渊薮,这种认识与法家循名责实的"低卑之论"相比,无疑具有"理想色彩、价值的超越性及由之而来的理论美感"②,因而更易于为人们的主观理想所接受。但是,政治现实并不是理想化的理论,趋利避害是人性中最强烈的本能,以理想化的伦理观作为士大夫政治人格的底线,并据此以思想和舆论宣传作为约束士大夫行为的主要手段,无疑是不切实际且危险的。这种理想化人格观在经过政治社会化后,成为了社会舆论的主流,而自我保存的本能诉求则成了不可示人的"潜流"。然而,人性中生存的诉求不会消失,伦理评判标准的盛行只会使得大多数士人走向虚伪,所以务实的政治家常常对理想化的道德观嗤之以鼻,"为天下安用腐儒?"

(四)政治现实的复杂性

政治问题直接关系到各种利益在不同集团、不同家族和不同个人之间的分配。中国古代商品经济不发达,利益的来源较为单一,政治权力更是成为其他各种权力、权利和特权的直接来源,掌握了政治权力就掌握了控制各种资源的手柄,因而其中的矛盾异常复杂,政治竞争和政治斗争异常激烈,政治手段更是令人眼花缭乱、叹为观止,政治后果往往异常残酷。围绕着政治权力,各种势力间展开了殊死的竞争和搏斗。

---

① 《论语·颜渊》。
② 于迎春:《秦汉士史》,北京大学出版社2000年版,第178页。

第一,皇帝与臣属的政治斗争。皇帝位居帝国"食物链"的顶端,"君临天下,日月所照,风雨所沾,孰非我臣?"两汉之后,皇帝多大封宗室,辅翼皇权,不仅如此,皇权还具有世袭罔替的特征。皇权的独占和觊觎、政治权力的分配,让君臣之间充满了激烈的矛盾和斗争。臣属权力的强大,会随时威胁到皇权的稳固,"爱臣太亲,必危其身;人臣太贵,必易主位"①,历史上权臣篡位的例证不胜枚举。因此,历代君主多战战兢兢,不断地在制度上强化君权、削弱相权、分解臣权,对于威胁到皇权的臣属,则想方设法加以剪除,如汉高祖扫灭异姓诸王、宋太祖"杯酒释兵权"。不仅如此,那些"雄猜之主"对任何可能威胁到皇权的潜在力量,都毫不手软地斩草除根。五代周世宗"见诸将方面大耳者皆杀之",明太祖更是滥杀功臣。相反,如果臣属篡夺了皇权,那么对前朝皇室自然也毫不客气。

第二,皇室内部的政治斗争。皇权不仅具有最高性,还具有独占性,因此,即便是皇室内部,也会因由谁来"坐庄"而拼得你死我活。而不同的皇室派系会由于错综复杂的利益关系、血缘关系、亲旧关系等原因,与不同的臣属和臣属集团之间产生千丝万缕的联系。皇室内部就皇权每进行一次斗争,都会牵涉到不同的臣属集团,胜利的一方常常会"鸡犬升天",失败的一方往往则"玉石俱焚"。三国时期,曹丕和曹植各竖支党,争当太子,最终曹丕获胜。曹丕"即王位,诛丁仪、丁廙并其男口"②,对曹植及其支党进行残酷的打击,同时重用自己的东宫班底。

第三,臣属之间的政治斗争。政治资源是相当有限的,大批士大夫纷纷涌进政府部门,争夺有限的领导职位,相互之间无疑会产生激烈的竞争。在中国古代,拥有政治权力还会直接带来丰厚的经济利益和崇高的社会地位。因而,不同的士大夫集团之间、士大夫家族之间以及士大夫个人之间,围绕政治权力,展开异常激烈的斗争,各种手段无所不用其极,诸如诽谤、诟谇、贿赂、暗杀、挑拨离间乃至大动干戈等等,无一不在历史舞台上有过精彩的演出。而政治斗争的结果,则是成功者荣华富贵,失败者轻则贬谪流放,重则杀身灭族。

---

① 《韩非子·爱臣》。
② 《三国志·魏书·任城陈萧王传》。

总之,皇帝与臣属之间、皇室成员之间、士大夫之间乃至后宫、外戚、宦官等等各种政治势力之间,存在着错综复杂而又异常微妙的利害关系,矛盾冲突异常严重,相互斗争异常惨烈,生活在这种环境下的士大夫,其压力可想而知。为了生存下来,他们要学会何时当入世有为,何时当隐居避祸;何时当高调健谈,何时当"括囊无咎";何时当儒雅彬彬,何时当残忍毒辣,因为"世路艰难,直者受祸。苟不如此,何以全其身哉?"[①]复杂的政治现实对士大夫形成的严峻考验,成为塑造士大夫文化两重性的一个重要因素。

(五) 士大夫的性格特征和政治适应性

影响士大夫政治文化传统的因素还包括士大夫个人性格和主观适应性方面的原因,这主要有:

第一,政治性格的多样性。心理学家将人的气质分为多血质、胆汁质、黏液质和抑郁质,唐斯在《官僚制内幕》中,将官僚分为权力攀登者、保守者、狂热者、倡导者和政治家,不同气质和性格的士大夫,其政治表现常常大相径庭。例如,《三国志》载张昭和顾雍同是三国时期吴国大臣,张昭"每朝见,辞气壮烈,义形于色",刚烈直言;而顾雍则"为人不饮酒,寡言语,举动时当",沉稳宽宏。撇开政治资历的因素不谈,二者政治性格之别,也是一目了然的。

第二,政治现实的适应性。尽管士大夫的先天气质在很大程度上影响其政治表现,但是后天的政治经历和磨炼也有很大的影响。在步入政坛之前,士大夫颂读的是圣人之书,追求的是儒家道义伦理,渴望的是修身治平。但入仕之后,政治现实的复杂和政治矛盾的微妙、激烈,令很多人感到无所适从。在政坛氛围的熏陶下,一部分士大夫逐渐适应了政治现实,转变了自己的政治性格;另一部分则在经历过几次惨痛的挫折教训之后,也逐渐老于世故;还有一部分由于各种原因,始终不愿意放弃理想化的政治追求,也不愿意与政治现实妥协,他们一般难以在政坛上生存。

---

① 《旧唐书·杨再思传》。

据《三国志》和《晋书》记载,司马懿在入仕之前,"聪亮明允,刚断英特","常慨然有忧天下心",性格属于胆汁质、多血质一类;初入政坛时,他也积极进取,颇有锋芒,"每与大谋,辄有奇策"。他的政治抱负被曹操所察觉,认为他"非人臣也",想找机会将他除掉。由于他与曹丕关系密切,才得以幸免,此后他就"勤于吏职,夜以忘寝,至于刍牧之间,悉皆临履",借此掩饰自己的志向抱负。到晚年时,他已经是能够"忍不可忍"、城府深而莫测的权谋大师了。与司马懿相比,很多士大夫则不那么幸运和顺利了,如明代李贽屡与上司顶触,终不改悔,最终入狱身死。结果,"直如弦,死道边;曲如钩,反封侯"、"白璧不可为,容容多后福"等保身避祸的思想,与儒家理想化思想共存于士大夫政治文化传统之中,塑造了它的两重性特征。

正是士大夫政治性格的差异与对政治现实适应性的不同,使得他们的政治态度和政治行为截然不同,而同一个士大夫不同人生阶段的政治性格也可能截然不同。最终,一些士大夫在政治现实中改变了自己的政治性格,或是掩饰了自己的真实性格,而他的言行也表现出令人费解的矛盾性。

三、现代视野中的士大夫政治文化传统

中国古代的士大夫政治文化传统在延续几千年之后,在近代遇到了前所未有的挑战和冲击。国家的落后挨打和西学的引进,让它成为了众矢之的。但是,理论上的排斥并没有取代其在实际中的运用,士大夫政治文化仍然是政治现实中的主导性文化——尽管常常是"潜流"文化。近年来,随着中国经济的发展和国力的提升,国人有了对传统文化进行重新认识的勇气,与以前相比,这一次人们的评价有了一定的信心和底气。但是,要想让士大夫政治文化传统适应市场经济、民主政府以及自由、法治思想盛行的现代社会,我们应该对其进行现代性的转型。

中国传统社会具有以下几个重要特征:首先,中国几千年来一直是封闭式小农生产方式占主导地位。其次,中国是一个大一统的世袭君主官僚制帝国。再次,中国是一个家族本位的宗法社会,特征是家族本位、人

情社会、祖先崇拜、父家长制。最后,儒教人文主义是中国传统文化的主流,其特征是实践理性、德治、人治和民本等思想。要实现中国的现代化,需要在这些方面实现传统与现代的汇通。① 在本文当中,我们主要从对政治制度和政治思想入手,来探讨传统士大夫政治文化的现代化。

(一) 政治制度的改造

第一,制度的约束。"官大一级压死人",中国的君主专制和等级官僚制,具有鲜明的等级服从性,它主要有以下几个特点:1. 皇权的最高性和不受制约性,对于皇权缺乏任何制度上的硬性制约。2. 皇权的世袭性。3. 官僚制内部的等级权力单向性。4. 权力的对上负责性,权力来源于上级政权,皇权来源于皇天列祖。5. 权力的统一性,即立法、司法、行政等权力统一为行政官员所拥有。6. 监督的自上性,对于行政官员的制约主要依靠上级机构,缺乏同级别和下级的制约监督机制。

在这种制度下生存的士大夫,为了应对复杂的政治现实和赢得上级的赏拔,必然以谄谀和欺瞒为自己的主要任务;与此同时,由于士大夫缺乏同级和下级的有效制约,自身的不法行为也就难以受到有效的监督。欺上瞒下,在上级面前卑躬屈膝,在下级面前耀武扬威,自然成了士大夫的普遍风气,这无疑是与现代公民社会和民主、自由思想不相容的。

第二,约束的制度。要改造士大夫政治文化传统,使其适应现代社会,就要对政治制度加以改造,在保证有效行政的同时,使得政治权力受到制度性的分权制约,这样有助于发挥集体的决策力量,也有助于防止体制性腐败。其内容主要有以下几点:首先,改变最高权力来源的"神授"思想,以制度实现其"民授",并向民众负责。其次,废除最高权力的终身制和世袭制,并对其建立制度性的制约和监督机制。再次,官僚制度内部,应该存在行之有效的分权制衡和监督制度,消除权力的高度集中性和任意性。最后,官员需要向民众负责,而不是只向上级负责。从传统的专制集权制度高度压抑士大夫的政治行为和政治态度,转变到民主、分权制度

---

① 罗荣渠:《现代化新论》,商务印书馆2004年版,第529—530页。

可以有效地发挥士大夫的主体积极性,同时限制政治权力过于集中和不受制约,是实现改造传统政治文化、适应现代政治需求的一个重要条件。

(二) 政治思想的转型

要实现士大夫政治文化的现代转化,还要对这种文化传统本身进行改造,正如前面所说,这主要涉及儒法道三家思想。而入世精神中,儒法两家占据主导地位,因此下面主要是对它们进行分析。

第一,儒法两家的等级性和人性论假设

1. 等级性假设。先秦诸子思想都是来源于共同的文化背景,即商周以来的"礼乐"文化。礼乐文化具有"亲亲"、"尊尊"、"贤贤"三位一体的特征,儒家继承和发展了礼乐文化传统,法家则是将其中"尊尊"这一特征发挥到极致。① 儒法两家成为了后世政治文化传统的主要构成要素,所谓"霸王道杂之"。儒家的礼乐传统发源于宗族社会的"乡俗",这是在宗族聚居基础上形成的以血缘关系为基础的家长制和族长制为核心特点的习俗,所以其具有与生俱来的等级性。"天有十日,人有十等",礼的特征就是等级差别和"分","君子小人,物有服章,贵有常尊,贱有等威,礼不逆矣。"礼乐文化转变为政治理论后,将原来宗族内部的血缘等级关系转化为政治等级关系,当然,由于血缘关系基础上的等级制同时具有"亲亲"和"贤贤"的特点,因而这种等级关系显得温情脉脉,《礼记》载"乐者为同,礼者为异。同则相亲,异则相敬……礼义立,则贵贱等矣;乐文同,则上下和矣。"在这种文化下,君臣上下之间等级关系的建立,更多的是以伦理诉求和道德约束为基础的,"父慈、子孝、兄良、弟悌、夫义、妇听、长惠、幼顺、君仁、臣忠",所谓"序君臣父子之礼,列夫妇长幼之别"。

等级制也是法家思想的一个先验假设,所谓"尊主卑臣,明分职不得相逾越","名分定,势治之道也",因此,君主专制和等级服从,是理所当然的。然而,与儒家类似于夫妇长幼式的政治等级关系相比,法家的政治等级关系就少了温和亲情的一面,而完全是建立在势力和利益关系上的,

---

① 参见阎步克:《士大夫政治演生史稿》,北京大学出版社1996年版,第140—165页。

"人臣之于其君,非有骨肉之亲也,缚于势而不得不事也"①,而维护这种等级的手段就是法和术。

2. 人性论假设。儒法两家在人性论上,则持不同的看法。法家主张人性好利,《韩非子》载卖棺材的希望人死,卖车子的希望人富贵,"非舆人仁而匠人贼也,人不贵,则舆不售;人不死,则棺不买",一切都是以利益为导向。政治活动不是要改变人类好利的本性,而是要引导利用这种本性。

先秦儒家内部的人性观分歧较大。荀子认为人有好利欲,"是皆生于人之情性者也"。孔子认为"饮食男女,人之大欲存焉",但又主张"不义而富且贵,于我如浮云",似较中庸。相较而言,在"独尊儒术"之后,儒家坚持性善的一派占据了主流,《大学》载"大学之道,在明明德,在亲民,在止于至善",《孟子》中"人皆有不忍人之心","何必曰利?亦有仁义而已矣"等性善的思想,在经过宣传之后,成为了社会思潮的主流。宋明理学兴起之后,以自我反省祛除利欲、恢复善心的思想更是成为了主流意识形态,"人之所得乎天,而虚灵不昧,以其众理而应万事者也。但为气禀所拘,人欲所蔽,则有时而昏,然其本体之明,则有未尝息者。故学者当因其所发而遂明之,以复其初也。"②

3. 理论与现实。历史事件复杂多变而又影响深远,制度和思想是在"试错程序"中以一种"进化"式的模式发展,同时一种制度和思想形成之后,又具有强大的惯性。③ 秦帝国法家的制度和思想结合的模式,被历史证明是存在致命缺陷的。"汉承秦制",延续了中央集权和君主专制的制度模式;与此同时,"独尊儒术"则将儒家文化推向神坛,成为以后几千年的主流意识形态。这两者的结合,对士大夫政治文化传统产生了深刻的影响。

以法家人性好利论设计的专制制度要求士大夫俯首帖耳,绝对屈从上级和君主的领导;而儒家伦理基础上的温情等级思想,又将这种绝对的屈从渲染为温情的服从,士大夫应有一定的自主性和主动性,"君使臣以

---

① 《韩非子·备内》。
② 《四书章句集注》,中华书局1983年版,第3页。
③ 历史、文化是"试错"和"进化式"发展的观点,可以参看休谟和哈耶克的相关著作。

礼,臣事君以忠","君为元首,臣为股肱"、君臣一体的思想更是为后世士大夫所津津乐道。随着历史的发展,君主专制和中央集权日益强化,士大夫的独立人格和自主地位日渐萎缩;与此同时,儒家君臣一体的政治伦理宣传却又愈演愈烈。二者的结合,使得士大夫在政治情感中有着儒家"以天下为己任"的慷慨大志;同时在政治现实中,他们又须接受严格的等级官僚制和君主专制制度的束缚,这种现实的卑屈逐渐演化到士大夫的政治意识中去,成为政治传统中不可分割的一部分。两种矛盾的态度就这样完美地结合起来。

与此同时,法家的好利人性与儒家的礼义人性,也是相互冲突的,一个是现实中的最高,一个是理论上的最好,二者的冲突不可避免,士大夫文化的两重性特质也应运而生。制度与思想、好利与好义之间,存在着深刻的矛盾,这既是士大夫政治传统矛盾性的原因,又是现代文化诟病传统政治文化的重要原因。下面,我们从政治思想的角度,谈谈士大夫政治文化传统的现代转型。

第二,士大夫政治文化传统的现代转型

1. 法家的"坦白"与坦白的"法家"。首先,人性假设。法家公然主张人性好利,并将这种认识引入政治领域,可谓"坦白"。而西方启蒙思想家在人性认识方面,亦多持类似观点,如卢梭认为"人性的首要法则,是要维护自身的生存,人性的首要关怀,是对于其自身所应有的关怀"[①]。马基雅维利、霍布斯、洛克等,也有类似的观点。而西方的民主制度、自由思想、法治精神,以及现代经济理论和制度,都是建立在这种人性观假设上的。正如法家认为卖车人、卖棺材人完全出于自利考虑一样,西方经济学者也认为,个人本性中的自我保存欲望要重于道德和理性的力量,人的行为出于自利的需求,"我们期望的晚餐并非来自屠夫、酿酒师和面包师的恩惠,而是来自他们对自身利益的关切"[②]。公共选择理论进一步将人性自利的考虑引入政治领域,认为政治人与"经济人"一样,追求自身利益最大化;政治事务中除了权力控制之外,还存在着类似于"交易经济学"式的政治

[①] 卢梭:《社会契约论》,商务印书馆2003年版,第5页。
[②] 亚当·斯密:《国富论》,商务印书馆2007年版,第6页。

交易。① 这一点也与法家异曲同工,如韩非子认为,政治人行为的目的"皆挟自为之心也";君臣上下之间就是买卖交易的关系,"臣尽死力以与君市,君垂爵禄以与臣市"。

自我保存、发展和延续是人性中最强烈的愿望,在这一点上,西方民主、自由、法治理论倡导者和中国法家思想都有着清晰的表述,而这一点也正是现代政治制度的理论基础。要实现士大夫政治文化传统的转型,首先就要承认这个基本的人性事实,而不是否认和掩饰。传统的主流意识形态在假定人性好义的基础上探讨政治现实,人性好利不仅不是政治现实的基础,而且还是忌讳之谈。这样一种人性观,造成了政治思想与政治制度、政治现实的脱节,也塑造了士大夫虚伪不一的性格。在政治实践中,要以自利人性为基础来设计"约束的制度",而不是以道义伦理和自我修养为基础。

但是,人性好利并不排斥道德伦理,只是道德修养从政治现实的理论基石转变为政治人物更高的精神追求而已,就像亚当·斯密认为自我保存重于道德和理性,同时在此基础上又试图调和道德与自利的关系。②

其次,等级假设。无论是法家和儒家,人分等级都是一个先验的假设,这在法家思想中更加突出。那么,与法家在等级制和君利中心论的先验假设中在探讨人性好利相比,西方近现代民主、自由的思想则截然不同。人与人之间在人格关系上是平等的、主体具有人格自由,是西方自由思想的先验假设。政治关系是在平等、自由的基础上形成的一种契约式的关系和交易,等级权力并没有理论上的合法性。萨皮罗说:"平等是自由主义的另一条基本原则。自由主义宣布所有人一律平等……所有的人在法律面前有同等的权利,有权享受同等的公民自由","在权利方面,人生来是而且始终是自由平等的,社会差别只能建立在最大多数人的最大幸福上","任何政治结合的目的都在于维护人的不可剥夺的自然权利:这

---

① 参看詹姆斯·布坎南:《自由、市场与国家》,上海三联书店1989年版,第29—40页。
② 参看列奥·施特劳斯:《政治哲学史》,河北人民出版社1998年版,第754—755页。

些权利是自由、财产、安全以及对压迫的反抗"。①

法家思想中与等级制紧密相关的是君利中心论,"国者,君之车也"②,朕即国家,君主的利益是一切政治活动的核心,君主的任务就是运用法术势来控制臣属和民众,以维护自己的私利,这必然导致专制和暴政。与之相比,西方民主和自由思想则截然不同,"每人对他自己的人身享有一种所有权,除他以外任何人都没有这种权利"③,在此基础上,合法的权力来自于人们在平等基础上订立的社会契约。罗尔斯在《正义论》中,将这种在相互平等和无知状况下的利益博弈称为"原初状态",由此出发,政府应该建立在人们的一致同意的契约协定基础上。④ 而从人性自利、个人人格自由和权利平等的思想出发,自由主义思想家推导出有限政府、分权制衡的政治观念。因此,改变士大夫文化传统中根深蒂固的等级思想,倡导权利平等和人格自由,是实现其现代转型的一个重要方面。

再次,隐秘与公开。法家理论在人性自利、等级假设和君利中心基础上,主张运用法、术来维护君主的利益,"人主之大物,非法则术也"。但是,这并非倡导"法律面前,人人平等",实际上,"君臣不同道",君主超脱于法律之外,法令只是君主维护自己利益的手段。为了维护君主的特权,还可以大量运用权术阴谋,"法莫若显,而术不欲见"。君臣之间、士大夫之间权术的博弈,无疑加剧了政治现实的复杂性和矛盾程度。与法家的等级法律和阴谋权术相比,自由主义宪政下的法治、法律面前一律平等、司法独立于行政,同时倡导言论公开,各种利益集团以公开争论和协商的方式实现利益的分配,这比大量运用"恶法"和权谋手段以维护个别利益集团乃至个人的私利无疑是要先进得多。

改造士大夫政治文化传统,从其本身的法家因素来说,首先应该承认人性好利的基本诉求,承认维护人的生存和发展是最基本的人性需求,而不是将这一点强行掩饰起来。其次,应该去除等级性的先验假设,坚持人

---

① J. Salwyn Schapiro, Liberalism: Its Meaning and History, Princeton: D. Van Nostrand Co., 1958, p. 10, p. 129.
② 《韩非子·外储说右下》。
③ 洛克:《政府论》(下篇),商务印书馆 1983 年版,第 19 页。
④ 参看罗尔斯:《正义论》,中国社会科学出版社 1988 年版,第三章。

格平等和主体自由,从而使得政府建立在契约同意基础上。再次,应该摒弃君主中心论和等级性"恶法",维护"最大多数人的最大程度的利益",倡导有限政府和宪政下的法治。最后,祛除对阴谋权术的倡导和运用,提倡利益的公开表达和相互协商。

因而,法家的"坦白"是在维护等级制和君利中心的前提下宣扬人性好利;而坦白的"法家"则是在人性好利、平等自由的基础上讨论约束权力和提倡协商政治。

2. 儒家的理想与理想的儒家。与法家相比,儒家思想传统主要具有以下几个特点:第一,坚持性善说,道义伦理的追求高于利益的追求。第二,将家庭伦理转化为政治伦理,政治中的等级关系就像家庭中的父子、夫妻关系一样,与之相应,政治中应该坚持家庭式的人治和德治。第三,政治中的个人应该服从于集体,同时也强调个人具有一定的自主性,倡导民本思想。第四,政治模式是从个人伦理修养推导至国家和政府,"身修而后家齐,家齐而后过国治,国治而后天下平。"这些认识是儒家的理想追求。要实现士大夫政治文化传统的现代转型,应该对其进行以下几点改造:

首先,承认人性的自利倾向,而不是用道德说教来强行掩饰,否则,结果必然是士大夫政治行为的虚伪、矫饰。我们应该在维护个人基本权利和生存需求的基础上,再倡导伦理道德。同时,不能把政治人假想为圣人,忽视对其制约和监督制度的设计,"任何掌权的人都倾向于滥用权力",因而只有以权力才能制约权力。

其次,要将个人修养、家庭伦理与政治实践区分开来。现代社会的合法性应建立在民众的契约和同意基础上,而不是建立在家长式下的温馨服从和专制基础上。当然,这并不排斥家庭伦理,相反,在私人领域,它有助于维护社会细胞的稳固和社会的稳定,但是不应将家庭式伦理带入政治实践,因为这会造成人情关系、人治思想的流行,不利于自由思想和法治、民主国家的建立。同样,政治实践是利益的追求和分配,不能将它建立在个人伦理修养这个毫不可靠的基础之上,政治现实应该以利益为底线和基础,在此基础上再倡导个人道德修养。

最后,政治现实中,伦理本位的家长式关怀会导致专制和暴政的出现。因而,应该维护个人的基本自由和人权,发扬《论语》中所说的"己所不欲,勿施于人"和"我不欲人之加诸我也,吾亦欲无加诸人"的精神。自由主义思想的特点是主张个人权利至高无上,同时政府的唯一目的在于保护个人的权利,实现个人的利益。① 这种思想对于剔除传统文化中的等级性假设、皇权的随意性和政治权力的单向性,具有重要的意义。同样,民本思想也要在平等自由的基础上,以维护每一个民众的利益为出发点,而不是为了维护统治者或所谓集体的利益。

因而,儒家的理想是通过个人修养来实现政治治平,而理想的儒家则是在承认政治现实的基础上倡导个人的道德修养。

总之,现代社会并不完全排斥士大夫政治文化传统,而是要对其进行符合现代性的转型,这其中涉及政治制度和政治思想方面的改造。但是改造并不是摒弃,法家的利益学说、儒家的个人修养和道德伦理学说和道家的自然闲适学说等,在经过适当的调整后,都是适应现代社会要求的,重要的是区分何者为政治的基础,何者为崇高的个人精神追求;何者为政治事务,何者为家庭和个人伦理;何者符合现代需求,何者应该随史逝去。

四、结　语

在分析了士大夫政治文化传统的两重性特征后,我们探讨了这种文化传统的形成原因,同时也探讨了为了适应以政治民主化、经济市场化、个人自由和人格平等为特点的现代社会,这种文化传统应该对自身的人性认识、等级性假设以及个人主体性等方面进行适当的调整,同时应该尽量将个人道德、家庭伦理同现代政治实践分离开来。

但是,这并不是说士大夫政治文化传统完全是被动地适应现代社会。实际上,传统士大夫政治文化传统中对崇高人格的推崇、民本思想的重视

---

① 李强:《自由主义》,中国社会科学出版社1998年版,第161—162页。

以及强烈的社会责任感等等,都无疑是我们今天应该继承和发扬的。随着强调自由市场、平等交换的商品经济的发展,以及政治制度改革的深入,加上个人平等、言论自由和服务型政府思想的日益深入,表里不一、言行不一的"两重性"现象将会逐渐得到纠正。与此同时,士大夫"兼济天下"、坚持个人的道义操守、敢于批判以及倡导高尚的人格修养等优点,将会在平等、宽松的政治环境和对个人自由和权利的尊重中发扬光大,从而促进社会的和谐和发展。

　　文化发展具有自身独特的历史轨迹,中国秦汉以来的士大夫政治文化传统经过几千年的延续和发展,已经沉淀为深厚的民族心理和民族传统。鸦片战争以来,国家的衰弱、民族的落后挨打以及西学的冲击,让国人对自己文化传统的信心动摇了、丧失了,进而不断对其审视和质问;"五四"运动之后,这种审视演变为喧嚣而盲目的批判,这在"文革"中达到了顶峰。但实际上,人们的行为并没有摆脱这种文化传统的影响,相反,某些方面甚至更加突出地展现了其中的某些特征。改革开放以来,一切以经济发展为中心,而对传统文化改造和转型较为轻视,这造成了国人思想的迷茫和信仰的缺失。然而,不论是从传统文化的包容性来讲,还是从其自身具有大量优秀思想成分来讲,以及从民族心理的承受性和接受性来讲,在现代社会中,我们应该做的是改造这种文化传统。转型的士大夫政治文化传统既能适应现代社会需求,又能促进现代社会发展,还有助于维持民族文化传统的延续性和多样性,同时也易于为社会大众的心理所接受。21世纪的今天,随着中国经济的腾飞和国际地位的提高,国人终于在近现代以来第一次有了可以认真反思本民族文化传统的勇气和环境,在这种环境下,传统与现代的沟通、中国与西方的会融,最终将实现士大夫政治文化传统的现代转型,进而形成具有本民族特色的现代政治思想,而这也是一个国家真正强大起来的重要条件和标志。

政治意识篇

试论先秦儒家的忧患意识及其现代转化

李定文* 任 远**

> 忧患意识是传统政治文化的一个显著特点,尤其体现在儒家的政治思想和政治意识中。先秦儒家忧患意识滥觞于西周,成熟于孔孟。忧患意识作为一种人文精神,强调人改造主观世界和客观世界的主观能动性,其思维基础是古代的辩证法。针对不同的问题,先秦儒家具有应对忧患的不同方法和思想体系,但都有伦理性、道德性和主观性的特点。在当代社会,应该积极吸收先秦儒家忧患意识的积极因素,同时需要根据时代发展的要求,对其进行创造性的转化。

忧患意识是中国政治文化的一个显著特点,尤其体现在儒家的政治意识与政治思想当中。所谓忧患意识,是对环境变化带来的不确定性,及

---

* 李定文,北京大学政府管理学院政治思想史方向硕士毕业,现为中宣部思想政治工作研究所研究人员。
** 任远,北京大学政府管理学院政治思想史方向硕士毕业,现为重庆市渝中区政府工作人员。

其已经和将要造成的困苦,而采取的一种积极主动的应对和预防精神。之所以说它是一种积极主动的精神,是因为它不同于宗教意识。宗教意识来源于对环境之不确定性的恐怖,因此把自身寄托于神明,从而消解了自身的能动性。① 而忧患意识是要发挥主体自身的能动性去应对不确定性。从这个意义上说,忧患意识乃是一种人文精神。忧患意识在不同的时代,在不同的思想家那里,既具有人文精神的共性,又针对不同的时代问题具有不同的表现形式。本文拟在探讨先秦儒家的忧患意识,以及其与现代政治文化的转化关系。

一、周初的忧患意识

忧患意识滥觞于西周。《易经·系辞下》:"《易》之兴也,其于中古乎?作《易》者,其有忧患乎?"这是指周文王被殷纣王拘困在羑里而演周易一事。周文王是个很有忧患意识的人,他推演的周易也充满了忧患的智慧。"君子终日乾乾,夕惕若,厉无咎";"天行健,君子以自强不息"②。面对困厄,君子应该如履薄冰,如临深渊,谨慎而自强,不怨天,不尤人,勇敢地去面对一切挫折。这已经透露出人应该效法天地、发挥主体能动性的人文气息。这里更多的是从人生意义上讲忧患意识,也就是说当时忧患的对象更多的乃是人生的吉凶。

对于如何应对这种忧患,《易》教人知几。《易·系辞上》曰"夫《易》,圣人之所以极深而研几也"。《易·系辞下》曰:"知几其神乎?君子以上交不谄,下交不渎,其知几乎?几者,动之微,吉凶之先见者也"。唯知几之人,安不忘危,可以保持安;存不忘亡,可以保持存;治不忘乱,可以保持治。故而《既济》象辞说"君子以思患而预防之"。"几"就是端倪,是预示事物发展趋势的一点征兆。由于只是一点端倪,还没有发展成"势",表明力量很薄弱,人力足以应对,所以圣人就在此作工夫,化解这一几,圣人的

---

① 参见牟宗三:《中国文化的特质》第二讲、第三讲,台湾学生书局1982年版。
② 《易经·乾卦》。

高明就在此显现,并达到神奇的境界。① 而等到事物发展成势,因其力量强大,难以应对或改变,只能等待时机,这时机便是"势"态转变之几。易经认为阴阳是互为消长的,没有任何一方能够占据永久的强势地位。当事物发展由盛转衰,由强大转为弱小的时候,用人力加以推动,往往事半功倍。从这个意义上讲,忧患意识的思维基础乃是古代辩证法。如果没有辩证法的思维基础,那么,人们在"吉"中就看不到"凶",在"凶"中更看不到"吉",忧患意识也就无从谈起。

将忧患意识进一步发挥的是周公。自武王伐纣、周革夏命之后,周代的统治者并没有被胜利冲昏头脑。相反,他们变得更为理性。作为西周开国后主要领导者,周公对这一"革命"过程进行了深刻的反思,其中一个重要的内容便是"天命"问题。其对天命问题的思考,把忧患意识的重点从人生福祸的范畴,转向了政治统治存亡的范畴,即忧患的对象乃是政权的巩固和社会的稳定。

殷商是一个具有原始宗教意识的朝代,他们信仰上帝和神秘的天命,认为他们的命运是由上帝和天主宰的。所以殷纣王面对大臣对他荒淫行为的劝诫,能无所顾忌地说:"呜呼,我生不有命在天!"②当武王伐纣节节胜利,殷商连连败退之时,纣王仍满不在乎地说:"不有天命乎?是何能为!"③但最终结果是,周的确"革"了商的"命"!摆在周公面前的便是这样的疑问:难道没有天命吗?还是天命另有其他的意义?

周人继承了殷人的宗教信仰,因此不可能会怀疑天命的存在。但是,这次革命,却使周朝统治者深刻认识到"天命不于常"④,"天命不易,天难谌,乃其坠命,弗克经历"⑤,天命不是永远不变的,而是可以改变的。那么,天命如何改变呢?一方面,周公在这一政权变更过程中确实没有直接看到"天命",神明、上帝并没有显灵,但是,他却亲眼目睹了民众在这场改朝换代的革命运动中的伟大力量:民众造就和推动了"天命"的转化。天

---

① 参见牟宗三:《周易哲学演讲录》,华东师范大学出版社2004年版,第84—85页。
② 《尚书·西伯戡黎》。
③ 《史记·周本纪》。
④ 《尚书·康诰》。
⑤ 《尚书·君奭》。

命是通过民众执行的,从民情可见天命。这便使周公得出结论:"天矜于民,民之所欲,天必从之。""天视自我民视,天听自我民听"①。另一方面,天命的转变也与统治者的个人品质有很大关系。商纣王骄纵淫逸,"故天降丧于殷,罔爱于殷"②。相反,作为周的统治者的文王却"克明德慎罚,不敢侮鳏寡,庸庸,祗祗,威威,显民。用肇造我区夏,越我一二邦以修我西土。惟时怙冒,闻于上帝,帝休。天乃大命文王,殪戎殷,诞受厥命"③。也就是说,周朝统治者由于能够明德慎罚,具备高尚的道德,同时能够以德治国,所以天命眷顾,让周取代了殷商。

周公认识到,天命通过民众来实行,也就是说,统治者的成败是控制在民众手中的。这就改变了殷商乃至夏代将天命只与统治者挂钩的观念④,使天命脱离了统治者的完全掌控。同时,虽然天命外在于统治者,但是统治者也并非无可作为。因为天命唯德是辅,只要统治者能够修德,是能保住天命不失的。因此,敬天保民,明德慎罚成为应对政治统治和社会治理忧患的主要手段。

二、孔子对忧患意识的深化和转化

孔子生活在春秋时代,这一时代的基本特点是"礼崩乐坏"。价值体系和政治体制等社会各个方面在这个时代都在发生巨大变化。春秋时,自西周初建立的宗法制度遭到破坏,周天子逐渐失去了对诸侯的优势控制地位,贵族们则不再严格遵守周礼的规范,互相侵伐,导致"君不君,臣不臣"混乱局面的产生,甚至出现楚威王"问鼎"于周天子的情况。天子与诸侯间的关系如此,诸侯与士大夫间的关系更不必说,孔子所在的鲁国便是很好的例子:鲁国之政已不在其君主手中,而是被季氏等三个大家族所

---

① 《尚书·泰誓》。
② 《尚书·酒诰》。
③ 《尚书·康诰》。
④ 《尚书·汤誓》记载夏桀说"吾之有天下,犹天之有日,日亡吾乃亡耳",而民众骂道:"时日曷丧,予及汝偕亡",这种将自己比作太阳的观念与殷纣王所说的"我生不有命在天"都是视天命只在统治者身上的表现。

操纵。孔子在鲁国不被重用,也与此有很大关系。社会的失范激发了孔子的忧患意识,但孔子所忧患的不仅仅是社会的礼制秩序的问题,"人而不仁,如礼何?"①他为"礼"找到了"仁"这个精神内核。从此,忧患意识的价值属性超越了它所具有的功能属性。也就是说,从忧患意识的功能来看,它既可以为"礼乐征伐自天子出"的政权服务,又可以为"礼乐征伐自诸侯出"的政权服务。但从价值属性来看,在孔子那里"礼乐征伐自诸侯出"就是值得忧患的事。所谓"忧道不忧贫",恰恰反映了孔子忧患意识的伦理性、道德性特点。

孔子将解决忧患的重心放在"克己复礼",振拔贵族的生命,使之挺立起来。②克己复礼包括两个方面:克己是指遵从仁道,加强修身;复礼则要在政治上正名,正名的结果落实在现实中便是礼。因此,礼治可以包含正名在内。孔子应对忧患的手段可以用两个字概括,即"仁"与"礼"。仁道具有根本性和基础性,只有具备"仁"的精神,礼才能获得实质意义。礼治则具有从属性和手段性,它必待仁道而起,又是实现有序政治的重要手段。实现礼治的重心,首在正名。"正名者按盛周封建天下之制度,而调整君臣上下之权利与义务之谓"③。正名在孔子看来是政治的首要任务,《论语·子路》记载子路问为政何为先,子曰:"必也正名乎?"因为"名不正则言不顺,言不顺则事不成,事不成则礼乐不兴,礼乐不兴则刑罚不中,刑罚不中则民无所措手足",《论语·颜渊》又记载齐景公问政于孔子,孔子对之以"君君臣臣,父父子子"。这些都说明正名在政治中的重要作用。而且孔子本身就是个严格遵守礼乐制度的典范,《论语·乡党》记载了孔子在朝之恭谨,《论语·八佾》记载孔子对季氏僭天子之礼、舞八佾于庭的行为斥之以"是可忍也,孰不可忍也!"

不仅如此,孔子还删定六经,"礼以节人,乐以发和,书以道事,诗以达意,易以道化,春秋以道义"④,以为政治仪则,拨乱世以反之正。

---

① 《论语·八佾》。
② 参看牟宗三:《中国哲学十九讲·第三讲》,上海世纪出版集团2005年版。
③ 萧公权:《中国政治思想史》,新星出版社2005年版,第40页。
④ 《史记·太史公自序》。

但孔子的忧患意识更多的表现在对仁道的阐发上。他一方面继承西周以来的天命观念,主张要敬畏天命,如主张君子有三畏,首在敬畏天命。另一方面,孔子更看重的则是强调君子要加强自身的修养。可以说,从孔子开始,中国的知识分子才达到自觉,道德主体才真正挺立起来。这可以从他对鬼神、礼仪的态度和对"仁"的强调中看出来。孔子虽然畏惧天命,但是对带有宗教神秘色彩的鬼神却是敬而远之。"子不语怪力乱神"①。"祭如在,祭神如神在。子曰:'吾不与祭,如不祭'"②。可见孔子对于鬼神并没有什么宗教式的迷信。他虽然也参加祭祀,并且强调要亲自参加,实际是看重礼仪背后更重要的东西,那便是"仁"、"敬"、"明德"等所代表的虔诚之心,亦即"慎终追远,民德归厚矣"③。通过礼仪这些外在形式化的东西,来诱发和强化人的道德感。

孔子认为,周文疲弊是因为当时周代的礼乐制度已经变得过于形式化,跟人的性情不相契合。或者更确切地说,周文本身并没有太大的问题,周公制礼作乐开创的是万世基业。但到了孔子时代,贵族的精神生命已开始下坠,不能与周文相契合,礼乐制度也变得失去了根本的意义,正所谓"人而不仁,如礼何?人而不仁,如乐何?"④所以孔子主张"克己复礼",要将已变成虚文的周礼注之以"仁",回复"礼仪三百,威仪三千,莫非性情中出"⑤的状态,使人的生命与外在的礼仪规范接续。只有这样,才能挽救贵族怠惰的生命,政治才有希望。为做到这一点,孔子特别重视教化的作用,他本身便主张有教无类,培养弟子三千,为政治输送大批人才。在教育弟子过程中,孔子特别强调"学"的作用。《论语》首篇便是将"学",孔子本人虽不敢称圣,但对于自己的好学精神颇为自信,所谓"若圣与仁,则吾岂敢?抑为之不厌,诲人不倦,则可谓云尔已矣"⑥;又说"十室之邑,必有忠信如丘者焉,不如丘之好学也"⑦。盖为学能达到"不厌"、

---

① 《论语·述而》。
② 《论语·八佾》。
③ 《论语·学而》。
④ 《论语·八佾》。
⑤ 牟宗三:《中国哲学十九讲》,上海世纪出版集团2005年版,第74页。
⑥ 《论语·述而》。
⑦ 《论语·公冶长》。

"不倦"的境地，本就与《易经》所言的"自强不息"精神相合，所以他又说，"德之不修，学之不讲，闻义不能徙，不善不能改，是吾忧也"①。通过将忧愁对象转化为对道义的追求，生命获得了依托，并进而得以升华。孔子还经常与弟子讨论"君子"之道，并与"小人"作别，要弟子为君子儒，莫作小人儒。孔子所探讨的君子虽然没有明确的定义，但君子必然脱离私利计较，而对道德、道义有所担当。并且在政治中，君子对道义的担当甚至超过对君主的忠诚，当君主无道时，君子可以离开他，即"邦有道则仕，邦无道则可卷而怀之"②。因此，孔子对仁道的提倡，为政治和君主、士人设立了一个高远的终极目标，他希望在仁道的提撕之下，贵族生命得以挺立，政治能够步入正轨。

不仅如此，更加值得我们注意的是，面对乱世，孔子固然充满忧患意识，对道义的担当充满了责任感，但是这并没有导致一种悲观情绪，或者仅仅局限于因意识到任重道远而生发出的严肃感。他已经超脱对个人祸福贫贱的忧虑和对道义能否大行于世的执著，并由道义所赋予的自信而达到"乐天知命"的境界。孔子讲"君子谋道不谋食，君子忧道不忧贫"③，并自称"发愤忘食，乐以忘忧，不知老之将至"④。所以当子贡问："贫而无谄，富而无骄，何如？"时，孔子回答说："可也。未若贫而乐，富而好礼者也"⑤；也就是说，本来做到贫困之时不谄媚，富贵之时不骄奢，对于一个有忧患意识的人来说，已经很不错了。但是孔子认为，这种境界虽然能够达到有所持守，但实际上内心仍未超脱贫富。相比之下，"贫而乐，富而好礼"则已做到心外无物，不再执著于贫富，而能够从内心做到价值沛然自足。所以孔子对生活很贫困的颜回很赞赏："贤哉，回也！一箪食，一瓢饮，在陋巷。人不堪其忧，回也不改其乐。贤哉，回也！"⑥孔子如此盛赞一个人，竟在一句话里连用两个"贤哉"，可见在孔子那里，"乐"实际已成为

---

① 《论语·述而》。
② 《论语·卫灵公》。
③ 同上。
④ 《论语·述而》。
⑤ 《论语·学而》。
⑥ 《论语·雍也》。

一种比忧患更高的境界。看似矛盾的"忧"与"乐",在孔子身上达到了完美的统一,所"乐"者,"内省不疚,何忧何惧?"①,是孔子乐天知命,"知其不可而为之"的道德勇气和积极进取的文化精神。"乐"者,更多的是对个人命运的超越。所"忧"者,乃是"礼崩乐坏"的一片惨象,世道人心的满目狼藉。孔子的"忧乐圆融"中闪烁着古代辩证法的光芒,是中国政治文化的独特景象。

三、孟子的忧患意识

孟子是战国时儒家的代表人物之一。在战国乱世,对政治最有影响力的道家、法家、墨家大多采取一种消极顺应时势或者功利的态度来建构自己的理论主张,他们的主张对于建立功业有一定的帮助,但是无助于世道人心的提升。孟子在诸子基于功利权衡或消极否定的一片嘈杂声中清音独起,"道性善,言必称尧舜",以浩然之气贯彻儒家信念,定要以道德的理想主义来引导社会归诸正途。

尽管孟子也认为政治的关键在于统治阶层尤其是君王的振作,但是,他的忧患意识并非像孔子那样主要关注上层阶级,而是将视角转向政治的另一方,即"民"、天下的百姓。他提出中国历史上著名的政治论断:"民为贵,社稷次之,君为轻"②。前面提到,在周公那里,已经意识到人民的力量在政治中的巨大作用,但是人民仍然只是作为政治的辅从而得到肯定的,直到孟子这里,民作为独立的政治主体的价值才得到真正的肯定,列于社稷和君主之前。可以说,孟子将民的地位提高到古代最高的地位,这正是孟子忧患意识的一大特色。

孔子在政治上主张君君臣臣,希望人们通过道德的自我约束,来践行社会的礼仪,所谓"克己复礼",但是他并没有解决一个问题,即如果统治阶层做不到这一点怎么办?实际上孔子道之不行,正表明统治者的确没有做到这一点,所以天下大乱。孟子面对世道的衰微,对这一问题进行了

---

① 《论语·颜渊》。
② 《孟子·尽心下》。

深入的思考,提出了民本主张。孟子认为,只有真正树立人民在政治上的独立地位,肯定人民在政治中的独立价值,才能在君、臣、民三者之间实现有效的制衡,达到政治的均衡。君和臣虽然统治人民,但是民心却是衡量君臣素质、为政得失的标准。君主不行仁政,暴虐无道,便是独夫民贼,人民可以诛杀之。臣下包括士人的进退,不能凭君王的喜恶,也不能靠左右亲近之人的言辞,必须看人民的意见如何,然后经过考察再决定。① 不仅在做政治决定的时候要考虑到人民的意见,即使在日常生活中,君主也要做到"与民同乐"。"乐民之乐者,民亦乐其乐。忧民之忧者,民亦忧其忧。乐以天下,忧以天下,然而不王者,未之有也"②。他倡导君主本其仁心扩而充之以行仁政。仁政不是空洞的口号,而是要转化为切实的政治行动,这便是"养民",要实行井田制等经济政策,使民衣食无忧。其具体的主张便是"五亩之宅,树之以桑,五十者可以衣帛矣。鸡豚狗彘之畜,无失其时,七十者可以食肉矣。百亩之田,勿夺其时,数口之家可以无饥矣。谨庠序之教,申之以孝悌之义,颁白者不负戴于道路矣"③。且不论井田制等在当时是否可行,要之,"有恒产者有恒心"④,实在体现了孟子对人民的物质和精神生活的双重关怀。

为解决时代的痼弊和忧患,孟子不仅在政治上提出"民贵君轻"论,以解救政治上的被压迫者,而且在哲学上继承了孔子、曾子、子思一系的生命哲学,提出"性善论"主张,将周公以来经过孔子等人发展的道德主体彻底建立起来。孟子认为,面对忧患,人不必通过宗教的途径向外界寻求上帝、鬼神之类东西的帮助,而是转向"心之四端"的寻求和扩充。"天命之谓性"⑤。当人能在其自身找到行动的终极依据的时候,道德主体便彻底挺立起来,从而真正地能忧患、会忧患,真正地担当起责任来。唯有如此,一个人才会坦然而坚强地面对"天将降大任于斯人"之前的忧患和考验,

---

① 《孟子·梁惠王下》。
② 同上。
③ 《孟子·梁惠王上》。
④ 《孟子·滕文公上》。
⑤ 《中庸》。

才有"富贵不能淫,贫贱不能移,威武不能屈"①的大丈夫气概。在这里,与孔子乐之境界相比,孟子将忧患意识提升为"浩然之气"塞天地的境界,这一方面说明孟子所面对的时代忧患之深,同时也表明孟子忧患意识之强烈。

四、忧患意识的现代转化

周公面对政权的忧患而思明德慎罚,以德保位;孔子慨叹贵族生命的堕落,便以仁道提撕其生命;孟子悯天下受暴乱之荼毒而高唱"民贵君轻"、"人性本善",都体现了圣哲仁心照体独立,故能应物变化,与时、与世迁移,对时代之忧患做出很好的回应。传统忧患意识所蕴含的辩证思维方式,所彰显的人文精神,都是传统政治文化的精髓,在新的历史条件下,对治国理政具有重要的价值。

但同时也要看到,传统的忧患意识在很大程度上都把解决问题的关键归之于主体性问题的解决,即只要政治主体——君主能够克峻明德,那么通过他们的主体投射,社会方方面面的问题都可以得到根本解决。这无疑是一种"泛道德主义"。从这个意义上讲,传统忧患意识要实现现代转化,就不能仅仅局限于意识上的忧患或者个体的自觉,而必须有客观的方法、路径可循。传统解决忧患的方法:察几和以道德勇气应势,都有所不足的。前者虽然高明,但是其方法却要靠悟性②,难以制度化、工具化而得以普遍应用,后者精神可嘉,但同样也拙于手段。

笔者认为,在现代化的过程中,对传统的忧患意识进行创造性转化,最根本的是要弱化其主体性。忧患意识作为一种人文精神,它相信人在宇宙中的重要作用,并将解决人类问题的最终力量归之于人类本身。这种精神是可贵的,但是它也有其弊端,即过于强调主体作用,导致泛主体化。它忽略甚至否定了外在世界有其独立的存在价值和运行法则,要以主体的意志投射到其所及的方方面面,这一方面不利于科学的产生,另一

---

① 《孟子·滕文公下》。
② 牟宗三:《周易哲学演讲录》,华东师范大学出版社 2004 年版,第 85 页。

方面，政治也秉承了这种性格，导致"泛政治主义"，一切都要通过政治来解决，这为专制、极权提供了土壤。所以，现在必须弱化主体性特征。所谓弱化，并非丢弃，完全否定忧患意识，而是过去主体性太强，导致了种种弊端，现在则要使之达到恰如其分，达到中庸的程度。弱化主体性，承认一个外在客观世界的存在，从而科学得以引入；在政治上，则摒弃泛政治主义，承认政治的客观独立性，由道德、心性所主导的政治转向制度建构，由极权专制转向民主政治，使政治不能过多干涉其他领域，同时，统治者也不能过于强化自己的意志，应尊重民众的自由和权利。传统政治的弊端在于人治，政治的运作过于依赖统治者的个体素质，因此人存政举，人亡政息，政治的这种不确定性，对于民众来说，无疑是真正的"洪水猛兽"。现代的政治文明，则要运用"架构表现"①的手段来规范政治，使之制度化、规范化，并真正体现民众的意志，由民众形成的客观精神（法律、制度）而不是统治者的个人意志来主导政治。

同时，对传统的忧患意识进行创造性转化，还应该从当今时代面临的问题出发。不仅为人文世界中的政治冲突、经济冲突、宗教冲突、种族冲突、恐怖主义而忧患，还应该为人类生存的环境而忧患。诸如能源危机、生态危机、艾滋病等全球性问题，应该成为现代忧患意识中的重要内容。也正是从这个意义上讲，传统忧患意识向现代忧患意识的转化还需要有国际的视野和全球的眼光。和谐世界的构建，首先有赖于唤醒全球政治家乃至整个人类深沉的忧患意识。这也恰恰是中国传统的政治文明给人类政治文明提供的宝贵资源。

---

① 关于理性之架构表现与理性之运用表现的有关论述参见牟宗三：《政道与治道》，广西师范大学出版社2006年版，第38—48页。

中国化的宽容与和谐

——从传统到当代的政治文化整合

葛 荃

从政治文化的角度审视中国社会,从古代到现代的发展过程中,本民族文化所蕴含着的宽容精神具有怎样的存在样态?呈现怎样的价值构成?在社会政治生活中,这种文化精神又有着怎样的表现?当中国社会进入20世纪,跨入21世纪,传统的宽容精神需要一个复杂的社会整合过程而与民族的现代化进程保持一致性。由于中华文化的宽容精神以人我关系的调节为基准,这种鲜明的文化个性在抽象意义上又具有普遍性,其中的价值构成显然具有世界性"人类文明"的象征意义。

一、国故中的宽容精神

宽容是中国传统文化的基本精神之一,其文化或思想的渊源可以追溯至先秦。考察百家之说,讲求宽容最突出的当首推儒家。上古三代的政治理念以注重王权为特色,周公讲论"小邦周"的权力合法性,首次将道德的概念引入政治,从而在夏、商王朝专权、暴力的统治观念中,融入了某些规范、协调的政治理念。虽然有些模糊,但毕竟影响了后世。孔儒学派动辄以周文化的承继者自居,道德的规范、自律和约束的特质显然得到了特别的重视。于是在伦理政治化的过程中,孔儒一派整塑了政治文化中的宽容精神。

孔儒的宽容首先是一种理念,体现在儒家宗师们孜孜以求的社会政治人我关系中。春秋之世本来是"王纲解纽"、诸侯争霸的时代,周公奠定的礼乐秩序已然陷于混乱,因而在政治上,孔儒们与其他诸子一样,率先关注的是现实的政治问题,于是孔子首倡"君君、臣臣、父父、子子",在理念上和政治实践中强化政治等级秩序。这种政治理念要求的是控制和服从,当社会所有成员都被纳入了相应的等级之后,彼此间只有统属与归属、或是统治与臣服的关系。这里面隐含着强制和暴力,却看不到宽容与和谐。然而,儒家的宗师们又是何等的聪慧啊,他们预见到了绝对的等级将会导致社会的分化与对立,并不利于权力私有者的政治统治。于是,在观念上,孔儒一派提出了中、和、仁以及忠恕等一系列道德理念,将宽容与和谐演化为中国传统政治文化的基本精神。至今仍有诸多名言传世。如:

> 君子和而不同。
> 礼之用,和为贵。先王之道斯为美。
> 仁者爱人。
> 己欲立而立人,己欲达而达人。
> 己所不欲,勿施于人。

从先秦孔孟儒家的思想来看,他们倡导的宽容与和谐是很有特点的,主要有三个方面。

其一,关注现世问题,很少涉及人类社会与外部世界或曰自然世界的关系。如孔子不言怪、力、乱、神。他的弟子子贡就说过:"夫子之文章,可得而闻也;夫子之言性与天道,不可得而闻也"。对于祭祀神秘之事,只是重其仪节,在理念上并未深究。所谓"祭神如神在";"未知生,焉知死"。孔子有时情急,也会"天乎、天乎"地感叹。但是在他的思虑中,基本上是

"六合之外,存而不论"的。子在川上曰:"逝者如斯夫,不舍昼夜。"又曰:"天何言哉? 四时行焉,百物生焉,天何言哉?"可知在夫子看来,天是某种自然的存在。人理应遵循之,顺应之,而不宜抗争,故而"唯天为大,唯尧则之"。不过,孔子没有进一步在天人合一、天人和谐上做文章。这很可能是囿于春秋战国"人性上升"的时代主题,所以在人和外部条件等要素的选择上,孔儒一派更倾向于人。正如孟子引《尚书·太甲》曰:"天作孽,犹可违;自作孽,不可活"①。

孟、荀在关注现世方面,大体上延续了先师的路数。孟子在心性修习上曾经总结出"尽心,知性,知天"的公式,但这基本上是一种人生的道德境界,属于心性的感悟。其"知天"的基本方式是修习自身之心。这里已然内涵着天人合一的思维方式,但是孟子本人没有就此而大做文章,而是留给了宋代理学诸子。事实上,终孟子一生,其真正关注的是如何"一天下",具体的路径是实行仁政,实现一家一户的丰衣足食,而且恰恰是在君主实施仁政的"由内及外"、"推己及人"的过程中,实现"与民共之",这正是一种具有强烈的现世性的、社会政治方面的宽容与和谐。

荀子对于天即外部世界的看法更与前人不同,他认为天是可以"物畜而用之"的事物,这里隐含着征服与利用的关系,并无宽容可言。

其二,在现世问题中,孔儒们关注的是人际关系,集中表现为人我关系的协调与调节问题。

治儒学者大体能认同"中庸"是儒家道德精神的最高境界,权变思想则是孔儒文化的精髓。所谓中庸、权变,其核心内涵就是协调与调节,调节的对象则以人际关系为主。所以孔子以"爱人"相号召,以积极的"忠道"来促成人们的共同发展;以消极的"恕道"来化解人我之间可能发生的冲突,这里,"己所不欲,勿施于人"典型地体现了孔儒一脉的宽容精神的本源! 也就是说,孔儒们的宽容基于"人和"。这种精神实践与社会政治就是"政和"。即所谓"节用而爱人,使民以时"的仁政主张,"道之以德,齐之以礼,有耻且格"的礼治教化政策,"执其两端,用其中于民"的统治方

---

① 《孟子正义·公孙丑上》,中华书局诸子集成本1954年版。

略,以及"宽以济猛,猛以济宽,政是以和"①的基本政治理念。孔儒们的政和,说到底仍然是人际关系的调节,只不过其更关注上下尊卑即统治与被统治的关系。同时,借此也为当权者提出了政治道德层面的要求,如说:"修己以安人"、"修己以安百姓"。

  其三,先秦儒家的宽容和谐精神具有明显的理想性或曰抽象性。

  如前所述,孔孟们是非常关注现世问题的,因而他们把坚持等级原则和建立等级性的政治秩序看作是治世良方。因而在他们的政治理念中,是很讲求实效的。孟子为此而有"君子""小人"的治与被治之论。君臣父子、上下尊卑是君主政治的制度保障,儒家一脉在这一点上是绝无异议的。

  不过,如前所述,儒学宗师们毕竟又看到了问题的另一个方面:社会政治等级的强化,有可能会导致或引发等级之间的对立,为此需要防范和化解,聪明的政治家则会未雨绸缪。于是,他们提出了宽容的道德向往,中庸和忠恕之道成为中国传统政治文化的核心内容。值得关注的是,这里的中庸和忠恕,概括的是抽象的人际关系,多少带有儒家式的社会理想性,儒家思想家们在抽象的人我关系上,讲求积极的或消极的爱与宽容。于是在理想化的道德境界,君子可以做到"己欲立而立人,己欲达而达人";"己所不欲,勿施于人"。然而在实际社会政治生活中,则要安分守己,"思不出其位"。这就是韩非借孔子之口所说的:"过其所爱曰'侵'"②。

  从抽象意义上来看,孔儒力主宽容的最高境界为"中和"。

  这种境界是在中庸之德的修习要求中提出来的。孔子说:"君子中庸,小人反中庸。君子之中庸也,君子而时中;小人之中庸也,小人而无忌惮也"。这里的"时中"就是一种高层次的道德境界。中庸之德经由后世诸子的发扬光大,几成中庸之道。这时的中和就被视为一种绝高道德意境。相传为思孟学派作品的《礼记·中庸》解释为:"喜怒哀乐之未发,谓之中;发而皆中节,谓之和。中也者,天下之大本也;和也者,天下之达道

---

① 《左传·昭公二十年》,岳麓书社1988年版。
② 《韩非子集解·外储说右上》,中华书局诸子集成本1954年版。

也。致中和,天地位焉,万物育焉"。中和的境界在理想中达到了天地万物的融洽与和谐。

先秦儒学的宽容与和谐精神的现世性与抽象性规定了这种文化精神的属性是社会政治的,而非一般意义上的哲思,随着社会发展,这种属性愈发突显出来。

先秦学术到了汉代,发生了重大变化。这当然首先是政治的需要。汉武帝"罢黜百家,独崇儒术",儒学登上了大雅之堂。命运改写后的汉代儒学与先秦颇有不同,简言之,汉代儒学将先秦孔儒的宽容与和谐精神做了两方面的改造。

其一,将宽容与和谐极度扩张,至于天地人相连无间,天人合一,大而化之,将宽容与和谐扩展为天地宇宙之精神,以此观照人类社会。

先秦儒学已有天人合一的认识路向,汉儒承袭先儒之论,以董仲舒为代表,重新塑造天的权威,建构天人合一理论体系。董仲舒提出了"天有十端"、"人副天数",将天地与人类社会紧密连在一起。所谓"《春秋》之道,奉天而法古"①;"天气上,地气下,人气在其间"②。于是,原本是圣人君子才有的仁爱之德,宽容之心,也即为天道所有,成为天道的内涵,覆盖着整个人类社会。正如董仲舒所言:"天亦有喜怒之气,哀乐之心";"春,爱专也;夏,乐志也;秋,严志也;冬,哀志也"③。汉儒建构的天,将神性、人性与自然混为一体,人类社会的宽容之德行即被提升为宇宙精神。

其二,将宽容、和谐与基本政治原则及政治制度融合为一体,成为约束人们行为的道德—政治规范。

按照汉儒的构想,天的至上权威是高于人类社会的,因此,人间的统治者要遵照天的旨意和天的规则统治天下,此之谓"圣人副天之所行以为政"。董仲舒说:"天有四时,王有四政";"庆赏罚刑,当其处不可不发,若

---

① 董仲舒:《春秋繁露·楚庄王》,上海古籍出版社1989年版。
② 董仲舒:《春秋繁露·人副天数》,上海古籍出版社1989年版。
③ 董仲舒:《春秋繁露·天辨在人》,上海古籍出版社1989年版。

暖清寒暑,当其时不可不出也"①。假如君主滥用权力,有背天道,天就会给予责罚,这就是所谓"天谴"说。汉儒认为,天道的特点是"任德不任刑"。如董仲舒说,"天道之大者在阴阳。阳为德,阴为刑;刑主杀而德主生"②。君主遵循天道治国,就必须推行德治。施仁政。在汉儒们看来,政治弊害莫大于贫富对立,"大富则骄,大贫则忧,忧则为盗,骄则为暴"。统治者为防范"盗"、"暴"现象,务必"使富者足以示贵而不至于骄;贫者足以养生而不至于忧。以此为度,而调均之,是以财不匮而上下相安,故易治也"③。董仲舒即明确要求统治者把握住防范贫富矛盾激化的度,推行仁政,勿与民争利,唯有如此方能符合天道。他说"夫天亦有分予。予其齿者去其角,傅共翼者两其足"。圣明君主依天施政,"使诸有大奉禄亦皆不得兼小利与民争利业,乃天理也"④。具体的规定有:"限民名田,以赡不足,塞并兼之路";"薄赋敛,省徭役,以宽民力";"盐铁皆归于民";"去奴婢";"除专杀之威"等等。董仲舒深知民是君的统治对象和财利之源,希望通过某种限制,使"民财内足以养老尽孝,外足以事上共税,下足以畜妻子极爱"⑤,德与刑的施用比例是百与一,恰如天之"暖暑居百,而清寒居一。德教之与刑罚,犹此也"⑥。

汉儒以董仲舒为代表,在重塑天的权威的过程中,将先秦宗师的宽容之德融入政治制度,将前人倡导和建构文化精神政治制度化和政策原则化。于是,宽容集中体现为政策上的宽容和政治调节,这些内容作为传统政治文化的主体部分,构成文化主流。事实上,所谓汉以后的文化传承,正是对汉代儒学及其基本精神的传承,仁政和政治调节、注重社会政治关系等等成为今人对于传统文化中所谓"宽容"的一般性理解。

---

① 董仲舒:《春秋繁露·四时之副》,上海古籍出版社1989年版。
② 班固:《汉书·董仲舒传》,北京中华书局1983年版。
③ 董仲舒:《春秋繁露·度制》,上海古籍出版社1989年版。
④ 同上。
⑤ 班固:《汉书·食货志》,北京中华书局1983年版。
⑥ 董仲舒:《春秋繁露·基义》,上海古籍出版社1989年版。

二、传统宽容精神的价值结构

中国传统典籍文化浩如烟海,对于某种精神的把握,则有如海中觅针,难矣哉。于是便进行价值分析,这是深入理解传统宽容精神的捷径。

何为政治价值?从政治文化的研究层面看,政治价值是一个文化体系的基本规定或曰基本构成,主要表现为若干准则性的规定,这些价值准则深埋在文化体系的内里,决定着文化体系的性质、特点和归属。价值准则往往通过观念、思想或意识表现出来,认识主体则通过对观念、思想等等表象的分析而概括出文化的价值系统。因而,特别是对于中国传统政治文化而言,价值的认识是具有主观性的,表现为当下的认识主体对于中国传统文化的一种深层考量。本文就要对传统政治文化中的宽容与和谐精神进行政治价值分析,这不仅是审视传统的宽容与和谐精神的必要路径,而且是分析从传统到现代的政治文化整合的必要勾连环节,舍此,则传统与现代的文化传承及整合难以摸清头绪,甚而无从谈起。

从价值系统来看,中国化的宽容与和谐是建构在人性的基础上,以现世的人我关系作为实现这种文化精神的中间环节或曰操练过程,以理想化的价值追求作为民族文化精神的驱力。

传统宽容精神的价值结构有三个层面。概括言之:

其一,作为价值结构的基点是"中庸—权变",这一价值准则的维度是调节人我关系。

其二,宽容作为政治精神是要介入实际社会政治生活的,因之,其实际运作价值准则是"忠恕",其中又可以分为积极运作与消极运作等等。

其三,宽容成为精神,必然具有理想性,因而传统宽容精神的理想价值是"中和",这是一个文化所能建构的协调与和谐的极致状态。

关于中庸,大凡治国学者都不生疏。先秦孔子首倡其为"至德",其基本内涵可以概括为"执两用中,执中有权"。这种价值准则所体现的文化精神,实是中华文化的精粹,孔子已经深言其奥妙:"可与共学,未可与适道;可与适道,未可与立;可与立,未可与权"①。是知"用中"是权衡利弊、审时度势之后的理性选择,而"权变"才是问题的核心或曰关键——"执中无权,犹执一也。所恶执一,为其贼道也,举一而废百也"②。孟夫子言之凿凿,信乎其为中华文化之宽容精神的价值基点。

从政治文化的角度看,价值准则的合理性要以实际社会政治生活为依据,因而中庸之德是要介入人们的实际生活和实际行为的。这样,在行为规范方面,宽容精神的价值规定是"忠恕":忠者"己欲立而立人,己欲达而达人";恕者"己所不欲,勿施于人"。这是在一般意义上讲述的,概括了全部的人我交往和关联的要害。忠道呼唤的是社会整体意识,在人的一般需求上,向往共同发展和互利共存。恕道则体现了最根本的和最大的宽容,并且是以人的自我尊严为底线,这里对道德人格的要求是显而易见的。我们很难从这样的宽容里面引申出公共道德或公共精神。但是,仅就人与我的简单比照和阐释,就能在社会性的范围内达成群体和解与宽容。

传统政治文化将"忠恕"实际用于治理天下,就是"由己及人"的理想政治。汉儒有过典型的表述:"己恶饥寒焉,则知天下之欲衣食也。己恶劳苦焉,则知天下之欲安逸也。己恶衰乏焉,则知天下之欲富足也。知此三者,圣王之所以不降席而匡天下。故君子之道,忠恕而已矣"③。

人的社会行为也是需要理想性的价值引导的,宽容的理想层面极为高远,谓之"中和"。传统政治文化把实现"中和"视为建构理想的和谐社会的前提或曰保障。《礼记·中庸》说:"中也者,天下之大本也;和也者,天下之达道也。"中和是社会政治乃至宇宙的本源性的最佳状态,通过对于中和的竭诚向往与苦苦追求,人类社会就能最终达成理想的境界。所以《中庸》断言:"致中和,天地位焉,万物育焉"。

中庸、忠恕与中和从三个层面为中国传统政治文化的宽容精神构筑了基本价值框架,从而在思想观念、行为规范和理想信仰方面为宽容精神

---

① 《论语正义·子罕》(诸子集成本),中华书局1954年版。
② 《孟子正义·尽心上》(诸子集成本),中华书局1954年版。
③ 《韩诗外传集释·卷三·第三十八章》,中华书局1980年版。

的认知和实行提供了依据。从文化的发展传承来看,价值体系作为一个民族文化的最深层的结构,是可以超越具体的历史过程而长期存在的。作为文化表象的具体的思想、理念、观念以及行为规范等等都有可能伴随着时代的浪潮而循序演进、发展变化,但是价值系统却往往深埋在文化的深层,它们常常会避开文化表层与历史进程的惊涛骇浪而沉积在文化的基床上,保持着相对稳定。因而,对于一个民族文化的理解和剖析,必然要深入其价值结构,我们对中国传统的宽容精神的认知也不例外。唯此,我们才会准确地把握宽容精神的文化真质。

三、政治宽容与道德宽容

中国政治文化研究的重要特点之一是它的历史性。

既然关注到历史,就必须将中国传统社会特定的政治、社会条件纳入我们的视野。总的来看,中央集权的官僚制君主政治贯穿中国传统社会,那么,在君主政治条件下,宽容与和谐在不同的社会政治领域有着不同的具体表现。在政治上,这种文化精神屈从于王权,体现着政治专断与利权分配上的冷酷无情;在理想上,这种文化精神则表现得华丽而完美,令人向往;在政治道德的层面上,社会中的人我关系以宽容为号召,以忍让为美德;然而在实际社会政治生活中,却是按捺不住的争夺与倾轧。

中国传统社会的政治理想是充满宽容与和谐精神的,用孔儒的语言,谓之"内圣外王"。

儒家文化造就的圣人都是道德的楷模,实现"内圣",就是要在道德上达到圣人的境界。这种境界极其高尚,如宋儒的盛赞:"惟圣人既生而知之,又学以审之,尽人之性,尽物之性,德合天地,心统万物,故与造化相参"①。达到了这样的境界,在政治上,实现儒家的"大同"社会就是毕生的追求了:"大道之行也,天下为公,选贤与能,讲信修睦。故人不独亲其亲,不独子其子;使老有所终,壮有所用,幼有所长,矜寡、孤独、废疾者皆

---

① 胡宏:《胡宏集·知言》,中华书局1987年版。

有所养;男有分,女有归。货,恶其弃于地也,不必藏于己。力,恶其不出于身也,不必为己。是故谋闭而不兴,盗窃乱贼而不作。故外户而不闭,是谓大同"①。这样的社会理想就是放在今天的 21 世纪的中国,其内涵仍然是有其合理性的。中国传统政治文化将道德理想与社会政治理想合为一体,强化其间的理想性、向往性,而且与个人的道德修为联系起来,这样,人们就会更多地关注其理想蓝图的合理性,而忽略其实现或曰操作的具体环节,其实践的价值常常被有意无意地搁置在一边。

在实际社会政治生活中,王权宰制一切。在"普天之下,莫非王土;率土之滨,莫非王臣"的传统下,中国古代社会一般社会成员的实际生存样态是"尽人皆奴仆"。君主的专断和无情遍布史籍,毋庸赘言。在这样的社会政治条件下,宽容与和谐是无从谈起的。或许有人翻检史籍,会找出种种事例说明有些皇帝们是如何的开明、仁慈、大度——当然,类似的事例在史籍中并不鲜见,不过,这样的开明之举往往只是一时一事。有时表现为帝王个人基于利害或某种目的而选择的克制和收敛,有时则表现为某种"驭臣之术",而非我们想象中的政治宽容。典型者如后汉光武帝刘秀,其以不杀开国功臣最为后世称道。然而,这并不妨碍他利用"虚封"和削减功臣封地等手段控制臣僚,以及随时对群臣百官行使杀伐降黜大权。刘秀不过是以"柔术"驾驭群臣耳。再者如唐太宗李世民,其以从谏如流并缔造"贞观之治"而被视为明君的典型。从《贞观政要》的记述看,大体不错,李世民确实很能纳谏,且能鼓励、奖励群臣进谏。然而,这也并不妨碍他在魏征死后,以有人揭发"(魏)征尝录前后谏争语示史官褚遂良"而龙颜大怒,"乃停叔玉昏,而仆所为碑,顾其家衰矣"②。事实上,在政治权力私有的条件下,权力与利益的高度集中必然导致专权者的为所欲为,专断和无情则是这种政治体制的本来面目。

儒家文化自孔子起始,就深陷于理想与现实的冲突之中,宽容和谐精神的理想性与现实社会政治生活的专断无情长期处于某种悖论的境地。由于儒家文化的覆盖,人们的知识来源主要是儒学经典,宽容作为一种美

---

① 胡宏:《胡宏集·知言》,中华书局 1987 年版。
② 《礼记正义·礼运》,中华书局十三经注疏影印本 1980 年版。

德得到了人们的认可与赞许,并且常常将其付诸实际生活中。在伦常神圣的旗帜下,忠恕之道溶于民风习俗,成为遍在的道德规范,甚而提升为某种道德信仰。然而,就当人们用这样的宽容精神去应对生活,看待政治、仰视官府、礼敬帝王的时候,他们发现,政治生活的真实面目却是暴虐、冷酷和倾轧,以及无休无止的尔虞我诈、利权相争。

传统社会、君主政治和传统政治文化没有给宽容精神以实践的场所,于是,不论人们的意愿如何,这种精神大体上只能保持并活跃着她的理想性状态。当然,只要人们能够笃信不疑,那么在心态上,也能或多或少地抵消或化解了君主政治的粗暴和无情。

四、宽容的现代变局与政治文化整合的挫败

近代以来,中国始终在探索民族解放与民主共和之路,大体上经历了一个世纪的卓绝奋斗,而取得了成功。

基于政治民主而建构的宽容精神与传统政治文化的理路颇有不同。简言之,现代文明意义上的宽容是以自由精神为导引的,其宽容的前提是每一位社会成员的平等与自主。这就是说,社会的每一位成员作为"公民",都具有神圣不可侵犯的、得到法律有效保障的权利和义务,作为人的尊严和主体性借此而具有神圣的品质,受到基本价值系统的维护。在这样的自由与法制并重的条件下,人我之间、群体之间、个人与群体之间、公民与体制暨国家之间的宽容与和谐才会是公正与正义的充分体现,同时也就具有了实际操作的可能性。

然而,伴随着民族独立和共和国的成立,在民族自尊自信的堡垒上竖起来的是"斗争"的旗帜。20世纪50年代以来的政治指导思想以"斗争"为纲,阶级斗争、战天斗地、斗私批修等政治口号成为人们行为选择的政治标准和依据。斗争与宽容当然是相冲突的,然而实践证明,这种选择具有历史的合理性,因而在相当长的一段时间内,"以阶级斗争为纲"成为指令性的政治口号,实则成为国家的基本政治方略和政策原则。

作为国家的或曰执政党的主要政治理念,这种斗争哲学有如下四层

特点。

一是这种"斗争"的理念以"阶级观"作为价值评判标准,以此来判定是非善恶,"亲不亲,阶级分",从而为建构社会政治秩序提供最基本的价值准则。

二是以实行"无产阶级专政"作为基本的治理手段,政治斗争、思想批判和暴力镇压作为"专政"的主要形式得到普遍的运用,以此来树立政府和执政党的权威,形成稳定的政治秩序。

三是以一个接一个的政治运动作为政府的具体管理活动模式,期待的政治效果是"打击了敌人,锻炼了干部,教育了群众",以此来实现斗争政治理念的世俗化。在"继续革命"的号召下,完成社会发展所必需的最广泛的社会动员。

四是在树立阶级观念的前提下,以"为人民服务"作为政治道德的理想目标,以此来要求政府成员,试图在阶级分野和无情专政的基础上,形成某种政治的亲和力。

论者一般都认为20世纪70年代以前的中国,长期处在相对恶劣的国际环境之中,因而在政治理念上突出"斗争"是无可厚非的。这种说法不无合理性。然而,令我们必须正视的一个事实是,在斗争政治理念的引导下,国家的暴力职能有意识地被逐步地无限放大了。依照执政党的主观选择,强调斗争的目的在于维护阶级的利益和政权的巩固,可是到了20世纪60—70年代,在政治理念上,斗争哲学被推向极端;在政治行为上,专政和暴力被极度放大,以至于事与愿违,人的选择被历史的选择所取代,社会政治秩序一度混乱到了行将崩溃的边缘。事实和实践证明,斗争的政治理念不符合当代中国社会发展的实际情况。

令我们特别关注的是,正是在这样的政治意识形态的制约下,基于政治民主而建立的宽容与和谐被蒙上"资产阶级"的标签而被摒弃;斗争成为社会的主题,此起彼伏的群众运动和政治运动成为社会整合的基本方式,以社会中一部分成员的被压抑、被惩治为代价,来建构和维系社会的基本秩序与政治稳定。据此,我们可以清楚地看到,这种"社会整合"方式背离了两个传统:一是中国传统政治文化所提供的宽容与和谐,在"革命"

的名义下,人我关系即社会基本关系在社会政治道德的层面被破坏殆尽。二是现代民主政治的宽容与和谐精神,非马克思主义和非现代化的教条思维最终导致了社会的多重对立和无序。上述状况对于当代中国政治文化的影响极为严重。史无前例的文化大革命就是社会整合被挫败的确证。

自20世纪80年代改革开放以来,经过了20多年的摸索,执政党终于在政治意识形态上走出了"斗争"的梦魇,"和谐社会"的提出,意味着中国的现代化进程需要更为适宜的政治理念,同时也为社会整合提供了新的路径。

五、当代中国政治文化整合下的和谐社会

20世纪80年代是中国现代化进程中的重要关口,政治和经济政策方面的重大调整推动了社会和政治等方面的发展与变化。与这一过程相伴行,在国家的政治指导思想、组织目标和基本方针等方面,"斗争"的政治理念逐渐淡出,协调、发展、调整、理顺等等成为"改革开放"时代主题的政策着眼点。于是正如我们所看到的,从经济改革入手,逐步提高全社会的经济发展水平,逐渐改善社会一般成员的生存状况。源于市场经济的建立与政治发展的互动,现代化的进程给当代中国提出了更高和更全面的要求,在和平与发展的时代主题的覆盖下,宽容与和谐精神的重要性日渐彰显,建构和谐社会亦成为实现中国现代化的一个必要的环节。

当代中国和谐社会的建构需要将宽容与和谐精神融入社会政治生活的各个层面,形成全方位、全民族的文化精神的提升。具体言之,则可以解析为道德理想、政治建构和生活方式三个层面。

在道德理想层面,传统政治文化中的合理部分应该得到详细的梳理、分析和吸纳继承。特别是关于人我关系的宽容,理应认真发掘,精心栽培,使之在21世纪的中国嫁接成活,构成当代中国社会的宽容精神的文化组成。当然,现代社会条件下的宽容精神在道德理想上与传统社会有着极大的区别,主要是这种理想的根基不是"崇圣"或内圣外王,不是以追

循圣人而效忠帝王为内涵的道德向往,而是基于法制,基于社会的平等与政治民主,这种道德理想是建立在公民社会和公民道德的基础上的。实现当代与传统的有效嫁接,则是当前社会整合的一项重任。

在政治建构层面,对于一个民族文化来说,其文化精神的品性、特点等等不能不受到政治条件的影响和制约,政治系统的基本规定性实际上为文化精神的品性定下了基调。因而政治建构是现代中国宽容精神建构的前提与保障。20世纪80年代以降的法制建设是值得称道的,但是体制方面的某些滞后则对法制社会的成熟发展形成了某种牵制。这里不仅是政治体制,还包括行政管理体制。问题其实是很复杂的,不过有一点很清楚,就是倘若社会一般成员的政治存在尚没有达到"公民"的层面,遍在的公民意识还只是专家的论证或学者的呓语或人们的向往,那么,现代社会的宽容与和谐是无从谈起的。在这里,我们期待的是每一个社会成员的权利、义务、尊严和主体性的兑现。

在生活方式层面,主要是指宽容精神与人们的日常行为方式及思维方式沟通相融。宽容不仅仅是政府的号召、媒体的宣传、教师的说教、书本上的文字和一年一度政府报告的内容,而是要融入人们的日常生活,演化为社会的风俗习惯,成为人们社会政治生活中的当然内涵。这是一个复杂的和需要一定时限的社会整合过程,是将一种现代的政治理念和道德价值准则社会化为人们的观念和意识的过程。

我们可以断言,对于中国的现代化发展来说,只有经过足够充分的社会整合,当宽容精神走出传统,历经了现代化的洗礼,最终成为中国人的常识性的理念精神,并且融入了人们的日常生活的时候,只有这时,我们向往中的和谐社会才是可望和可及的。

六、结语:宽容精神与人性的回归

从人类社会政治文明的角度来看,宽容精神显然不会是一个民族所独有的。但是,当我们沉思中国化的宽容与和谐之时,我们又确实看到了这种宽容精神所蕴含着的民族文化特色。特别是从价值结构的角度,"中庸"、"忠恕"与"中和"涵盖着社会文明的基本需求,其中浸润着的道德理念和智慧,则是中华文化的独得造诣。

以人我关系的宽容为基准,这种鲜明的文化个性在抽象意义上又具有普遍性,其中的价值构成显然具有全人类社会政治文明的象征意义。一个简单的事实是,任何形式的宽容都是在人我关系的基础上达成的。中国传统文化所奉献的是作为"人类文明"的宽容精神。与现代社会发展的文明要求相互借鉴与交融,民族的个性的文化传统实际具有普世的真理性。

最后,让我们从政治哲学的角度再度审视,作为人类社会政治文明的"宽容与和谐"内涵人类社会的普遍价值,因而是合乎基本人性的。在探索和建构和谐社会的同时,也提升了人类社会的宽容精神,亦即提升了人类文明本身。于是我们相信,至少从本文的逻辑过程来看,随之而来的不仅是社会的进步与发展,而且是自由人性的真正解放。这也将是马克思在《共产党宣言》憧憬的人类理想社会的实现。

文化冲突篇

近代中西政治文化冲突对中国政治现代化的影响

——中国早期资产阶级改良派政治思想透视

金剑苞[*]

早期资产阶级改良派冯桂芬、马建忠、郑观应等人继承了龚自珍、魏源的批判现实主义精神,逐渐摆脱洋务派的"洋务救国"的思维局限,率先认识到强国富民应"先究知其国政之得失"。他们把学习西方的关注焦点从仿效西方国家的器物文明转向政体的改良之上,并开始积极介绍和输入西方政治文化。这一学习西方政治、引进西方政治文化的过程,同样是中国人通过西方制度对照进而反思传统政治的过程。就在这新与旧、中与西文化的激烈震荡中,中国古老悠久的政治传统吹响了沉重的现代化转型的号角。

---

[*] 金剑苞,北京大学政府管理学院政治思想史方向的硕士生。

一、几个关键概念的解释

政治文化:根据政治学家的解释,政治文化的概念有广义和狭义之分。广义的政治文化是指在一定文化环境下形成的民族、国家、阶级和集团所建构的政治规范、政治制度、政治体系,以及人们关于政治现象的态度、感情、心理、习惯、价值信念和学术理论的复合体。因此广义的政治文化则既包括政治意识,又包括政治制度和政治行为。在本文中使用"政治文化"这一概念时,以其广义涵义为主。

政治现代化:政治现代化是现代化理论的组成部分,政治现代化是指一个社会从墨守传统体制的政治形态向彻底现代化的政治形态转化。总的来说,政治现代化包括三个方面的转型:一是权威的理性化,由单一的、世俗化的、全国性的政治权威取代各种传统的或宗教的家庭的种族的政治权威。二是政治现代化包括政治功能的专门化。三是包括全社会各阶级广泛的政治参与的扩大。

文化冲突:文化冲突是某一时期、某一民族占主导地位的文化模式或文化精神由于不再有效地规范社会和个体的行为而陷入了危机,同时新的文化特质开始出现并遇到了旧文化模式或文化精神的排斥和抵制,于是新旧文化模式或文化精神之间展开的对抗。

政治文化冲突:范士明曾经指出"文化冲突,从文化空间的角度来看,就是文化体之间争夺文化空间占有权的斗争。"据此,我们给政治文化冲突下一个宽泛意义上的定义:政治文化冲突是指各种政治文化在传播和交流过程中所体现出来的多样性与差异性及各政治文化主体为了争夺或维护政治文化空间占有权的斗争。①

---

① 参见范士明:《权力知识化和信息时代的国际关系》,载《战略与管理》1999年第6期。

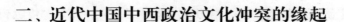

二、近代中国中西政治文化冲突的缘起

中华民族有着五千多年的文明历史,创造了灿烂辉煌的华夏文化,从而也塑造了一套独特、完整的文化模式。中国古代文明的早熟性及其所保持的延续性,加上相对封闭而又优越的自然地理环境,逐渐衍变出"华夏中心主义"的观念。为此,近代以前的中外交往中,中国一直奉行"我族中心主义",把自己视为"天朝上国"乃至世界的中心。鸦片战争以降,"满族王朝的声威一遇到英国的枪炮就扫地以尽,天朝帝国万世长存的迷信破了产,野蛮的、闭关自守的、与文明世界隔绝的状态被打破,开始同外界发生联系。"①西方列强的坚船利炮打了了古老的中华帝国的大门,传统中国才开始步履蹒跚地迈上了走向现代化的艰难历程。

1840年的第一次鸦片战争给国人带来的不仅仅是一般意义上的"失败"创痛,更是文化上的一次损伤。中国的传统文化从此陷入了深深的信任危机。"鸦片战争后,传统的文化认同很快动摇,认同危机遂见端倪。'三千年未有之变局'使得过去以为天经地义的一切一下子全成了问题。"②中国传统文化这个巨大"变故"的方略逐渐失效,而在已受损的文化系统之外寻找新的对策已变得刻不容缓。在这样的时代背景下,破损的传统文化夹缝中有了西方文化的输入和生存空间。

在西方强势文化的冲击下,生活在传统文化模式中的人们因逐渐失去文化认同而倍感困惑,他们一方面承受着国耻带来的"焦灼感",另一方面开始积极探寻克服民族危机的有效途径。面临"数千年来未有之强敌"③,地主阶级改革派林则徐、龚自珍、魏源等人率先发出"睁眼看世界"的疾呼,竞相"谈瀛海故实"以谋御外。他们积极开展关于世界形势及各国地理、历史的相关研究,以筹划制夷之策。在他们的带动下,近代中国

---

① 《马克思恩格斯选集》第1卷,人民出版社1995年版,第691页。
② 张汝伦:《政治世界的思想者》,复旦大学出版社2003年版,第145页。
③ 李鸿章:《筹议海防折》,载《李文忠公全集》第24卷,中华书局出版社1960年版,第23页。

的第一次学习西方的热潮迅速勃兴,"炎炎不可抑"。

地主阶级改革派在提倡学习西方器物的过程中,率先接触到了西方的部分政治制度。《海国图志》作为近代国人"知西政之始"[①],魏源在书中辑录了英、美等国的部分政治制度。在《墨利加洲总叙》中,他写道:"廿七部酋分东西二路,而公举一大酋总摄之,匪惟不世及,且不四载即受代,一变古今管家之局,而人心翕然,可不谓公乎!议事听讼、选官举能。皆自下始,众可可之,众否否之,众好好之,众恶恶之,三占从二,舍独徇同。即在下预议之人,亦先由公举,可不谓周乎?"[②]其中"公""周"二字表达了他是对美国民主制度的高度评价。他同时称赞美国听从众议的公制,"其章程可垂奕世而无弊"[③]。

对英国代议制的运行,魏源则有更详细的介绍。"国中有大事,王及官、民俱至巴里满衙门,公议乃行"[④];"事无大小,必须各官合议,然后准行,即不咸允,亦须十有六人合意。然后可行"[⑤]。这些记载勾勒了英国君主立宪制的基本框架。此外,他还崇尚"不设君位"、"不立王侯"的瑞士,称之为"西土之桃花源"[⑥]。这是近代中国知识分子了解西方政治文化的开端。

这一时期虽然对西方政治制度有了一些零星的引进和介绍,但地主阶级改革派对西方政治制度的认知,更多的是寄寓对现实政治的不满情绪和对理想社会的向往情怀,而谈不上对近代民主制度的真正认识。但是他们对西方政治制度的介绍,毕竟在中国传统的民本思想与西方民主政制之间首次架起了一座桥梁,中国人向西方学习政治文化的思潮也就从此发源了。此后早期资产阶级改良派主张学习和引入西方政治制度,也正是沿着林则徐、魏源等人所开拓的道路向前发展的。

当历史的车轮驶入19世纪60年代,以"自强"、"求富"为宗旨的洋务

---

① 魏源:《海国图志》,李巨澜评注,中州古籍出版社1999年版,第369页。
② 《海国图志》同上。
③ 《海国图志》同上。
④ 《海国图志》同上。
⑤ 《海国图志》同上。
⑥ 《海国图志》同上。

运动开启了中国现代化的历程。脱胎于洋务思想的中国早期资产阶级改良派隐约地意识到国家强盛是一个纷繁复杂的系统工程,单纯依靠学习西方先进技术和物质文化不足以实现国家自强的最终目的。他们逐渐认识到:"政教之及人,本也;防边,末也。"①西方列强之所以强大,根源在于"西洋立国有本有末,其本在朝廷政教,其末在商贾,故欲先道商贾之气以立循用西法之基,所谓本末遑而姑务其末者。"②故而在近代中国最应当"先究知其国政、军政之得失、商情之利病,而后可以师其用兵制器之方,以求积渐之功"。③

因此,他们对传统政治的弊端进行了深刻反思,与英国"上下之情通,君民之分亲,本固邦宁,虽久不变"的政治状况相比,当前晚清政局中"民之所欲,上未必知之而与之也,民之所恶,上未必察之而勿之施也"④。他们不得不感叹中国无法走出"三代以上,君与民近而世治,三代以下,君与民日远而治道遂不古若"⑤的历史困境。在如此上下不通、情谊相隔的情况下,君民难以同心、官民难以共事,再加上官失其职、吏治腐败,从而造成了"上下之情隔已甚"的窘况,其结果必然是大清帝国国政日益衰弱。

随着早期改良派对"古今变局"的认识日益深入,他们逐渐与洋务派分道扬镳,将学习西方的重点从器物层面转移到西方政治制度层面。郑观应、冯桂芬、陈炽等人根据西方传教士的中文著述和自身对西方社会的悉心了解,开始编撰书籍介绍西方的历史、地理、科学技术和政情相关文献,使议会制度、地方自治制度等西方政制随之进入中国人视野。而后,一批出使、游历或留学西方的知识精英,以及出洋考察政治的部分朝廷重臣,如马建忠、郭嵩焘、薛福成、何启、胡礼垣等人相继以自己特有的理解方式阐述对西方各类政治制度的见解和看法。其中影响较大的著作有《校邠庐抗议》、《庸书》、《危言》、《盛世危言》、《适可斋记言记行》、《弢园

---

① 郭嵩焘:《郭嵩焘奏稿》,岳麓书社1983年版,第168页。
② 郭嵩焘:《使西纪程》,辽宁人民出版社1994年版,第87页。
③ 郭嵩焘:《郭嵩焘奏稿》,岳麓书社1983年版,第36页。
④ 王韬:《弢园文录外编》,上海书店出版社2002年版,第56页。
⑤ 同上书,第19页。

文录外编》、《新政真诠》等。

早期资产阶级改良派思想家除了出版书籍宣传西方政治文化外,还在沿海各地创办报社、举行聚会,互相鼓励,交流心得,力图加强与社会各界的联系,扩大自身的社会影响。他们通过积极学习和传播民主、议会、自治等西方政治文化,终于在中国初步形成了一股早期资产阶级的改良思潮。此刻,西方政治文化逐渐突破个别先进分子著书立说的狭窄范围而发展成为具有一定影响力的社会思想,这促使中西政治文化冲突从幕后走到台前,拉开了第一次正面交锋的序幕。

三、西方现代政治制度文化的输入

在承受着列强侵逼、民族衰颓而产生的"富强焦灼感"的煎熬下,早期资产阶级改良派把国家的富强目标放在思考的首位,将西方政治制度看作是实现这一目标的重要工具。在他们的视野中,西方政治制度和文化犹如一种历史的拉动力,可以牵引着国家走向强盛与繁荣。在这样的功利心态驱使下,早期改良派在输入西方政治文化时,并不刻意去探究西方政治文化的动态历史积淀,而大多囿于对西方制度的静态解读。客观地说,除了后期的思想家何启和胡礼垣外,早期改良派传播的西方政治文化较少涉猎到政治信仰和思想层面,而主要集中于西方政治的体制形态和操作方式。

宏观上看,早期改良派向近代中国输入的西方政治文化并没有形成系统的理论体系,关于西方政治制度的介绍均散见于各种著述之中,过于零星笼统,犹如被捣碎的西方民主镜像,散乱地杂糅在夹叙夹议的各章节中。但从文化传播的思想外延上看,早期改良派对西方政治文化的认知广泛涉及了民主机制的各个层次,隐晦地传达着西方现代政治的基本理念。我们通过现代政治的分析视角对其梳理和整合,萃取早期改良派政治思想中的现代性成分,尝试还原一幅早期资产阶级改良派向近代中国输入的现代政治景象。

（一）西方的政体

19世纪60年代以来，清王朝的政治体制依然承袭着几千年留传下来的封建君主专制制度。而在西方诸国，随着各国资产阶级革命的成功和资本主义的日渐成熟，以天赋人权、主权在民等观念为主要理论基石，法治化、权力制衡为显著特征的资产阶级民主政体已经普遍建立起来了。早期改良派根据西方传教士的中文著述和结合自身对西方社会的了解，对异于中国的西方政体进行了初步的划分。

通过对照分析，早期资产阶级改良派对西方各国不同的国家政体形式已经有了一定程度的了解，并对西方政体进行了基本的划分和归类。在《易言·论公法》一文中，郑观应首次提出西方政体大致分为三类："泰西有君主之国，有民主之国，有君民共主之国。"另一思想家王韬则在《重民下》中几乎提出了同样的见解："泰西之立国有三：一曰君主之国，一曰民主之国，一曰君民共主之国。"①他将当时西方的俄国、奥地利、普鲁士等国划为君主之国，将法国、美国、瑞士划为民主之国，将英国、西班牙、葡萄牙等国划为君民共主之国。接着他对三种政体的不同特征进行了详细介绍："一人主治于上而百执事万姓奔走于下，令出而必行，言出而莫违，此君主也。国家有事，下之议院，众以为可行则行，不可则止，统领但总其大成而已，此民主也。朝廷有兵刑礼乐赏罚诸大政，必集众于上下议院，君可而民否，不能行，民可而君否，亦不能行也，必君民意见相同，而后可颁之于远近，此君民共主也。"②他看到了不同政体之间，君民互制的程度存在明显的差异。

在对政体划分的基础上，早期改良派洞察到不同政体之间的核心差异在于权力分配的不同。郑观应用"偏上"、"偏下"、"其平"三个模糊的概念来描述不同政体之间的权力分配："君主者权偏于上，民主者权偏于下，君民共主者权得其平"③。薛福成则在考察西方各国后，对君主、民主、

---

① 王韬：《弢园文录外编》，上海书店出版社2002年版，第49页。
② 同上书，第18页。
③ 郑观应：《盛世危言》，中州古籍出版社1998年版，第100页。

君民共主及其相应君主的权限做了更加具体的描述:"凡称皇帝者,皆有君主之权于其国也。其政权在议院,大约民权十之七八,君权十之二三。民主之国也,其政全在议院,而总统无权焉"①。应该说,他们对西方国家政体形式的分类和特征的把握,还是相对准确的。

由于政体不同,西方国家中的君民关系也异于传统中国。早期改良派思想家郭嵩焘在出使日记里记载了西方君、民关系的两种特性:其一是"民重于君"。在西方政治运行中,君主更加注重听取民意,顺民心。"西洋政教,以民为重,故一切取顺民意,即诸君主之国,大政出自议绅,民权常重于君"②。其二是君民之间关系更趋向平等。他发现"泰西人最喜奇迹,君臣之分未严,相视犹平等也"③。在见到欧洲国王在聚会中与平民互相嬉戏后,不由在日记中感叹道:"西洋君民尊卑之分本无区别",意识到与中国严格的等级制度相比,西方公民在政治生活中拥有更多的自由和平等权利。

通过对三种不同政体的考察,早期改良派对英国为首的君主立宪制度最为青睐,亦把它当作理想中的政体模式。相比民主政体的"法治多纷更,心志难专一,究其极,不无流弊",他们认为君民共治与传统的"三代法度"相符,最适合在中国实行。王韬在对不同政体区分后,呼吁"唯君民共治,上下相通,民隐得以上达,君惠亦得以下逮,都俞吁咈,犹有中国三代以上之遗意焉。"④在他看来,西方君民共主政体是最好的立国根本。其他早期改良派思想家也普遍认可以英国为榜样的君民共主政体,认为中国效仿建立君民共主政体后可以"苟得君主于上,而民主于下,则上下之交固,君民之分亲矣。内可无乱,外可以无侮,而国本有若苞桑磐石焉。"⑤因此,"斟酌损益适中经久者,则莫如英、德两国议院之制度"⑥。

---

① 薛福成:《薛福成选集》,上海人民出版社1987年版,第586页。
② 郭嵩焘:《郭嵩焘奏稿》,岳麓书社1983年版,第89页。
③ 同上。
④ 王韬:《弢园文录外编》,上海书店出版社2002年版,第20页。
⑤ 同上书,第78页。
⑥ 参见郑观应:《郑观应集》上册,上海人民出版社1982年版,第311—314页。

(二)西方政治的议会制度

在西方政治运行中,公民通过选举出来的代表掌握和行使统治权和立法权,因此代议制度是西方现代国家广泛采用的民主形式,也是西方现代政治的基本制度框架。代议制度的核心是由经普选产生的代表所组成的议院,它是西方各国政体的"中枢和支配力量"。早期改良派认为西方之所以强兵富国、纵横四海,其政治根源乃在于其"议院"之法,即"设议院者,所以因势利导,而为自强之关键也"。因此他们将对西方民主政治的注意力几乎全部放在了议院制度上面。

郑观应在《盛世危言》中提出"议院者,公议政事之院也,集众思,广众益,用人行政,一秉至公,法诚良,意诚美矣!"①;在中国如能设议院,则可"联络众情,如身使臂,如臂使指,合四万万之众如一人,虽以并吞四海无难也。何至坐视彼族越九万里而群起披猖,肆其非分之请,要以无礼之求,事无大小,一有龃龉,动辄称戈,显违公法哉!故议院者,大用之则大效,小用之则小效者也"②。从自身观察的角度,早期改良派认为议会可以起到多方面的政治功效。

首先,设议院可以得民心、通下情,实现国家自强。郑观应认为:"欲张国势,莫要于得民心;欲得民心,莫要于通下情;欲通下情,莫要于设议院。"③可以有效解决君民之间"势多隔阂,志必乖违"的困境。如若效仿西方设立议院,便能"上下相通,民隐得以上达,君惠亦得以下逮",达到"内可以无乱,外可以无侮,而国本有若苞桑磐石焉"④的治理效果。

其次,议院的设立可以起到对暴君的牵制作用,减少官民冲突,从而保持政治秩序的长期稳定。郑观应提出"故有议院而昏暴之君无所施其虐,跋扈之臣无所擅其权,大小官司无所卸其责,草野小民无所积其怨,故断不至数代而亡,一朝而灭也"⑤。更为可贵的是,早期改良派还模糊认识

---

① 郑观应:《郑观应集》上册,上海人民出版社1982年版,第48页。
② 郑观应:《盛世危言·议院上》,上海人民出版社1982年版,第215页。
③ 郑观应:《郑观应集》上册,上海人民出版社1982年版,第311—314页。
④ 王韬:《弢园文录外编》,上海书店出版社2002年版,第78页。
⑤ 郑观应:《郑观应集》上册,上海人民出版社1982年版,第45页。

到了议会对行政部门的制衡关系,"西洋一切事情皆著之新报,议论得失,互相驳辨,皆资新报传布。执政亦稍据其言之得失以资考证,而行止一由所隶衙门处分,不以人言为进退也。所行或许有违忤,议院群起攻之,则亦无以自立,故无敢有资意妄为者。"①这些言辞之间,对西方议院的认可和赞赏,十分明了。

在意识到议会制度具有的如此重要政治功效后,早期改良派还认为议院的设置可以起到挽救民族危亡的中坚作用。因此,他们更为留意考察西方议院制度的具体运行。在早期改良派思想家的著作中,不约而同对两院制的详细设置、日常运作进行了细致的记载和论述。郑观应向国人介绍了西方普遍实行的两院制,"泰西各国,其都城设有上下议政院。上院以国之宗室勋戚及各大员当之,以其近于君也;下院以绅耆士商,才优望重者充之,以其迩于民也。"②通过上下议院的分开议事,可以实现权责分明,吸纳各方意见,从而起到较好的政治效果"其上议院由王公大臣议之,所以率作兴事,慎宪省成,知其大者远者也;下议院由各省民间公举之人议之,所以通幽达隐,补弊救偏,兴利除害,知其小者近者也。"③

如若效仿西方议会制度,则必须了解议院议事的基本程序,对此早期改良派也有清楚的认识。郑观应记载西方在重大事务的抉择上,实行"凡有国事,先令下院议定,详达上院。上院议定,奏闻国主。若两院意议符合,则国主决其从违。倘彼此参差,则或令停止不议,或复议而后定。故泰西政事举国咸知,所以通上下之情,期措施之善也"④。郭嵩焘在游历西方列席西方议会会议后,根据亲身经历对于英国议院的日常运行进行了详细的描述:"推原其立国本末,所以持久而国事益张者,则在巴力门议政院有维持国是之义,设买阿尔(即市长)治民有顺从民愿之情。二者相持,是以君与民交相维系,迭盛迭衰,而立国千余年终以不败。"⑤通过两院制

---

① 郭嵩焘:《郭嵩焘日记》卷三,湖南出版社1983年版,第94页。
② 郑观应:《郑观应集》上册,上海人民出版社1982年版,第69页。
③ 郑观应:《盛世危言》,上海古籍出版社2008年版,第97页。
④ 郑观应:《郑观应集》上册,上海人民出版社1982年版,第103页。
⑤ 郭嵩焘:《伦敦与巴黎日记》,岳麓书社2006年版,第87页。

的运行,可以最终实现"人才学问相承以起,而皆有以自效,此其立国之本也"①。

"议会救国"理念一直是中国近代思想界中的主流思想之一,其持续时间之长,影响范围之广是罕见的。总体而言,早期改良派对西方各国议会制度重要性的认识是比较透彻的,尤其是对议会民意表达功能的认识相当突出。他们对西方议会制度的日常运行介绍也相对全面,不仅区分了上、下议院的组织结构和职责,还逐渐认识到了与之相配套的政党制度和选举制度,以及议会在政治生活中的重要作用。

(三) 西方现代政治的运行机制

民主议会制在西方的制度系统中处于核心地位,在政治操作过程中衍生出一系列的运行机制与之协调配套使用。在西方政治运行过程中,正是选举、政党、自治等一系列制度协调配套的使用,代议民主的地位才得以进一步加强和巩固。在学习西方政治的过程中,早期改良派接触了西方政治的运行机制,并通过自己的理解将其传播到国人面前。

选举理念 在现代政治理念中,代议制是一种间接民主形式,选举制自然是它运行的基础。在西方,选举机制作为"同意"的外在化形式,在已经"脱魅"了的西方现代国家中成为国家核心合法性最为稳定的基础。早期改良派较早触摸到了西方的选举赋权理念。冯桂芬首先认识到了西方民主国家中统治者是通过选举而产生的,他在《校邠庐抗议》中对总统选举概括为:"米利坚以总统领治国,传贤不传子,由百姓各以所推姓名投匦中,视所推最多者立之,其余小统领皆然。"②将异于中国世袭制的权力赋予机制清晰展现在近代国人面前。香港思想家何启、胡礼垣则进一步将民主权力合法性的来源总结为"民主者,其国之权由民选立,以几年为期",对西方选举代议制度归纳为"天下之权,唯民是主。然民亦不自为也,选立君上以行其权,是谓长民"③,明确指出定期选举是西方在权力传

---

① 郭嵩焘:《伦敦与巴黎日记》,岳麓书社2006年版,第87页。
② 冯桂芬:《校邠庐抗议》,上海书店出版社2002年版,第134页。
③ 何启、胡礼垣:《新政真诠》,辽宁人民出版社1994年版,第37页。

承中不可或缺的一个环节。

而对于西方议会的选举,早期改良派认识到西方在议会选举上有"投匦公举之法",议员是通过选举产生,"议院为国人所设,议员即为国人所举。"对比西方选举政治的运行,早期改良派很明显看到中国"无公举之法,仅有保举人才一途",鉴于"国之盛衰系乎议院,人才之贤否视乎选举"[①]的总结性认识,他们倡议在近代中国"参泰西投匦公举之法,以遴议员之才望,复于各省多设报馆,以昭议员之是非,则天下英奇之士、才智之民,皆得竭其忠诚,伸其抱负。"[②]尽管早期资产阶级改良没有对西方议会选举制度进行更多的价值追问,也没有对选举赋权机制与权力合法性之间的关系进行深层次的思考。但是在他们的著作中,以一种客观的视角将西方民主政体的权力赋予机制和议会选举理念传输到了晚清国人面前,在传统政治体系中撒下了一颗现代政治理念的火种。

政党思想 政党是西方代议制度得以实行的一个重要工具。在早期资产阶级改良派的视野中,他们较早认识到了政党在议会运行中的相应地位和作用。游历过西方的部分驻外使节和留学生在日记和书信中记载了对政党思想的介绍。政党政治作为"舶来品",开始输入中国,得到了一定范围的传播。

薛福成在《出使四国日记》中记载了英国自由党和保守党之间的政治博弈,看到了政党政治尤其是英国议会中的政党竞争和内阁更迭现象在国家政治生活中的作用。"英国上、下议院,有公保两党,迭为进退,互相维制。公党者,主因时变通,裨益公务;保党者,主保守旧章,勿使破坏。两党胜负之数,视宰相为转移。保党为宰相,则保党在院皆居右,而公党皆居左;公党宰相,则公党居右,亦如之。"[③]他认为通过两党的竞争,互为进退,可以推进国家政治的发展,实现"一出一入,循环无穷,而国政适以剂于平云。"[④]另一位出使英国的早期改良派思想家郭嵩焘多次参加英、法

---

① 郑观应:《郑观应集》上册,上海人民出版社1982年版,第67页。
② 同上。
③ 薛福成:《出使四国日记》,岳麓书社1985年版,第165—166页。
④ 同上书,第227页。

等国议院会议旁听,对政党状况和运行有亲身的体验后认为西方"国事分党甚于中国,现分两党……互相攻击争胜,而视执政者出自何党,则所任事各部一皆用其党人,一切更张。其负气求胜,挈权比势,殆视中国尤甚矣。"①。在日记中他如实记载了英国两党政治的状况:"大抵英政分立两党,一主时政,为新政府毕根士由一党;一专攻驳时政,为旧政府格南斯顿一党。其议政院座位竟亦分列左右,右为新政府党,左为旧政府党,而列入新政府党常多,亦权势所趋故也。"②

出使英美的薛福成、郭嵩焘等人对西方政党的认识仍然处于肤浅阶段,并慑于清王朝严厉"党禁"和历史上"朋党"的恶名,对未来中国是否应该引入政党政治理念采取了回避的态度。再加上他们注意到了西方政党运行中的贪污腐败现象,所以对政党政治总体上给予了负面的评价。如薛福成在看到政党政治存在自身的弊端后批评西方"朋党角立,互相争胜,甚且各挟私见而不问国事之损益;其君若相或存五日京兆之心,不肯担荷重责,则权不壹而志不齐矣"。③ 因此,受传统党禁观念的影响,早期改良派对政党政治报以拒之门外的态度,更没有提出在中国实行政党政治这一现代性课题。

自治机制 从鸦片战争以后,地方自治制度被一部分地主阶级改革派和出使随使人员断断续续介绍到了中国。19 世纪 60 年代,关心时务的冯桂芬根据柳宗元的封建论,引述顾炎武的"复古乡亭之职",在《校邠庐抗议·复乡职议》中提出地方分治和地方官"由众公决"的主张,他认为"治天下者,宜合治亦宜分治,不合治则不能齐亿万以统于一,而天下争;不分治则不能推一以及乎亿万,而天下乱"④。所以"天子不能独治天下,任之大吏;大吏不能独治一省,任之郡守;郡守不能独治一郡,任之县令;县令不能独治一县,任之令以下各官"⑤。他更主张县令以下由"驻城各图,满百家公举一副董,满千家公举一正董,里中人各以片楮书姓名保举

---

① 郭嵩焘:《伦敦与巴黎日记》,岳麓书社 1984 年版,第 434 页。
② 郭嵩焘:《郭嵩焘日记》第三卷,岳麓书社 1981 年版,第 420 页。
③ 薛福成:《薛福成选集》,上海人民出版社 1987 年版,第 165—166 页。
④ 冯桂芬:《校邠庐抗议》,上海书店 2002 年版,第 35 页。
⑤ 同上。

一人,交公所汇核,择其得举最多者用之","正副董皆三年一易"①。在冯桂芬的自治方案中,糅合了的中国传统思想中的"封建"、"分治"、"乡官制"等制度,与西方自治理念有亦有相通之处。

出使或者随使西方的部分早期改良派思想家,将西方地方自治制度较为全面而又确切告知国人。在他们的日记和信札中,对地方自治的介绍比较详细。郭嵩焘和一同出使英国的使臣沈敦和认为,地方自治是"以民治民,事归公议"。沈敦和在《英吉利国志略·三》中写道:"(英国)乡城大小各设里长一百数十员,党正数十员,以乡大夫一员统之,英语曰'美亚'。居民产业在其地,公议举允,一年更代。"②

在基本熟知西方自治理念后,早期改良思想家更是依据西方自治理念提出在地方"行选举以同好恶,设议院以布公平"的基本自治主张。其地方自治的核心思想有两方面构成:

其一,设立各级地方议会,地方政事由地方议会公议决定。传统集权体制下的地方官僚体系中,官民对立严重,"官民俱抱不平之气,几同水火之不相能;官民各怀忌嫉之心,俨若敌国之相为难"③。民众对地方公务的认可度较低,"地方公务不能缺者也,而民则曰此非我可安之地,我何为而竭吾力也;官府经费不能少者也,而民则曰此非我可靠之人,我何为而尽吾心也"④。因此,使民"自议其政,自成其令,是人人皆得如愿相偿,从心所欲也,何不服之有?"⑤可以实现"夫政者,民之事也,办民之事,莫若以公而以平"。何启认为在地方设立省、府、县各级议院将能有助于建设民与官之间的沟通渠道。"出其所学,而施之于政,以济民之困,而养民之和,地方之利弊,民情之好恶,皆借议员以达于官"⑥。

其二,公举议员与乡官,议员和乡官由地方绅民公举产生。陈炽认为,开议院之益处在于可以"合君民为一体,通上下为一心",在地方应该

---

① 冯桂芬:《校邠庐抗议》,上海书店 2002 年版,第 36 页。
② 参见王锡祺辑:《小方壶斋舆地丛钞续编》第十一帙,上海著易堂,清光绪甲午年(1894)印行。
③ 何启、胡礼垣:《新政真诠》,辽宁人民出版社 1994 年版,第 118 页。
④ 同上书,第 114 页。
⑤ 同上书,第 134 页。
⑥ 同上书,第 115—116 页。

行"乡举里选"之制,"以本地士绅襄办本地之事,民举于始必能下顺舆情,官考其成则不能上挠国法","蔽可上究,情可上闻,有大利而无小害",故欲兴国利民,"必自设立乡官始矣"①。在他提出的议会方案中,下议院实行"县选之达于府,府举之达于省,省保之达于朝"②,由民间推举出的议员组成下议院。早期改良派的地方议会设想同西方普选为基础的自治尚有一段距离。然而,他们的这些自治主张,已经开始参照西方的地方自治政制,其中已掺杂了西方的多数决定原则和政务区分等一些新的思想内容,体现出一定的政治改良意识。

四、西方政治文化观念的传播

(一)民权理念

"民权"是来自西方的一个概念,据考证在中国典籍中并无"民权"一词。它在19世纪80年代被引进中国。"民权"一词最早应该出现于郭嵩焘在1878年5月19日(光绪四年四月十八日)的日记中,他写到:"西洋政教以民为重,故一切顺应民意,即诸君主之国,大政一出之议绅,民权常重于君"③。此为对民权的模糊理解。郑观应在《盛世危言·原君》文后附了日本学者深山虎太郎的《民权共治君权三论》一文,其中提到"民受生于天,天赋之以能力,使之博硕丰大,以遂厥生,于是有民权焉。"④这是早期改良派对于西方民权概念的最早转述。

真正将天赋民权的思想输入近代中国的是早期改良派后期的激进人物——何启与胡礼垣。他们在《新政真诠》的《劝学篇书后》中系统阐述了民权思想。首先他们提出了"天赋人权"理念:"权者,乃天之所为,非人之所立也。天既赋人以性命,则必畀以顾此之权,天既备人以百物,则必予

---

① 陈炽:《庸书·内篇》,载《戊戌变法》,上海神州国光社1953年版,第234—235页。
② 同上。
③ 熊月之:《中国近代民主思想史》,上海社会科学院出版社2002年版,第9页。
④ 郑观应:《盛世危言·原君》,中州古籍出版社1998年版,第345页。

保其身家之权"①。上天既然赋予人以生命和财产,就也赋予了他们保护其生命和财产的权利。在赋权的基础上,他们谈到自主之权是人人天生具备的,每个人都应该平等拥有,不应被无故剥夺。"人人有自主之权,则不问其人所居之位何位,所为之事何事,其轻重皆同,不分轩轾"。② 在文章中他们接着论述道:"各行其是,是谓自主。自主之权,赋于之天,君相无所加,编氓亦无所损;庸愚非不足,圣智亦非有余。人若非作恶犯科,则此权必无可夺之理也。夺人自主之权者,比之杀戮其人相去一间耳"③。

他们根据天赋人权的思想重新解释了君权的起源,提出天子之权来源于民众,"一切之权,皆本于天。然天不自为也,以其权付之于民……是天下之权,惟民是主,然民亦不自为也,选立君上以行其权,是谓长民。乡选于村,邑选于乡,郡选于邑,国选于郡,天下选于国,是为天子。天子之去庶民远矣,然而天子之权,得诸庶民。"④既然君权是民众赋予的,那么自然也就受到民意的制约。这些言论在19世纪末期的晚清看来,可谓异常大胆,强烈冲击了传统的君权神授理论。

(二)法治思想

法治作为西方宪政民主的实现形式和手段,它是西方保持宪政框架稳定的重要基础,捍卫着宪政体制的生存和稳定。在出使西方的部分早期改良派的日记中,记录了部分西方政制、法律思想的陈述,透露出中国人对西方法治某些方面的认识。但总体上看,早期资产阶级对西方国家宪政的了解是相对肤浅的。早期改良派无意中把握到了法治内涵的部分构成:三权分立和法治思想,并引发了一定的政治思考。

对于法治环境下的三权分立思想,早期改良派对其有过精准的认知。早期改良派的代表人物在游历西方后,发现中西存在不同的治国模式。在中国由于君主一人执政,所以国家发展受到君主德行的影响很明显,

---

① 何启、胡礼垣:《新政真诠》,辽宁人民出版社1994年版,第397页。
② 同上书,第115—116页。
③ 同上。
④ 同上书,第397页。

"圣人以其一身为天下任劳,而西洋以公之臣庶。一身之圣德不能常也,文、武、成、康四圣,相承不及百年,而臣庶之推衍无穷,愈久而人文愈胜。"①而在西方政治中,"其定法、执法、审法之权,分而任之,不责于一身;权不相侵,故其政事纲举目张,粲然可观。催科不由长官,墨吏无所逞其欲;罪名定于乡老,酷吏无所舞其文。人人有自主之权,即人人有自爱之意。"②权力并不集中于一人,而是进行分权制衡,产生了较好的政治效果。

郭嵩焘在西方对各国的法律实施情况进行了考察后,进一步认识到中西之间存在的是德治和法治的差异。他对德治、法治进行了横向对照后,指出中国以德治国的弊端在于:"圣人之治民以德,德有盛衰,天下随之以治乱。德者,专于己者也,故其责天下常宽"③;而"西洋治民以法。法者,人己兼治者也。故推其法以绳之诸国,其责望常迫。其法日修,即中国受患也日棘,殆将有穷于自立之势也。"④言语之间流露出他对西方的"人己兼治"的法治精神表示由衷推崇。纵观早期资产阶级改良派对西方政治思潮引进过程中,法治观念的输入并没有居于主要地位。就观念思想层面而言,早期资产阶级改良派的法治观念只能归属于萌芽阶段,仅仅是停留在初步的"认知"层面,认为它或许有利于中国政治体系的改革而已,并没有对其有清晰的体认。

五、早期西方政治文化传播的效应

早期改良派学习西方的过程同样是向中国传播西方政治文化的过程。通过西方政治文化的输入,使中西文化之间形成了一定的往来关系,打破了传统文化体系孤立、封闭的保守状态。更为重要的是,西方政治文化传播提供了中西政治文化冲突的文化主体,为文化冲突的展开提供了前提条件。

---

① 郭嵩焘:《郭嵩焘日记》,岳麓书社1984年版,第548页。
② 马建忠:《适可斋记言》卷二,中华书局1960年版,第8页。
③ 郭嵩焘:《郭嵩焘日记》卷三,湖南出版社1983年版,第548页。
④ 同上书,第214页。

这个时期政治文化传播效应的大小,取决于传播的外部环境和传播过程中内部要素的相互作用。① 从外部环境看,到了19世纪60年代,中国社会自给自足的自然经济开始逐步瓦解。在东部沿海地区开始出现了少数资本主义性质的近代企业,但是广大的农村和内陆腹地,仍然保持着传统的自然经济形态。因此,这种晚清社会的二元化社会经济结构决定了西方政治文化的传播亦存在二元化状况。从历史上看,早期西方政治文化传播主要限于沿海的通商口岸,"通商口岸,受外界之激刺。政论学说,云兴泉涌"②。因此,它所产生的效应也仅仅拘囿于数量有限的开明绅士和少数的士大夫身上。对于大多数士大夫、官绅和广大的农民阶层来说,仍然沉睡在传统的精神摇篮中。

从西方政治文化传播的内部要素看,首先由于早期改良派大都受深厚的儒家文化浸染,自身根植于传统文化深厚的土壤而无法超越。同时大多数思想家或多或少担任着国家公职,如冯桂芬、汤震、陈炽是晚清进士出身,薛福成、郭嵩焘等人则是担任出使西方重责的使官。在这样的知识背景和政治身份影响下,就必然导致他们对于传统的"纲常名教",抱着敬畏之心而不敢违背,他们传播的西方文化内容亦不可能违背"圣人之道"的范围。在他们的著述中一再强调:"盖万世而不变者,孔子之道也"③,"庶知所变者,富强之权术,非孔孟之常经也"④。在"器可变,道不可变"的观念制约下,导致西方政治文化传播的内容受到了很大限制。其次从西方政治文化输入的动机来看,在当时内外交困的政治环境下,早期改良派学习西方政治文化的最终旨求是实现国家的御侮自强。西方政治文化的早期传播及其效应,同样要受到这动机的影响。无论是对议会制度、自治理念、三权分立原则,还是对西方议院两院制的设置和具体运行的详细介绍,都是从整顿内政,应付中外交涉的角度出发。这表现在传播效应上,就必然带有急功近利的狭隘性。这一时期西方政治文化只是作

---

① 参见司马云杰:《文化社会学》,山西教育出版社2007年版,第98页。
② 阎阁太:《中国未立宪以前当以法律偏教国民论》,载《东方杂志》1997年第11期。
③ 王韬:《弢园文录外编》,上海书店出版社2002年版,第56页。
④ 郑观应:《郑观应集》上册,上海人民出版社1982年版,第240页。

为御侮救国的手段而不是作为立国治国的方略得以传播。因此,早期改良派几乎将所有的注意力放在西方政治文化中制度层面的学习上,而较少深究其历史积淀的自身价值。这也就导致了这一时期传播的西方政治文化在内容上呈现明显的残缺性。

西方政治文化的输入是文化本身的互动过程,同时又是一个文化社会化过程。在19世纪中后期,西方政治文化主要是通过早期改良派的著书立说的方式传播到了近代中国,但是受到内外传播环境和各要素的相互作用的影响,传播的速度比较缓慢,传播效应也是极为有限的。这样的传播效应制约着早期政治文化冲突的整体进程。然而,这些不够全面、不够系统的西方政治文化的传播,毕竟是以一种异质文化因子开始冲击到古老的中华政治文化传统的,并在中国传统的"经世"、"变易"思想的作用下,引发了一定程度的中西政治文化冲突。

六、西方政治文化传播引发的中西文化冲突

西方政治文化作为一种异质文化形式被引入中国,自然而然就要以独立的姿态逐渐去打破中国传统文化的平衡状态,并逐渐形成与既有的文化形式处于对立的局面,文化冲突现象由此开始并逐渐展现。但是既有的中国传统政治文化模式并不甘心被轻易取而代之,它强烈抵制新文化模式的产生,尤其是对西方政治制度背后蕴含的价值入侵进行激烈的抵抗。由此在中国文化史上,展现出一幅中西政治文化之间展开激烈的碰撞和对抗的历史画面。

近代最初的半个世纪中,由于受到文化传播效应的影响,政治文化冲突现象并没有大规模展开,而是在少数具有改良思想的知识群体中悄然进行。早期改良派需要从西方政治形态中寻找治国良方,则必须通过中西政治文化的比较来实现制度的取舍,恰恰是这一个比较和对照的过程,点燃了政治文化冲突的最后一根引线。历史的演进总是不以人的意志为转移,它的发展依然有条不紊地遵循着自己的逻辑,19世纪中后期的中西文化冲突按照制度文化和精神文化的碰撞依次逐步展开。

(一) 中西政治文化制度层面的碰撞

晚清的君主专制制度具有极端自私的本质特征,其权力既取之于"马"上,其一切政策的出发点就是如何最大限度地维持和扩大清朝家族的利益。所以其权力的基础极其狭窄,权力结构日益僵化。相比欧美而言,晚清已陷入"四不如夷"的可悲境地:"人无弃材不如夷,地无遗利不如夷,君民不隔不如夷,名实必符不如夷"①。一旦面对西方政治文化的强力挑战,其强弱之形、胜败之数未卜而可定。在东学西渐的时局背景下,西方政治制度被早期改良派视为圭臬而被引入中国,其制度功能方面的优势便开始逐渐肢解中国传统政治体系的封闭性和稳定性,并对君主专制统治的有效性发起了强有力的挑战。

选举赋权对世袭制的发难 对政治权力来源的认知是政治文化中意识形态的核心问题,是政治文化在政治社会中集中显现的焦点。中国传统和西方政治文化对政治权力来源的解释,由于历史道路、政治观念与政治关系等方面的各种不同,两者对政治权力的赋予认知存在着较大的差异。

中国的权力合法性是属于一种建立在一般的相信历来适用的传统的神圣性和由传统授命实施权威的统治者的合法性之上的"传统型统治"②。在中国传统政治中,中国人很早产生了对"天"的依赖和信仰,"天"成为民众心目中人间权威的合法性之源。王者受命于天为天子,是沟通天地人的"替天行道"③者。"天以天下予尧舜,尧舜受命于天而王天下。"君主"受命于天"成为权力来源的定理性解释。由此,中国古代的统治者将统治的合法性与"天"相连,形成了传统政治中君权"天授"的政治传统,它与血缘关系为基础的宗法制度结合在一起,衍生出王位世袭制作为封建皇权的传承机制。

在早期资产阶级改良派传播的西方政治文化中,"其国之权由民选

---

① 冯桂芬:《校邠庐抗议》,上海书店出版社2002年版,第49页。
② 马克斯·韦伯:《学术与政治》,冯克利译,生活·读书·新知三联书店1988年版,第100页。
③ 参见朱汉民:《伦理型政治和法理型政治》,载《河北学刊》1989年第1期。

立,以几年为期"、"米利坚以总统领治国,传贤不传子,由百姓各以所推姓名投匦中,视所推最多者立之。""天下之权,惟民是主,然民亦不自为,选立君上,以行其权"等西方民主思想的输入,传达了西方的基本政治理念是:权力归于民众,君主只是选举出来为民众办事的。他们对西方政权更替的描述展示了一种全新的权力合法性的产生机制:政治权威的产生通过能比较充分表达民意的选举机制予以实现。其中人民的"同意"是权力获得合法性的关键要素,它解决权力的合法来源问题。

在"祛魅"的历史进程中,随着西方天文、地理等科学知识在中国的广泛传播,"天命"的神秘性面纱逐渐被揭去,从宗教神权走向政治世俗化已然成为不可逆转的历史趋势。晚清王朝积贫积弱,政治统治有效性几乎丧失殆尽的局面下,晚清统治的基本义理、权力背后的正当性基础也发生了危机。新的权力理念的介绍,促使近代政治理念与中国传统政治精神发生了巨大冲撞,从而引发政治文化的变革。在这样的背景下,选举赋权理念开始不断侵蚀着封建王位世袭制度的合法性根基,引领着"三千年未有之变局"的"天命论"的逐渐瓦解。

议会分权对君主专制的挑战　清代的君主专制政治和传统政治无异,同样是一个家国同构的专制政体,它是一种以王权为中心的一元化、整体性权能结构。在这样的传统政治体系中,皇帝位于金字塔权力结构的最顶端,其拥有的权力具有至高无上性,不受任何他人的约束和控制。正所谓"天下事无大小,皆决于上"、"无论巨细,朕心躬自断制"①。在皇帝专断独裁统治下,从决策到行使政、军、财等大权都具有很强的随意性和独断性。然而,在这样的权力结构中,历代以来君权在制度上的无限性与君主实际能力的有限性之间的矛盾,永远像一个幽灵一样缠绕在封建专制政体身上。在晚清政局中,大部分的君主如道光、咸丰等人,在战争面前无不表现得懦弱无能;晚清政府的多次重大决策失误,都与晚清君主的专断独裁有很大关系。统治者的昏庸无能导致了封建统治有效性的大量削减,这也成为满清王朝晚期风雨飘摇的主要原因之一。

---

① 庞卓恒:《中西封建专制制度的比较研究》,载《历史研究》1981年第2期。

西方国家基于权力公共性的认知认同,逐步形成了权力分立与制衡的政治机制理论。作为国家治理模式,分权制衡可以极大地克服个人专断。在早期资产阶级改良派输入的西方政治文化中,记录了西方浓厚的分权文化传统。其中对三权分立思想的准确描述为"其定法、执法、审法之权,分而任之,不责于一身,权不相侵"。在昏君无能乃至无道的政治环境下,在君权之外设立议会对君主专制进行有效牵制,致使"昏暴之君无所施其虐,跋扈之臣无所擅其权","无敢有恣意妄为者",减少因君主昏庸带来的暴戾恣睢。

一个政权的合法性与其有效性有着密切关系。在一个具有合法性的政治制度内,统治的有效性即实际的社会绩效将对该制度的稳定与否产生直接的影响。一个政治制度"一再地或长期地缺乏有效性,也将危及合法制度的稳定"。① 从政治有效性的视角看,实施分权相比专制来讲,可以达到"集众思,广众益,用人行政,一秉至公",最终实现"政事纲举目张,粲然可观"。较晚清君主专制的独断专行,分权议事无疑有助于科学决策,具有制度功能上的明显优势。

地方自治对集权体制的施压　中国传统社会的国家结构形式是一种与君主专制相适应的中央集权制。清朝政府不仅具有历代王朝集权政治的特点,更由于是一个以满人统治为核心的政权,使集权政治的特征更加强化。在国家结构形式和组织形式上,地方政府必须严格服从中央政府的命令,一切受控于中央,地方在经济、政治、军事等方面缺少独立性和自主性。在皇权专制的运作下,中央行政体制的发展变化,不能不受制于统治者主观因素的制约。时至晚清,以郡县制为基石的君主专制的弊端日益凸显,最高统治者和统治集团中的大部分官僚分子却对体制危机和社会需求麻木不仁,没有主动积极进行自我调整与改革,从而贻误地方发展时机,最终致使各地政治社会状况呈现死水一潭。

比照西方的民主政制,早期改良派开始对中国传统地方制度进行检讨,提出了虽不完整但较为明确的地方自治主张。何启、胡礼垣对关于议

---

① 利普塞特:《政治人》,刘钢敏等译,商务印书馆1993年版,第56页。

会设置方案来看,地方设立省、府、县三级议会,议员数额相等,中央议会则由各省议员组成,每年在京都集会一次。就议会的产生来看,议员俱由民公举,县议会议员实行直接选举,县以上议会实行间接选举。通过这样的地方自治"蔽可上究,情可上闻,有大利而无小害","使民自议其政,自成其令,是人人皆得如愿相偿,从心所欲也,何不服之有?"①

以西方的地方议会制来替代集权专制的地方统治,在具体议事过程中,地方政务的处理遵循议员与官府的一致同意后才最终定夺,一定程度上扩大了地方政府的权力职能范围。地方政府职能转化释放和增加更多的地方权力运行空间,打破原来由中央垄断权力和社会资源的状态,从而使中央地方关系的格局也随之发生了变化。对于晚清的残局而言,通过自治方案的设置,重新塑造政治权威,有效整合地方资源,无疑也是一种有效的方略。

选举参政对封闭性官僚系统的冲击 "在称得上现代化的社会变革发生之前,中国长期以来就存在着高度中央集权化官僚制度为其特征的政治结构"②。晚清政治的权力结构仍属于一种高度一元化的金字塔结构类型,金字塔顶端是独一无二的绝对皇权,而中层则是一个由科举制选拔的儒家知识分子组成的文治官僚系统。官僚集权内部的垂直系统固然保证了上方政令的通行,但是也带来了各级官吏因循守旧、不思进取的严重惰性,从而在官僚集团内部往往形成政治角色单一化、凝固化的传统。③ 随着近代中国社会矛盾的不断深化,传统晚清政治体系的封闭性格局中,一方面官僚机构迅速老化,贪污腐化现象盛行,在中国大地逐渐形成一个盘根错节的官僚特权集团,使得晚清的政治权力结构愈益僵化;另一方面,广大民众减弱甚至失去了对自己所在政治共同体的认同感。这些弊端致使晚清政府在外部世界的挑战面前,始终处于穷于应对、迟钝僵硬的困境中。

早期改良派认识到晚清政府"无公举之法,有保举人才一途。"因此他们提倡在地方恢复"乡举里选"之法,"行选举以同好恶,设议院以布公

---

① 陈炽:《陈炽集》,中华书局1997年版,第234—235页。
② 吉尔伯特·罗兹曼主编:《中国的现代化》,江苏人民出版社2003年版,第3页。
③ 同上书,第36页。

平"、"行选举、设议院者,非以政徇人,而欲人人而济之也,乃善与人同,而取诸人以为善也"①。选举理念的引入客观上为广大民众开辟了一条特定的政治参与渠道。同时在地方政务上,实行"兴革之事,官有所欲为,则谋之于议员。议员有所欲为,亦谋之于官。"在地方政务上,通过定期选举和与官府的牵制,有效防止地方官僚长期地把持政治权力,从而形成了一个开放的权力结构,这在一定程度上遏制了权力集中和腐败。

西方的政治选举是政治体制的新陈代谢机制,它周期性地为政府决策层、立法机构"换血",输入新生的社会力量,使政治体制能与时俱进,顺应社会发展的要求,并可能防止政府机构的老化、腐化。如果引入民众选举议员的理念,参与地方政务的处理,对于当时权力结构僵化、国家政治机器行政效能日益低下的晚清来讲,无疑是一剂政治上的强心剂。

(二)中西政治文化精神层面的冲突

"英国的大炮破坏了皇帝的威权,迫使天朝帝国与地上的世界接触。与外界完全隔绝曾是保存旧中国的首要条件,而当这种隔绝状态通过英国而为暴力所打破的时候,接踵而来的必然是解体的过程,正如小心保存在密闭棺材里的木乃伊一接触新鲜空气便必然要解体一样"②。西方政制蕴涵的价值取向和政治观念,如同一把锋利的剃刀,开始修剪中国古老的政治文化传统,动摇其根基,并促使其开始了长期而艰难的现代性转变历程。

公共意识解构"家天下" "家天下"是中国传统政治文化的一个核心特征。"普天之下,莫非王土;率土之滨,莫非王臣",自秦始皇一统六合起,一直到内外交困的晚清,"家天下"一直是封建社会中君、臣、民所共同认可的观念。在"家天下"的政治观念中,君王不仅拥有政治上的独裁权,还占有天下所有的物质财富。在看待国家上,他们将天下视为一己之私产,将政权视为管理家产的一项工具。在这样的统治理念下,长幼有序、尊卑有别,成为政治生活中的基本原则。这种君王的至高无上、个人的权

---

① 何启、胡礼垣:《新政真诠》,辽宁人民出版社1994年版,第245页。
② 《马克思恩格斯选集》第1卷,人民出版社1995年版,第692页。

利弱化体现在家国一体的国家、家族认同中,更体现在民众的权力崇拜意识和人身依附观上。

因此,中国传统政治在国家观念上实为家国同构,针对这种中国传统"家天下"的观念,早期改良派给予强烈的抨击。他们认为,家产制度乃"无道之法",家天下的统治理念是形成晚清危局的重要原因之一。何启、胡礼垣批评时政道:"今者中国,政则有私而无公也,令则有偏而无平也。庶民如子而君上薄之,不啻如贱奴也;官吏如虎而君上纵之,不啻如鹰犬也。基已削矣,址已危矣,而欲建层台,起岑楼,吾不知其可也。"①

由此,何启和胡礼垣强调"公共"与"无私"乃是国家的基本价值取向,"公与平者,国之基址也。公者,无私之谓也;平者,无偏之谓也。公则明,明则以庶民之心为心,而君民无二心矣。平则顺,顺则以庶民之事为事,而君民无二事矣。措置妥帖,众志成城,此所以植万年有道之基,享百世无穷之业也"②。这里实际包含了平等、公平的基本思想,其政治意义就是要将君主专制之家天下变为万民共有之公天下。公共意识的初步引入,标志着近代政治意识对传统核心政治文化的内在分裂在悄无声息、分阶段、有步骤地进行着。

民权理念初步消解民本思想 中国传统政治思想的根本出发点就是'民本君主',即把政治体看作是君王和臣民这两个部分组成的统一整体,君王和臣民作为整个政治体的组成要素,它们密不可分。"民本"一词最早见于《古文尚书·五子之歌》:"民可近,不可下;民惟邦本,本固邦宁"③。然而当他们宣称"民为邦本"的时候,没有把国家的统治权给予人民而是归之君王。换言之,传统民本思想是在承认王权的前提下,才去强调"本"即臣民对整个政治的作用。

早期改良派对西方政治文化中"天赋民权"思想的阐述,以民权之理念颠覆着中国传统的民本思想。何启、胡礼垣对天赋民权的思想进行了

---

① 何启、胡礼垣:《新政真诠》,辽宁人民出版社1994年版,第245页。
② 同上书,第79页。
③ 陈超:《中西统政治文化的比较与启示》,载《福建农林大学学报》(哲学社会科学版) 2008年第11期。

明确的阐释,"权者乃天之所为,非人之所立也。天既赋人以性命,则必畀以顾此性命之权。……民盖自顾性命,自保身家,以无负上天所托之权,……讨曰天讨,伐曰天伐,秩曰天秩,位曰天位,一切之权,皆本于天。然天不自为也,以其权付之于民……加以民之所欲,天必从之,是天下之权,惟民是主"①。这种"天赋民权"的观念从根本上动摇了中国传统的君臣观。

在这种观念的引导下,他们在父子关系问题上进行了新的阐释。改良派指出,"为人父者所为,有合于情理,其子固当顺而从之,即为人子者所为,有合于情理,其父亦当顺而从之"。这种父子平等、各有所权的观念直指"子从父"的传统。而在君臣关系上,天赋民众权力,意味着君与民在权力来源上本质是平等的。按照这种民权思想的逻辑,他们进一步认为,"今夫国之所以自立者,非君之能自立也,民立之也;国之所以能兴者,非君之能自兴也,民兴之也","人人有权,其国必兴,人人无权,其国必废"②。可以说,改良派对天赋民权观念的论述与宣传是对民本思想的一次重大冲击,更是对中国封建君主专制制度进行的一次深刻反思。

政治主体意识的萌发与依顺型政治文化的冲突 作为一个 2000 多年封建专制制度的传统大国,政治上的封建专制制度,经济上自给自足的小农经济制度哺育了中国根深蒂固的臣民文化心理。这种文化以儒家政治思想为主体,以血缘关系的自然差序为基础,倡导"君权至上"的政治原则,强化"长幼尊卑"的人伦关系,为传统社会塑造了一种普遍的依附和被动心态。③ 通过封建社会的政治社会化过程,这种君主专制的实践使得广大民众认为"君王犹如心腹,臣民犹如手足"是天经地义和理所当然的。统治集团把臣民对君王的依附推而广之,便进而衍生出以子随父、以妇随夫、以幼随长等一系列的人身依附关系。这种人身依附关系实际上泯灭了绝大多数中国人的政治自主意识和独立人格,造成民众的消极归属心理,形成政治参与率低、政治冷漠感强的政治参与现象。④

---

① 何启、胡礼垣:《新政真诠》,辽宁人民出版社 1994 年版,第 397 页。
② 同上书,第 34 页。
③ 参见黄颂、刘友山:《试论中国传统政治文化对早期政治现代化的影响》,载《孝感学院学报》2007 年第 3 期。
④ 同上。

正如阿尔蒙德对依顺型政治文化的描述:"所谓顺从者,就是已成为政治体系组成部分的、并对政治体系施加于他们生活的影响或潜在影响有所认识的公民。但是他们对自己在政治中作用的看法却仍然是顺从者的看法,也即他们受政府行动的影响而不是积极地去影响政府的行动"①。这样的论述对于中国传统依顺型政治文化可以说是入木三分。早期资产阶级改良派引入君民共主思想,开辟了议会作为政治参与的途径,宣扬民众积极参与政治,发挥民众力量,出现了前所未有的政治动员模式。议院的选举为选民参与政治生活提供一定途径和制度上的保证,这将逐步唤起选民的参与感、责任感和归属感,并逐渐提升民众的政治素质。此种政治主体意识的萌发,深刻挑战着中国传统以依顺型为特征的政治文化,为传统臣民文化的转型提供了方向和视野。

应该说,西方政治文化对中国传统政治文化的冲突和冲击必然需要经历一个由弱转强,从浅到深的过程,它反映的却是中国传统政治文化从相对强大或势均力敌逐渐转弱,失去均势的基本趋势,并逐渐对政治现代的进程产生不可忽视的影响。肇始于19世纪60年代的中西政治文化冲突开始逐渐去改变中国传统社会的宗教化性质——不同程度的社会世俗化和理性化政治理念的传播使得传统统治型合法性日益丧失生存的条件;文化冲突或多或少改变了人们部分的价值观念和价值取向,也不时去触动人们心灵深处世代相传、长期积淀而形成的精神或心理特质。从这个意义上讲,中西政治文化冲突也是中国传统政治文化重建的过程,它必然是一个激烈、持久而又充满苦涩的过程。

七、"中本西末"与中西政治文化冲突的消解

在中西政治文化冲突中进行文化选择,是救亡图存、富国强兵的迫切需要。从文化社会学视角看,文化选择和文化整合是文化冲突的终结阶段,是文化冲突顺利解决的不可缺少的环节,只有经过这个环节,两种文

---

① 阿尔蒙德:《比较政治学:体系、过程和政策》,上海译文出版社2001年版,第97页。

化之间才能结束激烈的对抗,最后融合为一种全新的文化。① 面对具有先进性和野蛮性双重性格的西方政治文化,早期改良派选择了"中本西末"和"取器卫道"的文化守则作为近代中国对西方文化冲击的基本反应策略。

(一)"中学为本、西学为末"与文化选择

早期改良派和自己的民族一起承受着现代文明前所未有的巨大冲击,体验着文化冲突所带来的焦灼感与刺痛感。在中西政治文化对照的过程中,他们清醒地看到了英、美等国在制度方面的优越性,但是由于其阶级局限性和对中国传统政治文化无法割舍的迟徊、眷顾,使他们选择回归到原有的文化体系中去分析认识西方政治文化。基于一种传统文化的自我防御机制的本能反应,"中本西末"和"取器卫道"成为了早期改良派在近代中西文化冲突与交融初期的一种价值判断和文化选择。

1861年,冯桂芬在《校邠庐抗议·采西学议》中首次提出"以中国之伦常名教为原本,辅以诸国富强之术,不更善之善者哉?"的基本主张后,同时期的思想家郑观应进一步阐述了"中本西末"的具体见解:"中学其本也,西学其末也,主以中学,辅以西学,知其缓急,审其变通,操纵刚柔,洞达政体,教学之效,其在兹乎"②。他们倡议在不改变传统纲常名教的前提下,向外国学习先进的东西,这可以看做是"中本西末"思想的基本内涵。在对中学和西学之间进行本末定位的基础上,早期改良派提出了"取器卫道"的文化选择原则。思想家王韬认为中西在道、器上各有所长,"形而上者中国也,以道胜;形而下者西人也,以器胜"③。因此国人应当"器则取诸西国,道则备当自躬,盖万世而不变者,孔子之道也、儒道也,亦人道也"④。另一改良思想家薛福成则直截了当,提出了更为清晰明确的主张"今诚取西人器数之学,以卫吾尧舜汤文武周孔之道,俾西人不敢轻视中华……是

---

① 参见李庆霞:《社会转型中的文化冲突》,黑龙江人民出版社2004年版,第225页。
② 郑观应:《盛世危言·西学》,上海人民出版社1982年版,第267页。
③ 王韬:《弢园文录外编》,上海书店出版社2002年版,第78页。
④ 王韬:《弢园文录新编》,生活·读书·新知三联书店1998年版,第293—295页。

乃所谓用夏变夷者也"①。

早期改良派的"中本西末"思想中,他们所提到的"道"、"器",与"本"、"末"之间具有对应关系。将中学与西学在道的维度进行了高低之分后,意味"器"、"道"两者之间也就天然存在主辅之分。这种规定本身,已经预示了"重道轻器"的结论。然而,二元视角下文化层次的本末之分,恰恰为中西文化冲突中价值次序的排列和有效整合提供了可能性。早期改良派通过对"器"概念的外延拓展,将西方议会、自治、选举等政制纳入到"西器"范畴中,在传统封闭的体制中打开了一个缺口,实现了对西方政治文化的初步靠拢,从而才可能在文化体系中完成整合和消解中西政治文化冲突的初步效果。

然而,西方政治文化对中学的冲击绝不止于器物表层,更在于破坏以伦理纲常为内容的旧有的价值观。如民主思想强烈冲击着中国传统伦理政治的底线,选举赋权机制开始侵蚀传统君权秩序的合法性根基。一旦传统价值观念遭到破坏,则意味着旧有制度成法、等级秩序的逐步崩塌。面对如此的思想震撼,早期资产阶级改良派毫不犹豫地扮演了传统伦理政治卫道士的角色:排斥民主政治,维护政局稳定性,巩固传统君主秩序。

19世纪70年代后期,郑观应对于民主气息过重的美法两国政治评论相对还比较温和:"美国议院则民权过重,因其本民主也。法国议院不免叫嚣之风,其人习气使然"②。王韬在《弢园文录外编·重民》中则直接表达了对西方民主的厌恶:"民为主,则法治多纷更,心志难专一,究其极,不无流弊"。光绪举子陈炽更是立场明确,强烈指责"民主之制,犯上作乱之滥觞也"③。认为西方"自由之说,此倡彼和,流弊已深"④。为了维护政治秩序的稳定性,传统的君臣伦理万不可弃,"君为臣纲,古有明训,西人倡自主之说,置君如弃棋。其贤者尚守前规,不肖者不思自取……大乱方滋,隐忧未艾,此无君臣之伦者,不足以致太平也"⑤。就连19世纪末期的

---

① 《筹洋刍议》,载《戊戌变法》(一),上海人民出版社1957年版,第160页。
② 郑观应:《郑观应集》上册,上海人民出版社1982年版,第21页。
③ 陈炽:《陈炽集》,中华书局1997年版,第3—5页。
④ 同上书,第132页。
⑤ 陈炽:《庸书·审机》,载《戊戌变法》(一),上海人民出版社1957年版,第246页。

激进思想家何启、胡礼垣在接触到民主政治的尖锐锋芒后,也不得不诚惶诚恐地后退一步,"吾言民权者,谓欲使中国之君世代相承,践天位于勿替,非民主之国之谓也"①。纵观各早期改良派思想家对民主的态度,至上在表面上无一不表露出排斥和厌恶。

在中西政治文化冲突中,对晚清政局冲击最大的无疑是权力合法性问题上的挑战。早期改良派以批评和排斥的态度,将西方民主选举的统治理念直接隔离在文化选择的范围外,自动放弃选举赋权的机制对传统统治秩序合法性的追问。此举如掩耳盗铃一般,消除了西方政治文化对传统政治体系最有力的撞击,清除了选举赋权对世袭制度的发难和叩问,自此可见,他们的思想上也呈现出一定程度的故步自封。

(二)西学中源与民权理念的中国化解读

面对横亘在中西政治文化之间难以逾越的鸿沟,早期改良派并没有以一种客观的态度去阐明西学与中学的关系。为了缓解引进西方政治文化对传统文化造成的变动和冲击,早期改良派在解决中西政治文化冲突的问题上,选择了设法论证中国传统文化与西方文化无冲突而能相容、两者之间具有互补性、可以相辅相成的文化策略。就在这样的事态影响和文化中心论中自大心态的催化下,早期改良派创造出了独特的中西文化观——西学中源。

早期改良派认为西方的化学、光学、天文学、算学、机器制造、医学等各类现代学科,中国古代早已有之,只要翻开中国历代古籍,都可以找到其来源。如在器物方面,陈虬认为包括机器制造在内,西方各种科学技术成就"溯其源流,皆仅得吾周、秦诸子之绪余"②,而西方擅长的声、光、电、气诸学,均不出传统的"六艺"之外。薛福成通过历史考究,得出光学、机器、重学、船械之学皆出于《墨子》一书的最终结论。

西方现代科技等学科尚存在从中国的古代科技论著中进行源头追溯的可能性,但是在对西方政制的认识上,早期改良派竟也纷纷进行了比附

---

① 何启、胡礼垣:《新政真诠》,辽宁人民出版社1994年版,第44页。
② 胡珠生:《陈虬集》,浙江人民出版社1992年版,第262页。

论述。陈炽在《盛世危言·序》的序言中认为"公法睦邻,犹秉《周礼》"。汤震在《危言》中认为西方的政教符合中国的《周礼》,"大氏西人政教泰半本之《周官》"①。陈炽则认为西方议会制度也与中国传统相近,"泰西议院之法,本古人悬鞀建铎、閭师党正之遗意,合君民为一体,通上下为一心,即孟子所称庶人在官者"②。通过这般"西学中源"牵强附会的论述,早期改良派给自己采用西学的主张披上一层复古的外衣,为吸纳西方政治文化的道路减少了障碍,同时也开启了对西方政治文化中的核心概念——民权理念中国化解读的思想历程。

从价值诉求上看,作为西方政治文化的核心理念,民权与民主并无本质区别,都是对中世纪封建君主专制的根本否定。早期改良派的先锋人物何启、胡礼垣向传统中国输入了天赋人权的民权思想,初步阐释了人人有自主之权,民赋君权的现代政治观念。应该说,这一层次包涵的价值内容与西方民权的精神是完全契合的。但是当它与中国悠久的传统文化相遇,就经历了被中国传统文化改造的命运。正如恩格斯所言"任何意识形态一经产生,就同现有的观念材料相结合而发展起来,并对这些材料作进一步的加工"③。

近代民权思想纯粹是西方精神文化的产物,何启等人却阐述认为中国三代既已有民权传统,在中国古书中亦有其义理的记载,只是秦朝以后,民权慢慢消失。"中国民权之说,尧舜三代无不率循,虽其事不及今日泰西之昌明,然其义则见于《尚书》古史。自秦而后,其理顿晦,二千年于兹,未能复矣。苟其能复,则中国国祚断不至移于五洲天限之人"④。通过这般附会论述,他们将民权思想看成是中国古圣先贤的遗产,那么如今学西学,效西法,不过是"复民权",即恢复中国古代的政治传统罢了,这样也就天衣无缝地论证了民权与中国传统政治的相容性,但是由此也导致了中西民权思想内涵之间的分道扬镳。

---

① 汤震:《危言·议院》,载《戊戌变法》(一),上海人民出版社1957年版,第176页。
② 陈炽:《庸书·议院》,载《戊戌变法》(一),上海人民出版社1957年版,第245页。
③ 《马克思恩格斯选集》第4卷,人民出版社1995年版,第254页。
④ 何启、胡礼垣:《新政真诠》第五编,辽宁人民出版社1994年版,第398页。

首先,早期改良派对民权与民主进行了界限的划分。在西方语境中,民权与民主在对封建君主专制制度根本否定这一精神内涵上是一致的。民主的实质是对限制君权、捍卫天赋人权创设一系列的制度安排,而民权则是在这样的国家制度框架下,体现出以具有参政积极性为特征的公民权利。在西方政治中,民权必须生存于与"国家"或国权所建构的关系中,脱离了"国家"的表述结构,民权失去了制度保障,其价值就要大大萎缩。因此在西方政治运行机制中,民主和民权在内容的偏重上可以实施划分,但是价值内涵上却是高度一致,不可分割的。

但是早期改良派按照自己的理解,将民权从民主政体上剥离下来。何启在《新政真诠》中认为"民权之国与民主之国略异,民权者,其国之君仍世袭其位;民主者,其国之权由民选立,以几年为期。吾言民权者……非民主国之谓也"[①]。在谈论到法国的制度更迭时,他再一次强调"是故由今日而论,民权自不得以法国一时之事,而混民权为自立其君之说也"。在阐述不能将民权和"自立其君"的民主混为一谈后,他们还结合法国的例子论述了民主和民权的对立关系,他们认为法国经历的是从民权到民主迫不得已的过程,"法国之为民主也"则因为"暴君虐政,举国怨愤,上下相攻而然。夫虐政而至于愤攻者,乃因其屡夺民权之故"[②]。因此"法国之民不得已而改为民主"[③]。民主和民权的关系被扭曲成民权被剥夺,万不得已才实行民主。通过这样的论述,民权从民主身上剥落下来,成为一个能够脱离民主而独自存在的概念。经过民权与民主内涵的分离,民权放弃了通过制度架构以解决国家权力的来源、归属和分配的要求,转化为了一种仅仅被认为能解决中国国家和社会衰败、滞弱的救国策略。

其次,塑造了民权和君权之间的依附关系。西方民权思想天生就具有对君权进行牵制的价值诉求。但是在早期改良派的民权理念中,从民主政体剥落下来的民权已经放弃了对权力分配制度的要求,自然也就能和君主之国进行和睦相处。在这样的民权之国,衍生出的却是民权和君

---

① 何启、胡礼垣:《新政真诠》第五编,辽宁人民出版社1994年版,第407页。
② 同上。
③ 同上。

权之间的依附关系。何启、胡礼垣认为"莫若国为君主而独重民权。国为君主,独重民权,则是立国者以有君为荣,利民者以通商为要也"①。提出了君主之国下重民权的基本主张。在这样的方案构设下,民权是在承认君主制度的前提下运行的。"我朝历代之君,行谊非过,德泽有加,惜格于官司,而君民之情不能通达"②。充分肯定了君权本身天经地义的合理性,但是君权的背后却是以"君权神授"为核心的一整套专制权力运行制度。那么可想而知,传统政治体制留给民权的运行空间实则非常有限。它只能站在封建权力系统的外围以辅佐君权,弥补和完善君权的偏失不足。既然被作为君权永固的手段,那么君权与民权自然不可能是平等的共存关系,这表现在民权之国中,依然坚守着"君处乎上,民处乎下,故凡民之智须借君行","故欲复民权,须由君上"③的传统政治理念。

如此,在早期改良派的视野中,中西民权理念的价值内涵已经发生了严重的分野。西方民权体现为从学理的根基上对封建君权的反叛,指向的是"自立其君"的制度建设和要求。而中国早期改良派民权思想的根本立足点,指向的是实行开明政治,扩大日常政治生活中民众的参政资格。这样中国早期的民权思想就具备了自身的特殊含义:第一,它包含着对西方民主的否定。民权并非立足于人权、自由、平等的精神内涵,亦非指向人民主权的制度建设,它与传统既存的"君权"并不相抵触,而是依存于"君权",并强化与扩大"君权"的支持基础。第二,它是对世袭君权不容置疑的肯定。"民权"的核心思想是对传统政治体系中君、民之间关系的一种微调,其最终目的是消除"君民阻隔、上下相蒙"的弊政;期能"合君民为一体,通上下为一心","去塞末通,下情上达"④,形成一种强大的政治力量来救亡御侮,实现"兴三代之隆"。第三,"夫民权之复,首在设议院,立议员"⑤。在维护传统政治体系的前提下,早期改良派试图通过议会制度的设计弥补传统民本思想在制度建设方面的不足,因此他们以西方的议

---

① 何启、胡礼垣:《新政真诠》第五编,辽宁人民出版社1994年版,第409页。
② 同上。
③ 同上书,第460页。
④ 同上。
⑤ 同上书,第398页。

院制、选举制和日报开启了体制内外民众参政议政的渠道,开发出了中国式议会方案。

(三) 早期中西政治文化冲突的历史产物

"那些来自较不发达国家的、承担着向其人民传播理念之使命的人士,在接受西方训练的过程中,所习得的并不是西方早先建构文明的方式,而主要是那些由西方的成功所引发的各种替代性方案的梦想"①。19世纪中后期,经过中西文化之间的对抗、碰撞以及早期资产阶级改良派的文化选择,近代历史悄悄酝酿出了早期中西政治文化冲突的历史产物——早期资产阶级改良方案。

其一,改良方案的蓝本——君民共主

早期改良派主张借鉴英国的政制进行变法自强,纷纷把"君民共主"作为理想政体模式。那么我们首先考察一下早期改良派视野中的君民共主的特征。在他们的理解中,"君民共主"具有三方面的特征。首先,君民共主的国家中保留君主的世袭地位。其次,此类国家的日常政治运转是通过上下议院制度来实现的。最后,君民共主的核心特征是"重民权"。"君民共主者权得其平"、"民权十之七八,君权十之二三"。尽管认识比较模糊,但是还是看到了君权和民权之间分权特征。而通过对西方日常政治的考察,王韬还进一步洞察到了民对君能起到牵制作用:"君可而民否,不能行,民可而君否,亦不能行也,必君民意见相同,而后可颁之于远近"②。而陈炽也看到"惟君民共主之国,国用有例支,有公积,例支以给岁费,公积以补不虞,必君民上下询谋佥同,始能动用"③。他已明确地将民与君看作地位同等、互相制约的两方,指出在国家"大政"的处理上,君民必须共同商量和决定,并强调应服从民意。

实际上,早期改良派还没有注意到君主立宪制度中的"立宪"制度安排,对"宪法"、"三权分立原则"等几乎还毫无认识。但是他们还是看到了

---

① 哈耶克:《自由秩序原理》,上海三联书店 2003 年版,第 128 页。
② 王韬:《弢园文录外编》,上海书店出版社 2002 年版,第 18 页。
③ 《庸书·议院》,载《戊戌变法》(一),上海人民出版社 1957 年版,第 245 页。

西方君主立宪制中君主和民众之间的互相牵制作用。因此,就这一点而言,早期改良派视野中的"君民共主"已经与传统的君主制度有了权力配置上的差别。然而早期改良派并没有就此去深究君民共主是如何通过制度设计来实现的,也没有尝试去按照君民共主的权力分配进行结构调整,建构一整套新的政治制度,而是将所有的关注点转移到了议会制度上。应该说,他们对君民共主存在有一个先入为主的基本判断:西方的强大富强是优越的议会制度所致。他们一致认同"西方国家发展的养分在于它们消除了统治者与被统治者之间的壁垒,从而取得了共同意志和集体行动的能力。这种能力在西方的特殊发展应归功于无与伦比的议会制度"①。这也是他们热忱欢迎西方议会制度、并以此为榜样从政治上寻求中国富强出路的最重要的心理动机。在这种心理动机的驱动下,早期改良派的思想体现出一定的急功近利性:他们不太理解君民共主本质核心背后的权力配置体系的情况下,根据自己"富强逻辑"的需要把西方的议会制度分拆成为中国国家富强服务的工具,从而结合中国的实际开发出了一系列特色各异的议会方案。

其二,中国式议会方案的提出

基于以上的认识,一部分早期改良派思想家以他们了解的西方议会制为模式,根据中国的实际情况提出了中国式的议会方案。他们的议会方案核心在于模仿"君民共主",参照地方自治理念、议会制度和选举方案,实行议会制度,从而实现变法自强的目的。在议院设计的具体方案上,早期改良派的主要代表提出的方案各有不同,大致可以归为三类:

一类是汤震和陈虬的议会方案,将议会制度与传统幕僚和旧官僚机构混杂在一起。从议会设置看,汤震的议院方案最为保守,他提出的议会方案中,上议院由"王公至各衙门堂官、翰林院四品以上者,均隶上议院,而以军机处主之"②。下议院乃"各部堂官以下、翰林院四品以下者,均隶下议院,而以都察院主之"③。上下议会人员全是从传统官僚系统中的官

---

① 费正清:《剑桥中国晚清史》下卷,中国社会科学出版社1985年版,第320页。
② 汤震:《危言·议院》,载《戊戌变法》(一),上海人民出版社1957年版,第176页。
③ 同上。

员挑选,这无异于传统官僚议事体制。陈虬认为"泰西议会制度,顾其制繁重,中国猝难仿行,宜变通其法"①。之后,主张结合中国的实际,在中央"另设都察院衙门",立以三公,"中设议员三十六人,每部各六","不拘品级,任官公举练达公正者"②组成上院。而下议院则由各省"扎饬州县,一例创设议院,可即就所有书院或寺观归并改设"③。

在议事程序中,这两种方案中议会皆不具备决议权。汤震的方案中,"每当有大利之当与,大官之当替,大制度之当沿革,必先期请明谕",得到皇帝的同意方能交由议院讨论。而当上议院有议事结果时"由宰相汇其同异之多寡,上之于天子,请如所议"。在这样的议会运行中,议会无非鼓励官僚参与讨论,仅有"清议馆"之义。陈虬同样也认为"遇有国事,先令下院议定,达至上院,上院议定,奏闻国君,以决从违"④。下议院的运行则更具中国传统味道,"国家地方遇有兴革事宜,任官依事出题,限五日议缴,但陈利害"⑤。这无疑在议会的新瓶里装上了中国传统"以备采择"的旧酒。这种把中国的封建官僚、衙门与西方资产阶级议会制度相结合的议院无非是对官僚议事体制的改头换面而已,对传统政治体制几乎没有任何影响。

二类是陈炽提出的议会方案,将议院制和乡官制度联系。1893年陈炽把中国传统的"乡选里举"方法与西方议会制度结合起来,上议院"仍因阁部会议"组成,而下议院实行"乡选、里举之法",但是被选人的资格限制为各地乡绅,经过"县选之达于府,府举之达于省,省保之达于朝"的多重选举,由民间推举出的议员组成下议院。从议会的地位看,它是一个传统政治体系的附属品。首先议会也不具备决议权,议会的讨论结果最终"事之行否,仍由在上者主之"。其次,在他的方案中,提到对议会存在两种疑问:"若是得毋扰国法乎";"议院之抗官乎"⑥。也即议会若与官府的意见

---

① 陈虬:《治平通议》,载《戊戌变法》(一),上海人民出版社1957年版,第228页。
② 同上。
③ 同上。
④ 同上。
⑤ 同上。
⑥ 陈炽:《庸书·议院》,载《戊戌变法》(一),上海人民出版社1957年版,第246页。

不同,则可能背上"抗官"之名,而与封建法统不合则可能被视为"扰国法",这样,议会实际只不过是一个没有独立政治地位,附属于官府的议事机构。设立的议会无法对官府进行权力制约,更谈不上对君权的牵制。

以上两种议会方案,议会依附于传统政治体系的外围中,这样的议会实在是"不知民权之实在,未明议院之实功"。它只是"公论之发,岂徒托诸空言,众情所趋,必且见之行事。论而不行,是为无权,虽设议院无益也"①。

三类是何启、胡礼垣的议会方案,其中将议院制和科举制度、地方自治理念、选举理念有效结合起来。总体来看,他们的方案更为具体可行,且更接近君民共主的改良蓝本。他们提出国家"长治久安"的根本之策,在于"行选举以同好恶,设议院以布公平"。从议会的设置看,他们结合地方自治理念,主张在各省、府、县均设议院,议员则从有功名的士大夫中选举产生,规定"县议员于秀才中选择其人,公举者平民主之","府议员于举人中选择其人,公举者秀才主之","省议员于进士中选择其人,公举者举人主之"②。中央议院则由各省议院组成,每年集中京城一次,"开院议事"。这就是所谓的"公举法"③。

与前人议会方案相异的是,何启、胡礼垣提出的议会是要具有一定的实权的。他们认为"论而必行,视为有权,虽无议院亦可也。王者必顺民情,自是中国历古圣贤之笃论,亦为外国今日设立议院之大纲"④。在他们的议会方案中,部分论述涉及了议会与官、君之间的牵制关系。在地方政治中,官员在兴革之事上要与议员商议,取得一致意见后才能施行。"地方之利弊,民情之好恶,皆借议员以达于官。兴革之事,官有所欲为,则谋之于议员。议员有所欲为,亦谋之于官。皆以叙议之法为之,官与议员意合,然后定其从违也"⑤。议员除了将民情上达于官外,还能牵制官员在重大事项上的恣意妄为,这对改造封闭性的官僚体系是一次新的尝试。在

---

① 何启、胡礼垣:《新政真诠》第五编,辽宁人民出版社1994年版,第45页。
② 同上书,第44页。
③ 同上。
④ 同上书,第407—408页。
⑤ 同上书,第115页。

议会和君权上,他们也认识到"推之凡军国大政,其权虽出于君上,而度支转饷,其议先询诸庶民,是真为政者矣"①。这反映了在他们的议会方案中,议会在部分事宜上对君权可以产生制衡。但是,国家军政大权的最终裁决权还是归属于封建皇帝。"从违既定,乃由县详府,府议员意合,则由府详省,省议员意合,则详于君,君意全,则书名颁行,君意不合,则令其再议"②。由此可知,在民权理论的支撑下,何启、胡礼垣的议会方案已包括了议会制度与君、官、议员三者之间的关系,相比其他思想家的改良方案,则更具有民权色彩。

通过这几种具体形式有所不同的方案分析,早期改良派所设计的中国式"议院"制体现出两方面的特征。一方面,它仅仅是一个缺少正式和独立组织形式的咨询机构,而不是类似于西方的立法实权组织。他们方案中的"议员"绝大部分并非民意的政治代表,而是来自旧式官僚、准官僚或地方士绅,广大的普通民众并不具备被参选的资格。在大多数方案中,各类议会没有政治上独立的地位,它们不但完全从属于君权,甚至完全从属于地方官权。另一方面,它主要体现的是君主体制下扩大咨询机构的范围和权限,通过加强公举、从众从多数者见、议政与行政相分离等方法在传统政治生活中的运用,从而对君主专制政治多多少少起一些改良作用。因此总体上看,早期改良派思想家在这一时期还没有理解到西方议会制度的实质,对西方的议会制度缺乏深刻的了解,其认识是相对肤浅的。所以,当他们移植西方制度到中国时,提出的中国设立议会的主张就会显得不系统、不成熟。

关于改良方案的现代性评析

早期改良派在中国传统政治体系中,注入西方的选举、议会、自治制度等现代性因素,这与中国政治现代化的建设方向是一致的。但是在制度的移植过程中,受到"中本西末"和"取器卫道"的思维影响,西方政治制度和政治精神之间的关系被人为扭曲,导致体制与观念之间的相互剥离,使西方政治制度在中国适用过程中不自觉发生了功能的转换,其自身涵

---

① 何启、胡礼垣:《新政真诠》第五编,辽宁人民出版社1994年版,第115页。
② 同上。

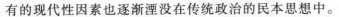
近代中西政治文化冲突对中国政治现代化的影响

有的现代性因素也逐渐湮没在传统政治的民本思想中。

首先,从议院的功能来看。西方议会制度的现代性在于它是独立的立法机构,其价值核心是把至高无上的王权拉下马来,将其置于人民主权之下,其本身并不是专门为了消除王权与人民之间的隔膜。但议会制在西方政治运行的过程中,客观上也确实存在改善"君民势多隔阂"的传统流弊,以使"民隐上达"、"君恩下施"的政治功效。在晚清政坛内外交困的情况下,开拓政治沟通渠道,凝聚社会资源的功能便显得异常重要。于是,在西方各国主要起牵制王权作用的议会制度移植到了中国,便自然而然地转化成为君主与民众之间的一座沟通桥梁——"下传君意、上达民情"。应该说,议会制度弥补的是传统民本思想的制度建设缺位,隶属于传统开明政治制度革新的范围,成为君主专制政治补充和点缀的一部分。

其次,从选举的制度功能来看。选举在当代西方民主理论和民主实践中有着举足轻重的作用。选举的核心功能是提供政权合法性的程序来源,它是赋予现代民主政府合法性的主要途径。它体现了民众的支持和全社会的认同和信任,是政府权威、权力合法性的最好表现形式。然而在坚守"践天位于勿替"的同时,早期改良派早已将选举的核心功能排斥在传统君主专制政体之外,而是将其重心转换到议员的选拔上。选举在早期改良派眼中,成为了科举之外选拔人才的另一种有效途径,它亦成为通民情的另一个工具而已。

随着制度功能的转变,改良方案中的现代性色彩日渐消退。由此,我们可以清晰地看到君主立宪——君民共主——议院方案三者之间现代性要素不断削减的嬗变过程。君主立宪具有宪政、法治、分权制衡等丰满的制度躯体,到了君民共主尚且还保留着君民分权互制的基本特征,而到了中国式议会方案,则只剩下失去神髓的议会制度的干骨。从价值内涵上看,君民共主与君主立宪制本已貌似神离,而早期改良派开发的议会制度离"君民共主"蓝本更有一段相当遥远的距离。但是部分学者对此往往不察,见早期改良派谈及议院,便一概称之为"君主立宪思想",从而认定早期改良派是批判君主专制、提倡君主立宪制的思想先驱,这无形中拔高了早期改良派的政治思想高度。因此,我们更准确地概括早期改良派的政治思想是:他们在输入西方政治文化时被西方"君主立宪制"所展现出来的政治效能所吸引,在对传统政治反思不彻底和对君民共主政体认知不清的情况下,试图引入西方议会制度,重铸晚清政府的政治权威,重整封建统治秩序,以借助一个强有力的清政府来救世济民、抵御外侮。

(四)近代早期中西政治文化冲突的主观消解

从本质意义上讲,肇始于19世纪60年代的中西政治文化冲突并不仅仅是西方政治文化与中国传统政治文化内涵之间的冲突,它更是文化民族性的冲突。在这种文化冲突背景下,文化冲突承受者的心态和对传统文化的定位影响着文化冲突的消解,同时他们自身的认知结构和学习动机,也决定了外来文化在何种程度被接受,以及采取何种方式与本民族文化相融合。因此,能否正视文化危机,并接受西方政治文化的挑战,及应战的成功与否则由该文化冲突的承受主体——知识分子的思想超越性所决定。

近代中西政治文化冲突首先通过早期改良派的价值选择而实现了主观意义上的消解。早期改良派通过对"中本西末"与"西学中源"的理论阐述,使中国传统文化演变成一个相对开放的文化系统,它尚且存在有效吸收西方的先进技术和制度的生存空间,可以实现部分文化内涵的吐故纳新;然而又可随时变成一把巨大的文化裁剪,毫不手软地将西方政治文化中的"出位"思想清理出局。面对中西政治文化的冲突和碰撞时,早期改良派不一而同地选择了保守主义策略:将西方政治文化的核心精神排斥在选择范围之外,在传统政治体系中嫁接西方议会制度,以寻富国强民之道,从而实现中西政治文化冲突的初步消解。

在"取器卫道"的文化选择策略指导下,早期政治文化冲突的消解通过三种不同的途径得到了实现:(1)当中西两种异质文化相遇后,早期改良派以自身文化作为判断西方政治文化的价值标准,总是不自觉抬高自身文化,同时贬低对方的政治文化。在这种文化心态的影响下,很自然能通过排斥的方式将西方政治文化中的核心价值理念隔离在价值选择范围,人为地掩盖了民主选举对世袭制、西方民权理念对民本思想、公共意识对家天下观念的强烈冲击。（2）通过对西方民权理念的中国化解读，削减了它的价值锋芒。早期改良派的民权思想囿于统治者与被统治者之间关系的改善。在这种意义上，民权论未能超出传统民本主义所能容许的范围。议会，也仅仅被看成是对改善统治者与被统治者之间的关系有恰当作用的东西。民权融入传统民本思想的范畴，自然也就弥合了民权与民本间的隔阂，消解了西方民权思想对民本理念的挑战。（3）将西方政治文化的内涵归类到他们热衷于使用的传统概念范畴中去，对西方政治制度进行工具主义的解读，根据西方制度的"功效"与选择该制度的"必要性"之间关联性的强度，将西方议会、自治、选举制度移植到了中国传统政治体系中，重塑晚清政府的政治权威。应该说，正是以这种转换西方政治文化的语境和价值以解决中国问题的理路实现了中西政治文化冲突在表面上的主观消解。

早期改良派的文化选择仅仅是对政治文化冲突消解的初次尝试。在早期改良派自身看来，晚清的一叶残舟已经从惊涛骇浪般的思想漩涡中避开，并逐渐驶向风平浪静的安全岛屿。然而，政治文化冲突作为一种社会历史现象，它并没有随着早期改良派的文化选择而终止了前进的步伐，而是一直贯穿于中国近代历史上的整体历程。被早期改良派主观掩盖的文化内在矛盾，如被抑制的火山熔岩，随着西方政治文化中"人权"、"自由"等价值观念的完整输入，更猛烈地喷射出思想的火花。正是一次又一次的中西政治文化的冲突，才不断塑造着中国政治现代化方案的不同路径，推动着政治现代化的进程。因此，从这一意义上讲，一部政治文化冲突的深入史也是一部政治现代化路径的成熟史。

回顾近代历史，政治文化冲突经历着一个逐渐从制度层面的碰撞深化到价值观念的过程，它如一条涓细的溪流，随着历史的推演，竟拓宽成为一片波澜壮阔的江河。每一个时期的文化冲突都承担着自己的历史使命，对政治现代化的进程起到了不可忽视的作用。我们掀开历史的书页，拨去弥漫其中的硝烟和屈辱，不难发现，中国近代早期政治文化冲突及其冲突的产物，在政治现代化进程中留下了自己清晰的脚印。

八、早期政治文化冲突和融合对中国政治现代化的影响

政治现代化是现代化的重要组成部分,是指一个国家和地区由农耕社会向现代工业社会转变时,社会政治制度发生与现代经济基础相适应的转换。它意味着传统体制的变革与解体,其目标是从传统政体向现代政体转变。① 中国早期现代化作为晚发外生型现代化,外来文化的压力和冲击是不容忽视的。19世纪60年代—90年代,这一时期的中西政治文化冲突对中国的政治现代化实际上具有相互矛盾的双重作用:一方面,西方政治文化输入引发的中西政治文化冲突为中国早期政治现代化的启动提供了重要契机、原点和动力。另一方面,早期政治文化冲突的深度和广度,一定程度上也决定了中国政治现代化进程跌宕起伏的历史性特征。

(一)开启现代政治思想的启蒙时代

西方政治文化的"东渐"实质上是一个近代中西政治文化冲突和融合的过程,也是近代中国现代化思想启蒙的过程。"中国民主思想进程一开始就从政治制度着手,先提出立宪主张,而后才出现自由、平等思想,遵循的是议会制度——自由平等这样一条恰好与欧洲相反的逻辑"②。作为中国早期传播西方政治制度和文化的知识群体,早期改良派无意识中被推上了历史舞台的最前沿,成为中国近代政治思想史上的拓荒者、耕耘者和播种者。

早期中西政治文化冲突推动了近代中国自发的文化启蒙。"中本西末"和"取器卫道"理念为引进西方政治文化提供了合法的理论依据,它在政治思想文化的层面打开了国人的眼界,激励国人学习西方的深层次文化。在政治文化冲突的进程中,西方的诸多现代政治理念包括民主、议会、法治、政党政治、地方自治等西方制度,开始发挥启蒙现代政治思想的

---

① 参见崔运武:《晚期洋务派对政治现代化的认识及表达》,载《河北学刊》1996年第4期。
② 熊月之:《中国近代民主思想史》,上海人民出版社2005年版,第78页。

作用。尤其是西方核心价值观念——民权思想,随之进入了近代国人的视野,天赋人权的理念第一次在中国的大地上播下了西方政治文明的火种。此后,民权概念进一步被资产阶级维新派所吸纳,建构出完整的近代中国民权理论,这成为近代中国先进分子进行政治斗争的思想武器,逐渐形成了一股国人为争取自己的权利而进行斗争的启蒙思潮。

同时,早期改良思想家引进西方先进的政治文化,努力寻找西方政治制度与振兴晚清政局之间的有效结合点,这不可避免地引发与封建社会相联系的传统思想观念的改变,"夷夏之大防"、"华夷之别"的世界中心观已落伍,"天不变,道亦不变"的观念更已不合时宜,新的变易观:"欲图富强,首在变法"、"当今之世,非行西法则无以强兵富国"[①]呼之欲出,这些都有利于引导晚清民众从传统政治意识的桎梏下解放出来,尝试接受崭新的世界观和价值观。

"忽如一夜春风来,千树万树梨花开",早期中西政治文化冲突更为此后的维新派进一步认识西方的民主、民权思想,输入自由、平等、共和观念进而构筑维新变法的理论体系打下了基础。早期政治文化冲突以这种创造性和突破性的历史贡献开拓了中国政治文化的现代发展之路,确立了它在中国近现代社会历史发展转变中的重要地位和作用。

(二)中西文化冲突与中国政治现代化路径的选择

一个国家的政治发展过程中,每一阶段的政治文化冲突将对政治发展产生重大的影响,它不仅关系到一国政治发展的速率,更重要的是对政治发展目标的选择、国民的行为方式与价值追求等产生相当大的制约作用。[②] 19世纪60年代以来,中西政治文化冲突是中国政治思想现代化链条中不可分割的最初一环,对中国的政治现代化进程亦有重要的影响。

从民本走向民主,塑造中国政治现代化转型路径的基本特征 世界现代化进程充分说明,由于各国独特的政治、经济和文化背景,每个国家的政治现代化都具有明显的独特性。任何一个国家政治现代化的发展模

---

① 王韬:《弢园文录外编》,上海书店出版社2002年版,第24页。
② 参见罗荣渠:《现代化新论》,商务印书馆2004年版,第154页。

式,都不是简单照搬西方政治制度拼凑而成,这也就意味着政治现代化必然要经历一个开启、转型到完成的漫长而持久的过程。因此,对于19世纪60年代的近代中国来讲,早期中西政治文化冲突首要的任务并非进行政治现代性的有效构建,而是在于解答传统中国政治现代化转型何以可能的历史课题。

中西文化尤其是中西政治文化是两种不同的价值体系。中国传统的君权专制思想与西方近代的民主思想分属于两种本质不同的思想体系。其中,"民主"以立宪政体为载体,属于近代民主启蒙思想体系;"民本"以君主政体为载体,隶属于古代儒家仁政思想体系。西方的民主价值直指专制政体的跋扈,它是对君主专制的根本否定与批判,因此两者之间天生存在着内在的张力。在一个君主专制历史悠久的国度中,如果中西政治文化冲突仅仅表现为不同文化系统之间的冲突和对抗,那么西方现代性的政治价值无法有效引入,更谈不上政治现代化大门的初步开启。在这样的文化背景下,如何在两个相异的价值文化体系中找到会通之处,促进政治现代化转型的起步,成为这一时期中西政治文化冲突的首要使命。

历史时而会呈现出一定的巧合性。在西方政治文化传播过程中,早期资产阶级改良派尚未对西方异质文化进行有效的系统梳理,他们大多囿于对西方政治制度的静态解读,没有去探究西方政治文化的动态历史积淀。恰恰在这样的认识视野下,西方政治制度与价值之间出现了人为的疏离,西方政治文化体系也被分解成各自独立的部分,以一种松散的方式呈现在国人面前。基于这样的文化认知,西方各文化内容之间存在着松动的关系,其中的核心价值——民权理念便轻易从民主政体中剥落下来,成为一个独立存在的概念。它与传统政治文化中的民本思想进行简单对照后,两者之间的亲和性便大大凸显出来。从内涵上看,中国的民本与域外民权在文化底蕴上存在着诸多相似之处,在内容方面也存在某些交叉。民本与西方民权思想都承认民众作为一种不可抗拒的现实力量存在,对于社会发展、国家兴亡的重大作用,均强调妥善处理民众与国家的关系,在政治运行中,都体现出重民、保民、爱民的价值倾向,强调取得人民支持与合作的重要性。正是这些内涵上的相似和交叉,民本具有导向民权的自然倾向,致使在政治文化冲突的同时也存在着价值融合的可能性。

中西政治文化的初次交锋,首先表现出来的是民主与专制政体之间的激烈对抗。但是在发掘到民本与民权的亲和性后,政治文化冲突出现了由单纯的对立转向融合的趋势。基于一种文化的敏锐性,早期资产阶级改良派觉察到民本与民权之间的相通之处,在进行一系列的文化选择后,他们开发出相应的中国式议会方案,实现了民主思想与民本思想的初步靠拢。更为重要的是,何启、胡礼垣等人在前人思想的基础上,引入西方天赋民权思想,结合中国传统民本文化阐释出一种中国式的民权理论。自此,民权理念成为了沟通中国民本与西方民主的文化桥梁,也成为了民本向民主转化的思想通道。

中西政治文化的会通对于纯粹的西方民主价值来说是种历史倒退,但是对于中国的政治现代化思想的成熟,却是一种时代的进步。在一个传统文化根深蒂固的国度中,政治文化的更新是一个长期持久的过程。纵观近代中国历史,早期政治文化冲突并没有以单纯的文化对抗而告终,而是悄悄梳理出了一条中国自身政治现代化转型的道路。

其一,政治文化冲突为民本思想注入新的活力,动摇传统政治体系的僵化性。中西政治文化冲突及其消解的过程,同样是民本与民主思想的融合过程。早期资产阶级改良派一方面积极吸收西方政治文化的有效成分,另一方面又尝试用西方政治文化改造传统的民本思想,特别是把西方议会制度移入到民本思想中,从而使中国的民本思想获得了新的生命力。历代以来,从"民惟邦本,本固邦宁"、到"民贵君轻"、"水则载舟、水则覆舟",再到"君以民为体"、"君依于国、国依于民"等,民本思想肯定了民众在社会政治生活中的重要地位和作用,但是在漫长的历史长河中,民本思想对权力的约束仅仅停留在道德的层面,并没有转化为相应的政治操作方式。"由于'民惟邦本'缺乏实际的可操纵性,民本事实上在更大程度上是起教化君主的作用"[①]。因此,民本思想的最终政治效果完全取决于君

---

① 程仁桃、纪高飞:《论中西文明源头的人文主义思想》,载《河北大学学报》2004年1期。

主个人的德行和素质上。

早期资产阶级改良派通过将西方议会制度加以民本化改造,弥补了传统民本思想在制度建设方面的不足。① 他们从西方政治文化中借鉴了议会制、选举制等制度形式,将它们沟通民意的政治功效充分阐扬开来。应该说,议会制度作为传统政治体系中通下情的制度建设,是对民本思想有效成分在传统政治体系中的一种巩固和发展。同时在传统政治体系中引入议会制度,作为专门辅助决策机构,推动传统政治结构趋于分化和专门化、增强政治输入功能、传递民众利益表达,这些都是对政治权力结构的合理化的初步尝试,也是对僵化的政治体制的一次微观改良。这样的民本思想,尽管还没有发展到否定君权存在的程度,也未能提出一个相对成熟的现代化建设方案,但是它们毕竟填补了传统民本思想在制度建设方面的薄弱点。我们不能否认他们在重民意、通下情方向上的制度开掘对民本思想是一次重大发展。

其二,民权理念在民本思想与西方民主之间架起一座沟通桥梁,实现了民本思想向民主思想的初步转化。在中西文化交融的背景下,西方政治文化从完整形态来看是一种外来文化。西方政治文化在中国的引入,必须与民族传统文化结合起来才会焕发出应有的生命力。早期改良派通过"中学西源"式的比附论述,西方民权理论从西方民主政体中脱落下来,与传统民本思想结合形成了中国内涵的民权理论。民权是以中国固有的民本思想为基础对现代民主的一种理解和诠释。这样的民权理念正好介于民本与民主之间,它成为了沟通民本与民主的一个思想通道。

民权理念在认可君权本位方面依旧与民本相衔接,而在重视民众权利这一点上,它又与西方民主相沟通。这样的一种价值连接,使中国传统政治文化体系衍变为一个相对开放的系统,它可以源源不断地从西方政治文化中吸收思想养分。从内容上来看,一方面,民权思想依然紧连着西方天赋人权的理论支撑,它与西方民权的价值精髓并没有进行彻底的割裂,在这样的基础上,民权概念进一步被资产阶级维新派所吸纳,构建出

---

① 参见姜朝晖:《论早期维新派的民本思想——中西文化纽结的统一体》,载《河北大学学报》2007 年第 5 期。

完整的近代中国民权理论,成为近代中国先进分子进行政治斗争的思想武器,逐渐形成了一股国人为争取自己的权利而进行斗争的启蒙思潮,不断推动着中国政治现代化的进程。另一方面,民权理论要求在传统政治体系中引入西方部分政治制度,进行制度层面的相关变革。在民权理论的支撑下,西方的议会、选举等制度才有效融合到了传统政治体系中去,发挥渐进改良的作用。因此,在民主、民权、民本三者关系中,民权理论成为中西政治文化接引和转化的一个综合载体。对于西方政治文化在中国的传播和发展来说,它起到了接引作用,而对于中国传统的民本文化资源来说,它则起到了转化作用。

我们应该看到,中国政治现代化转型的基本特征是中国民本思想和西方近代民主思想的互渗和融合。通过这种互渗和融合,中国民本思想框架中那些重民思想的有效成分被继承和巩固下来,维护专制的旧思想被逐渐削除和摒弃,这为输入西方民主思想拓展出新的生存空间。而同时西方近代民主思想也在民本主义的框架下,在中国几千年政治文化孕育下产生的种种传统命题下表现出来。应该说,正是在传统政治文化的铺垫下,西方政治文化被逐步引入到近代中国政治改良方案中来,政治现代化转型的道路才逐渐形成。因此,在某种意义上,我们可以认为,早期中西政治文化冲突的思想产物——民权理念是我国走向现代民主的思想起点。

以"西学"解"中体",促进了中国政治现代化的进程　中国的政治现代化是后滞外源型,缺少政治现代化的内在条件,其政治现代化进程必须选择实现现代化的主体力量及其内在的社会制度,并充分地发挥其优势,从而推动现代化全方位发展。① 早期中西政治文化的冲突为政治现代化的启动准备了必要的思想条件。

首先,早期政治文化冲突同时是政治社会化的过程,它为政治现代化的开启提供必需的政治文化环境。"在现代化进程中,思维方式的转变,一般都落后于现实生活的变化,但没有思想转变首先是世界观的转变为

---

① 参见青维富:《解读政治现代化》,载《理论与现代化》2008 年第 5 期。

先导,要跟上世界的变化是不可能的"①。尽管这一时期的政治文化冲突尚处于初级阶段,但是通过对西方政治文化的传播,逐步使社会成员有可能接触到新的政治制度和价值观念,从而促进近代中国社会意识向开放性与多元化转变,生长出适合现代政治生存与发展的文化空间。同时,西方政治文化对中国传统腐朽政治文化的冲击,引发人们对传统政治文化的反思,酝酿和形成的社会普遍怀疑心态,为准备迎接变革和接受变革的事实创造了所必需的政治文化环境。作为一股解构传统文化的力量,政治文化冲突的逐渐深入为中国政治现代化价值系统的重建初步廓清了内涵空间,推进了中国政治文化重建的整体进度。

其次,中西政治文化冲突推动了晚清政治改革动机的强化。鸦片战争以降,中国遭遇到了前所未有的传统断裂、秩序脱序、意义丧失的危机。面对如此危机,早期改良派认识到了变法自强的必要性,但仍囿于从传统改革方略中寻找思路。随着中西政治文化的冲突的展开,中西政治文化之间的差异赫然展现在近代国人面前,西方制度的功能优势日益凸显出来,"改从西方,革故取新"成为改革的基本共识,强化了以西方制度改造中国的改良意识。同时,文化冲突还率先孕育了一批思想成熟的政治改革主体,为中国政治现代化提供了主体准备。从早期改良派的政治思想看,何启、胡礼垣等人提出的政治方案已从原来的简单拼凑逐步走向有民权理论支持。一批少数知识精英率先初步实现了改良思想上的成熟,他们已经"力主议院,通上下,于维新变法之推动,有劳功绩"。此后的康有为、梁启超等维新派正是在早期改良思想的文化交接下,才开始登上历史舞台。到了19世纪末期,在民族危机意识的不断刺激下,中西政治文化的冲突进一步加快了维新人士的思想成熟。在这一文化冲突的进程中,改革主体思想日益成熟,改良意识在危机下不断强化,推动了晚清政治改革动机的最终形成,直接影响着政治现代化进程的启动。

再次,这一时期文化冲突的文化选择方式有利于减少初步开启现代化的障碍。甲午之前,虽然改良思潮开始兴起,但封建守旧思想还占有绝

---

① 罗荣渠:《现代化新论》,商务印书馆2004年版,第262页。

对的统治地位。谈西学、办洋务还要顶着"名教罪人"、"士林败类"的罪名,更不用说以西学来改良政体了。社会守旧派人士直觉到"舍己从人"、"侈谈西学",必将动摇传统的道义准则、纲纪法度,破坏"中国数千年相承之治法",从而使整个上层社会安身立命之所受到致命威胁,于是他们抱着卫道的心理,站出来死守中学阵地,强烈反对学西法图自强。① 在这样的社会环境下,早期改良派进行了"中本西末"和"西学中源"的理论阐述,它以"道器"、"本末"的关系,努力论证中西文化可以相容、可以互补,论证中国固有文化可以通过采纳西学而增益新知、焕发生机。在这样的文化策略下,从传统政治体系中清扫出部分的政治改革空间,容易在传统政治体系中打开一个缺口,减少封建顽固势力的阻碍,为政治现代化提供了可能性。

中西文化冲突的特殊性塑造了政治近代化进程的曲折特征 任何政治现代化都是在特定的政治文化背景下发生的,原有的政治文化自身积淀的厚度和受到冲击破坏的程度往往决定着政治现代化的途径、方式和实际效果。中国的政治现代化是在中西文化的交融背景下逐渐开启的,交融的状况直接影响着政治现代的进程和速率。19世纪60—90年代,作为戊戌运动前夕变法思想的酝酿期,这一阶段中西政治文化冲突的广度和深度塑造了中国政治现代化路径的选择及基本特征。

其一,早期政治文化冲突没有产出系统性的现代化改良方案,导致现代化的启动缺乏必要的基础要件,这成为中国政治现代化滞后的主要原因之一。早期的改良思想中,一部分的改良派尽管提倡西方君民共主制度,但仅仅处于呼吁状态,没有提出具体议会方案,他们仍然从传统变法方案中寻找策略,变法内容还都是各种具体措施的简单陈述,期望通过设计种种应急措施以避免国家的沉沦。而另一部分改良思想家则结合中国情况开发了具有现代性的议会救国方案,但是从方案提出的时间看,陈虬的《治平通议》写于1892年,汤震的《危言》著于1890年,而何启、胡礼垣的《新政论议》写于1894年,《新政始基》作于1898年,《劝学篇书后》刊于

---

① 参见黄颂:《试论中国传统政治文化对早期政治现代化的影响》,载《孝感学院学报》2007年第3期。

1899年。在1860年到1890年这三十年间,早期改良派几乎没有提出具有现代性的政治改良方案。即使在90年代初期提出的改良方案中,议会也仅仅是一个缺少正式和独立组织形式的咨询机构,依附于传统政治体系,是不成熟的议会方案。直到何启和胡礼垣,才开始在民权理论的指导下,提出相对系统的政治方案,但此时已经和戊戌变法的时间接壤。因此,三十余年的西方政治文化的传播使晚清社会中出现了政治思想超前现象,却没有孕育出成熟的政治现代化改革方案。正是受限于此,政治现代化的启动缺乏必要的基础要件,从而导致了政治现代化的一再拖延。

其二,政治文化冲突的广度和深度塑造了早期政治现代化开启的基本路径。首先,从这一时期中西政治文化冲突的广度看,对传统政治文化的批判和反思是文化冲突的关键环节,早期改良派作为时代的"先知先觉",率先认识到了中国传统政治文化的弊端,对传统文化的反思及对西方政治文化的讨论仅在为数不多的知识精英之间进行,涉及范围甚小,就社会而言,波澜不惊。文化冲突发生的范围局限在少数先进知识分子和思想家群体中,具有明显的个体性和孤独性,因此它推动的仅仅是少数知识精英率先实现了现代政治思想上的成熟。政治文化冲突培育了政治改革主体,但是改革主体的范围不广,力量有限,因此决定了改革只有借助皇权实施自上而下的改良道路。

从早期政治文化冲突的深度看,中西政治文化冲突具有浅层性。早期改良派输入的西方政治文化并非是一套完整的西方政治知识体系,在内容上尚存在着诸多缺陷,如在政治精神层面,对民主的一知半解、对西方"宪政"精神的认知缺失以及对法治理念的残缺理解等。西方政治文化内涵上的残缺性,导致文化冲突主要集中在制度文化层面的冲突上,这制约了政治文化冲突的纵向深化发展。而经过早期改良派的文化选择所产生的政治改良方案中,在保留君主制度的前提下,尝试从部分制度的改革开始,逐步推动变法进程,已经呈现出渐进改良的特点,这一理路延续到了维新派的改革主张中。在改革主体和改良思路的影响下,作为外源型的后发现代化国家,中国的政治现代化的启动只可能选择知识精英推动、自上而下的政治改良的渐进改革道路。这样的转型路径的选择总是试图以微小的、局部的政策调整来摆脱中国的危机,选择的是尽量缩小变革规模的道路,结果使中国传统政治转型的道路更显曲折和漫长。

"如果说文化深层结构不可能有任何变化,那么,人类社会历史就不会有进步,人类将会停留在停滞不变的状态"①。早期西方政治文化的输入以及早期资产阶级改良派对西方政治文化的选择,是在"中本西末""取器卫道"的思维定式下进行的。这样的选择方式,扭曲了政治精神和政治制度之间的关系。导致两者的相互剥离。这一关系影响到在近代中国政治现代化进程中,总会发生观念与体制相互剥离,制度与制度之精神互相排斥的发展窘境。在西方政治文化的冲击下,中国传统的政治社会在19世纪末已不可避免走向瓦解和崩溃。但是,在"中本西末"和后来的"中体西用"的思维和选择方式的广泛影响下,传统社会的基本文化内核仍被保存了下来。在这种特殊的社会形态中,传统的中国农业社会结构仍然十分顽固,政治上的分权制衡的机制建设很难有所突破、排斥意见多元和思想自由的独断性的意识形态仍具有极大的生命力,最终导致的是传统中国人的国民性亦无法得到根本改造。②纵观中国现代化历程,"中本西末"和"取器卫道"的价值选择阻碍了中国变革的全面展开,影响着中国文化重建的进度。这样就必然导致中国现代化转型只停留在表层或中层做部分调整,延长了转型所需要的时间,增加转型的复杂性和难度。从长远看,这也正是中国政治现代化转型跌宕起伏的内在原因。

九、简要结论

近代中国政治现代化的启动是中国社会剧烈变革的逻辑必然。中国政治现代化的进程既具有现代化的一般特征,又具备自身的逻辑特殊性,这种特殊性表现为:政治现代化的动力来源于对外源挑战的回应;政治现代化的路径是由渐进到激进,由改良到革命;政治现代化的模式以西方政治文明为参照等。尽管在近代初期,中西政治文化冲突并没有孕育出成

---

① 李庆霞:《社会转型中的文化冲突》,黑龙江人民出版社2004年版,第217页。
② 参见费正清:《剑桥中国晚清史》下卷,中国社会科学出版社1985年版,第320页。

熟的现代化方案,政治现代化的启动缺少必要条件,致使中国政治现代化的历史课题被一拖再拖。但是早期中西政治文化的冲突及其产物却汇成了中国政治现代化启程前夕的思想脉搏,孕育了政治现代化起步的文化基因,部分塑造了中国政治现代化启动的基本方式和途径,因此,早期中西政治文化冲突仍然是中国政治现代化不可忽视的一个环节。

由于中国政治、经济和文化的自身特点,中国的政治现代化必然是一个长期的、曲折的、与多方面因素相联系的过程。纵观中国近代中西方文化冲突融合的全过程,既是一个由浅入深、由表及里的过程,同时也是中国人探索振兴中华道路和方案的过程。尽管戊戌变法的惨痛失败证明了近代政治文化冲突在政治现代化建设方案上并没有给出正确答案,但是经历了这样的曲折探索并不是毫无意义的,它们是一笔宝贵的精神财富,正是在吸取以往经验教训的基础上,中国才较为顺利地踏上了通向现代化的道路。

治理比较篇

中国社会结构与社会意识对国家稳定的影响

——以中国国家强制职能的发展为视角

樊 鹏[*]

中西之间有着不同的国家治理传统,探讨中国国家治理的独特传统,对于中国追求自身的政治现代化具有重要的意义。西方国家的中心任务在于统治一个分裂的阶级社会,形成了依赖一元化暴力机制进行治理的传统,中国国家的中心任务在于为基层社会提供更具体的服务,形成了官民融合、简约行政以及多元治理的传统,使中国长期保持一个"低度强制"但"高度稳定"的社会。本文通过对传统社会、毛泽东时期、改革开放前期和改革后期四个时期以强制职能为代表的国家治理模式异同的分析,以两个重要因素——社会结构与社会意识——作为解释变量,以古观今,全面分析改革以来社会结构与社会意识变化对国家治理形成的挑战。

---

[*] 樊鹏,中国社会科学院政治学研究所助理研究员,北京大学法学硕士,香港中文大学政治学博士。

一、国家治理的传统

西方政治理论从霍布斯开始,就将国家与暴力联系在一起,国家这个巨大"利维坦"的基本功能被认为是通过垄断暴力结束"所有人对所有人的战争"。对近现代欧洲历史的研究表明,国家的形成是国家自上而下向社会逐步集中并垄断暴力的一个过程。① 当代政治科学更进一步用欧美社会的经验证明,国家暴力的增长来自于因经济分化所导致的阶级冲突或利益集团的冲突。这一理论宣称,经济生活中的分配不平等——通常以基尼系数、收入差距、失业率等作为代理变量——会带来一定程度的利益冲突,这种利益冲突经由政治生活转化为阶级冲突,进而威胁到经济精英或各种利益集团的安全,他们会利用自己对国家权力的影响力,通过增加暴力资源达到维持既有政治与经济利益格局的目的。②

图1为经济不平等与国家暴力之间的关系。横轴是经济分配不平等的代理变量基尼系数,竖轴是每万人口警察人数,代表国家暴力或强制能力的水平。图中大部分为具有欧洲传统的国家,我们看到在经济分化与国家强制能力之间确实存在一种明显的正相关关系。这张图的两端有明显的特征:一端是以瑞典、丹麦等北欧国家为代表,这些国家经济不平等水平低,同时国家强制的水平也低。另一端则是以意大利、马其顿、葡萄牙等南欧国家为代表,这类国家社会不平等水平高,但同时国家暴力水平也高。处于这个极端中间的是德国、奥地利等中欧国家。这说明国家作为调节社会冲突工具的理论与欧洲经验是基本吻合的。

与欧洲传统国家比较,中国的情况显得有点特殊。中国的基尼系数远远高于一般欧美国家,但是其国家强制水平却大大低于这些国家,甚至

---

① Charles Tilly, *Coercion, Capital, and European States: AD 990—1992* (Cambridge, Mass.: B. Blackwell, 1990).
② David Jacobs, "Inequality and Police Strength: Conflict Theory and Coercive Control in Metropolitan Areas", *American Sociological Review*, vol. 44, no. 6, 1979, pp. 913—925; David Jacobs and Ronald E. Helms, "Testing Coercive Explanations for Order: The Determinants of Law Enforcement Strength over Time", *Social Forces*, vol. 75, no. 4, 1997, pp. 1361—1392.

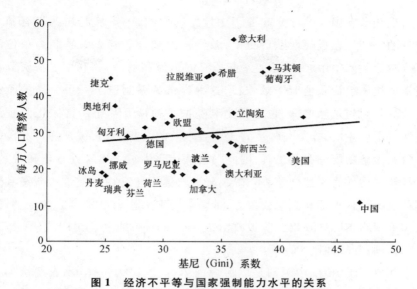

图1 经济不平等与国家强制能力水平的关系

数据来源:基尼系数来自 UN2007 年的数据,每万人警察人数来自 Nationmaster.com 的数据。

低于一些北欧国家。与此同时,中国的社会秩序却取得了与许多高强制国家相媲美的成就,来自"犯罪受害人国际比较研究"(International Comparative Victimization Studies)与"犯罪供述国际比较调查"(International Comparative Self-report Surveys)两项旨在测量各国犯罪水准的国际标准调查表明,中国社会的安全系数依然远远高于其他发展中国家甚至许多发达国家,中国并没有如后苏联时期的俄罗斯那样受到基层社会稳定问题的困扰。① 中国的特殊性在于,尽管改革时期的中国经历了急剧的社会转型,但它依然保持着一个相对"低度强制"但"高度稳定"的社会。那么,这一差异性以及特殊性背后是否隐含着中国与西方不同的治理传统?

---

① 越来越多的犯罪学家不再将改革时期的中国视为一个低度安全的社会,而是一个相对高安全的社会。参见白恩(Børge Bakken):《世纪之交的中国犯罪》,提交给"香港中文大学中国研究服务中心四十周年《中国现状》学术研讨会"的论文,香港:中文大学,2004 年 1 月 6 日至 7 日。同时参见 Børge Bakken, "Comparative Perspectives on Crime in China," in *Crime, Punishment, and Policing in China*, ed. Børge Bakken (Lanham: Rowman & Littlefield, 2005), pp. 64—102。

现代欧洲国家的形成起源于中世纪的西欧,国家从起初就具有暴力统治的特征。在近代西欧历史上,政治权力被分散到以采邑制为单位的各个封建集团手中,封建领主垄断所有的土地和财产,并利用经济资源自建暴力机构统治采邑制下的农民,这种经济关系制造了一个分裂的阶级社会。各封建采邑之间,也常常为利益冲突而展开斗争。国家正是在这种背景下产生的,作为一种凌驾于社会之上的公权力,它被视为调和阶级斗争或缓解集团冲突的工具,因此国家从社会中独立出来并逐步集中、垄断社会权力成为必然的趋势。阶级分裂与集团冲突往往使统治阶级和集团往往不惜代价俘获国家公权力,试图借助国家暴力维护自己的利益,因此国家权力实际体现出为阶级政治(class politics)或利益集团政治(group politics)服务的性质。①

相比之下,传统中国则是以村舍为单位、农民为主体、小农经济为主要生产生活方式的农业社会结构。中国很早就建立了一个统一的皇权,所谓"普天之下,莫非王土,率土之滨,莫非王臣",皇权在名义上垄断所有的土地,但是以小农为单位的村舍集体在事实上占有土地的实际使用权,小农社会相对平等的经济关系避免了一个分裂的阶级社会的产生。许多历史研究表明,在这样的社会中,国家最重要的职能在于协调小农社会的力量兴修水利、并通过官民之间的协作解决小农社会的救济和保障难题。② 果若如此,那么这意味着中国国家的性质并不在于统治一个分裂的阶级社会或调节利益集团的冲突,而在为小农经济的社会生产提供更具体的便利与服务。因此,对传统中国的国家治理而言,政府本身权力的集中程度或治理结构的官僚化水平并不是那么重要,重要的是国家是否有能力保持一个低成本的政府以减少对小农社会的攫取,是否有能力利用、

---

① Walter Ullmann, *A History of Political Thought: Middle Age*, (Baltimore: Penguin Books, 1965).

② 相关的研究参见:张仲礼:《中国绅士:关于其在19世纪中国社会中作用的研究》,上海社会科学院出版社1991年版;王卫平、黄鸿山:《中国古代传统社会保障与慈善事业》,群言出版社2005年版;罗兴佐:《治水:国家介入与农民合作——荆门五村农田水利研究》,湖北人民出版社2006年版;魏丕信(Pierre-Etienne Will):《十八世纪中国的官僚制度与荒政》,江苏人民出版社2006年版;William T. Rowe, *Hankow: Commerce and Society in a Chinese City, 1796—1889* (Stanford: Stanford University Press, 1992).

协调基层社会的力量并与之保持某种稳定的合作关系。

可见,传统中国的国家治理与西欧历史传统比较具有本质的不同。国家强制职能的发挥是这一国家治理模式与性质的重要体现,如果我们将国家强制职能宽泛地理解为一种为调节人与人关系、维持社会秩序与内部政治稳定的国家治理机制,那么通过比较中国与西方之间强制职能发挥的不同形式,可以更清晰地揭示两者治理模式与性质方面的不同。毫无疑问的是,西方国家的强制职能从起初就与暴力联系在一起,并且具有强烈的阶级统治的性质,即使在现代西方国家,其治理模式依然倚赖正规的警察力量,而暴力增长的本质——正如上图所展示——依然与经济分化和社会冲突紧密相连,这说明国家为阶级政治服务的性质。而中国的国家强制治理模式正是本文所要探讨的内容。本文要通过对传统社会、毛泽东时期、改革开放前期和改革后期四个时期国家强制职能异同的分析,以影响其强制职能形式和性质的两个重要因素——社会结构与社会意识——作为解释变量,分析国家治理模式的演变,从而达到对中国国家治理性质的认识。

二、传统社会

传统中国社会,是一个以村落为单位构成的"蜂窝型"社会结构,每个蜂窝的成员主要由农民构成,但也有乡绅、工匠、商贾和僧侣。在这种社会结构中,小型的蜂窝基本上是一个个独立的小共同体。① 既然自耕小农是这个社会的基础,那么必然要求政府保证低水平的税收规模,使小农有能力利用手中的剩余资源恢复生产。因此,对于政府而言,如何保证一个低成本的政府以减少对小农社会的经济攫取,成为这一社会结构下政府得以存在的重要合法性依据之一。

维护基层社会的稳定是传统国家的重要职能之一,然而社会结构决定了国家不宜于从农业社会过度汲取财税资源,自然国家缺少充足的财

---

① 王绍光:《政治文化和社会结构对政治参与的影响》,载《清华大学学报》2008年第4期。

政资源建立官僚化的强制机构、依赖正规的人员进行社会控制。虽然早在中国秦汉时期,基层官僚系统中间就出现了专职负责地方治安的行政建制,但是古代的社会治安职权长期分散于司法或军事系统中,而没有独立发展出来,这些建制权力总是随着军人在地方权力格局中的地位上升而被削弱或破坏,或者由于地方财税水平的不足而被合并或取消。直到宋代,才又开始形成针对基层社会的专职国家治安系统与建制——这也是由于社会结构的变化,主要是人口的增加与城市生活的复杂化,使国家不得不恢复了县尉的建制,负责县城、集镇地区的治安。但是即使如此,在基层行政中,国家正规的警政人员也仅一人的建制而已。

在这个意义上,传统中国确实是一个"低度基础权力"(week infrastructural power)的国家,但是它却长期保持了良好的基层秩序。传统中国社会"蜂窝型"的结构决定了它不是一个界限分明的阶级社会,而是一个相对平等的小农社会,不仅蜂窝内部小农之间没有利益上的巨大冲突,而且社会与国家之间也不存在强烈的利益冲突。同时,每一个蜂窝都是一个独立的政治、经济和文化共同体,这一点决定了不同蜂窝的成员之间很少进行交往,治安问题主要发生在蜂窝状结构内部。因此,在这种情况下,国家并不需要通过垄断暴力资源、经由正规人员对基层社会进行控制。相反,它只要选择与基层社会进行合作、利用基层自身的成本优势与信息优势进行自我管理即足以维持一个稳定的社会。在这一过程中,乡村士绅帮助国家完成了这一使命,他们充当了国家与农民之间的中介,通过官民合作建立起基层民众相互守望、相互监督的机制,保证了基层社会的稳定。

在历史上,包括战国时期的"伍什之制"、魏晋南北朝时期的"三长"制度、隋唐时期的"邻保制度"以及宋明以后广泛流行的"保甲制"等,这些都是国家在正规官僚结构之外建立起来的非正式、半官方的治理结构。① 在这些制度中间,最广为人知的是保甲制度。保甲制度是以"户"(家庭)为社会组织基本单位的自我管理与自我防范的系统。民国时期的闻钧天曾

---

① 有关中国非正式社会控制传统的研究,见 Chen Xiaoming, "Community and Policing Strategies: A Chinese Approach to Crime Control", *Policing and Society*, vol. 12, no. 1, 2000, pp. 1—13。

认为,古代中国注册保甲组织的首要功能在于服务基层的公共安全。① 瞿同祖与萧公权也同样认为,保甲是用来控制农村人口的流动以及维持农村社会安全的设施。②

然而,这些半官方的机制其作用并非仅仅维持一般性的社会治安,它还需要为基层社会的成员提供更具体的服务。在古代,虽然每一个"蜂窝"都是一个带有强烈内聚性的经济体,但是它终究是以小农为主体建立起来的社会,这决定了社会经济生活必须借助集体的协作才能完成。因此对于政府而言,首要的功能不在于调节分立的利益集团的斗争,而在于如何促进每个小共同体内部小农的集体协作,并为基层社会提供必要的救济,避免农民因无法摆脱自然风险而破产,那势必影响整个农业社会的稳定。因此,这些古代的半正式治理结构,不仅要承担治安的职能,更多地应当承担基层的社会救济功能。以保甲制度为例,从明代开始,国家与地方士绅就开始对它进行改造,使之不仅作为一种民间社会自我监督与管理的手段,同时将它作为一种广泛实施的社会自治系统的一部分,与社会救济、教育等功能团体与制度连接在一起。③

传统中国的国家治理,同时也受到传统社会意识的影响。社会意识是社会生活的精神方面,是社会存在的反映,它一旦形成便表现出相对的独立性。传统中国的社会意识,受儒家文化的塑造最深,重视家庭伦理的本位,因此传统社会意识将治安理解为一个道德化解的过程。儒家传统价值相信个体对集体成员、尤其是家庭成员具有天然的尊重与服从,这被视为社会安全的基础。因此社会安定不在于强力的控制,而在于基层的化解,通过激发个人的道德天性,使其可以"讲信修睦",从而实现"谋闭而不兴,盗窃乱贼而不作,故外户而不闭"的"大同"社会。④ 中国传统社会意识也兼具道家文化的影响,崇尚清静无为的政治生活。为了减少国家

---

① 闻钧天:《中国保甲制度》,上海商务印书馆民国 24(1935)年版,第 54—55 页。
② 瞿同祖:《清代地方政府》,法律出版社 2003 年版,第 4—5 页;Hsiao Kung-ch'uan, *Rural China: Imperial Control in the Nineteenth Century* (Seattle: University of Washington Press, 1960), p. 25.
③ 参见中国社会科学院法学研究所编:《中国警察制度简论》,群众出版社 1985 年版。
④ 《礼记·礼运》。

的干预,传统社会意识认为社会本身是一个综合的、平衡的系统。魏晋时期的王弼就主张,社会治安不应是自上而下的社会控制,而应对社会结构各个方面进行平衡利用,以实现社会安全。① 因此,传统国家的治理体现了对社会多元力量的协调利用。除此之外,也有人注意到,传统社会意识强调早期的干预、改造以及思想教育的作用,因为社会本身在抑制成员犯罪方面具有早期干预的优势。② 传统中国的社会意识也反映在乡约民俗方面,基层的社会安全多由乡保担任,他们一般由乡里推选,属于无薪的准官员。由于传统乡约民俗的影响,他们往往承担更多本地社会的慈善义务。

正是由于古代中国社会结构与社会意识双重的作用,传统中国的国家治理从起初就与西方国家不同。从权力的产生来看,西欧历史上国家暴力职能产生于调和阶级冲突或利益集团斗争的需要,而传统中国国家的治安职能则产生于农业社会本身协作性的需要。从治理的主体来看,西欧国家的警务治理结构是通过国家从社会汲取经济资源建立起来的,具有完全官僚化的特征,传统中国的基层治理结构则大都内生于基层社会,只是经由国家加以确认而已,仅具有半官方的性质。从权力的运作来看,西欧国家强制职能运作是国家构建(state building)过程中国家积累、集中权力的一部分,正如历史学家约翰·斯蒂德(Philip John Stead)在研究法国警察的过程中所说:"法国警察的历史变迁是法国国家变迁不可分割的一部分",法国警察"作为国家的代理人,是国家机器从社会(地方)积累、集中权力这一过程的一部分"③。相比之下,传统中国的治安机构并非独立运作,而是与其他社会职能镶嵌在一起的,它不是暴力职能的体现,而是对基层社会服务职能的体现。

---

① 参见王弼:《老子指略》。
② Ronald Troyer, "Chinese Thinking about Crime and Social Control," in *Social Control in the People's Republic of China*, eds. R. J. Troyer, J. P. Clark & D. G. Rojek, (New York: Praeger, 1989), p.46.
③ Philip J. Stead, *The Police of France* (New York: Macmillan, 1983), p.162.

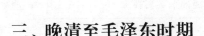

三、晚清至毛泽东时期

晚近以来,农业社会的稳定结构与传统社会意识都发生了较大的变化,使传统的治理模式失去了政治、经济乃至文化的基础,逐步趋于瓦解。保甲、团练这类传统基层治安组织在晚清的衰退乃是个不争的事实,当时一份官方文件就称这类组织为"有名无实"①。晚清外国列强入侵,引发经济产业结构变化,进而导致农村流动性增强,这可能是传统警务治理模式衰退的最主要原因。萧公权就说:"好像只有在一个相对稳定的农村社会,只有极少数的农村居民因绝望而走上危险道路的情况下,保甲制度才证明是有效的;但是在一个不太安定的时期,保甲也并不比其他的管控方式更为奏效"②。

晚清以来的各个政权,基本上放弃了传统的治理模式,试图建立一个以国家为基础的官僚化的警政体系,但皆以失败告终。③ 传统治理的模式已经瓦解,但新的以国家为基础的警务模式尚未建立起来,基层社会治安的混乱便在情理之中了。直到建国以后的毛泽东时期,在共产党的领导下,社会结构得以重新凝固,社会价值得到重新塑造,一种新型的治理模式也随之产生。

1949 年建国以后,中国第一次实现了自晚清乱局以来基层社会治安的真正改善。毛泽东时期的治安工作取得了举世瞩目的成就,下表 1 是 1950—1976 年间中国社会的犯罪率统计,一般按每年人口平均发案率计算,每 10,000 人口为 7 或 8,这一数字大大低于当时世界其他国家的一般水平,而 1950 至 1960 年代的中国犯罪率是世界上最低的,1956 年中国每万人口的犯罪率仅为 2.9,1965 年这一数字仅为 3。④

---

① 王家俭:《清末民初我国警察制度现代化的历程:1901—1916》,载《师大历史学报》(台湾),1982 年 6 月刊第 10 期。
② Hsiao Kung-ch'uan(萧公权), *Rural China: Imperial Control in The Nineteenth Century* (Seattle: University of Washington Press, 1960), p.55.
③ Stephen MacKinnon, "A Late Qing-GMD-PRC Connection: Police as an Arm of the Modern Chinese State," Selected Papers in *Asian Studies* (New Series, 1983).
④ 同时参见康树华等编:《犯罪学通论》,北京大学出版社 1992 年版,第 93—94 页。

表1 毛泽东时期的刑事犯罪率1950—1976(1966—1971年数据缺失)

年	人口(万)	刑事案件数量(件)	查处刑事案件量(件)	查处百比(%)	每万人刑事案件数量
1950	55196	513461	361744	70.4	9.3
1951	56300	332741	258207	77.6	5.9
1952	57482	243003	162326	66.8	4.2
1953	58796	292308	130077	44.5	5
1954	60266	392226	260048	66.3	6.5
1955	61465	325829	192565	59.1	5.3
1956	62828	180075	119210	66.2	2.9
1957	64653	298031	211304	70.9	4.6
1958	65994	211068	197771	93.7	3.2
1959	67207	210025	204774	97.5	3.1
1960	66207	222734	201574	90.5	4.4
1961	65859	421934	330796	78.4	6.4
1962	67295	324639	240882	74.2	4.8
1963	69172	251226	199473	79.4	3.6
1964	70499	251352	167514	77.8	3.1
1965	72538	216125	142378	65.9	3
1972	86727	402573	218228	54.2	4.6
1973	88761	535820	340641	63.6	6
1974	90409	516419	337322	65.3	5.7
1975	91970	475432	327345	68.9	5.2
1976	93261	488813	317258	64.9	5.2

资料来源：Bingsong, He. 1991. "Crime and Control in China", In *Crime and Control in Comparative Perspectives*, edited by H.-G. Heiland, L. I. Shelley and H. Katoh。

  隐含在这些数字背后的是这一时期人民公安工作独特的治理模式：国家不是选择扩充正规化的官僚警察队伍，而是像传统社会那样积极利用多元的社会控制机制以及半官方的治安组织与人员治理基层。建国以后，生产资料公有制取代了私有制，共产党建立了一元化的体制。然而，传统的"蜂窝型"社会结构并没有因此被摧毁，反倒在新的条件下以一种新的形式得到加强。传统蜂窝型社会的基础是家庭、宗族、村社，而新蜂窝型社会的基础在农村是集体所有制的社队，在城市是全民所有制或集体所有制的"单位"①。拿公社体制来说,毛泽东认为公社体现了"党政军民学,东西南北中"的一体化,如果能够维护好这个结构,那么自然就可以获得社会整体的秩序。② 可见,这一时期的社会结构同传统社会有着形式上的相似性,即每一个蜂窝都是一个集政治、经济和文化一体化的、内聚性较强的共同体,国家与社会依然是镶嵌在一起的,社会的流动性以及社会冲突的可能性自然较低。

这种社会结构保证了国家无需大规模扩充警察便可实现一个秩序稳定的社会。一方面,公安利用包括户籍制度、档案制度在内的多元机制对社会进行治安管理,另一方面,公安从各个"蜂窝型"结构内部吸收人员参与,建立起基层治安保卫委员会、治安保卫小组、调解小组等多层次的治安结构。这些治保组织的成员熟悉社区的情况,由社区推任,公安局备案,其主要职责有二:第一,实现自我监督与管理,维持社区内的治安;第二,当基层发生纠纷,在公安力量介入之前由他们先行进行调解,避免冲突升级,公安介入之后他们协助公安完成案件的侦破。

而与此同时,国家正规的公安警察只是社会控制机制中的一个组成部分而已。这一时期,中国每万人口的警察数量仅为3人左右,大大低于同时期世界平均水平。以山东省为例,表2显示了建国以后山东省县级正规国家编制警察仅为30余人,多则50人。这其中的"公安队"是建国之前党控制的革命暴力机构,建国以后不久便被编入人民解放军而脱离公安队伍。中国社会治安状况最好的时期是20世纪50—60年代,但也是新中国成立以来中国警察力量最少的时期,而国家在这一时期竟还曾多次缩减公安队伍的编制。③

---

① 王绍光:《政治文化和社会结构对政治参与的影响》。
② 参见中共中央文献研究室:《毛泽东传(1949—1976)》,中央文献出版社2003年版。
③ 可以参见地方公安档案,如1956年山东省公安厅文件《全省公安系统精简机构紧缩编制方案》,从这份文件可以看出,山东省在建国以后的十几年间县级公安机构的数量与人员编制的数量在逐渐降低。山东省档案馆,档号 A101-03-0064-002。(山东省档案馆,档号 A101-03-0064-002)

表 2　1950 年山东省县级公安编制员额的一般分配表

类别 \ 部门	专署公安局	特等县公安局	甲等县公安局	乙等县公安局	丙等县公安局	丁等县公安局
干部工作人员	43	52	44	40	39	31
公安队（杂勤）	30	53	52	46	37	35
总计	80	110	100	90	80	70

资料来源：山东省公安厅《山东省公安部门整编方案（草案）》（19500816）。

毛泽东时期的社会结构，固然是实行这种治理模式的重要条件，但这一时期特殊的社会意识也提供了必要的支持。这一时期，传统的社会意识被打碎，但是新社会仍然建立在一种整体主义的社会意识之上。传统社会的整体是以父权为基础的家庭或宗族，以及由此构成的村舍，要求个人必须对社会整体的尊卑秩序无条件服从。而毛泽东时期的整体变成了公社或单位集体与国家，社会成员为了集体的利益牺牲个人的利益是光荣的，为了整体的秩序牺牲个人的自由是合理的。① 这种社会意识是保障公安工作能够调动群众参与的重要因素。如果没有群众对集体主义价值的高度信仰，很难想象国家可以调动数以百万计的群众义务参与基层治安。

毛泽东时期的社会意识不仅激励群众的参与，同时也约束公安人员的行为。群众路线代表了人民共和国对公安的初始要求：公安警察要在组织上依靠群众，在思想和感情上贴近群众，因此这一时期人民公安与群众的关系被称为"鱼水之情"。群众路线保证了公安警察可以借由群众的力量对基层社区进行及时防范，这与传统中国价值观中强调社会防范早期介入的思想是一致的。同基层群众保持亲密感情的重要方式在于"为人民服务"，通过为辖区内的群众提供广泛而具体的服务，以此获得群众的信任。

毛泽东时期的简约治理模式，使中国取得了巨大的治安成就，同时亦保持了一个低成本的国家机器。这种国家治理，与传统中国具有很强相

---

① Lucian W. Pye, "The State and the Individual: An Overview Interpretation", *China Quarterly*, 1991, 127: pp. 443—466.

似性。从权力的产生看,毛泽东时期是一个相对平等的社会,人民公安最主要的职能并不在于调节基层社会的阶级冲突,而在于维持"蜂窝状"社会结构的稳定,为基层民众提供更具体的服务。从治理的结构看,社会治安的主体力量并非依靠国家财政建立起来的官僚警察,而是具有半官方性质的基层群众。从权力运行来看,公安职能的发挥不是依赖对暴力的垄断维系,而是建立在与群众互信的基础之上。警察与人民之间的关系,是国家性质的表现,如果说传统中国的国家治理体现了"民本"的要求,那么毛泽东时期以公安为代表的国家治理则体现出"人民民主"的要求。

四、改革开放前期

无论是传统社会还是毛泽东时期,其警务治理均建立在稳定的"蜂窝状"社会结构之上,以及有效的社会意识支撑的基础上。然而20世纪70年代末启动的改革深刻改变了中国的经济与社会结构,商品经济的发展使社会意识整体发生变化。这些外在条件的出现,使国家统治的任务发生重大转移,以公安为代表的国家治理也随之发生变化。

(一) 社会结构与社会意识的新变化

改革开放以来,随着商品经济的发展,人、财、物大流动,直接摧毁了原有的农村公社与城市单位体制,政经一体化的社会结构趋于解体。其直接后果是毛泽东时期社会控制体系的政治经济基础破裂,户籍制度、档案制度以及基层调解等多元的社会控制角色退化。社会结构变动、人口流动加大,直接导致犯罪率的上升,建立在原来相对稳定的社会基础上的警务结构,也由于人口流动的加大、基层犯罪的增加而面临巨大压力。根据孙立平的一项个案研究发现,在广东东莞的长安镇,本地人口为32000人,但是外来暂住人口有20多万,如果加上没有办理暂住证的,外来人口与本地人口的比例大约为10比1。而这一地区原来的治安系统仍然是按照32000人的本地人口设立的。原来镇上只有一个派出所,十几个公安人员。①

改革开放以来,社会意识也发生了深刻的变化。潜藏在群众心底的对自己生存的关怀,对个人发展的憧憬,随着市场取向改革的深化与拓展逐渐苏醒,并成为民间价值观的主旋律。② 这种社会意识的转换,对于人本关怀的产生以及社会的进步具有重要意义,但是价值观转换对于国家原有的以群众为基础的警务结构形成了巨大的冲击。正如邓晓光的研究所指出的,群众价值观念逐步从过去"向前看"转变为改革时期之"向钱看","致富是光荣的"成为新时期国家对社会生活的重要引导原则。在这种价值引导下,如果缺少了经济激励,很难想象基层政府可以像过去那样调动群众积极投身社区治安事务。③

Michael Dutton 的研究从经验层次说明,改革时期"金钱激励"的缺乏成为毛泽东时期治保结构功能衰退的重要原因,这一时期国家已经无法依靠政治动员和意识形态教育激发治保组织成员的热情。④ 一项有关城市治保会的调研进一步揭示,由于公安机关的预算内经费由地方财政统筹计划,其中并不包含治保工作的费用,因此治保工作人员的工资奖金等难以兑现,这更加挫败了治保人员的积极性,使基层治保组织名存实亡。⑤

这种因社会结构与社会价值变化而产生的传统治理模式的瓦解,促使国家发展正规的治理结构。事实上,改革以来国家为了实行强制职能从社会所汲取的经济资源比重越来越高,从改革开放初期社会公安经费开支占整个 GDP 的不到千分之四发展到后来的千分之七(图2)。从警力编制的发展来看,中国公安民警的数量已经由改革初期约 60 万的水平发

---

① 孙立平:《中国农民工的流动》,载沈明明编:《改革发展与社会变迁》,华夏出版社 2001 年版,第 119 页。

② 参见徐贵权:《改革开放以来中国社会价值观范型的转换》,载《探索与争鸣》2004 年第 5 期。

③ Deng Xiao gang. and Ann Cordilia. "To Get Rich is Glorious: Rising Expectations, Declining Control, and Escalating Crime in Contemporary China," *International Journal of Offender Therapy and Comparative Criminology* 43, no. 2 (1999), pp. 211—229.

④ Michael Dutton, "The End of the (Mass) Line? Chinese Policing in the Era of the Contract," *Social Justice* 27, no. 2 (2000), pp. 61—102.

⑤ 参见何亦新:《城市治保会的现状分析》,载《湖南公安高等专科学校学报》2000 年第 12 期,第 51—53 页。

展到现在 140 万左右。① 基层派出所的数量也从八十年代末的 37000 个左右发展到现在的 52000 个左右。② 这种治理结构的新特征,与传统社会乃至毛泽东时期具有明显的不同,反映了转型期社会结构与社会意识变动对国家治理的影响,中国国家治理中官僚化正规结构增长明显。

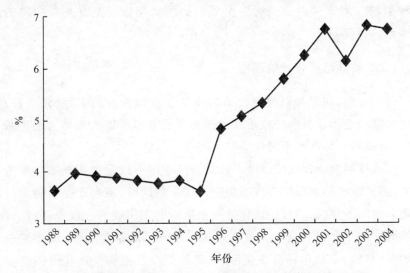

图 2　1988—2004 年公安经费支出占地方 GDP 比例全国平均值
资料来源:《中国地方统计年鉴》(1989—2005)。

尽管改革初期公安正规结构逐步扩大,但是国家对公安队伍的规制能力却大幅下降了。传统社会与毛泽东时期的社会结构相对稳定,人口流动性低,因此公安治理的对象是一个熟人社会,但是改革以后社会结构变动加剧,人口流动增强,公安工作不得不脱离开他们所属的社区、与居民在空间上分开,这造成警民关系的疏远,群众路线所代表的价值与伦理要求对公安的约束力骤然下降。同时社会意识的变化对公安民警的个人信仰造成冲击,许多公安干部相信,经济方面的激励是保障警

---

① 《中国法律年鉴》1987 年,2005 年版,第 17、208 页。
② 武和平在公安部新闻发布会上答记者问,2006 年 2 月 7 日〈http://big5.gov.cn/gate/big5/www.gov.cn/xwfb/2006-02/07/content_180313.htm〉。

察有效履行职责的唯一条件。① 在改革初期,基层公安警察参与基层政府对农村进行违法经济攫取的现象突出,许多警察通过帮助基层政府缴收公粮及费税、执行计划生育政策等获取经济收入的行为屡禁不止。② 毛泽东时期相对成本低廉但效率颇高的多元治理体系,在改革初期在市场转型的压力下被演变成为一个成本高但效率低甚至是充满故障的强制体系。

(二)传统治理模式的延续

另一方面,如果我们观察改革以来基层行政治理的实践,则会发现,传统社会和毛泽东时期行政治理的遗产并没有因官僚正规结构的扩张而消失,它依然延续在改革时代。

行政体制内治理权的高度下放是传统中国行政治理实践的一项重要特征,国家在政治上保持高度的集中与统一的同时,倾向于在具体的行政治理方面向下放权,尽可能地保持一个简约的中央政府。改革开放以来,中国的国家并没有通过中央集权逐步向地方垄断暴力职能,反而进一步向地方(县级)下放包括财政保障、人事编制以及机构管理在内的公安权责,与传统治理的模式一脉相承。③

在分权的制度安排下,地方层次也部分地继承了毛泽东时期寓行政于半正式机制的方法与国家发起相结合的治理模式。从20世纪80年代开始,全国许多地方政府在财政制约与正式警力不足的情况下,积极挖掘基层社会的资源,通过政府发起、民间参与的方式,建立了各种半官方的地方治安机制,包括治安联防队、经济民警等,在地方治安中担当了积极角色。另外,80年代初我国重新恢复了治保会工作,虽然治保组织的功能可能降低了,但是地方并没有因此而放弃对既有组织资源的利用。从表3和表4的数据可以看出,从1985年到1989年,农村地区的治保组

---

① 参见徐汉民:《人民公安40年》,警官教育出版社1992年版。
② Michael Dutton, "Toward a Government of Contract: Policing in the Era of Reform," *Crime, Punishment, and Policing in China*, ed. Børge Bakken (Lanham: Rowman & Littlefield, 2005).
③ 参见樊鹏、易君健:《地方分权、社会犯罪与国家强制增长:基于改革时期中国公安经费发展的实证分析》,载《世界经济文汇》2009年第2期。

织数量呈现明显下降趋势,但是城市和乡镇治保会的数量却上升了10.8%(绝对数增加16414个),治保小组数量上升了20.4%(绝对数下降80549个)。这些数字可以说明半正式的治理方法在改革时代仍然得到沿用。

表3 1985—1991年全国治安保卫委员会数量统计

年度	治保会个数				治保会人数			
	合计	企业\学校\机关	城镇	农村	合计	企业\学校\机关	城镇	农村
1985	1175029	281807	153678	739544	5801286	1653269	1091922	3056095
1986	1174456	291548	154084	728824	5305447	1580426	858943	2866078
1987	1176486	299975	152350	724161	5259963	1577431	841113	2841419
1988	1176486	299975	152350	724161	5259963	1577431	841113	2841419
1989	1175510	309366	170525	695619	5182573	1574887	951735	2656167
1990	1194610	319382	163560	711668	5277471	1664592	884810	2728069
1991	1251028	317867	216087	717074	5886299	1564331	857719	3464249

资料来源:《中国法律统计年鉴》(1986—1992年,1991年以后的数据缺失)。

表4 1985—1991年全国治安小组数量统计

年度	治保小组个数				治保小组人数			
	合计	企业\学校\机关	城镇	乡村	合计	企业\学校\机关	城镇	乡村
1985	2632735	410128	386317	1836290	6967541	1314801	1090772	4561968
1986	3049759	407763	394300	2247696	6743436	1312576	1083385	4347475
1987	2612079	390740	428864	1792475	6976900	1324444	1210441	4442015
1988	2612079	390740	428864	1792475	6976900	1324444	1210441	4442015
1989	2486914	394199	474849	1617866	6586563	1344700	1291364	3950499
1990	2625807	433162	472953	1719692	7070690	1455800	1293810	4321080
1991	2519151	422091	472671	1624389	7449878	1448384	1303877	4697617

资料来源:《中国法律统计年鉴》(1986—1992年,1991年以后的数据缺失)。

中国平均每万人口警员的人数为11人,但是本研究曾在山东省进行了一项田野调查,结果发现在许多县,每万人口平均正式警察数量实际不足 3 人,这可能是由于警力分布的不均衡造成的,但是即使在欠发达地区,国家也不可能依赖如此小规模的正规力量治理基层社会。对山东西南 S 县的调研发现,基层派出所的大量纠纷处置,主要依靠半正规人员的参与,这部分人员被称之为"协警"或联防队员。从表 5 我们可以看到该县基层派出所联防队员的人数大大超过正式民警的人数,有的乡镇甚至是正式民警的几倍。这些人员由街道或乡镇推荐进入派出所,职责是协助当地派出所维持地方治安,受地方公安机构的监管,其薪资由用人派出所自行解决。①

20 世纪 90 年代公安部开展了一项全国犯罪调查,显示中国基层公安机构隐藏犯罪纪录的事实,主要发生在县级以下的层次。中国的基层公安机构平均 70%—80% 的治安刑事案件都没有记录(under-recording)上报,越是较轻微的社会纠纷与治安案件越容易隐而不报。② 这一现象背后可能存在非正式治安模式的作用。调研发现,在基层公安工作中,大部分轻微治安案件是由"协警"、联防队员这类半正式人员接手的,但由于一般治安案件的正规立案程序非常复杂,这些联防队员并不情愿承担国家的文牍之累,因而对许多治安案件采取不予立案的方式处置。然而更重要的原因在于,这些半正式人员对他们本地社区的世故人情及各种关系网络比较熟悉,因此他们常常对基层纠纷与轻微治安案件进行调解,尽量不使当事人"对簿公堂"。只有当矛盾大到严重违反公共秩序或者矛盾双方无法调解的时候,他们才会经由正规的手续立案上报。这种方法避免了基层治安纠纷的升级,使许多治安案件免于国家正式的干预,这与传统中国基层行政治理的特征具有明显的相似性。③

---

① 许多联防队员薪资极低,甚至没有薪酬。因而他们常常利用职务之便从社会罚没中索取一些经济资源(按照法律规定他们是没有执法权的)——比如从他们所经手的赌博、嫖娼案件中牟取私利,但是与这些相比,他们的积极作用更为重要。

② 参见俞雷主编:《中国现阶段犯罪问题研究》(总卷),中国人民公安大学出版社 1993 年版。

③ 2007 年 8 月在山东省 H 市 S 县与 C 县的调研。

表5 山东省S县各辖区派出所警力构成状况与辖区规模

派出所	民警	联防队员	辖区人口（万）	面积（平方公里）	自然村（个）
城关所	8	12			
南关所	6	18			
北关所	5	8			
东关所	5	10			
西关所	11	15			
莱河所	4	12	5.4	72.6	120
郭村所	4	9	7	100.7	138
高老家	4	9	6.3	97.2	112
高韦庄	3	9	4.1	64.5	111
浮岗所	4	9	6.5	133.9	136
曹庄所	3	7	3.3	45.5	73
孙溜所	5	4	3.3	59.6	104
龙王庙	3	11	5.4	88.8	121
杨楼所	4	13	5.2	88.2	100
蔡堂所	4	9	5.2	84.9	107
朱集所	4	9	3.8	55.1	82
终兴所	4	15	7.8	126.5	176
李田楼	3	10	5	88.4	148
时楼所	3	9	4.3	65.1	89
张集所	3	11	5.3	78.5	101
徐寨所	5	15	6.5	82.7	160
李新庄	4	10	4.2	68.3	131
谢集所	3	9			
黄岗所	4	20	8	131	173
开发区	4	21			

资料来源：调研数据。

总之，改革开放以来，在社会结构与社会意识的变化下，以公安为代表的国家治理，出现了新的特征，主要是体现在行政治理的结构发生的变化，传统半官方的结构逐步瓦解，新的以国家正式权力为基础的治理结构逐步成长。但是，从基层行政的实践来看，则又显示出某些传统治理模式的延续，它们在不同层次、不同程度上体现了传统国家治理的特征。

五、改革后期(1998年以来)

随着改革的深入,尤其是1992年十四大以后市场经济地位的确立,至90年代末,原有的一些问题得到了解决,但市场改革的许多效果开始释放出来,中国社会出现了一些新情况、新特征。改革后期的新变化,对于中国国家强制职能的发挥产生了重要的影响,以公安为代表的国家治理出现了新特征。

(一)利益结构调整与暴力性质的增长

90年代末,中国自改革以来首次告别短缺时代。1998年中国市场第一次出现总供给大于总需求的局面,当时对1000种主要商品供求的调查,只有四种商品供不应求,这宣告了我国第一次告别短缺时代,这是市场经济改革的一项重要成果。但是与此同时,由于内需不足,过剩经济的挑战也开始出现,1998年的过剩现象是在人均GDP不足6796元即不足1000美元的情况下出现的,而与此同时,中国的基尼系数已经从改革初期的0.16发展到90年代末期的0.4强,改革二十年,我国已从一个平均度极高的社会转入收入差距较大的社会。

同样以1998年为界岭,中国进入国企攻坚阶段,失业下岗加剧。1997年十五大中央第一次明确认可了国有企业职工下岗,同年年底全国范围内进行了大面积的"减员增效",国企职工下岗风潮加剧。至1998年第一季度,全国共积累了1100万下岗职工,其中国企656万,占国企就业人员总数的9.2%。失业下岗问题,使中国社会的利益结构调整加大。

1998年,中国社会的官民矛盾出现突变。以行政诉讼案件作为一项指标来看,自1989年中国颁布《行政诉讼法》以来至1997年,全国行政诉讼案件数量年平均3万件左右,但从1998年开始,行政诉讼案件数量出现激增,这一年同比翻了一倍,达7万件左右,至2001年达10万件。行政诉讼案件的增多,说明中国社会利益结构调整已经涉及官民冲突,政府自身也开始成为利益结构中的主体之一。

社会利益结构的深刻调整与经济贫富差距的拉大,强化了潜在的社会冲突,对国家的强制职能施加了巨大压力。同时,城市化与人口密度的扩大,也对国家强制治理提出了新要求。① 利益结构的调整,使经济受益的阶层越来越多地寻求国家的安全保护,地方政府也试图调动暴力资源保护改革的成果,执行地方经济政策,同时为新的投资阶层创造安定的环境。城市地区的居民从农村人力资源的流动所带来的财富效应中受益,但是他们却将城市治安问题归罪于以农民工为代表的外来人口,要求政府集合更多的暴力资源保护新兴的有产者所拥有的社区。

图 3 是 2004 年各省外来人口迁入率与地方公安的强制力度之间的关系,以每万人口逮捕人数作为国家强制力度的指标,外来人口比例越高的地区,这里的国家强制力度也越高。中国受城乡二元结构影响,通常一个地区外来人口比例越高,这里的经济分化也越高。② 果若如此,那么这一

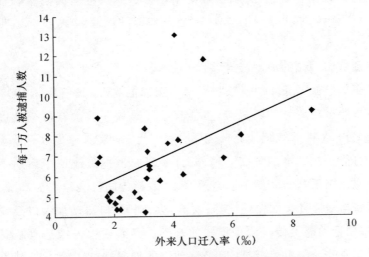

图 3 中国各省外来人口迁入率与警察逮捕人数的关系

资料来源:人口迁入率来自《中国人口统计年鉴》(2005 年);逮捕数据来自《中国检察年鉴》(2005 年)。

---

① David Bayley, *Patterns of Policing: A Comparative International Analysis* (New Brunswick, N. J.: Rutgers University Press, 1985), pp. 77—78.

② 参见陆铭、陈钊:《城市化、城市倾向的经济政策与城乡收入差距》,载《经济研究》2004 年第 6 期。

定程度上说明,以公安为代表的国家治理,越来越多地体现出因社会经济分化而统治的性质,其职能的发挥距离人民公安的初始要求越来越远了。

(二) 流动性剧变与集权治理的强化

至 20 世纪 90 年代后期,改革已进行了二十年,中国的城市化图景发生了很大的变化。1949 年到 1979 年,中国的城市化率由 10.6% 发展至 17.92%,全国城市从建国初期 140 个发展到 1979 年的 193 个。然而改革以后城市化率加速,从 1979 年到 1998 年,城市化率从 17.9% 的水平发展到 30.42%,全国城市发展至 668 个,建制镇则从 2173 个发展至 19000 个。1998 年,中国实行城市居民自购住房,这使中国城市化的特征出现突变。住房改革使外来人口数量激增,进一步加速了城镇化的发展,同时使城镇居住结构发生了变化,基层社区由过去的熟人社会向陌生人社会转变,这对于传统的以稳定的熟人社会为基础的治理模式产生了明显的挑战。

伴随着城市化的加剧与经济结构的调整,至 90 年代末,暴力犯罪与跨地区犯罪急剧增长。图 4 反映了暴力犯罪的状况,我们看到 1998 年以后暴力犯罪呈现飙升的趋势,这可能反映了过去一些没有被统计进来的数字在 1998 年以后被统计进来,但是 90 年代末期犯罪率尤其是暴力犯罪的上升可能是个基本的事实。另外,许多研究也指出改革中后期中国的流窜犯罪比例逐渐增大。[①] 传统治理模式以稳定的社会结构为基础,充分利用国家与基层社会的交融,但是城市化加剧、人口流动加大以及流窜犯罪增多,严重动摇了传统治理模式的基础。灵活放权曾经是改革时期国家强制职能的一项重要特征,但是流动性的增强降低了地方强制投入的本地收益,1998 年作为一个拐点,全国公安财政投入比重的全国平均值出现了自改革以来第一次下降(图 5),这说明社会结构的变化也已经影响到

---

① Michael Dutton, "The Basic Character of Crime in Contemporary China," *The China Quarterly*, 1997, No. 149, pp. 160—177.

以分权为基础的治理模式。①

图4　1981—2004年中国暴力犯罪案件的绝对数（单位：件/每千万人口）

资料来源：《中国法律年鉴》（1982—2005年）。

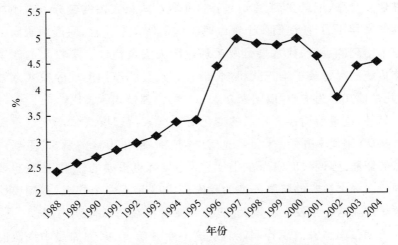

图5　省级公安经费支出占地方财政支出比例全国平均值②

数据来源：根据《中国地方财政统计年鉴》（1989—2005）。

---

① 参见樊鹏、易君健：《地方分权、社会犯罪与国家强制增长：基于改革时期中国公安经费发展的实证分析》，载《世界经济文汇》2009年第2期。

② 1990、1991以及1992三年数据因缺失而以移动平均值替代。

从 90 年代末期开始,以强化中央集权为趋势、加强基础权力建设为特征的公安体制改革逐步启动。一方面,中央开始自上而下强化对地方公安的干预与调动,通过对基层派出所与城市公安分局的体制的垂直管理改革,一定程度上将外部效应内部化,同时加强了上级对下级的监管与调动,有益于行政体制的连贯性。另一方面,中央开始在基层建立新型警务机制,包括建立农村与城市社区警务、实行基层下移战略,这是公安历史上第一次将正规警察机构延伸到派出所以下的社会基层。①

集权化的建设,一方面纠正了过度分权带来的警察滥用职权的问题,强化了国家对地方代理人的监管,但是中央集权也对地方行政治理的传统模式产生了影响。以公安信息的统计为例,国家为了抑制地方隐瞒犯罪信息,并提高对犯罪信息的集中垄断能力,开始透过组织改造,在各级公安机构设计了整套针对犯罪信息统计的制衡程序,这些程序使得基层公安机构上报与隐瞒治安案件的成本增加。基层警察被要求对各类治安案件建立台账、记录在案,这给包括这些联防队员在内的警务人员施加了巨大的文牍压力,使他们疲于奔命地应付各种文本要求,而逐渐脱离了他们原本治理的手段,使基层行政治理逐渐失去灵活性。集权化的改革可能使传统的寓行政于半正式机制、半官方人员的简约治理的模式逐渐消失,并被以文牍为中心、以国家介入为主的治理模式所替代。

另外,改革后期社会意识的变化对于国家治理模式也产生了重要影响。从 90 年代末开始,社会普遍反思彻底市场化带来的后果,重新认识国家的职能,强调政府应当在社会生活中发挥更重要的作用,舆论也要求我国建立一个法制的与服务型的政府。1998 年是一个拐点,我国整体的行政体制在这一年发生了重大变化,主要特征在于从前期国家以"退"为主返回来强调国家的规管职能。从这一年开始,国家为加强中央政府的行政调控与监管,开始通过重塑政府结构加强规管体系建设,这一趋势表现在金融、环保、土地管理等多个领域。公安是国家整体治理模式变迁的一部分,反映了改革后期国家统治在新形势与新的社会意识要求下所发

---

① 参见樊鹏等:《改革时期的公安分权与集权:国家强制能力建设的逻辑》,北京大学中国与世界研究中心《研究报告》(内部交流),2008 年。

生的调整。

六、结　论

  Max Webber 曾认为,传统中国的国家,受到世袭家产制官僚主义的影响,行政结构粗泛、技术落后,欠缺理性支配的能力,因此他断定传统中国的国家对基层社会统治与干预的能力是微弱的。[①] 另一位依然活跃在当代西方学界的 Michael Mann,几乎从同一个角度提出,传统中国是一个"集权程度较高"但同时"基础权力低下"的国家。中央虽然在名义上对政治权力高度集中,但是其基层政府向社会基层延伸的程度以及官僚结构控制基层社会的能力是低下的。[②] 显然,他们错误地将中国与欧洲放在同一个参照系中了。本文通过国家强制职能这一问题,从一个侧面说明了中国与西方国家治理传统的不同。

  按照西方的理论框架,中国在历史上很长一段时期都是一个低度基础权力的国家,但是中国的国家治理却取得了巨大的成就。本文借助于国家强制职能的形成说明,中国与西方在国家性质方面具有本质的不同:西方的国家在于统治一个分裂的阶级社会,起初就具有暴力统治的特征,国家形成是国家借助于一元化的官僚结构集中并垄断暴力的一个过程。中国的国家性质不在于统治一个分裂的阶级社会,而在于降低国家对小农经济的攫取,保持小农社会的内部平衡,同时为基层小农社会提供更加具体的便利与服务。中国国家治理的传统不在于国家与社会的高度分离,以及通过国家正规化的结构建设集中并垄断社会权力,而在于通过广泛的放权与社会进行协作。因此,与西方传统相比,中国国家治理的形式更加具有多元、丰富的内涵,国家治理的性质更加具有中性、温和的色彩。

  黄宗智试图突破使用国家与社会二元对立的框架来分析中国,他用

---

  ①　马克斯·韦伯(Max Weber):《儒教与道教》,商务印书馆 2002 年版。
  ②　曼(Michael Mann)对国家权力作出了两种划分:集权化的程度(相对于其他与之抗衡的权力)——他称之为"专制权力"(despotic power)——和政府深入社会的程度——他称之为"基层渗透权力"(infrastructural power)。参见 Michael Mann, "The Autonomous Power of the State: Its Origins, Mechanisms and Results," *European Archive of Sociology*, no. 25 (1984), pp. 185—213。

一个新的概念重新概括传统中国的国家治理:"集权的简约治理"(centralized minimalism)。他认为:在传统中国,统治者坚持世袭制集权,但是为了达到世袭制统治内在的分裂最小化,并承诺把税收最小化,由此产生了简化政府的愿望。中央在保持高度政治集权的同时,倾向于把治理的权责高度下放给地方。而地方政府也同样遵循简约的原则,将治理权下放给半官方的人员,以非正式的机制处理社会事务,作为政府维持整个体系高效率、低负担的办法。黄宗智认为这种国家与社会关键性交汇点上的实际运作特征,体现了传统中国国家治理的特性。[1]

黄宗智的这一概念,不仅试图把握政府正式组织的性质,而且试图把握政府基层行政的实践。这一概念有利于我们对国家治理的形式产生更清晰的认识,突破了以国家—社会简单二元的框架看待传统中国国家的窠臼,为理解传统中国国家的治理提供了一个很好的视角。但是黄宗智并没有给予这一概括一个历史性、发展的视角,他虽然指出传统中国简约治理的遗产有一定部分持续存在于民国时期、毛泽东时期和现今的改革时代,但是并没有指出是什么因素决定这种治理传统在历史发展中的变与不变!

本文通过对国家强制职能历史变迁的分析,已经站在黄宗智概念框架的基础上描述了中国国家治理传统中多元化行政实践的特征,但同时又将社会结构与社会意识作为自变量引入问题的分析,深入挖掘了国家治理变化的机制,克服了原有概念框架缺乏解释性能力的缺陷。然而,本文并不打算给出一个新的概念来概括以国家强制职能为代表的中国国家治理的传统,而是基于文中事实性的分析对国家治理的特征进行三个层次的抽象概括:

第一,国家权力的产生,并非基于调和分裂的阶级社会或利益集团之间斗争的需要,而是基于基层人民经济生活协作性需要。社会结构规定了国家的首要功能在于为基层提供更具体的便利与服务,而社会意识则对国家权力进行约束,使其不脱离这种协作性的需要。

---

[1] Philip C. C. Huang, "Centralized Minimalism: Semiformal Governance by Quasi Officials and Dispute Resolution in China," *Modern China* 34, no. 1 (2008), pp. 9—35.

第二,国家治理的主体,不完全是通过政府垄断经济资源建立起来的,而是内生于基层社会本身,其主体性质是模糊的。特定的社会结构为这种治理主体的产生提供了可能性,而社会意识则为它的存在提供了精神层次的支撑。

第三,国家权力的运作,所体现的不是对阶级分化与社会冲突的统治,而是国家权力与社会权力在基层的"水乳交融",权力并不表现为单方面的"干预"或"支配",而是表现为交互性的影响。社会结构决定了国家权力的运作方式,而社会意识则保证了成员可以接受这样的运作方式。

传统中国的社会结构与社会意识,保证了传统中国的国家治理在形式上区别于西方一元化的治理结构与模式,而表现出更加多元、丰富的特征;在本质上区别于西方国家对阶级政治或利益集团政治进行暴力统治的性质,而表现出更加中性、民本的色彩。也正因此,传统中国的国家治理在政府开支与治理效能之间达到了一个较好的均衡。毛泽东时期的社会结构同传统社会具有形式上的形似性,它依然是一个"蜂窝状"的社会结构,而这一时期的社会意识依然以整体主义为特征,这两个方面保证了毛泽东时期以公安为代表的国家治理仍然具有多元、丰富的特征,同时在治理的性质上体现出"人民民主"的要求,也正因此,毛泽东时期的公安治理取得了举世瞩目的成绩,它以很低的成本维持了一个低度犯罪的国家。

改革以后,中国的社会结构与社会意识发生了前所未有的变化,它从根本上动摇了中国国家治理传统的根基。但是即使如此,与西方比较,改革时期的中国依然是一个低度强制力能力但高度稳定的社会,我把这一成就归结于传统中国国家治理的模式在改革时期所产生的顽强生命力。然而,事情正随着改革的深入、流动性的增加、尤其是社会利益结构的深度调整而发生变化。不仅在形式上国家治理的模式在发生变化,传统的治理模式消退的同时以行政集权和正规化为特征的治理模式日益成为主流。更重要的是,国家暴力机制的增长正日趋体现出为经济分化而统治的性质,背离了人民民主起初的要求。如果中国试图在追求自身现代性的过程中有所成就,那么就不应当被西方国家统治虚假的表象所迷惑,而应重新重视中国自身国家治理的优良传统。

启示篇

教化之道:传统中国的政治社会化路径析论

葛 荃

> "教化之道"是传统中国的治民方略,内涵着丰富的政治社会化思想。正是由于政治社会化路径的多样化,使得儒家文化倡导的政治价值及道德理念能够得到全社会的广泛认同,培育出一代又一代的"忠臣"与"顺民",实现君主政治"移风易俗"的治理目标。作为传统中国成功的政治经验,其中的方法论解读理应为当代中国的政治社会化建构提供借鉴。

一、政治社会化题解

"政治社会化"是政治文化研究的一个特定论域,一般指的是政治知识的传播过程。对于社会一般成员来说,是其个体的政治知识、政治态度、政治价值观念、政治理念、政治情感以及政治信仰等等的形成过程,也是其政治人格的形成过程,亦即一个人从"自然人"成长为政治人的过程。对于一个民族来说,政治社会化是指民族的政治文化的传承过程,亦即那些政治方面的知识、态度、价值观和政治信仰等等通过什么样的方式和渠道,一代一代延传下来的过程。

关于这个问题的理论界定,学术界目前尚无定论。研究者们根据自己的理解和积累,各抒己见,在基本概念的界定上大同小异。如加布里埃尔·A. 阿尔蒙德认为:"政治社会化是政治文化形成、维持和改变的过程"[①]。王卓君指出:"我们认为,政治社会化就是个人逐渐接受社会政治文化规范,并使自己逐渐成为合格的社会公民的过程"[②]。杨光斌主编《政治学导论》中征引戴维·伊斯顿、杰克·邓尼斯的观点:"政治社会化是人们习得政治取向和行为模式的发展过程"[③]。

从上述征引看,所谓政治社会化指的就是人和人类群体的"社会化"过程。对于社会群体来说,全社会所具有的政治价值、态度、信仰等等政治文化是维系政治秩序、调节整治关系的重要纽带。这些群体共有的政治文化是在这个群体本身的历史过程中逐渐形成的,既传承于上代,又延绵于后世。那么,维系和传承社会群体政治文化的过程就是这里说的政治社会化。

本文的界定借鉴了前人的研究,总体上取其综合之义。如果能用一句话来概括政治社会化,则可以这样表述:政治社会化是一个民族维系、延传政治文化的过程。对于个人来说则是其学习、获取和形成政治文化,成长为政治人的过程。

一般社会成员经由这样的过程而形成了"政治自我",对于自身在社会政治生活中的定位、自身的权利、责任、义务等等都会具有相应的认识或自觉。个人的政治社会化过程在实际社会政治生活中表现为一个持续的学习过程。伴随着人们从幼年到成年的成长过程,伴随着人的生理和心理的成熟过程,人们一般都会经过家庭、学校、社会交往、社会团体、政

---

① 加布里埃尔·A. 阿尔蒙德等:《比较政治学:体系、过程和政策》,上海译文出版社 1987 年版,第 91 页。

② 王卓君主编:《现代政治学引论》,东南大学出版社 2000 年版,第 227 页。文中外国学者指 R. Dawson(道森)and K. Prewitt(普雷维特),征引观点见:*Political Socialization*, Little Brown & Company, Boston, 1969,第 6 页。

③ 杨光斌主编:《政治学导论》,中国人民大学出版社 2000 年版,第 87、88 页。文中征引分别参见戴维·伊斯顿、杰克·邓尼斯:《政治系统中的儿童:政治合法性的起源》,麦格劳—希尔公司 1969 年版,第 7 页;《布莱克维尔政治学百科全书》,中国政法大学出版社 1992 年版,第 571 页。

治组织等等阶段性的学习过程,了解、接受并形成自己的政治认知、观念意识、价值观以及情感和信仰等等。这样的学习方式也可以分为两类。第一种是间接的学习过程,如家庭、学校,以及与同辈集团的交往等等。二是直接的学习过程,主要指有组织的政治学习或加入社会—政治组织而受到的政治教育等等。当然这是就一般情况而言,具体到社会成员个体,则是因人而异的。

一般而言,社会或政治系统为实现针对全体社会成员的政治社会化,提供了各种各样的政治社会化组织形式。这些组织形式可以分为两类。第一类是初级的组织形式,主要是家庭和同辈群体。事实上,这样的组织形式常常伴随人的一生,人们在实际社会生活中是很难摆脱家庭和同辈群体的。不过,就政治社会化的效果来看,人们在未成年之前,主要是在与父母、兄弟姐妹、亲戚及同辈群体的交往过程中形成最初的政治认知,形成朴素的政治情感、政治态度和政治立场,并为日后政治人格的形成奠定了基础。

初级的政治社会化组织形式分散遍布于社会的各个层面,对于政治系统来说,是很难强化其组织性并实行全面控制的。这就需要通过另一类组织发挥作用。

第二类政治社会化组织形式指的是学校、政党、具有政治性的社会团体、大众传播机构和组织等等。这类组织的特点是具有高度的组织性和政治性,对于一般社会成员的政治文化的形成、维系和改变有着强势的引导定向和掌控作用。相对前面初级组织的家庭而言,学校和大众传播对人们的影响更为直接和强烈,一般社会成员常常是在这个层面的政治社会化过程中确定了他们的政治态度和行为选择。

二、教 化 之 道

在传统中国君主政治条件下,政治社会化途径和方式是面向全社会的,在维系政治系统和政治文化延传方面起到了不可替代的作用,孔儒以来即有专用名词称之,曰:"教化之道"。自孔子起始,德治教化就被视为治国方略，教化则是治理百姓的首选政策。孔子早就拟定了这样的方针。《论语》载：

> 子适卫，冉有仆。子曰："庶矣哉！"冉有曰："既庶矣，又何加焉？"曰："富之"。曰："既富矣，又何加焉？"曰："教之"①。

可知"先富后教"是孔子拟定的基本国策，教化是治民的主要手段。孟子完全承袭了孔子之教，他说：

> 仁言不如仁声之入人深也，善政不如善教之得民也。善政，民畏之；善教，民爱之。善政得民财，善教得民心。②

"善教得民心"一语道出教化的功效和儒学宗师们选择教化作为基本国策的缘由。先秦儒学宗师们的认识被后世继承下来，成为以儒家文化为主体的中国传统政治文化的通识。

所谓"教化"，就是中国古代的统治者通过学校和其他手段教育民众，将儒家文化内涵着的政治价值、政治理念和道德规范等等灌输给人们，使得一般社会成员都能接受或认同符合统治者根本利益的理念和观念，并以此修习道德，僵固头脑、束缚心性，最终成为合乎君主政治统治需要的孝子、忠臣和顺民，从而保证了政治秩序的稳定。

中国古代的思想家、政论家们对于教化之事是极为重视的，汉儒董仲舒说："圣人之道，不能独以威势成政，必有教化"③。北周名臣苏绰曰："民者冥也，智不自周，必待劝教，然后尽其力"④。明儒梁潜说："夫养民莫先于养贤，养贤莫大乎教化……教道明则贤士众，贤士众则治道得"⑤。这些认识从不同角度说明了，教化是一项重要的"治道"，不论实际政治的运作是什么形式，至少在认识上，教化被看作是最重要的。

那么，教化的内容是什么呢？一般认为主要是儒家文化所倡导的仁、义、礼、智、信及"三纲"等等。汉儒董仲舒的表述很清楚：

---

① 刘宝楠：《论语正义·子路》(诸子集成)，岳麓书社1996年版，第347页。
② 焦循：《孟子正义·尽心上》(诸子集成)，岳麓书社1996年版，第599页。
③ 董仲舒：《春秋繁露》，上海古籍出版社1989年版，第65页。
④ 令狐德棻：《周书·苏绰传》，中华书局2000年版，第384页。
⑤ 梁潜：《泊庵集·二·重学校三》，台湾商务印书馆1983年版。

古之王者明于此,是故南面而治天下,莫不以教化为大务。立太学以教于国,设庠序以化于邑,渐民以仁,摩民以义,节民以礼,故其刑罚甚轻而禁不犯者,教化行而习俗美也。①

董仲舒作为汉代儒学大师和崇儒的首倡者,他的认识很有代表性,对后世影响深远。后学之论大抵没能超出上述的范围。如晋儒傅玄曰:"夫儒学者,王教之首也"②。宋初胡瑗曰:"致天下之治者在人材,成天下之材者在教化,职教化者在师儒"③。北宋王安石也说:"天下之君君臣臣、父父子子、兄兄弟弟、夫夫妇妇,皆吾教也"④。

以上这些认识主要强调了三点:一是教化事关天下治乱;二是教化的内容是儒家文化提倡的礼义道德、君臣父子;三是教化的主要形式是学校教育。事实上,教化之道的形式还有表彰和宣讲等,承担教化功能的除了学校师长,还包括地方官员和绅士。此外,传统社会的"政治录用"也具有一定的教化实效。

三、学 校 教 化

在中国传统社会,学校教育具有一定的直接政治社会化功效。之所以得到孔儒一脉的极度重视,正是在于这种功效实际意味着学校教育已经成为一种重要的管理手段。

学校的历史在中国古代最为悠久。据文献记载,上古三代时期就开始设立学校了,但名称不同,而且都是贵族的学校。⑤ 学习的内容就是贵族们的"六艺"。

春秋时期,孔子开办私学,打破了"学在官府"的传统;与孔子同时的一些学者也纷纷办学。这种私人办学的传统一直得以延续,秦朝统治者

---

① 班固:《汉书·董仲舒传》,中华书局2000年版,第2503—2504页。
② 房玄龄等:《晋书·傅玄传》,中华书局1974年版,第2356页。
③ 《松滋县学记》,载《湖广通志》卷106,文渊阁四库全书本。
④ 王安石:《王文公文集·原教》(上册),上海人民出版社1974年版,第369页。
⑤ 《礼记·王制》:"殷人养国老于右学,养庶老于左学"。又:"天子命之教,然后为学。小学在公宫南之左,大学在郊,天子曰辟雍,诸侯曰泮宫"。

焚书禁学,也没能杜绝私人传授,只是由公开转入了地下。汉代政权建立后,由于实行"无为而治",政治氛围比较宽松,私学又开始兴盛。武帝时,董仲舒在《举贤良对策》建议设立太学,得到了汉武帝的首肯,遂于元朔五年(公元前124年)诏令设立"五经博士",立博士弟子员五十人,中国古代社会的第一所中央直属的"太学"终于建立起来了。

此外,早在汉景帝末年,文翁任蜀郡守,即设立了郡国之学①,开启了兴办地方学校之先河。此后,汉武帝下诏全国推行。汉代学校的类型和规模直接影响着后世。至唐、宋之世,书院风行,私学益盛,从而为儒家文化在社会上的广泛传播提供了条件。总括而言,自两汉起始至以后历朝,学校教育已是门类齐全,制度完备,成为中国古代社会君主政治条件下、实现政治社会化的主要组织形式。

通览整个传统中国,学校的类型、名称各有不同,但是它们具有共同的政治社会化功能,就是传播统治阶级的政治思想、理念和道德观念,对一般社会成员实行思想教育和道德驯化。关于这一点,我们在臣僚上疏和帝王诏令中可以找到详尽的说明。例如,西汉公孙弘上疏:"闻三代之道,乡里有教……其劝善也,显之朝廷;其惩恶也,加之刑罚。故教化之行也,建首善自京师始,由内及外。"②西汉成帝诏书:"古之立太学,将以传先王之业,流化于天下也。"《礼记·学记》则把学校教育的政治功能和社会作用明确概括为:"建国君民,教学为先;化民成俗,其必由学"。这十六个字,可以说是对中国古代学校的功能与作用的经典性概括。

以上征引可以清楚地看到,"以学校行教化"的政治理念对于传统中国统治者们的影响和强制作用是十分明显的。传统政治文化的政治价值体系及其认知、观念、信仰和态度等等,通过专门培育的士人群体而传布到社会的各个层面和角落。统治者的意志和利益通过这样的过程而得到全社会的认同,得到一般社会成员的拥戴和维护。学者所接受的主要是君权意志覆盖下的道德和政治教育,形成了忠君爱国、仁孝节义等价值观念。然后,当他们基于"学而优则仕"而介入政治体制,大都会成为官僚队

---

① 参见班固:《汉书·循吏传》,中华书局2000年版,第3626页。
② 班固:《汉书·儒林传》,中华书局2000年版,第3593—3594页。

伍中的忠实一员和君主政治的卫道士。如若入仕不成,他们当以知书达礼的士人身份步入社会。或于贵富之家谋一西席、或于村镇乡里设馆授徒、甚或混迹市井测字问卜。不论其通达困顿,大体上他们都会成为思想传布和道德教化的承担者。传统中国的政治社会化过程正是经由这样的多层环节而逐步实现的。

四、循吏的教化功能与表彰循吏

所谓循吏,据《汉书·循吏传·序》师古注曰:"循,顺也,上顺公法,下顺人情也。"即对上能奉公守法,遵循儒家文化的政治理想和道德要求,尊君重道;对下能体恤民瘼,关爱黎庶,教化百姓。作为君主政治治下的模范官僚,循吏是儒家文化德治传统的代表和象征,更是君主的忠良之臣和百姓崇敬的清官,其中的主体部分是入仕的士人。他们把孔儒一脉"达则兼善天下"的社会责任感转化为德治仁政的实际政策,确乎能做到"为官一任,教化一方"。这类事例史载颇丰,可谓俯拾即是。兹仅举三例。

其一,西汉循吏黄霸,少好律令,后来师从名儒夏侯胜学习《尚书》,儒法兼通。任颍川太守时,"使邮亭乡官皆畜鸡豚,以赡鳏寡贫穷者。然后为条教,置父老师帅伍长,班行之于民间,劝以为善防奸之意,及务耕桑,节用殖财,种树畜养,去食谷马"[①]黄霸能"力行教化而后诛罚",效果颇显著,如史家描述:"奸人去入它郡,盗贼日少"。

其二,东汉何敞"通经传",任汝南太守,以宽和为政,表彰孝悌有义行者。"及举冤狱,以《春秋》义断之。是以郡中无怨声,百姓化其恩礼。其出居者,皆归养其父母,追行丧服,推财相让者二百许人"[②]。

其三,唐代韦景骏曾任房州刺史。"州穷险,有蛮夷风,无学校,好祀淫鬼,景骏为诸生贡举,通隘道,作传舍,罢祠房无名者。景骏之治民,求

---

① 班固:《汉书·黄霸传》,中华书局2000年版,第3629页。
② 范晔:《后汉书·何敞传》,中华书局2007年版,第3565页。

所以便之,类如此"。①

可知所谓循吏者,不论官职大小,大体都能做到躬行教化。他们在莅官实践中,发挥"吏"与"师"的双重功能,往往通过官府的政绩的感化,或是直接面对地方父老众庶,及于少年,进行训诫劝勉,以驯化良民。特别是他们还会在力所能及的情况下为黎民百姓做些公益之事,修桥补路、筑坝修堤、指导农桑等等,很受下层民众的拥戴。正是在这样的政治实践过程中,他们起到了独特的和颇具实效的政治社会化作用。亦如班固所描述的,循吏行政,"所居民富,所去见思,生有荣号,死见奉祀,此廪廪庶几德让君子之遗风矣"②。

循吏的教化功能与学校教化是有区别的。地方官员代表着朝廷即君主政治的权威,直接面对的是一般社会成员,较之学校具有更高的政治权威性,教化的范围也更宽广。一般而言,行政权力是具有一定的强制力的,官府推行教化,效果更为直接和显著,使得统治者们向往的"人识君臣父子之纲,家知违邪归正之路"③,理想局面的实现具有了可能性。

循吏治理功效卓著,为此得到了历代帝王的表彰。例如汉宣帝即下诏褒奖黄霸,夸赞有加:"百姓向化,孝子弟弟贞妇顺孙日益众多,田者让畔,道不拾遗,养视鳏寡,赡助贫穷,狱或八年亡重罪囚,吏民向于教化,兴于行谊,可谓贤人君子矣"④。又如清光绪朝循吏王仁堪任镇江知府,政绩卓著。"在任两年,于教养诸端,尽力为之"⑤,得到地方士民广泛的赞誉,谓之"卓然有古循吏风"。呈请朝廷表彰。光绪皇帝"诏允宣付史馆立传,以表循良"⑥。

被表彰者实现了士人的最高人生追求,得以青史留名。对于君主,表彰的意义固然是要通过奖惩以体现王者的权威与恩典,同时,更是为群臣树立了居官表率,体现了君主对于循吏教化功能的激励和推动。从汉代

---

① 刘昫:《旧唐书·韦景骏传》,中华书局 2000 年版,第 2595 页。
② 班固:《汉书·循吏传》,中华书局 2000 年版,第 3624 页。
③ 班固:《汉书·儒林传》,中华书局 2000 年版,第 3574 页。
④ 班固:《汉书·黄霸传》,中华书局 2000 年版,第 3633 页。
⑤ 赵尔巽等:《清史稿·王仁堪传》,中华书局 1976—1977 年版,第 3841 页。
⑥ 同上书,第 3843 页。

以至清末,表彰循吏的"榜样效应"强化着各级地方政府对于一般社会成员的政治社会化掌控。君主政治就是经由这样的行政手段,驯化和培育了一代又一代的良民。

五、表彰直言、忠义、孝悌与义门

在中国传统社会,表彰是面向全社会的。除了上述的循吏,还有直言、忠义、孝悌等各种符合儒家道德的模范人士,其中也包括普通士民。

(一) 表彰直言敢谏之臣

"谏议"是儒家文化的重要政治理论,具体到政治行为上,就是君要从谏如流,臣则直言敢谏。纳谏和进谏被传统政治文化列入君道和臣道,分别是有道明君和忠直良臣的政治道德指标。历代帝王则常常通过表彰直言,以彰明其"君道"卓著。兹举两例。

其一,唐袁利贞任"太常博士",以直言而获褒奖。据史载:"永隆二年,王立为皇太子,百官上礼,高宗将会百官及命妇于宣政殿,并设九部伎及散乐"。袁利贞上疏提出,在宣政殿召见命妇、招九部伎等不合礼仪,请求更改诏令。唐高宗对这一"抗疏直言"颇为赞赏,既予以物质奖励,"赐物百段"。又提升官职:"俄迁祠部员外郎"①。

其二,苏安恒于唐武则天朝多次上疏,直言议事。开罪于权臣武三思、张易之兄弟等,终被诬陷致死。直到唐睿宗即位,"知其冤",遂诏令平反,并"赠谏议大夫"②。(苏安恒传)

苏安恒以直言贾祸,却得到后世帝王的表彰。这一表彰本身既体现了即位新君的英明和浩荡皇恩,同时也是向天下臣民的一种昭示,从谏如流是圣明君主的品德,表彰直言即是教化天下,要人们以此为榜样,做君主的忠直之臣。

---

① 刘昫:《旧唐书·袁郎传附第利贞传》,中华书局2000年版,第2625页。
② 刘昫:《旧唐书·苏安恒传》,中华书局2000年版,第2537页。

(二) 表彰忠义、孝悌、节烈、义门

帝王表彰忠义、孝悌等等更是史不绝书。比较早的记载见诸《史记·周本纪》。武王伐纣之后,实施了多项安民措施,其中就有表彰忠义。如"表商容之闾"、"命闳夭封比干之墓"①等等。这种方式被后世继承,成为帝王表彰的一种形式。

例如唐太宗李世民就于贞观十九年(公元645年)春二月"赠殷比干为太师,谥曰忠烈,命所司封墓,葺祠堂,春秋祠以少牢,上自为文以祭之"②。帝王表彰忠义,为的是砥砺群臣百官忠君之节,兹所谓"君不遗于臣,臣亦不背其君也"③。中国二十五部正史之中,很多部都设有《忠义传》,事例甚多,这里不一一列举。

表彰孝悌的直接功效是规范人们的道德行为。自汉儒把伦常道德法典化,三纲五常即是帝国纲纪,表彰孝悌亦以汉代最为典型。例如,西汉孝文帝十二年(前168年)诏令:"其遣谒者劳赐三老、孝者帛,人五匹,悌者、力田二匹,廉吏二百石以上率百石者三匹"④。

自汉代以降,褒奖忠孝节义之士已然形成传统。有时还被帝王用于即位后的仁政举措,以号召天下。如东汉明帝即位未及两个月,即诏令"其赐天下男子爵,人二级。三老、孝悌、力田人三级"⑤。北周宣帝于宣政元年(公元578年)即位后"诏制九条,宣下州郡"。其第五条曰:"孝子顺孙义夫节妇,表其门闾,才堪任用者,即宜申荐"⑥。唐代统治者则将孝子节妇等同于皇亲贵戚及太学诸生,享受免除"课役"的优渥。⑦

帝王表彰孝悌还特别注重民间事例。大凡民间的孝子、节妇、烈妇,义门等等,一经地方官员保举,通常都会得到帝王表彰。有些典型事例还

---

① 《史记·周本纪》:"《正义》:封,谓益其土及画疆界"。
② 刘昫:《旧唐书·太宗》,中华书局2000年版,第148页。
③ 刘昫:《旧唐书·李华传附翰传》,中华书局2000年版,第2342页。
④ 班固:《汉书·文帝纪》,中华书局2000年版,第124页。
⑤ 《后汉书·明帝纪》引《前书音义》曰:"男子者,谓户内之长也"。
⑥ 令狐德棻:《周书·宣帝纪》,中华书局2000年版,第116页。
⑦ 据《新唐书·食货志一》:"太皇太后、皇太后、皇后缌麻以上亲……职事、勋官三品以上有封者若县男父子,国子、太学、四门学生,俊士,孝子、顺孙、义夫、节妇同籍者,皆免课役"。

会载入《孝义传》《列女传》,垂名后世。如若整个家族都能遵行孝道,长幼有序,孝悌友爱,和睦相处,就会被誉为"孝义之门",也会得到朝廷的表彰。例如北魏时,"天水白石县人赵令安、孟兰强等四世同居,行著州里。诏并标榜门闾"①。又《旧唐书·孝友传》载:"郓州寿张人张公艺,九代同居。"即得到了北齐、隋、唐等朝帝王的表彰。这类事例,史传俱载,不胜枚举。

表彰作为教化的方式之一覆盖了整个社会。虽说中国传统社会的君主政治体制是以严格的等级身份制作为其基本政治制度的,但是,在帝王表彰的实施上,却是上达权贵,下及黎庶。这里并没有任何突破等级身份的念头,而是表达了统治者们对于教化天下臣民的执著。

六、地方绅士的教化功能

在中国传统社会,绅士是一种很特别的身份,他们在政治社会化方面也有着独到的功能。关于绅士的构成,大体而言,不外乎三种情况。一是本人由士而为官,又致仕归乡而称为绅士。二是考取了功名,未曾实授官职,身份也要有别于平头百姓,被尊为绅士。三是本人既未居官,又无功名,但家中有至亲在朝为官,他们凭借官势相维相系,在地方上威势不小,这类人也常常会被尊为绅士。

绅士有官的身份或背景,又居于民间,他们的特殊身份使之成为沟通官府与民间的中介。由于他们较之地方官府更为接近黎庶,从而表现出独到的教化功能。正像明儒丘濬的表白:"士大夫生天地间,当为天地间用,然后为不负天地之所生。进则表率乎天下,退则规范乎一乡,不但已也"②。总括绅士们"规范乎一乡"的作为,主要有以下两点。

其一,绅士们常常成为地方学校或私人书院的主持者。传统中国私学发达,至迟从唐朝中叶起,书院的建置流行起来,到了宋代,愈益兴盛。一时间文人士大夫竞相以游学书院为时尚,而能被聘至书院主讲或作主

---

① 李延寿:《北史·节义传·石文德传》,中华书局 2000 年版,第 2269 页。
② 丘濬:《重编琼台稿·唱了居记》,台湾商务印书馆 1969 年版。

持,则成为士人的殊荣,标志着其人在学术界的声望。仅从宋明两代看,理学诸子之中的绝大多数都曾出入于书院,其中的著名者往往是结庐一地,讲学一方,传名一世。也有受地方官员之邀授学一方者,如北宋李觏讲学于盱江书院即属此类。再有就是退归林下的官僚士大夫,他们不甘寂寞,遂修建书院,聚众开讲。如晚明顾宪成因甄选官员得罪执政,于万历二十二年(1594)革职还乡。遂联络诸好友重修宋儒杨时旧讲院,是为东林书院。顾宪成领袖士林,教化讲众,堪为绅士的典范。

绅士作为社会的中介力量,能致力于捐资办学,兴办书院,修缮庙宇、先贤祠,以及资助生员等等,积极宣扬儒家文化,护卫伦纪纲常,对于教化地方黎庶起到至关重要的作用。

其二,绅士一般还负有宣讲教化和表彰德行的义务。自秦以来就有三老乡官的设置,他们的主要职责之一就是教化民众。汉武帝元狩六年(公元前117年)诏有"谕三老孝弟以为民师"①等语。司马相如《檄巴蜀文》有"让三老孝弟以不教诲之过"②等可以为据。汉以后,随着士大夫阶层及绅士的定型,绅士们也肩负起宣讲教化的重任。

这种情况在各个朝代的具体表现不一,以明、清为例。明太祖朱元璋颁布有"圣谕六言",曰:"孝顺父母,恭敬长上,和睦乡里,教训子孙,各安生理,无作非为"。清朝统治者以异族而治中原,极其看重儒学教化。遂在前朝"圣谕六言"的基础上,于康熙九年(1670)颁布了《上谕十六条》,用以教化士民。其文曰:

> 敦孝弟以重人伦,笃宗族以昭雍睦,和乡党以息争讼,重农桑以足衣食,尚节俭以惜财用,隆学校以端士习,黜异端以崇正学,讲法律以儆愚顽,明礼让以厚风俗,务本业以定民志,训子弟以禁非为,息诬告以全良善,诫匿逃以免株连,完钱粮以省催科,联保甲以弭盗贼,解仇忿以重身命。

其后,雍正帝又逐条予以阐释,洋洋洒洒,补足万余言,是为《圣谕广

---

① 班固:《汉书·武帝纪》,中华书局2000年版,第180页。
② 班固:《汉书·司马相如传》,中华书局2000年版,第2557页。

训》。随即颁行天下,成为教化臣民的权威读本。

宣讲一般由地方官来承担。清代自顺治朝起始,就有乡约制度。设有约正、约副等职事,定期召集乡民,宣讲圣谕,惩恶旌善。此外每月朔望之期,地方官员要率同县学教官等人,亲到地方公所,召集乡民,"逐条讲解"。这时乡绅理应带头集合,积极听讲。

然而,官家所到之地,只能是通衢重镇,至于四外乡村甚多,官家不可能一一到场,这时就要委托绅士充当讲官,按时召集乡民,学习上谕。《福惠全书》成书于康熙朝,是官箴类的代表作,其中详细讲解了有关的制度和具体宣讲方式。又据清代田文镜《钦颁州县事宜》载,凡县官"不能分身兼到者,则遵照定例,在诸大乡大村,设立讲约所。选举诚实堪信,素无过犯之绅士,充为约正,值月分讲"①。《钦颁州县事宜》曾由雍正皇帝钦定,具有相当的权威性。文中提到"定例",是知由绅士承担宣讲教化的职责已是不成文的法规。这充分表明了绅士阶层在宣扬德化、教化民众中的作用是颇为重要的。

七、其他教化路径

"教化之道"除了以上诸种主要路径,家庭和"政治录用"的教化功效也不容忽视。兹分别述之。

其一,家庭(族)政治社会化的功能显著 按照政治社会化理论,家庭属于初级社会化组织。然而,中国传统社会的基本组织规则是基于血缘宗亲关系而形成的宗法制度,其核心价值是维护父系家长的权威性,同时也维系着以家族或家庭为施用范围的道德规范及一般法规的权威性和普及性,从而为实现全社会的政治社会化提供了某种特有的社会条件和基础性组织形式。

《礼记》、《孝经》等儒家经典中有关家庭(族)生活的行为规范及相关理念极为丰富,大都是些生活日常琐屑之事,但是我们恰恰可以从中看出

---

① 汪祖辉等:《宦海指南·钦颁州县事宜》,清光绪三年刊本。

父家长的权威,体味出家族或家庭对于一般社会成员的规范作用。这些融贯着家族组织权威理念的生活琐屑,经由儒家经典的承载而被世人奉为做人的基本道德规范和行为规则,被历代统治者和士人们尊为真理,世代相承下来。这就使得家庭(族)的政治社会化功能不仅具有实践中的权威性,而且在理论保障和组织理念方面建构了牢固的支撑,得以始终保持着强韧的生命力。

至迟汉代以后出现了专门的家训、家范类著述,种类繁多,其中著名的有《颜氏家训》、《温公家范》、《袁氏世范》、《朱子家训》①等等。这类著作有的内容简约,韵白相宜,即被列入蒙学教育,社会影响极为广泛。例如《朱子家训》一名《朱子治家格言》,即为村学蒙养用以训读,童稚识字不多,亦能朗朗上口,遂广为流传。

家训的普及使得儒家倡导的道德规范和行为戒条深入人心,促进了黎庶百姓的政治社会化。例如,父权至尊价值理念在家训中就有明确的提倡。《温公家范·序》征引《孝经》曰:"闺门之内,具礼矣乎?严父严兄,妻子臣妾,犹百姓徒役也"。这些政治理念的世俗化效果是显而易见的。典型的事例有众所周知的"岳母刺字"②。这类事例流为口碑,传布民间,影响深远,愈显家庭(族)政治社会化所独具的特殊功效。

其二,"政治录用"具有某种政治社会化实效

政治录用是现代政治学概念,中国传统文化使用的语言是尚贤、取士、入仕等等。在传统中国,政治录用具有某种政治社会化的功能。

先秦时代以贵族政治为主流,在比较长的一段时期内,血缘关系和等级身份是介入体制执掌权力的主要条件。秦汉以降,伴随着中央集权官僚制君主政治的建立和官僚体制的完善,官员录用的方式渐次形成特色。汉代实行察举制,东汉章帝取士分为四科,曰:"德行高妙""学通行修"

---

① 《颜氏家训》南北朝颜之推(531—591)撰。《温公家范》北宋司马光(1019—1086)撰。《袁氏世范》宋袁采(?—1195)撰。《朱子家训》又称《朱子治家格言》,清代学者朱柏庐(1617—1688年)著。

② 据《宋史》本传,秦桧诬陷岳飞入狱,命何铸审理之。"(岳)飞裂裳以背示铸,有'尽忠报国'四大字,深入肤理。"

"明达法令""刚毅多略"①。这四个科目各有所长,但是有一点是相通的,就是要"皆有孝悌廉公之行",伦理道德成为最基本的条件。隋代以后实行科举取士,道德也是必备条件。

这样一来,官员录用标准就有了明确的引导定向作用,使得那些有志于谋求仕途者,不得不一门心思地尊孔读经,全盘接受了传统政治文化的价值观念,培育出君权崇拜的政治信仰,更要以政治道德来标定善恶是非,按照君主政治的政治录用标准整塑自身。

入仕成功的事例对于一般社会成员的政治理念及行为选择有着直接的影响。例如,汉武帝举公孙弘为丞相,封平津侯,食户六百五十,就在社会上引起极大反响。《汉书·儒林传》载:"公孙弘以治《春秋》为丞相封侯,天下学士靡然乡风矣。"再如韦贤,"兼通《礼》、《尚书》,以《诗》教授,号称邹鲁大儒"。汉宣帝时为丞相,封扶阳侯,"食邑七百户"。其"少子(韦)玄成,复以明经历位至丞相。故邹鲁谚曰:'遗子黄金满籝,不如一经'"②。这些谣谚足以表明传统社会的政治录用在政治社会化方面的作用和影响。

八、教化之道与移风易俗(代结语)

中国传统政治文化所贯彻始终的政治理想是实现"王道政治"。这种理想除了天下太平、风调雨顺、物阜人和,还需要"风俗淳厚"。于是"移风易俗"即被视为达成这一理想的政策选择,亦是教化之道成功的标的。

关于风俗,传统文化亦有确解。《汉书·地理志下》载:"凡民函五常之性,而其刚柔缓急,音声不同,系水土之风气,故谓之风。好恶取舍,动静亡常,随君上之情欲,故谓之俗。"是知所谓风俗者,在古人看来,无非是源于水土差异而形成的不同类的惯常行为方式,以及好恶之情等等。据此,则北齐刘昼所论当是最为准确的。他说:

---

① 范晔:《后汉书·百官志一》,中华书局2007年版,第3568页。
② 班固:《汉书·韦贤传》,中华书局2000年版,第3457页。

> 风者,气也;俗者,习也。土地水泉,气有缓急,声有高下,谓之风焉;人居此地,习以成性,谓之俗焉。①

在君主政治的大一统政治格局下,车同轨,书同文,文化和风俗习惯的地方差异实际上并不利于政令的推行和政治稳定,"正风俗"或"移风易俗"遂成为一项既定国策。

首先,帝王及其思想家们的一个共识是,风俗的善恶与天下治乱密切相关。西汉初年贾谊总结秦亡教训,剖析汉代政治得失,即认为风俗之弊不容忽视。在他看来,汉时风俗之恶,致使盗贼出没,横行无忌。加之地方官员玩忽职守,矫伪者胡作非为,"至于俗流失,世败坏"。其缘由就是自秦至汉,"遗风余俗,犹尚未改"。"可谓月异而岁不同矣"②。贾谊说的"遗风余俗"范围较广,既包括民风,也包括政风,指的是普遍的社会政治现象。

此外,北宋王安石说:"风俗之变,迁染民志,关之盛衰,不可不慎也"③。又清儒黄中坚说:"天下之事,有视之无关于轻重,而实为安危存亡所寄者,风俗是也。"④这些认识强调了所谓"风俗"看似无足轻重,其实与治乱兴亡相关,当政者不可不慎重对待。

其次,儒学宗师及后世儒生士人无不注重"移风易俗"的重要性。荀子即在《王制》篇中指出要"论礼乐,正身行,广教化,美风俗"。汉初陆贾提出要"正风俗,通文雅"⑤。在他们看来,风俗端正可以为社会秩序的稳定和人们道德修为的逐步提高提供一个良好的文化环境,正如东汉朱穆所说:"时敦俗美,则小人守正,利不能诱也;时否俗薄,虽君子为邪,义不能止也。"⑥其后顾炎武也说:"法制禁令,王者之所不废,而非所以为治也。其本在正人心厚风俗而已。"⑦总之,"美风俗"是聪明的帝王首选的治世

---

① 刘勰:《刘子集校·风俗》,上海古籍出版社1985年版,第251页。
② 班固:《汉书·贾谊传》,中华书局2000年版,第2538页。
③ 王安石:《王文公文集·风俗》(上册),上海人民出版社1974年版,第383页。
④ 黄中坚:《蓄斋文集》,清康熙刻本,全国图书馆文献缩微中心,1989年。
⑤ 陆贾:《新语》(诸子集成),岳麓书社1996年版,第2页。
⑥ 范晔:《后汉书·朱穆传》,中华书局2007年版,第1466页。
⑦ 顾炎武:《日知录集释·法制》,上海古籍出版社1985年版,第643页。

之道,这是千百年来统治者及其思想家们的又一共识。

正是在这样的文化背景下,"教化之道"受到历代统治者及其思想家们异乎寻常的重视,奉其为实现"美风俗"的唯一路径。从政治社会化的视角看,"移风易俗"意味着主流政治价值体系及其相应的观念、意识、认知与情感等等逐步介入人们的日常生活,并且内化为所有社会成员的文化精神和民族心态,表现为人们的生活方式。当一个政治系统蕴含着的政治价值体系及其相应的政治文化内涵在相当程度上演变为人们的生活方式的时候,这种政治文化的"一质性"便会处于强固状态,而政治系统内部的政治向心力和一般社会成员的政治认同也会相对置于长时段的稳定期。儒学宗师、传统中国的统治者及其思想家们当然不具有现代政治文化理念,但是,传统政治文化内涵着的高度发达的政治理性促使他们或多或少意识到了民风、民俗即"百姓日用"对于维系秩序稳定的重要性,于是他们殚精竭虑地在移风易俗上做文章。

移风易俗的现代解读是文化或精神文明建设。古人用他们的语言表述,谓之"敦叙风俗,以人伦为先;人伦之教,以忠孝为主"[1];"风俗正则人为善易"[2]。他们期望通过转移天下风气,革除地方陋俗,实现礼乐兴盛,治道可平。将政治社会化的成功标的归结为"美风俗",这不能不说是传统中国政治社会化过程的一大特色。其合理性是毋庸置疑的,值得借鉴。

一言以蔽之,教化之道内涵丰富,路径多途,展示了传统政治成功的经验。其中的方法论解读理应成为当代中国政治社会化路径建构的历史参照。

---

[1] 房玄龄等:《晋书·庚纯传》,中华书局1974年版,第2448页。
[2] 贺钦:《医闾集·辞职陈言疏》,台湾商务印书馆1969年版。

刍议先秦法家政治文化中的合理因子及其现代启示

任 远 郭战伟[*]

> 政治文化在中国传统文化领域内占有重要地位,文章的目的即在于挖掘先秦法家政治文化中的合理因子,并将其总结为以法治国、公利优先、领导与管理艺术、权威势态、与时俱进和国家实力五个主要方面。在对这五方面内容展开分析的基础上,文章结合现今政治生活的现实,希望借传统向现实的转变,在两者的对比中更加明确当前政治文明建设之路。

法家在先秦诸子百家中最为后世所诟病,不仅因为其赤裸裸地宣扬暴力,更因其热衷权术而为以道德标榜的世道所不容,如果纯粹就法家言论本身判断,对于法家如是评价并不为过。但任何思想和思想家都不可能脱离其生活的时代背景而臆造出一套超越时空的理论,法家也是这样。法家一套以法、术、势为中心的理论,不过是为了应对战国时代战乱环境的需要,其目的在于加强君主对于社会经济、军事、人口等资源的全面控

---

[*] 郭战伟,北京大学政府管理学院政治学理论硕士。

制以增强国家实力,保证国家在战乱时代的生存与发展,因此,法家的理论表现出强烈的国家主义倾向。遗憾的是,由于时代环境的限制,这种国家主义是通过强化君主专制的方式来实现,使得法家和君主专制之间结下了不解之缘,导致我们在对法家进行评价时,往往不自觉地倾向贬抑的一面。然而,法家的政治文化中是否存在仍适应当代政治生活的合理因子,笔者对此持肯定态度。下文将从以法治国、公利优先、领导与管理艺术、权威势态、与时俱进和国家实力五个方面展开,详细论述法家政治文化中的合理因子对现今政治文明建设的启示。

一、以法治国

西方法治传统历史悠久,自柏拉图、亚里士多德开始到中世纪,再到后来的文艺复兴、启蒙运动,法以自然法、人造法、神法等的形式出现。西方法治强调人造法必须符合自然法的要求,而对自然法本身的解释则归于对正义、公平等的探讨,这是西方思辨式的政治哲学和法治传统的良性互动,结果造成现今法治的两大特点:一是自然法的普遍性使得因自然法而立的人造法对一切人都具有约束力;二是自然法以正义、公平为标准,从而使人造法也需以此价值为追求。先秦法家的法治主张是以人治的对立面登上历史舞台,从一开始就具有不同于西方法治的特点:法是君主治国的工具,因而对君主本身并没有约束力;由于始兴于特殊的战争环境下,法的直接目的在于整饬社会秩序、兴治图存,而不是对正义价值的追求。

诚然,法家将君主置于法的约束之外,这是其致命缺陷。但我们不能否认法家法治中的"法不阿贵、绳不挠曲。法之所加,智者弗能辞,勇者弗敢争。刑过不避大臣、赏善不遗匹夫"①的这种对于除君主以外其他人的公平。这种公平突破了那个时代宗法贵族的特权而将他们也纳入法的约束轨道,这无疑极大地扩大了公平的范围而成为一种当时难得的进步。

---

① 《韩非子·有度》。

并且相对于人治而言,法家强调法治不以君主的情感和一时的意气行事,而在绝大多数情况下给臣民提供了一个可以遵循的规范,使得臣民能够自觉地按照法的规定行事,这对于实现一个稳定的政治秩序来说是至关重要的。尽管法家的法治归根到底还是君主个人的人治,但以法治为工具的人治较之纯粹的人治不也是一种更优的选择吗?法家强调君主制定法律必须与时代环境相适应,与人们的习俗相适应,"当时而立法,因事而制礼,礼法以时而定,制令各顺其宜"①;"故法不察民之情而立之,则不成"②。所谓"当时""顺宜",即顺天道、随时变。在这个意义上,法应被看作是一种有效和有益的工具,因为它反映出了对习俗及时代情况变化之洞察与了解。惟有这样的法才可能被有效执行,也惟有法的有效执行才能带来富国强兵的结果。从这个出发点来看,法同样具有善的动机。

当今,各国都在努力实现以法治国的目标,正是因为法治是一种不依赖特定个人而相对稳定的机制。尽管法家法治论存在将君主置于法的约束之外并将立法权交给君主的缺陷,但法家在以法为尊以及立法、执法和守法原则等方面的认识却可资现代法治建设借鉴,特别是其用明法之规定对一切臣民一体约束的平等精神,更是现代法治尤应追求的境界。

进一步说,法家将法的权威置于至高地位,法的规定是衡量臣、民一切政治行为的最终标准。在现代政治生活中,虽然法已不再是君主个人意志的表现,而是人民总体意志的体现,立法权也由君主之手转移到了代表民意的代议机关手中,但法在政治生活中的权威性不仅不应该减弱,反而应该得到进一步的加强。法应该成为超越一切组织和个人权威的最高权威。现实中一切权力的实施都是为了贯彻法也即人民的意志,权力的行使绝不能超越法的规定和约束,法大于权而绝不能将两者的关系倒置过来。当前中国政治生活中的许多问题正是由于颠倒了法与权的关系而出现了诸多法外特权,造成现实权力的为所欲为,法律的最高权威得不到有效维持。所谓"绝对的权力导致绝对的腐败",不受法律约束的绝对权

---

① 《商君书·更法》。
② 《商君书·壹言》。

力无疑是政治上一切丑恶现象滋生的根源,确保法的最高权威是现今中国政治文明建设的基础与根本保障。法家不仅在树立法的权威,同时在立法、执法以及守法原则方面亦给予现今法治建设有效指导。就立法而言,法家认为法之制定需顺天道、随时变、因人情、循事理、量可能等;强调立法切不可因立法者一时之好恶而成法。在现今法治建设中,各种法律、法规的形成,同样也需要考虑到社会条件以及可行性等诸方面问题,且法律、法规要随时而变(生),反映与适应时代的要求,体现人民的心声,即法家强调的随时变、因人情。譬如当下《物权法》就是在市场经济发展新阶段,人们产权意识不断加强的背景下出台的,因而它的出台受到人们普遍的欢迎。

在审慎立法的基础上,法家坚持臣、民平等守法、执法必公。公平与平等是法家法治精神的集中体现,也是现代法治建设尤为重要的方面。特别是对中国这样一个受儒家礼制影响颇深的国家,在向现代法治国家迈进的道路上,国人的心理不同程度地残留着儒家"刑不上大夫,礼不下庶人"的等级观念的踪影,政治生活中官与民的不平等地位往往已成常情;官员手中掌握国家各项权力,通过这些权力的实施对普通民众的生活造成影响,而官员正是凭借与权力的结合以及将民众作为权力约束的对象,在自身与民众之间形成了一种主动与被动的局面,这恰是一种潜在的不平等。较之法家对于臣、民在守法、执法方面一律平等——臣、民都是国家机器的构成要件,只有分工不同而没有地位差别的看法,现今中国的法治进程中出现的法律不平等现象,正是官民在守法及执法方面出现的心理定位和地位不平等倾向所造成的。在守法方面,部分为官者持权大于法、有权有钱就可以无法无天的错误思想,将法的规定纯粹看作是对百姓的约束而非对自身的约束,漠视法的规定,只要求百姓守法而自身却可以拥有超越法律的特权;在执法方面,一定程度上也存在官、民同罪而不同罚的现象,因为官员可以利用手中的权力影响司法程序的公正,在法律规定的弹性界限内,获得最轻的处罚。有经济地位者亦然。普通百姓却因为不具备对司法程序施加影响的能力而在同样情况下获得比官、商更重的处罚,其结果是同罪不同罚,极大地影响了整个法律体制的公平性和法治建设的进程。

当然,守法与执法不公不仅限于上述形式,无论是哪一种形式的不平等,都与法治建设所不能相容。特别是在当下民主化潮流席卷全球的背景下,法治建设更是必须以"法律面前,人人平等"的原则为出发点和归宿。对于现今政治生活而言,法家关于执法与守法平等的观念,无疑是一笔至为宝贵的精神财富。法不阿贵、绳不挠曲,刑过不避大臣、赏善不遗匹夫的精神是中国实现现代化法治国家目标最强劲的助推力。

二、公利优先

法家的理论是以增强国家实力,维护国家生存与发展为目标的,这在法家看来是追求"公"的一种表现,而家族和个人的利益在法家看来则是"私",法家希望通过君主主导而实施一系列事功的政策,达到兴公去私的目的。尽管法家对公、私的认识具有片面性,表现在其将君主的利益混同为国家的利益,进而以君国利益为公,并赋予这种公利道德上的正确性和优越性,将臣、民的利益看作私利,予以压抑和限制,但正如上文所指出的,这种观点的产生是为了应对战乱的需要,并且在当时的条件下起到了集中国家力量以图存求兴的作用。

当然,法家关于公、私区分的观点已不再适用于现代政治生活,但法家倡导以公利为先的观点对于现今处理公私关系无疑具有很强的指导意义。公利是国家和集体利益的体现,代表着国民整体的利益。虽然我们断不能将公利看作国民个人利益的总和,但公利实现的程度又的确密切关系到每个国民个人利益实现的程度,即公利是私利能够有效实现的前提。对于一个国家而言,如果积贫积弱,在国际社会中处于劣势地位,这个国家的国民则很难受到他国国民的尊重;对于一个集体而言,如果管理无序、混乱不堪,也很难想象其中的成员能够独善其身。因而在处理公、私关系时,我们仍应坚持公利优先的前提,在此条件下去实现国民个人的利益,使得公与私最终都能找到各自适宜的位置而达到和谐共处的状态。

具体来说,坚持公利优先,就应该在国家政治生活中自觉奉法为公,摒弃私心。法的施行之所以不公,一个重要的原因就在于执法者以私情害公意。同样,作为行政官员,行使的乃是国家的公共权力,理所当然要以实现国家的公共利益为念。至于普通民众,在因国家利益需牺牲个人利益的情况下,也应自觉维护国家利益。惟有在政治生活中大力提倡公的精神,才更有助于推进政治文明建设的进程,因为政治生活从根本上来说是一种公共的生活,是以公为基本导向的。

公私关系是政治生活中永恒的话题,两者关系处理得是否得当直接影响到政治秩序的稳定。社会生活中面临的诸多情境,归根到底都是公私利益之间的选择,如兴建三峡工程时的大批移民,为了国家公共利益而忍痛迁出祖祖辈辈生活的故土,这种抉择正是将公置于私之上的表现;而贪污、受贿、以权谋私等丑恶现象,则恰是颠倒了公私关系的恶果。特别在现今中国的政治文明建设过程中,关系主义、裙带之风等极大地影响政治生活,这对于奉法尚公而言是不可速愈的痼疾。因为关系主义、裙带之风多半是带有血缘、宗亲色彩的私人关系,这种私人关系一旦混入以公为基本导向的政治生活领域,就会造成公私不分的局面,结果是本应秉公办理的事情却按照由近及远、由亲及疏的次序来排列,最终造成政治生活中的不公与不平等现象。设若我们将法家尊崇公利的精神从其时代背景中抽离出来,对于应对现今社会生活中存在的种种问题,不正是一剂良好的方药?

三、领导与管理艺术

"术"的理论在法家的著作中占有相当的篇幅,从一般意义上讲,如果术的应用不是以造成君主阴御臣下为目的,则术应该被理解为一种政治统治的方法、手段或艺术。事实上,对于术的现代转型的研究已相当广泛,有论者就从领导艺术、用人之道、人力资源开发等多个角度探讨法家之"术"对于现代管理的指导意义。

一般来说,"术"作为领导者、管理者所使用的工具,本身只是管理活动进行的手段,并不具有善或恶的目的性。特别在现今政治与行政活动有了较为清晰界分的情况下，政治确定整个国家或集体发展的方向和目标，而行政则为具体落实发展的路径。这样，行政管理活动就必须面对怎么去实现政治目标的问题，而行政领导者也须高度重视对术、即管理手段的应用，以求更好、更有效地实现管理目标。

如果我们再对政治领导与管理活动所涉及的对象进一步分析就会发现，领导者、管理者所需处理的无外乎人、事两方面的问题，而法家的用人考核之术、听言之术以及刑名之术在这方面无疑是一个巨大的宝库。除去维护君主独尊地位的目的不论，这些经验在现今领导者政治活动中，如识人、用人、工作考核等方面都有着不可估量的实用价值。譬如现今上级领导检查下级单位的工作，往往变成一种例行的形式，原本是为了督促下级单位能够实现更好的政绩，但由于采取了在固定时间、针对固定项目常规评检的方式，而一些受检单位不思如何真正为国为民做几件实事而专做表面工作以应付检查，如此怎能做到名实相符？温家宝总理在2003年末至重庆视察，若不是行程中随机叫停司机进入途中的小山村，又怎能发现农民工工资被拖欠的问题？总理的领导艺术更体现在农民虽对反映欠薪问题有所顾忌，他却主动挑起话题希求能获得农民生活中的真实情况，其后又在县领导处参验了农民的说法，这不正是兼听求实、挟智而问的艺术吗？可见，术的应用若是得当，就能够见微知著、把握全局、充分掌握信息，极大地促进领导活动的目标实现。

再者，时兴的绩效考评制便是以量化的方式评价公职人员的工作业绩和公共资源的使用效果，这种做法的依据亦可看作法家的刑名参验之术，是重视结果与形式的统一。当今电子政务则为政府了解民生、听取民意、广开言路提供了条件，这正是听言之术——兼听则明、偏听则暗。凡此种种，不一而足。笔者在此不惮繁琐，引张觉先生论刑名之术的应用时提到的胡祖光教授的 HU 理论①来说明领导如何运用"术"激励下属出色地完成工作。HU 理论的具体内容是：让 B（可以看作下属）先自报工作指标，由 A（可以看作领导）根据 B 实际完成数给予奖励，最终达到使 B 如实

---

① 参见张觉：《〈韩非子〉选评》，上海古籍出版社2004年版，第110—112页。

汇报并努力超额完成任务的目的,以避免出现言大功小或言小功大的情况。其中的道理在于 A 要以 B 所报指标的 90% 跟 B 签订协议,若完成数超过协议数,则超额部分全归 B,但为防止 B 少报另需收取少报罚金,其罚金数量为少报数的 90%,这样的结果是 B 只有在如实汇报时才能获得最大收益。

综上,"术"的应用对于领导者乃至领导机构实现预定的政治目标有着至关重要的现实意义。领导者和管理者在当前的政治生活中应敏于用术、善于用术,充分发掘组织内外的优秀人才,及时发现工作中的隐匿之情,以便对于领导活动涉及的人、事做出最为合理的安排和处理,更好地实现为公的目标,这正是术的"运用之妙,存乎一心"。

四、权威势态

法家的"势"论在现代政府中表现为政府政令贯彻的权威性,陈启天先生将势看做国家主权的观点[1],亦不失为一种"势"的现代化。中国是单一制的主权国家,处各级政府关系的原则是下级服从上级、地方服从中央。中央政府对于地方政府当具政令推行之有效权威,上级政府对于下级政府亦然;在党内也需保证党中央的高度权威。这是国家秩序稳定、统一及政令有效施行、经济繁荣发展的保障。政府(集体)的权威方面如此,在个人的权威方面亦然。江荣海教授说:"作为领导者,有一定权威是必要的,马列主义也承认权威,认为社会没有权威不行……但真正的权威应该是对必然规律的认识,是以知识为后盾"[2]。因此,领导者为了能够真正树立起权威,仍需要不断加强自身的修养,不断拓展认识问题的视域,在内在修为方面苦下工夫。

势除了具有权威的涵义外,在法家的理论中还有另一层内涵,即将势看作是一种势态或有利的形势。同时,法家还强调"依势设势",即在尊重客观条件的前提下,通过主观的努力创造一种有利的态势,今天我们称之

---

[1] 参见张纯、王晓波:《韩非思想的历史研究》,中华书局1986年版,第118页。
[2] 江荣海:《从孔子到毛泽东》,文津出版社1999年版,第61页。

为"造势"。现今的政治生活中,造势的作用非常重要,特别是通过新闻媒体造势,因为媒体经常被看做三权之外的"第四种权力",这种权力的作用形式正是通过引导舆论、从而形成一种强有力的势态,进而推动政治目标的实现。比如在中国人的政治生活中占有重要地位的"两会",如果不是电视、报纸、互联网等媒体全面、深入地报道与造势,其影响力恐怕要大打折扣了。同样,为了推行某一项政策,政府和相关部门也会充分考虑造势的需要,以期通过引导社会舆论加大政策执行的力度。这些在现实的政治生活中对于造势的应用,其目的正如法家的人为之势那样,在于形成一种有利于目标实现的态势或形势,将社会关注的焦点和舆论的导向与政治活动的方向紧密地结合起来,从而形成一股巨大的推动力量。法家的造势论对于现今国家和群体政治的目标实现助益良多,它也是现代政治生活不可或缺的部分。

五、与时俱进和国家实力

"不慕古、不留今、与时变、与俗化"①,君主立法以当世之情为依据,因地、因事制宜。基于这种政治认知,法家的理论表现出强烈的改革、创新意识,凡是不符合时代发展要求的制度、风俗等都应该废止并建立顺应时代潮流的新制度。这种与时俱进的观点正是当前中国政治建设所坚守的原则,其突出表现就在从计划经济体制向市场经济体制转变,以及与这种转变配套的政府机构改革等,从国家宏观发展的角度看,这也正是顺应世界经济一体化潮流的努力。

就与时俱进、改革创新、促使宗法封建制崩溃、建立大一统帝国的贡献而言,先秦法家无疑是与时俱进的代表,同时也是中国历史上最著名、最强力的改革创新派。这种政治意识为当今因事制变而求国家、民族之自强的改革树立了光辉形象。在民主化浪潮席卷全球的时代,中国更应坚定地朝向建设现代化民主、法治国家的目标前进。

---

① 《管子·正世》。

与时俱进、加快发展,不断增强国家实力,这是法家理论给予现代政治生活的另一个启示。法家摒弃了一切对于增强国力无益的虚妄主义,专注于农、战。在战争风起的时代,法家努力培养国家的经济实力和军事实力,将治国图存的希望尽系于自身实力的强大,最终成就了秦帝国的霸业。当今的国际关系较之战国时诸侯国之间的关系虽不可同日而语,但也有相似之处:一国的国际地位最终仍取决于自身的实力。不同的是,国家实力在现今的话语体系中,已不单纯指农、战,而是包括经济、科技、军事、政治等实力在内的综合国力。一个民族要想屹立于世界民族之林,一个国家要想在国际事务的处理中拥有举足轻重的地位,首要的就是具有比别国更强的综合国力。中国要想在纷繁复杂的国际关系中占据主动地位,要想顺利完成国家的统一大业,加快发展、不断增强综合国力是最根本的途径。

六、简要结语

我们是在一个有着五千多年文化积淀的国家建设社会主义的,对于传统,不可完全割裂亦不可完全照搬。法家的政治文化中固然存在很多缺陷,但我们不能因此而否定其中的合理因子,对待传统的观点应该是"取其精华,弃其糟粕"。本文即就法家的政治文化中的合理因子做几点不成熟的论说,期望对于现今的政治文明建设有所启示和借鉴。

中国古代"天学"理念与政治合法性信仰的建构

萧延中[*]

> 中国古代的"天命"范畴应当包括"天象"、"天数"和"天意"三重要素,其中前两者具有较多的客观性,而后者则体现出更强的解释性。正是在客观性与解释性所构成的紧张之中,给政治合法性之权力争夺,准备下了表演的舞台和施展的空间。因此,"天命"范畴是中国传统政治合法性信仰系统中不可或缺的内在要素之一。

一、导言:"天命"是古代政治合法性信仰的要素之一

据王国维考证,"天"的早期构型与人的身体有关。在殷代卜辞中,"天"字宛如张手伸腿站立的正面人形,而特别夸大其头部。后来演化为目前的"天"字。[①] "天"处于人身之最高位置,这在造字之初就已隐含下了"至上"的意思。仅从字形角度考虑,"大头之人型"所表征的恰是"祖

---

[*] 萧延中,中国人民大学政治思想与文化研究所教授,博士生导师。
[①] 参阅王国维:《释天》,载《观堂集林》,中华书局1959年版,第282页。

先",在商代,"天"在很大的程度上是与已逝去的英明祖先联系在一起的,人们认为已逝祖先的神灵升在"天"上,仍然保佑和观察着后人的作为。①这种意义上的"天"不可能是纯粹的自然现象。实际上,在殷代卜辞中与"自然之天"紧密相关的日、月、风、云、雷等等则比比皆是,而惟独代表抽象意义的"天"字却极为罕见,至于这种大头人型如何与"自然天体"相联系,至今仍是一个学术之谜。②

但是到了金文时期,"天"则明显地具备了一种与人类命运相联系的综合性抽象含义。1965年在陕西宝鸡贾村塬出土的周成王时期的何尊的铭文中,我们已清楚地看到"天"字均为抽象意义,而把"天"与"大命"联系在一起了。③ 这时已具有了明确的社会政治意义。这时,"天"的内涵之所以会发生如此巨大的变化,在政治史的角度上主要与以周代殷的政治剧变有关:一方面,在人口、实力、区域环境和文化态势等方面都处于劣势的"小周",居然竟成功地取代了"大殷",这里的因果关系迫切地需要得到政治理论上的解释;另一方面,曾经与周文王会盟盟津,并在两年后共同"克殷"的所谓"八百诸侯"并不属于一个共同的血缘祖先,因而新兴的政治共同体也需要一个更为普遍的符号以显示其某种内在属性的一致性。这样,无论在政治上,还是在逻辑上,都需要一个超越血缘祖先的、具有更大涵盖范围的政治符号取而代之。于是,政治思维上就产生了一个"突破"的需求,"天"的概念就自然地应运而生了。

著名学者江晓原早已指出,从《尚书·尧典》、《史记·五帝本纪》以及《易·系辞下》等经典中,都可读出"天"与"政"之间的直接关联性。如《尚书·尧典》开篇就说:"昔在帝尧,聪明文思,光宅天下。将逊于位,让于虞舜,作尧典。曰:若稽古帝尧曰放勋。钦明文思安安,允恭克让,光被四表,格于上下。克明俊德,以亲九族;九族既睦,平章百姓;百姓昭明,协

---

① 董作宾:《殷历历谱》(载《"中央研究院"历史语言研究所专刊》,1945年)已涉及商殷卜辞中的昭穆排列顺序。王国维也有突出建树。特别是刘朝阳的论文《殷历质疑》(载《燕京学报》1931年第10期)、《再论殷历》(载《燕京学报》1933年第13期)、《三论殷历》(载《中山大学研究院文科研究所历史部专刊》1936年第1卷第2期)更将历法与祭祖紧密地联系在一起了。
② 刘翔:《中国传统价值观诠释学》,上海三联书店1996年版,第19页。
③ 参见唐兰:《尊铭文解释》,载《文物》1976年第1期;年代考证从李学勤:《何尊新释》,载《中原文物》1981年第1期。

和万邦。黎民于变时雍。乃命羲和，钦若昊天。历象日月星辰，敬授人时。分命羲仲，宅嵎夷，曰旸谷，寅宾出日，平秩东作。日中星鸟，以殷仲春。厥民析，鸟兽孳尾。申命羲叔，宅南交，平秩南讹。敬致。日永星火，以正仲夏。厥民因，鸟兽希革。分命和仲，宅西，曰昧谷。寅饯纳日，平秩西成。宵中星虚，以殷仲秋。厥民夷，鸟兽毛毨。申命和叔，宅朔方，曰幽都，平在朔易。日短星昴，以正仲冬。厥民隩，鸟兽鹬毛。帝曰：咨，汝羲暨和，期三百有六旬有六日，以闰月定四时成岁。允厘百工，庶绩咸熙。"①

　　关于这篇著名的古典文献，释者千家，但是其中主要涉及理想帝王政治职责的古训，则没有争议。此篇经典全文共计225字，其中"关于天学事物竟占了172字，即76%！……这至少说明：在古人心目中，帝尧的这项政绩〔指'历象日月星辰，敬授人时'。引注〕比任何其他政绩都重要得多。"②这些资料表明，从商代到周代的发展过程中，"天"的概念逐渐具有了抽象的意义，并越来越具备政治含义了。甚至寡言"天象"的孔子也说过："尧曰：'咨！尔舜！天之历数在尔躬。允执厥中。四海困穷，天禄永终'。"③《史记》记载同一事件时也说："于是帝尧老，命舜摄行天子之政，以观大命。舜乃在璇玑玉衡以齐七政。"④可见，告诫继世君主关注历法是头等重要的政治事务。这不仅是关注于农耕收成，即所谓"敬授民时"，"闰以正时，时以作事，事以厚生。生民之道，于是乎在矣"⑤；同时在兼并战争的关口上，"天命"也将具有生死攸关的致命意义。"九年，武王上祭于毕。东观兵，至于盟津。……是时，诸侯不期而会盟津者八百。诸侯皆曰：纣可伐矣。武王曰：女未知天命，未可也。乃还帅归。"⑥准备数年，召集联盟八百诸侯实属不易，同时正因此一战役的胜负关系重大：胜利的结局无疑将会大大增强和巩固周族的政治统治合法性，而一旦失利则将面

---

① 《尚书·尧典》。
② 江晓原：《天学真原》，辽宁教育出版社1991年版，第35—38页。
③ 《论语·尧曰》。
④ 《史记·周本纪》。
⑤ 《左传·文公六年》。
⑥ 《史记·五帝本纪》。

临功亏一篑和全面崩溃的悲惨结局。文王深知此举之利害,于是乎毅然全线撤兵,再度筹措待机。可见,"天命"于古人的确非同小可也!

就中国古代而言,这个"天学"体系决非今天所谓科学意义上的"天文学"(astronomy),而是一个更具人文精神的"算星术"(astrology),它是一个充满人类感情和祈望内涵的解释性文化系统。① 在古代中国,"天学"的功能是由史官("大史",即后来所称的"太史")来承担的。成书于战国时期的《周礼》在确定"宗伯"一职时规定:"惟王建国,辨方正位,体国经野。设官分职,以为民极。乃立春官宗伯,使帅其属而掌邦礼,以佐王和邦国。礼官之属。"而其下属又分为"冯相"和"保章"两职。具体职责是:"冯相氏掌十有二岁。十有二月。十有二辰十日。二十有八星之位。辨其叙事。以会天位。冬夏致日。春秋致月。以辨四时之叙。"而"保章氏掌天星以志星辰日月之变动。以观天下之迁。辨其吉凶。以星土辨九州之地所封。封域皆有分星。以观妖祥。以十有二岁之相。观天下之妖祥。以五云之物。辨吉凶。水旱降。丰荒之象。以十有二风。察天地之和。命乖别之妖祥。凡此五物者。以诏救政。访序事"②。这就是说,古人把天文星象划分为两大部分(或两大类型):一是对可以掌握的天体现象运行规则的部分,对此古人是通过运算来完成的,以达到标定时节的目的。对于这部分内容,我们今天一般称之为"理性"和"科学";但另一部分是对尚未掌握的天体现象的解释,人们并不知晓其原理的部分,古人则投射以宗教性的思维。在这部分内容中,保留了大量文化解释的因素。

因此,在中国文化传统中,作为一个不以人的意识支配的力量的"天",其"行为"包含着强烈的"象征意义"。换言之,"天学"所关注的重心,不仅仅是"自然",而且更是"政治",但就最根本的目的而言,前者只是证明后者的必要的途径和手段而已。而这种超越人间语言所指示出的信息,与人间的政治行为又构成了直接的或间接的紧密相关性。中国古代"天学"自始就被浓重的文化性解释所层层包裹,从而表现出某种深深的神秘色彩。诚如葛兆光所概括的那样:"在中国古代的知识、思想与信仰

---

① 参见汀晓原:《上古天文考》,载《中国文化》1992年第6期;另见:《天学真原》。
② 《周礼·春官宗伯》。

世界中,'天'这种被确立的终极依据始终没有变化……作为天然合理的秩序与规范,它不仅支持着天文与历法的制定,支持着人们对自然现象的解释,也支持着人们对生理和心理的体验和治疗,还支持着王权和等级社会的成立,政治意识形态的合法,祭祀仪式程序的象征意味,支持着城市、皇宫甚至平民住宅样式的基本格局,甚至支持人们的游戏及其规则以及文学艺术对美的感悟与理解"①。

总之,在古代中国,"天命"本是一个政治概念,相应的,"天学"则就成了一门地道的古代"政治科学"。20世纪90年代以来,以江晓原、黄一农、李零和葛兆光等为代表的新一代学人,对此作出了卓越的学术贡献。

二、"天象":可观可感而不可触及的"形而上"

"天文"是与"人文"相对而言的。《说文》曰:"文,错画也。"按王弼注:"刚柔交错而成文焉,天之文也。"所以,古代"天文"实指"天象",即由各种天体交错运行而在天空所呈现的景象。如天体运行中星辰有序地变化,以及日、月食,流星等变异,北斗七星位置不同所体现的季节转移,气候与物候变化以及地震、海啸、台风等现象。在考古实物和历史文献中我们得知,中国人观念中的"天",主要是由"日月系统"、"五星系统"和"北极系统"这三个参照模式所组成的宇宙体系。② 所以,"天象"是指宇宙之自然本体的"图像"。

中国古人历来对于"天象"非常敏感。山东省莒县出土的约公元前3000年的陶器符号,反映出古人对太阳的直接观测。图中描绘了一个带翼的太阳从五峰中升起。据专家分析,这样的天象只有在"春分"和"秋分"时才会出现。③ 可见,那时人们对"天象"的意义,已具有了明确的意识。现在我们所知,最早涉及天文图像的考古资料,是著名的河南濮阳西

---

① 葛兆光:《中国思想史》第一卷,复旦大学出版社1998年版,第47页。
② 具体考证参见冯时:《中国天文考古学·星象考源》,中国社会科学文献出版社2001年版,第258—339页,特别是第278—302页。
③ 王树明:《谈陵阳河与大朱村出土的陶尊"文字"》,载《山东史前文化论文集》,齐鲁书社1986年版;转引自冯时:《中国天文考古学》,中国社会科学文献出版社2001年版,第198页。

水坡45号墓出土的仰韶文化蚌塑星象图。这一墓穴属仰韶文化(前5000—前3000)遗迹,根据天文考古学家解释,此墓穴的形状采取的是一个"天圆地方"的模式,其中不仅有北斗星象征,还有左苍龙、右白虎的图样。其他殉葬的三人,其方位分别为东、西、中三个方向,实际上在"春分"和"秋分"日出与日入的日行轨道上。而中间的一人,则方向朝北,暗示着与"冬至"具有某种关系。因此,专家考证,河南濮阳西水坡45号墓在极大的程度上,是用葬墓的形式显示了一幅古代的二十八宿天文图。不仅其中的各种天文要素基本具备,而且两者之间的相似性甚至可以用"若合符契"来形容。①

由此以降,从史前文明到以后的朝朝代代,各式各样"星图"、"式图"和"盘镜",虽然林林总总,但从未间断。这已明确告诉后来的研究者,在古人的观念中"天象"对他们具有何等重要的社会—政治意义。

既然"天"是一种可由人"眼"看得到的具体图景,而不完全是从人"脑"中建构出来的抽象概念,对于一个具有丰富经验主义风格的政治群族来说,"图像"就发挥着比"逻辑"更为直观的作用。在古代,"天象"的确成为中国人规范时间范畴,特别是制定生活原则的一项重要的参照系。由于"天象"不可能是人为的,这就在一定程度上排除了主观臆造的可能性,从而成为增强公共认同意识的必要条件。笔者认为,这是中国传统政治思想中极具特色的部分。"天象"的呈现,就像一部超越人为意志的"洪范"(大法)②,成为统摄上至宇宙,下至人间的统一准则,实在是中国传统政治思想中的重中之重。对中国传统中的"天象"范畴,我更愿意把它概括为一种"可观可感而不可触及的'形而上'",而这种中国式的"道",并不是 metaphysics,而应当是 withinphysics。我这样认为的理由有二:其一,"天象"是一种可见的实在,虽不可更改、不可触及,但却与西方意义上的

---

① 参见《天学真原》,第27页。
② 这里所用"超越"(transcendence)一词,不是西方哲学和宗教意义上的原意。而是指"天"作为自然本体,具有人类不可复制和不可控制的特性。这样,它才大大减少了由个人或家族以及政治集团"制造"天象的可能性,从而具有了公共参照系的意义。关于西方思想意义上的"超越"含义,以及在中国思想研究中套用此一概念的误读,参阅郝大维、安乐哲著:《汉哲学思维的文化探源》,施忠连译,江苏人民出版社1999年版,第226—260页。

"形而上",无论是柏拉图的"理念",还是希伯来—基督教的"上帝",形成鲜明对照,而后者中本质上暗含着深厚的"物理学之后"(metaphysics)的思辨和逻辑;其二,虽然"天象"不是人为的,但对它的解释则不可避免地要通过主观取向,这就给"天命"的阐释保留下了极大的空间。所以,"天象"既具有超越的性质,同时又保留了解释性空间,在两者之间构成了某种特殊的紧张关系。正是在此种微妙的紧张关系中,蕴涵着中国思想和中国政治的深刻奥秘;作为一种符号体系,"象"由此在中华文明中将发挥着比其他文明更加实质性的社会政治功能,这对以仪式控制为重要整合手段的中国古代社会来说,具有特殊的意义。

三、"天数":可算可推而不可违逆的大法统

如果我们把"天象"视为一种相对静态的"图形",那么,星际之间的运动和转移就应被视为某种运动着的"轨迹"了。所谓"天数"亦称"天运",就是指"天象"变化和运转的周期、节奏和韵律。对于"天数"考察和计算的直接结果,就是所谓"历法"。古人认为这种"大秩序"运转节奏不仅不以人的意志为转移,而且规定着人间的生活秩序,因此必须仰而敬之,尊而循之。具有相当高水准和连续性的中国传统"历法"系统,就是这一观念最完美的体现。对于"天运"计算、考察的直接结果,就是"历法"。"历法"越精确,就说明天人关系越接近。正如众多学者所言,"历法"的本质则是制定一套以纪、年、月、日为单位以规划时间的规则。通过这样的规划,人们不仅得以确立集体生活所依据的框架,而且还可通过其预测功能,使这种生活进入某种可以调适的有序世界。这里所谓"集体生活",一方面涉及农业生产的便利,另一方面也涉及政治共同体的认同,实际上具有"自然"与"政治"的双重意义。①

---

① 依据制定原理的不同,中国早期历法可分为三大类:一是"物候历",即以天文星象参合物候而规划时间,如《大戴礼记·夏小正》《尚书·尧典》所述的历法;二是"自然历"(或曰"星象历"),是以实际观测星象运动所得之时间划分规则,主要是春秋战国时期各国的时令;三是"推步历",即根据岁实(回归年)与朔策(朔望月)对天体运行进行推算,通过置闰方法以调和二者周期的时间安排。需要指出的是,在历史发展的过程中,这三种性质不同的历法并非呈进化程序演进,而是相互交叉,同时存在于同一个历史时段之中。历史相传的中国上古黄帝、颛顼、夏、殷、周、鲁的"古六历",应当被看做曾长时期流行于世的不同历法。

在阴阳观念的作用下,中国古历不是纯以回归年周期为依据的"太阳历"(阳历),也不是纯以朔望月周期的"太阴历"(阴历),而是同时考虑太阳和月亮的视运动,把回归年与朔望月两个周期并列为制历的基本数据的"阴阳历"①。以下我们仅用最简单的方式,对司马迁的《历术甲子篇》

---

① 根据甲骨文资料,中国学术界一般对殷商天文历算的性质持两种不同的观点:一种观点以董作宾、吴其昌、严一萍为代表。认为在殷历一回归年长度为365.24671日,朔望有周期为29.530585日。回归年长度合于四分历,朔望有长度接近四分历;大月、小月相间安排,大月30日,小月29日;并已知置闰,初期用年终置闰法,称十三月,后期采年中置闰法;以朔日为月首,正月建丑。文献参阅董作宾:《卜辞所见之殷历》,载《安阳发掘报告》第3期(1931年);《殷历的几个问题》,载《"中央研究院"历史语言研究所集刊》第四本三分册(1934年);《殷历月谱》,载《"中央研究院"历史语言研究所专刊》(1945年)。另一种观点以束世、刘朝阳、孙海波为代表。此派学者也认为,殷历的根本目的与祭祖相关。商王庙号以十天干为纪,这是一种十进位的计数法。而在众多甲骨卜辞中出现的"旬"字,是一个记日单位,它特别强调十日为旬的概念,因此这种历法主要是为迁就先王先公排位的政治历。结合对月相变化的理解,殷历每月有三旬,每旬都是10日,每月故为30日;没有大小月的区分;也没有闰月;纪日的干支在各个月份之中都有严格的位次,每月的第一日必定是甲日,最后一日必定是癸日;每年固定为12个月;每年长度都是360日。参阅束世:《殷商制度考》,载《国立中央大学半月刊》第2卷第4期(1930年)。刘朝阳论文主要是:《殷历质疑》,载《燕京学报》第10期(1931年);《再论殷历》,载《燕京学报》第13期,(1933年);《三论殷历》,载《中山大学研究院文科研究所历史部专刊》第1卷第2期(1936年);《殷历轮廓》,载《华西大学下颌骨文学研究所专刊》乙种第2册,(1944年);《晚殷长历》,载《华西大学下颌骨文学研究所专刊》乙种第3册,(1945年)。其中部分论文收入李鉴澄编:《刘朝阳中国天文史论文选》,大象出版社2000年。孙海波:《卜辞历法小记》,载《燕京学报》第17期,(1935年)。近年来甲骨学研究者常玉芝在前人研究的基础上,对殷历实况的探讨又有所推进。他在肯定了"殷商时期行用的是太阴纪月、太阳纪年的太阴太阳历,亦即阴阳合历"之后,同时也指出,殷历在具体纪法上也未必如董作宾所说的那样严整:"殷人的天文知识还比较有限。他们已经认识大火星(即心宿二、天蝎座),并以大火星昏见南中为岁首;他们还不能准确地测得冬至和夏至,卜辞中还没有日至的记录;还没有十二节气的概念;他们还不了解月食(当然也包括日食)发生的原因,……还处在日月食发生后的观察和记录阶段。……殷历月有大小相间安排的,也有连大月和小月的现象。这些说明殷历月是以观察月相为准的太阴月。殷人的历法已有闰月安排。他们始终是年终置闰法与年中置闰法同时并用的……他们的置闰还是随时依靠观测天象或物候来决定的,发现不合,就随时在年终或年中安置闰月予以调整。由于殷历中有闰月,可以得知行用的是太阴纪月、太阳纪年的阴阳合历。"(常玉芝:《殷商历法研究》,吉林文史出版社1989年版,第6、424—426页)

另外需要说明的是,从现有较成熟的研究成果看,在中国远古可能存在着多种历法模式,除了后来被普遍承认的"四分历"以外,还存在着两种著名的历法模式,其一是云南彝族文化考古所发现的"十月历",另一个则是中国早期史料中反复记载过的"火历"。由于《十月历》直接涉及《周易》数理的来源,《火历》也牵涉到历法中"12周期"(涉及60甲子循环)的天道原则,所以近20年来受到学术界的高度关注,并引发了一系列争论。由于本文的主题的限制,更由于笔者对此问题的理解不够深入,这里不能对此一专题展开深入讨论。但必须提起注意的是,《十月历》和《火历》性质和数理的研究,对于透视"中国思维"是一种非常重要的视角和途径。请参阅陈久金、卢央、刘尧汉:《彝族天文学史》,云南人民出版社1984年版;庞朴:《火历初探》,载《社会科学战线》(长春)1978年第4期;田合禄、田峰:《中国古代历法解谜》,山西科学技术出版社1999年版。

和刘歆的《三统历》的运算原理和基础数据,作一些描述,其目的则是以此说明中国古代所谓"天学"信仰并非子虚乌有的纯粹臆断。正是这种具有一定数理的因素,奠定了古人一定程度的"实证"基础,并在这个基础上建立了政治权力更迭的模式和法则。汉初的历法基本上是沿用秦以来的颛顼历。颛顼历是一种古四分历。《历术甲子篇》和《三统历》都以此为基础。

我们先讨论司马迁《历术甲子篇》的演算原理。

历的纂本要素是年、月、日三者的长度。在阴阳观念的作用下,中国古历一开始就不是纯以回归年周期为依据的"太阳历"(阳历),也不是纯以朔望月周期的"太阴历"(阴历),而是同时考虑太阳和月亮的视运动,把回归年与朔望月两个周期并列为制历的琴本数据的"阴阳历"。由于这两个周期之间没有公倍数,所以必须设法调平年、月、日三者的长度。《历术甲子篇》的划分就以此为依据。其步骤是:

1. 要想对"天运"进行计算,首先必须选择一个计算的起点。在历法上就是"历元"。"元"的本意就是"始"的意思。古人把"冬至"作为一岁的开始;把朔日(日月交会的一日,即阴历初一)作为一月的开始;把夜半子初作为一天的开始;"甲子日"则作为干支纪日周期的开始。所以,冬至(一年之始)之"年统"、朔旦(一月之始)之"月统"、"甲子夜半"(一日之始)之"日统"、甲子日(干支之始)之"干支统"四者重叠,才是"历元"的理想起点。

2. 有了"历元",还要调平年、月、日之间的长度关系。一回归年为 365.2422 日;一朔望月为 29.5306 日,12 个朔望月为 354.3670 日。这样,"岁实"(1 个回归年)与"朔策"(12 个朔望月)相差 11.25 日(365.2422—354.3670)。因此必须"三年一闰,五年再闰,十九年七闰"才可能近似调平它们之间的长度。因此,19 年就成为一个循环圈,被称为"一章"。

3. 因为"一章"仅是一个近似的调平周期,如果想再进一步精确化,就必须运转 4 个周期(19×4=76)才能完成。这样,76 年就又再成为一个更高层次的循环,所以被称为"一蔀"。

4. 经过 20 蔀(76×20=1520),共 1520 年,甲子日夜半冬至合朔又回复一次,所以被称为"一纪"。

中国古代"天学"理念与政治合法性信仰的建构

5. 1520年仍然不是60(干支)的整倍数,只有完成3纪(1520×3=4560),共4560年,才回到真正的甲寅年甲子月甲子日甲子时(夜半)冬至合朔。所以,4560年的大循环,被称为"一元"。

这样看来,在古代的理论上首先是要按标准确定一个合理的"历元"点,由此确立数据推导的基础,而实际上则是由于"回归年"与"朔望月"这两个自然循环之差,需要进行必要的协调,历法体系又是这一协调的结果。所以在这个意义上,历法体系既要具有一种面向未来的预测功能,同时又必须论证实施这种推导的前提依据。①

由于司马迁《历术甲子篇》与刘歆《三统历》在基础理念和推导方法上都属于"四分历"框架,因此在基本的数据结构方面两者相近(见下表)。

司马迁《历术甲子篇》	刘歆《三统历》
一岁:12月	一岁:12月
一章:19年,235月	一章:19年,235月
一部(4章):76年	一会:(27章):513年
一纪(20部):1520年	一统(3会):1539年
一元(3纪):4560年	一元(3统):4617年

注:二者相差57年(=19×3),即相差3章。故整体上属于同一系统。
资料来源:张汝舟:《二毋室古代天文历法论丛》,浙江古籍出版社1987年版,第578页;《汉书·律历志》,中华书局,第961页。

所以,司马迁发现周考王五十四年(前427年),除了当天不是甲子日以外(实为"己酉日"),其他条件一一吻合。所以这天只是"历元近距"。要想进一步精确,就只能向前推到前1567年,那天才是真正完全符合所有条件的理想"历元"。② 司马迁《历术甲子篇》取甲寅年为太初元年(指

---

① 按照今日的天文计算,《四分历》仍有疏漏:《四分历》采用365.25日为一回归年,较今测365.24219828日,长出0.00780172日。因为1:0.00780172 = X:1,X = 128.185,所以每隔128.185年则相差1日。《四分历》采用29.53085日为一朔望月,较今测29.53058800日,也长出0.00026200日;因为1:0.000262 = X:1,X = 3816.794,所以每隔3816.794年则相差1日。又因为3816.794日/128.185月 = 308.592年;所以每隔3816.794日,即308.592年,则历法相差1日。而这个308.592年的数据,很可能就是纬书《春秋乾凿度》关于"王者三百年一蠲法"和纬书《考灵耀》关于"三百年斗历改宪"之说的历法依据。

② 张汝舟:《二毋室古代天文历法论丛》,浙江古籍出版社1987年版,第577—578页。

历元,非指汉武帝之年号),以甲子月甲子日夜半冬至合朔为"历元",其"历元近距"是周考王五十四年(前427年)甲寅年己酉日冬至夜半合朔。由此推演千百年之干支纪年,朔日馀分,一丝不错。因此,《四分历》是中国历法的起点。作为一年而言,"冬至日"(历点)成为古代的大祭之日。

我们再讨论刘歆的《三统历》。

如前所述,在推演原理上刘歆的《三统历》与司马迁的《历术甲子篇》属于同一历法系统,所不同的是前者"历元"要素中增添(或附会)了许多主观(或文化)的因素。① 西汉末年,刘歆以"三统者,天施、地化、人事之纪"为准则修订太初历,更名为"三统历"。换言之,所谓《三统历》实际上就是运用"三统"文化思维解释历法。② 刘歆首先给定了治历的"基本原则",曰:"三统者,天施,地化,人事之纪也。……其于三正也,黄钟子为天正;林钟未之冲丑为地正;太族寅为人正。三正正始……天施复于子,地化自丑毕于辰,人生自寅成于申。故历数三统。"③

不难看出,在中国传统文化系统中,"天象"和"天数"虽然涉及不同的方法,但必须建立在实测和数学通识的基础之上;只有"天意"具有较大解释空间,但它也必须以前二者为依据,不能完全地无中生有。特别是处于"天象"与"天意"之间的"天数",对说明古代"天命"的本质极具意义。"天数"的抽象表达即历法体系,换言之,历法体系是对"天运"的数理推演,它所要直接证明的是一种客观秩序,但这种证明的目的却是要推导、预测和解释天运秩序对人类生活所具有的意义。通过对司马迁《历术甲子篇》和刘歆《三统历》数据推演的例证,我们得知中国古代"天命"的概念不能等同于西方思想中的形而上学,其真实内涵具有一定的实证依据。

---

① 汉武帝时,公孙卿、壶遂、司马迁等受命议造汉历。最后,在18种改历方案中选定了邓平所造的八十一分律历,称太初历。太初历以365.385/1539日为回归年长度,29.43/81日为朔望月长度。

② 参阅:《汉书·律历志上、下》。本节中所用数据和推导,完全依据张汝舟:《二毋室古代天文历法论丛》,刘操南:《历算求索》(浙江大学出版社2000年版),刘洪涛:《古代历法计算法》(南开大学出版社2003年版)三书。

③ 《汉书·律历志》,岳麓书社1994年版,第438—450页。关于《三统历》的逐字解释和数理运算,参阅刘操南:《历算求索》,第116—152页;乐爱国:《儒家文化与中国古代科技》,中华书局2002年版,第100—103页,本文不再缀引。

中国古代"天学"理念与政治合法性信仰的建构

四、"天意":可诠可释而不可消解的宿命论

如果说"天数"的计算还可能在客观主义框架下去理解,那么,"天意"的内涵则与此相去甚远。在本质上它所指的既不是纯粹的"自然意志",也不是纯粹的"欺骗造假",而是人们借助于"天象"和"天运",所类比、塑造和建构的"人类预期"。这也就是说,中国古代"天学"是借助历法数理的客观手段,去实现寻求良好生存位置的政治目的。后者才是"天学"思维的重心。近来,学者进一步指出,就像"天文学"(astronomy)与"占星术"(astrology)的关系一样,"天数"与"天意"二者虽然在知识体系上确有联系,但就其目的指向而言,却大相径庭。① 传统中国的"'天'既是创造者,又是整个被创造的世界",它是"自然显现"与"人类文化创造"相结合的产物,二者连为一体,密不可分。"'天'本身就是由持续发展的文化所产生的、聚集的精神性"②。所以,所谓的"知天",与其说其重心在于"天象"本身是什么,不如说人们更关心"天象"所昭示的意义究竟是什么。也就是说,单纯的自然"天象"和可供推论的"天数"本身都并不产生特殊的意义,只有它与"人事"发生互动时,才能成为一个涂尔干意义上的"社会事实"。正如后汉扬雄所言:"通天、地、人曰儒;通天地而不通人曰技"③。所以,"人"的因素在中国古代"天命"观念中发挥着重要作用。

史家曾反复讨论过《春秋》详细记录"天象"的事例,结论是这种行为体现出中国历史"究天人之际"的基本性质。但《春秋》记载日食37次,《公羊传》记载36次。其中《春秋》记载与《日月食典》对勘,有4次无食。而据马端临《文献通考》卷282《象纬考·日食》注录,整个战国时期的254年中,日食记录只有7次,而春秋时期的242年中,则有日食记录37次。这一方面说明"战国扰攘","史官丧纪";同时也在一定程度上说明天文记

---

① 江晓原对中国古代天学的性质和运作做过详尽论证。参阅江晓原著:《天学真原》,第一至三章(第1—132页)。
② 郝大维、安乐哲:《汉哲学思维的文化探源》,第249—250页。
③ 《法言·君子》。

录的人为因素。据台湾学者黄一农统计,从公元前 2000 年到公元 2000 年,具有改朝换代象征的宿度在 30 度之内的"五星聚合",共有 107 次,其中只有 40 次肉眼可以看到。汉元年以后被记录的有 19 次,其中半数以上不合实际天象,而其有 10 次极易观测的情况却未见记录。① 同样,被视为具有大凶大灾象征的天象"荧惑守心",在史籍记载中,共出现 23 次,其中有 17 次未曾发生。而前汉以来近 40 次"荧惑守心"天象,却大多未见文字记载。其研究结论是:"从公元前第三至公元后第十七世纪间,共应见荧惑顺行留守心宿的天象 21 次,逆行留守心宿 17 次,亦即平均约五十年应出现一次荧惑守心,但绝大多数此类事件却未见文献记载"②。无论文明把这种现象说成是对自然天象的"误读"、"伪造"还是"人文解释",它都极其清楚地显示出了中国传统"天道"观念的基本性质和意义内涵。

在中国传统"天学"系统里,"天文内容"与"政治功能"显示出某种奇特的关系:一方面,作为客观实体的"天文"是超越于"人事"的,是不以人的意志为转移的力量,"人文"不能凭空制造"天文"(伪造必须有所依据),在一定的角度上"天文"是决定"人事"的。也就是说,正是"天道"对于"人事"的超越性,才使"天"具有了支配的权威;另一方面,作为主观实体的"人",又是"天意"的唯一解释者,而且没有经过"人意"过滤的"天象"并不具有社会意义,所以失去了"人意"的主观解释,"天道"对于"人事"的权威支配又无从实现。这样,从前者的角度看,人们承认"天象"对"人事"具有客观支配性,强调所谓"听天由命","顺应天道"等等,的确崇尚和期盼"天文"与"人文"之间保持高度的一致性;但在后者的角度,人们也承认"人意"与"天象"绝不可能环环紧扣,一一对应,否则"天文"对"人事"的警示作用将无从谈起,所以"天进"与"人事"的不一致性则成为最为现实的客观性。此外,主观诉求与客观秩序、"天文"与"人文"之间不可避免地存在深刻的"紧张"。在汉语语境中,这种"紧张"的意义在于,"对

---

① 参见:A Study of Five Plant Conjunction in Chinese History, translated English by Edward L. Shaunhnessy, "Early China", 15, (1990) pp.97—112。

② 黄一农:《星占、事应与伪造天象——以"荧惑守心"为例》,载《自然科学史研究》第 10 卷第 2 期(1991)。

于中国的精神性的任何一种认识都要诉诸的核心概念——'天'",就其性质而言,它"既是非超越的,但又具有深刻的宗教性"①。所以,在传统中国,国家之所以要牢牢地掌握和垄断"历法"的解释权,并使其达到在当时所能达到的精确程度,其根本目的绝不是出于对宇宙规律的兴趣与好奇,而是出于政治权力的考虑和治国安邦的需要,只不过这种目的是以"整体宇宙的和谐系统"基本理念为前提罢了。

例如,中国传统中"天学"的重要政治功能之一就是"颁正朔"以便"大一统"②。对于一个以文化建构为合法性理论支撑的民族来说,这是具有现实意义和值得展开分析的。但是历史越往后期,特别是朝代最旺盛的时期,帝王个人的意志对历法的干预就越大。著名的案例是汉武帝钦定历法,进行太初改历。《史记》记载:为改历一事,汉武帝专下《诏书》明言:"乃者,有司言星度之未定也,广延宣问,以理星度,未能詹也。盖闻昔者黄帝合而不死,名察度验,定清浊,起五部,建气物分数。然盖尚矣。书缺乐弛,朕甚闵焉。朕唯未能循明也,紬绩日分,率应水德之胜。今日顺夏至,黄钟为宫,林钟为徵,太簇为商,南吕为羽,姑洗为角。自是以后,气复正,羽声复清,名复正变,以至子日当冬至,则阴阳离合之道行焉。十一月甲子朔旦冬至已詹,其更以七年为太初元年"③。从汉武帝此话中我们可以看出,他所斤斤计较的并不是历法数据的疏密,而是看这个数据于其"受命于天"的气数是否相合。其实这就是武帝"诏迁用邓平所造八十一分律历"的重要理由。而本来司马迁本人虽不敢公开反对,却在追述汉武帝诏书之后,紧跟着撰写了自己的《历术甲子篇》,保留了古六历之四分历的七十六年一蔀的程序。这就是说,在制历之前,汉武帝心中其实(或许是潜意识),已有了一个关于历法方案的预期,而选择历法自然向着这个方向抉择,而历法数据本身的疏密则是第二位的,与"受命于天"的目的相比,数据则只是一纯技术性问题而已。把"日分"解释为汉王朝"应水德之

---

① 郝大维、安乐行:《汉哲学思维的文化探源》,第240页。
② 此处"大一统"中之"大"是为动词,而非名词。亦即使"统"之局面扩大,而不是这个一统局面很伟大。
③ 《史记·历书》。

胜",应当替代秦朝;而这历的"日法",又与"黄钟为宫"的律两者相合,使"气复正"而"阴阳离合之道行焉",正符合汉武帝的政治合法性的需求。①

考察古代政治家的这些重大举措,我们认为其中并非全归心理因素,其背后多少具有对政治共同体生命周期的某种直观体认。《史记》曾对这种可能的周期作过经典的概括表达:"夫天运,三十岁一小变,百年中变,五百载大变;三大变一纪,三纪而大备。此其大数也。为国者必贵三五,上下各千岁,然后天人之际续备。"②此处,所谓"为国者必贵三五"之"三",指的是300年,之"五"指的是500年。也有学者认为其"三"是30年、100年和500年这"三"变;之"五"指的是30年、100年、500年、1500年和4500年这"五"变。③ 上述说法与《春秋保乾图》关于"王者三百年一

---

① 参阅刘操南:《历算求索》,第88—90页。
② 《史记·天官书》。
③ 关于古人规定"三"、"五"这样历史周期性循环之依据的解释各家不一。但学者均认为它与历法的误差有关。具体观点大致有两种:其一,中国古代历史上的所谓"改正朔"与历法误差的调整有关。司马迁关于"夫天运,三十岁一小变,百年中变,五百载大变,三大变一纪,三纪而大备,此其大数也。为国者必贵三五,上下各千岁,然后天人之际续备"的说法,大致合于历法中一会、一统与三统的成数。在历法上,三颗外星(火、木、土)每隔516.33年会合一次,"五百年必有王者兴"的周期可能与此有关。事实上,夏、商、周三个远古大王朝,其寿命基本都在500年左右。历史学家朱维铮教授持此观点。日本学者饭岛忠夫也猜测孟子之说与占星有关(参阅朱维铮:《司马迁》,载《十大史学家》,上海古籍出版社1989年版,第30—31页;饭岛忠夫:《支那古代史上的天文学》,恒星社1939年版,第70—72页)。其二,天文学家认为,这可能与"岁差"有关。所谓"岁差"是指由于太阳、月亮和其他行星的引力影响,使地球自转轴方向发生变动,从赤极绕黄极旋转约26000年一周。也就是说,"岁差"使历法每年约差52″2,71年8个月差1度("回归年"是指太阳接连两次通过春分点的时间,它实际等于365.24219876日,即365日5小时48分45.6秒。但由于"岁差"影响,每年春分点向西移动52″2,若不计算"岁差",那么历法500年将相差7度,这已是极端严重的误差)。但中国直到晋成帝(公元330年)时的虞喜才方发现"岁差",它在历法上的应用就更晚了。即使以这时计算,从公元前104年颁布太初历到公元330年也已过了400余年,可见历法已经相差很多了。《后汉书·律历志》载,时至后汉光武帝年间(公元25—56年),历法已出现误差,即"历稍后天,朔先于历"。其原因实际上来自"岁差"。后汉学者贾逵也说:"故《易》金火相革之卦《象》曰:'君子以治历明时。'又曰:'汤、武革命,顺乎天应乎人。'言圣人必历象日月星辰,明数不可贯数千万岁,其间必更,先距求度数,取合日月星辰所在而已。故求度数,取合日月星辰,有异世之术。太初历不能下通于今,新历不能上得汉元。一家历法必在三百年之间。故谶文曰'三百年斗历改宪。'汉兴,当用《太初》而不改,下至太初元年百二岁乃改。故其前有先晦一日合朔,下至成、哀,以二日为朔,故合朔,多在晦此其明效也"(《后汉书·律历中》)。由于"岁差"影响,每隔300年左右,历法就会出现误差(错乱),所以古人把这种"天演"秩序与朝代更迭相联系,自然持"一朝一历"的观念。直到唐穆宗时,"岁差"被应用于历法计算后,由于"岁差"所造成的历法误差(错乱)已经没有了,所以才实行"一世一历"的制度(参阅陈遵妫:《中国天文学史》,第五册,上海人民出版社1982年版,第153页)。

蠲(音:捐;意:免除)法"的说法,不谋而合。由是可知,汉代学者已知"一家历法必在三百年之间",然知其然,不知其所以然也。

所以,在古代中国,"改历"与"换代"本质上是相互作用的,似乎不能简单地用人为的"政治造假"予以绝对的解释。一方面"天象"和"天数"的确对人们判断政治有机体生命周期产生意识上的影响,另一方面,社会舆论和政治心理也会积极地参与对固有"天象"和"天数"的解释。诸如在一定的天历周期之后,谶纬、造势、表演等,往往会周期性出现,而且这个周期也大致与"天象"和"天数"周期呈同步发展的趋势,就说明了这个道理。历史资料显示,诸如谣言四起、迷信谶纬的流行和神话传说的泛滥等社会舆论和政治心理的动荡,一般都不会发生在某一朝代刚刚建立的时候,而是发生在它的后期,这是值得深入考察和深究的。所以,笔者认为,在"天命"与"政命"这两个周期之间,究竟存在着怎样的要素相关性,正是深入分析中国传统"天命"观念需要突破的临界点。甚至,正是在这种不可消解的普遍性宿命观念里,也同时隐含着中国古代理念中的"革命论"的本质基因,在很强的意义上,中国传统的"革命论"与其说是对"天命"的反抗,还不如更准确地说,它是对"天命"的特殊形式的顺应。

五、"天命":一场"决定论"与"意志论"的博弈和共谋

综上所述,在古代"天命"范畴的三要素中,"天象"具有纯自然的属性,"天数"虽然需要人为地进行演算,但也必须以相对的客观现实为基础,在此我们把它们两者规定为不以人的意志为转移的"决定论";然而,对于"天意"来说,情况恰好相反。如何对"天象"和"天数"进行解释,则给人的意志留下了足够宽松的解释空间。司马迁谈及"天命"时曾说:"民是以能有信,神是以能有明德。民神异业,敬而不渎,故神降之嘉生,民以物享,灾祸不生,所求不匮。"[①]"天下有道,则不失纪序;无道,则正朔不行

---

① 《史记·历书》。

于诸侯。幽、厉之后,周室微,陪臣执政,史不记时,君不告朔,故畴人子弟分散,或在诸夏,或在夷狄,是以其禨祥废而不统。"①"先王之正时也,履端于始,举正于中,归邪于终。履端于始,序则不愆;举正于中,民则不惑;归邪于终,事则不悖。"②这已清楚地说明,把冬至置于历首,把中气置于月中和把闰月置于岁末的历法三原则,在古代中国思想体系的重要意义,以及"天文"变化与政治统治之间的密切关系。应当说,在很大的程度上,制定和修正天文历法是传统帝王的第一要务和政治责任。所以我们说,在中国文化关于"天"的历史叙述中,既深含着隐喻象征的形而上建构,又把这一建构与日常生活的形而下经验联系在一起。在对"天"的恐惧和祈望中,自然产生对"天"的信仰和依赖。人们以"天运"为依据,时时揣摩和建构"天意",以此作为判断政治行为是否得当的准则,从而生成完整的"天"的正当性意识。

当我们重读董仲舒关于"《春秋》谓'一元'之意,'一'者万物之所以从始也,'元'者辞之所谓大也。谓'一'为'元'者,视大始而欲正本也。《春秋》深探其本而反自贵者始,故为人君者,正心以正朝廷,正朝廷以正百官,正百官以正万民,正万民以正四方,四方正,远近莫敢不一于正,而亡有邪气奸其间者。是以阴阳调和而风雨时,群生和而万民殖,五谷熟而草木茂,天地之间被润泽而大丰美,四海之内闻圣德者而皆来臣,诸福之物可致之祥莫不毕至,而王道终矣"③之论述的时候,其实这种"天运"的整体性循环周转以及由此产生的政治意义,在被后人比喻成传统中国之《宪章》的《春秋》"大一统"观念中就已经得到充分的体现。《春秋》之所以"贵始",之所以强调"正本",其依据就存在于"天运"与"天意"的"紧张"之中。或许,正由于中国古人依赖、信仰、折服、甚至迷恋于这种"决定论"与"意志论"的紧张,从而为各自获取政治权力而"真心地"不懈斗争;而以"决定论"与"意志论"之紧张所实际上形成的共谋,致使中国传统政

---

① 《史记·历书》。
② 《史记·历书》。韦注:"谓正历必先称端始也。若十一月朔旦冬至也。""气在望中,则时日昏明皆正也。""归邪,音余","余,余分也。终,闰月也。中气在晦则后月闰,在望是其正中也。"
③ 《前汉书·董仲舒传》。

治合法性信仰体系被型塑成为了以"天命"为名目的这样的一种特殊形态。

  谚语说"观今宜鉴古"。我们花气力去研究古代政治的"合法性"问题，并不纯粹是为了逝去的古代，而是想为今天提供一点借鉴。当然，不是"天运"、"天意"之类值得借鉴，而是借鉴要努力解决政治"合法性"的问题。新中国成立以来，中国至少出现三次（70年代后期至文革结束后、80年代末至90年代初、20世纪末至21世纪初）较大的政治合法性危机，直到今天，政治不稳定因素还一定程度地存在，"政治合法性"并不是已经彻底解决了的问题。因而，如何化解政治统治风险，仍然是我们今天建设政治文明必须面对的严峻问题。这个问题值得我们时时警惕，更值得我们深沉思考解决之道。

论中国传统政治文化对当代政治发展的意义

江荣海 樊 鹏

审视当代中国的政治发展的动力,可以发现存在两大驱动力:其一,是国家基本制度建设,即建立一个强有力的现代国家的历史任务,解决的是国家能力的问题。其二,是民主政治制度建设,即建立一个真正体现人民当家作主的政治体制的历史任务,解决的是国家政权合法性的问题。中国长期而独特的政治传统深刻影响或塑造着中国国家基本制度建设和民主政治制度建设,这种影响或塑造并非完全是负面的。历史的经验和现实的实践都不同程度地展示了中国传统政治文化对当代中国政治发展具有多方面的促进因素。

一、前　言

随着中国的跨越式发展,人们意识到,中国的崛起已经不再是一个梦想,如果再给中国20—30年稳定发展的契机,必将变为历史的真实。在这一背景下,更多中外学者开始关注中国的政治、经济与社会发展模式,以至于"中国模式"和"中国道路"这样的概念开始出现在中外报刊或学术讨论中间。即使原本坚持"西方中心主义"的国外学者,也开始逐渐放弃固有的态度,转而以更加务实、开放的心态看待中国的发展,并对中国发展背后独特的制度和文化支撑表现出极大的兴趣。

中国问题专家裴宜理(E. Perry)教授最近不止一次地提出,"中国这个国家的体制远比某些人想象得更具活力",但她同时也提出,"对于中国国家体制高度适应能力的原因,我们还知之甚少"。裴宜理的言论代表了目前当代中国研究领域一个新的共识,即中国的发展取决于中国优良的体制,但同时也伴随着一个新的疑问:为何中国的体制具有如此高度的适应能力?如何解释中国政治制度的持久性?裴宜理认为,这一切是因为中国的决策者从中国的革命传统中继承了创造性精神,能够针对变化的环境采用灵活的政策,使得这一体制有能力将新生的社会挑战,转化成为权力再生的资源。①

裴宜理无疑正确地认识到了中国体制背后的革命传统因素,但我们是否可以尝试从更深远的角度来审视并理解这一问题?即从中华帝国更悠久的政治文明和政治文化的角度为当代中国强力的发展与变革能力寻找线索和答案。审视当代中国的政治发展,可以发现存在两大历史主题,也可以理解为制度变革的两大驱动力:第一,是国家基本制度建设,即建立一个强有力的现代国家的历史任务,解决的是国家能力的问题。第二,是民主政治制度建设,即建立一个真正体现人民当家作主的政治体制的历史任务,解决的是国家政权合法性的问题。本文将以这两大历史主题为线索,探讨中国长期而独特的政治传统如何影响和塑造中国国家基本制度建设和民主政治制度建设,希望从中能够增进我们对当代中国政治发展的认识。

二、传统政治文化对国家基本制度建设的影响

国家基本制度建设是当代中国政治发展的第一大历史主题。围绕现

---

① 参见裴宜理:《新中国的政治体制是否具有活力?》,载《中国社会科学报》2009 年 8 月 13 日;《假如没有毛泽东和邓小平——专访哈佛教授裴宜理》,载《南方人物周刊》2010 年第 6 期。

代国家的基本功能和能力,国家基本制度建设包括与国家强制能力、国家汲取能力、国家濡化能力、国家规管能力、国家统领能力、国家再分配能力、国家吸纳能力、国家整合能力等相关的基本制度建设。从比较政治学的视野来看,任何一个国家,如果要维持长久安定的统治,都需要具备以上功能和基本制度,但是受到不同国家政治经济结构和历史文化传统的影响,不同国家的基本制度形成和发展却并不相同。

大量历史经验表明,中国传统的统治模式作为一种极富弹性的国家治理实践模式,其强力的自我创新和适应能力可能超乎人们的想象。这种治理模式,除了受到特定社会结构的影响外,它在很大程度上受到传统中国独特的政治文化的影响。然而,由于制度的形成和发展受到多种因素的影响,使得我们很难通过实证的方式解释传统政治文化对国家基本制度形成、演变的具体影响,但我们可以通过分析现代国家基本制度的形成和发展在哪些方面反映了传统政治文化的特征和要求,来更好地理解中国的传统政治文化与中国独特的政治发展道路之间的关系。

现代国家基本制度建设首先以强制能力为基础,国家强制能力是指一个国家通过与强力有关的制度建设维护政权和社会稳定的能力。

受到西方国家特殊的历史发展经验和政治文化的影响,国家通常被理解为"垄断暴力的机器",即政权统治的维持和社会稳定的维护,有赖于高度的经济汲取和不断增加的财政投入,以便建立正规化的暴力机制。换句话说,国家垄断暴力的水平越高,社会越稳定。

然而这一理论似乎并不能合理地解释中国。无论是以每万人口警察数量,还是以政府在暴力机制方面的投入作为衡量指标,中国目前的国家暴力水平均落后于世界一般水平,甚至落后于许多后发展中国家。[①] 但是与之相对的是,中国的社会稳定收益却大大超出了目前中国的正规化安全投入。衡量国家稳定状况的一项客观指标是凶杀率。有研究表明,当前中国每10万名居民中的平均凶杀案为3例,欧洲和日本的这一比率是1—2例,美国超过5例,西欧国家用了300年才将每10万居民中的凶杀

[①] 樊鹏、王绍光、汪卫华:《中国国家强制能力建设的轨迹与逻辑》,载《经济社会体制比较》2009年第5期。

率从16世纪的超过40例降到19世纪以来的1—2例。中国看起来更像一个发达国家,只有少数发展中国家才有如此低的凶杀率。①

中国在维护社会稳定方面与西方不同经验的背后,反映了中西方不同的治理传统与政治文化的差异。在本书的《社会结构与社会意识对国家治理的影响》一文,作者探讨了为什么中国在很长一段历史时期内能够在国家"低度暴力"与社会"相对稳定"的双向需求之间达到较好的平衡?作者提出,受到西方国家独特的社会结构和政治文化的影响,其历史传统崇尚以国家暴力方式解决社会问题。实证研究表明,西方国家的暴力增长与社会经济分化具有很强的正相关关系,这意味着以西方国家的发展为经验基础,其维护社会稳定的出发点在于回应阶级分化与社会冲突,统治者通过不断增强对暴力的垄断水平,达到维护既有的政治经济结构的目的。然而反观中国,长期以来,受到传统政治文化的影响,中国的执政者更倾向于通过保障与改善民生、反哺社会作为维护社会稳定的出发点;通过降低社会经济分化、避免财政过度汲取以及回应基层民生需求,作为保持社会深层次稳定的基础。在具体的策略上,中国的国家通常将深度放权、广泛依靠社区的力量、加强官民之间的协作,以及培育多元化稳定机制,作为维护社会稳定的一般手段。

传统中国维护社会稳定的思想和策略,反映了传统政治文化的深刻影响。根据中国的传统政治文化,人并不是一个孤立的个人,而是植根于他所在的家庭和社区。中国人相信早期的介入是防范犯罪的最佳途径,隐藏在社会控制实践背后的中国传统思维强调早期的干预、改造以及思想教育。更具有深远意义的是,传统中国的政治文化将社会控制理解成为一个综合系统,拒绝自上而下的社会控制,主张对社会结构各个方面的平衡利用,以实现社会安全。包括家庭、社区、单位在内的所有社会单元都应当承担起社会安全工作的义务。

受到传统治理模式和政治文化的影响,我国在维护国家稳定方面形成了优良的传统,其主流不注重强力的控制,而在于基层的化解,不在于

---

① Vladimir Popv, "Is The Chineses Variety of Capitalism Really, Unique?", *Transition*, May 24, 2010.

国家主义,而在于民本主义。回顾改革开放之前,在群众路线、专群结合以及多元化防范机制的作用下,我国使用很小规模的国家力量,却能够把社会稳定住。虽然目前形势发生了变化,但是绝大多数的问题仍然是不带有外部性的问题,这意味着传统的治理理念和策略依然应当受到重视,有群众路线作保障,不必大幅增加警力,但"群防群治"的经费却要有保障,这仍需要增加政府开支。

又以国家的汲取能力为例。

汲取能力是指国家动员与调度社会资源的能力,从西方"国家中心主义"的历史传统来看,国家动员和调度社会资源的能力与国家财税收入具有直接的关系。换句话说,强力的国家动员与社会调动能力,取决于强力的国家税收汲取能力。受到这一思想的影响,许多西方学者认为,传统中国的国家汲取能力非常微弱,以至于得出传统中国治理能力低下的结论。例如早在100年前,德国社会学家马克斯·韦伯就曾在他的研究中这样指出:由于传统中国的官僚体系具有明显的家产制特征,作为国家实行管理和统治的工具,其行政结构上的粗泛、技术上的落后,国家实际税收水平的低下,必然导致其对基层社会统治与干预能力的微弱。①

然而,越来越多的研究发现,古代中国的国家汲取能力与国家实际的动员与调度能力之间,并不具备西方理论所预设的那种关系。因为许多历史研究已经发现,虽然中国传统基层社会的治理没有完全仰赖国家财政投入,但是在基层政府的行政实践中,地方却利用多元的治理主体并结合适当的策略和方法,在教育、救灾、荒政、水利等许多方面取得了良善的治理成就。② 法国汉学家魏丕信(Pierre-Etienne Will)在有关古代中国地方基础设施管理的研究中就发现,政府对经济的直接干预程度并不高,地方官僚机构常常通过委托与转契的方法,力求以最小的投入而得到最大

---

① 马克斯·韦伯(Max Weber):《儒教与道教》,商务印书馆2002年版。
② 参见张仲礼:《中国绅士:关于其在19世纪中国社会中作用的研究》,上海社会科学院出版社1991年版;王卫平、黄鸿山:《中国古代传统社会保障与慈善事业》,北京群言出版社2005年版;罗兴佐:《治水:国家介入与农民合作——荆门五村农田水利研究》,湖北人民出版社2006年版;魏丕信(Pierre-Etienne Will):《十八世纪中国的官僚制度与荒政》,江苏人民出版社2006年版;William T. Rowe, Hankow, *Commerce and Society in a Chinese City, 1796—1889* (Stanford: Stanford University Press, 1984).

的成效。换句话说,国家在财政资源十分有限的情况下,一方面可以维系宏大的社会工程,另一方面又可同时维持一个在财政汲取方面相对"小型"或"轻型"的国家。①

中国传统政治文化长期以来主张薄赋轻敛,与民生息,它反映了中国社会结构的要求。传统中国的社会结构,最本质的特征在于小农经济加市场,这与西方领主庄园式的自给自足的封建经济迥然不同,中国传统的社会结构类似于蜂窝状,它的每一个单元都是一个相对脆弱的家庭和小集体。更重要的是,这种社会结构不仅需要国家降低汲取,以保持小农经济自我恢复生产的能力,而且需要国家鼓励农村基层成员的集体协作,以便在国家降低汲取的同时,仍然能够保证完成必要的、大规模的社会、经济、民生工程,**这就要求基层治理必须在极不充裕的财政基础上,运用创造性的能力和灵活的思路,以适应各种挑战**。

黄宗智曾使用"集权的简约治理"(centralized minimalism)来概括传统中国的这一特征:统治者考虑到承诺把税收最小化,以及由此而来的简化政府机构的愿望,国家倾向于以"最小化政府思维"去解决社会问题。具体来说,中央倾向于将社会治理的事权下放给地方,但同时严格限制政府结构的层级与人员规模,而地方基层政府则本着简约治理的原则倾向于在国家正式治理机构与人员之外,寻求非正视的行政方法、仰赖半官方人员来实施基层社会的治理。② 然而,这种说法似乎只注意到了传统治理结构倾向于"小型"、治理方式倾向于"放权"的特征,而忽略了创造性和灵活性或许才是传统中国基层治理更本质的特征,这种创造性和灵活性甚至积淀成为中国政治文化最优良的传统。

虽然传统政治文化主张国家应当与民生息、简约治理,但与此同时,无论是从官方意识形态还是民间认识来看,政府始终对于人民的基本生活和社会福利负有持久的、不可推卸的责任,这涉及国家再分配能力的制

---

① Pierre-Etienne Will, "State Intervention in the Administration of a Hydraulic Infrastructure: the Example of Hubei Province in Late Imperial Times," in *The Scope of State Power in China*, ed. Stuart Schram (Hong Kong: Chinese University Press, 1985).

② Pilip C. C. Huang, "Centralized Minimalism: Semiformal Governance by Quasi Officials and Dispute Resolution in China".

度建设。

国家的再分配能力,是国家维护社会分配正义的能力。近30年来,我国通过改革开放取得了伟大的历史成就,但也因为过分迷信市场经济的万能地位,走了不少弯路。市场经济是促进经济发展的强力机制,可以激发社会的活力,但也常常不能产生实现可持续经济和社会发展所需要的推动力与社会正义。更多的发展经验证明,如果个人完全受市场激励支配,整个社会就很可能出现"公共品"供应不足。①

中国传统政治文化异常强调国家在维持社会经济公平方面的角色,所谓"民不患寡而患不均",而对此,国家有正当的理由"损有余而补不足"。受到这种政治文化和伦理经济思想的影响,中国人相信适当的公共开支可以增进社会福利和民众的幸福感。孟子说:"养生丧死无憾,王道之始也",这实际上是强调社会事业是政治统治的基础。近年来,随着国家战略重心的转移和政策方针的调整,中国的执政理念正在逐渐向传统价值回归,国家政策开始从以经济政策为主向以社会政策为主的方向转变。近几年,国务院为所有关键的公共服务——包括医疗保健、教育、养老、交通运输等社会公共事业——通过增加投入和加强监管重新设定了服务价格,提高了服务质量,让国家干预和调控而非放任市场继续主导这些民生所系的领域,政府通过公共财政的方式,推进民生领域的改革,加强社会公平正义,这与中国历史上国家注重通过营建社会项目建立体制道义基础的传统一脉相承。

然而,中国在大力发展社会事业的同时,也在尽量通过一系列方式平衡政府预算。例如在新农合的建设过程中,和传统模式相比,新农合在财政融资方面增加了政府介入,提高政府资金支付的比例,但与此同时积极调动个人、集体和政府三方力量共同投入、努力的重要性,体现了不同层次主体之间集体协作对于扩大社会项目的重要性。目前,中国政府开支占GDP的比例仍然相对较小(约20%)——这一比例可以说低于所有西方国家,甚至低于人均GDP水平相似的发展中国家。希腊主权危机的爆

---

① 联合国经济社会事务部《政策建议》:《"国家发展战略"视角的公共投资和国企改革》,http://esa.un.org/techcoop/documents/PN_SOEReformNote.pdf。

发,反映出西方福利资本主义国家没有很好地平衡国民福利供给与国家负担之间的关系。**中国显然需要走从传统治理策略和政治文化中间吸收经验,既要为国民提供高质量的福利保障,又要通过各种机制保持国民预算平衡;既要发展社会事业的公益性,又要实现可持续发展的公益性,这是一项高超的统治技艺,但是并非不可能。**

再以国家的濡化能力制度建设为例。

濡化能力是指培育与巩固国家认同和社会核心价值的能力。任何一个国家的统治者都清楚,维护统治和社会安定仅靠暴力是不行的,这就需要国家具有强力的濡化能力或教化能力,社会基本的道德规范和共识的形成可以大大减少统治和政府运作的成本。换句话说,任何一个统治者都会想方设法地使其人民内化某些官方认可的观念,从而减少在行为上制造麻烦的可能性。

从当今国家发展的战略经验来看,国家濡化功能应当具有对内和对外两种目标。对内方面,国家要有一整套的思路和手段,以便有能力塑造人们的信仰和价值观,形成一套为大多数民众接受的社会核心价值观。对外方面,国家也要通过濡化机制,塑造国民的政治认同感,增强民族凝聚力,同时扩大本国文化的对外影响力。

中国传统政治文化是中国濡化能力建设丰富的思想和策略渊薮。在对内方面,中国的历代统治者均强调通过教育的方式实施国家的教化功能,学校教育具有直接的濡化功效,这就形成了一套以教育的濡化功能为中心的传统政治文化。传统中国的统治者将文化和教育作为一种国家的政治设施来看待,所谓"文以载道",文化和教育对内应发挥塑造国民品格、加强社会凝聚力的作用,对外要具有树立国家"道义"形象的功能。

本书葛荃教授的《教化之道:传统中国的政治社会化路径析论》一文,从传统政治文化的角度,探讨了中国国家教化或濡化能力建设的特点和经验。这篇文章指出传统政治文化除了通过教育的方式即学校的方式达到教化的目的以外,还指出,传统中国的社会濡化功能很大一部分是通过对"循吏"的政治教化功能来完成的。正如作者所说:"可知所谓循吏者,不论官职大小,大体都能做到躬行教化。他们在莅官实践中,发挥'吏'与

'师'的双重功能,往往通过官府的政绩的感化,或是直接面对地方父老众庶,及于少年,进行训诫劝勉,以驯化良民。"这说明中国人对官员的要求和西方传统不同,对领导者的素质的要求比西方传统更高。更一般地来说,中国官员是否具备为官的正当性,除了需要通过科考以外,最重要的标准就是是否能够成为整个社会的道德标尺,而这一点,不是通过选票等集体选择的方式产生,而是通过自我道德约束和实践证成。

除了国家在强制、汲取、濡化等方面的能力以外,对于当代政府更具意义的国家能力还包括国家在经济社会生活中的规管能力,以及国家在制定政策过程中的吸纳能力和整合能力。后两项能力与国家制定政策的能力息息相关,吸纳能力是指国家在制定政策的过程中,顺应民众参与的需求,将民众参与纳入制度化管道的能力;整合能力则是指国家在制定政策的过程中,协调不同利益、形成公共政策的能力。

由于当代公共政策的影响面极大,因此这两项能力对于中国的政治发展具有极强的重要性。现在越来越多的人开始关注中国政策制定过程的特点和优势,问题的核心是:在一个没有竞争性选举的体制中,我们如何保证能够制定出合理、公平、有效的公共政策?这一方面需要人们从实证的角度去观察当代中国政策制定的过程和逻辑,但另一方面,人们也可以从传统政治文化的角度去理解公共政策,可惜目前这方面的发现太少。

以吸纳能力的制度建设为例。在传统中国,虽然只有少数文化精英才能参与到政治中来,但是如果我们仔细琢磨中国传统社会精英参与政治过程的经验,就会发现,传统的经验对于今天中国的政府政策制定有着深远的影响。例如中国具有长期而牢固的"纳谏"文化,其实用现在的话语来理解,"谏"指的是大臣或人民向决策者主动的"上书",是自下而上的政治参与;而"纳"则指的是决策者主动地向臣民咨询意见,是自上而下的征求意见和咨询过程。这与西方过分强调自下而上的参与不同,中国的国家吸纳能力建设更强调双方的责任和互动,尤其强调决策者在形成政策之前要广泛倾听意见,要主动地开辟渠道保证更广泛的"民意"进入决策过程。

与吸纳能力相关的是整合能力。当代许多国家正是由于在重大公共政策制定过程中,不能很好地协调不同利益,从而不能形成有效的公共政策。有时即使形成了政策,但由于整合能力的欠缺,使得政策制定被特殊利益集团所俘获,从而偏离了大众的根本利益。在这方面,传统中国的政治文化有不少优良的经验,例如传统政治文化主张"执中允一",用政治的话语来理解就是最高决策者要时刻保持相对独立的地位,要不偏不倚地审视各种意见,均衡照顾各方面的诉求和利益;又如古代政治文化强调"政通人和",实际上说的是在政策制定过程中,决策者要尽可能地保证信息的畅通,保证更多地占有决策参考信息,这是保证有效、公平决策的关键。在这方面,需要我们做更多有关中国当代政治的实证研究,同时更需要我们多研究传统政治文化,找到理解中国政治的"密码"。

三、传统政治文化对国家民主政治建设的影响

当代中国政治发展的第二大历史主题是民主政治建设。民主是人类政治文明发展的成果,也是世界各国人民的普遍要求,但各国的民主是由内部生成的,而不是由外力强加的。原来我们对民主的理解很有限,受到西方思想的负面影响,许多人简单地将民主理解为竞争性选举。实际上,国际上已经有不少人开始关注除竞争性选举以外实现民主的更多可行的形式和方法,这些新的观察已经揭示,民主的制度设计一定要和这个国家的政治文化相适应。[①] 在这一背景下,"中国式民主"的问题也开始成为人们讨论的话题。如果我们承认中国式民主确实存在,而且中国确实开创了具有中国特色的民主形式,那么可以肯定地说,这种中国式民主的内涵和形式,一定和传统中国的政治文化分不开。

我们可以先从民主政治的内涵来看。在当今世界,究竟什么是真正的民主,其实存在很大争议。即使在西方国家内部对于民主的内涵也没有形成完全一致的认识,西方主流话语一般把民主界定为"程序民主",即通过民主的程序,实现政治体制的正当性基础。而程序的核心在于竞争

---

① Lani Guinier, "Beyond Electocracy: Rethinking The Political Representative as a Powerful Stranger," November 1, 2007 Workshop Draft.

性选举。换句话说,民主就是一个由民众在定期的、有程序和有规则的竞争性选举中选择国家执政者的政治体制。

然而反观中国,受到传统政治文化的影响,中国人对民主的理解在大多情况下和程序关联不大。中文"民主"一词最早见于《尚书》,"天惟时求民主,乃大降显休于成汤。"意思是暴君夏桀残民以逞,不配做民之主,推翻夏桀的成汤才是民主,这说明,"民主"在中国的历史语境下,其最原初的内涵是"为民做主"以及"代民做主",这与西方历史语境下追求自治的民主有着天壤之别。

"为民做主"以及"代民做主"这样的说法,是否仍然具有现实的意义?中国民主的传统内涵到底"值不值得"或者"够不够资格"和以竞争性选举为内涵的西方民主观相提并论?如果我们用经验的眼光审视各国民主的实践,就会发现,竞争性选举并非实现民主的真谛,而"为民做主"也未必就是没有现实的价值。**因为在当今许多国家和地区,即使建立了所谓的西方民主体制,并通过竞争性选举产生了政治领袖,但无论怎么选,最终仍然会进入"代民做主"的阶段。**因为许多国家和地区的经验表明,人民虽然可以通过选举选择自己中意的政治领袖,但人民却根本无力影响政府的决策,更无法真正实现广泛的参与。其主要的原因就是,这种民主太过关注它的形式,而忽略了它的内容;太过关注民主的程序合法性,而忽略了民主的实质目标。即使选举程序十分完美,如果在选出的官员在"代民做主"阶段不能完成责任,这仍然不算真正的民主。

受到中国传统政治文化的影响,中国人讲"民主"更注重它的实质,也更注重它的结果。以儒家思想为例,孔子重"天命",这一理念代表了统治者合法性的哲学基础,因为"天命"观强调统治的基本前提是要满足人民的基本生活,从民生出发。正如前文所引孟子言"养生丧死无憾,王道之始也",正说明在中国先贤的观念中,民生不仅是社会长久的稳定基础,而且是政权合法性的重要标准。

中国台湾学者朱云汉最近的一个说法颇有道理,他简单地将"民治"和"民享"作为区分中国式民主和西方民主内涵的界限。他借用林肯在葛底斯堡演说中提出的"民有、民治、民享"三个理念,提出一个具备充分正当性基础的政治体制应当同时具备这三个理念的要求。但朱云汉注意到,在现代政治中间,由于"民有"是一个非常抽象的理念,民主体制的设计主要还是依赖于是否能够实现"民治"和"民享"。西方民主体制的设计很大程度上将"民治"摆在第一位,而且基本上假定只要一个政治体制提供了"民治"的程序,就自然会带来"民享"的实质结果,甚至不必再追究"民享"的目标是否真正落实了。反观中国,传统政治文化更注重将制度的正当性基础建立在满足实质性"民享"的目标之上。①

实际上,将"民享"作为核心的政治正当性论述,与中国传统的民本政治思想一脉相承。虽然根据西方的政治发展经验,很难理解一个政治体制不具备"民治"的程序,却有可能达成"民享"的实质结果,但是中国在改革开放30年中间所取得的成就,已经无法否认中国特色的民主体制比那些西方体制更有利于最大多数人的福祉。把民主的内涵简化为"程序民主"其实是对民主的异化,在非西方国家的实践中成功率极低,这是因为这些国家和地区并不具备西方民主体制所需要的政治文化和传统土壤。如果从中国传统政治文化的视角来看,民主应该既有"程序民主"的要求,又有"实质民主"的要求,是两者的结合,但优先的应是"实质民主",即体现民主的内容及其所要服务的价值。

传统政治文化对中国式民主内涵的影响,还可以从老百姓的民主观中揭示出来。根据史天健的实证研究发现,中国老百姓对民主的理解,其实和西方对民主的定义非常不同,只有不到12%的中国老百姓表达的是程序民主;6.3%的人认为民主是制衡dictator(独裁者);22.9%的人认为,民主指的就是自由;而将近55%的人则认为,民主是政府在作决策的时候,时刻想着人民的利益,征求和听取人民的意见,政府应该为人民服务。这后一种理解,如果按照西方民主理论,或者程序民主的理论,不能叫民主,但史天健认为这项调查中间显示的结果表明中国特色的民主内涵强调"权为民所用",和传统政治文化讲究的"为民做主"的民主内涵一脉相承,而和西方的程序民主没什么关系。这意味着,如果你建立的民主制度

---

① 朱云汉:《中国模式与全球秩序重组》,载《中国模式》,中央编译出版社2009年版。

和老百姓心里的那个民主理念不一样,即使形式上再好,老百姓可能都不会接受,更不会承认那是民主的。①

民主不能仅局限于一种观念或理念,更重要的在于探索一套有利于落实民主的途径和方式。通过何种方式实现民主,是任何一个旨在追求民主的国家都不能回避的问题。西方政治体制在落实民主目标方面所采取的具体制度安排,是通过竞争性选举产生的"代议民主",而非"直接民主"。"竞争性选举"和"代议民主"被很多人认为是唯一可行的民主途径,或民主的实现方式。然而,中国的经验表明,除了竞争性选举作为实现民主的方式以外,还有许多实现民主的可行途径和渠道。**中国的传统政治文化,为寻求有别于西方以外的更好的民主发展道路和实现形式,提供了极大的可能性。**

实际上,根据我们对当代中国民主探索的经验分析,可以发现,"中国式民主"试验始终注重以下四个方面的要求,而这其中任何一个特征都不同程度地反映出传统政治文化的要求:

第一个是主体的广泛性。所谓广泛参与,包括参与对象的广泛和参与主题的广泛。中国政治文化崇尚平等,更甚于崇尚自由,崇尚平等的参与,更甚于自由的参与。而平等参与的一项基本要求,就是参与的广泛性,非排他性。中国今天正在进行许多新的民主试验:在互联网上试验怎么实现民主,在企业里面怎么实现民主,在乡村怎么实现民主,在社区里面怎么实现民主,到处都有各种各样的试验。这反映出中国民主追求的是更广泛领域的民主,不仅局限于政治领域,还应包括经济领域和社会领域。同时,中国式的民主也并不满足于少数人的参与,而是追求更广大人民群众的参与,以及更广泛的、平等基础上的民主。

第二个是责任的双向性。所谓责任的双向性,即统治者和被统治者双方的责任。传统政治文化不仅强调社会个体的责任,例如"天下兴亡、匹夫有责"的理念深入人心,但同时更强调决策者的责任,正如孔子所说

---

① 参见玛雅:《中国人的民主价值观实证研究报告:专访美国杜克大学政治学教授史天健》,载《凤凰周刊》2009年11月18日。

"民可,使由之;不可,使知之"①。换句话说,决策者有责任也有义务主动使人民获得可靠的信息并向决策者问责。从这一点,可以看到中国式民主和西方自由民主的区别。自由民主讲的是,参不参与是你自己的自由,在这样的情况下他不参与选举是他的意愿自由。而中国所追求的民主,则是说,只有决策者参与的民主不是真正的民主,群众不参与的民主是有缺陷的民主,决策者要想方设法使群众有兴趣、有能力来参与整个民主过程。例如今天中国在制定重大社会政策的过程中,各层次的决策者不仅通过各种方式采集民意,汇集民智,而且正在通过各种方式开辟渠道,鼓励民众反映自己的意见。

第三个是过程的协商性。所谓过程的协商性,是指实现民主的过程充满了各方的协商,而非对抗。中国有历史悠久的协商政治文化传统,今天中国的许多地方城市和乡村社会发展出了许多新的协商制度形式,如浙江温岭的"民主恳谈"制度等各种形式的咨询会、公众听证会或协商会,成为各层级的决策者用来获取人们对地方项目的支持或者了解民意的途径。这些协商形式都不是通过不同利益群体间的竞争达成政治妥协的过程,而是直接通过协商对话建构利益格局和社会关系的过程。中国所追求的民主生活的一个关键因素是"真诚的同意",而不是基于法律程序设定的"被迫的同意",真诚的同意只能是讨论或者协商的结果,而非投票的结果。

第四个是结果的可控性。所谓结果的可控性,是指民主作为实现人民权利和促成良治的手段,必须是有效并可控的,这说明民主的目标要比民主的过程本身更重要。传统中国政治文化讲"治大国若烹小鲜",可以形容中国一直在寻找以最小的政治和社会成本走向民主的道路。中国今天政治探索包括基层选举、党内民主、预算民主、决策民主等各种形式、各个层次的民主,但渐进和可控是任何一项民主探索的必要条件,也是中国式民主的一大特色,发扬民主的前提是保持稳定的政治和社会秩序。

总之,民主政治的制度设计必须适应政治文化传统的土壤,而政治文

---

① 对这句话的理解一直存在分歧和争论,但是本文更倾向于认为这样的理解更符合传统儒家的人文理想。

化传统也在不同程度地塑造着不同国家民主政治的发展方向。中国的政治文化对民主政治最大的要求,就在于使决策者和全社会都时刻意识到,民主的实质比民主的形式更重要,不管什么政治制度,最后一定要落实到'良政'才行,而实现"良政"最重要的基础就是建立有责任的政治。

四、结　　论

无论中国还是西方,研究政治的学者从来都没有放弃尝试将政治文化与政治发展联系起来,然而由于政治文化的抽象性,以及现实政治发展的多边性,增加了研究分析这一问题的难度。本文仅仅是将中国的经验作为基础,结合对中国传统政治文化和当代中国政治发展两方面的认识,尝试从政治文化的角度来理解当代中国的政治发展——但这并不意味着中国传统政治文化能够强有力地解释中国政治发展的逻辑,它仍然有赖于更广阔的社会科学的知识,有赖于更多实证研究方面的努力。

我们认为,如果将国家基本制度建设和民主政治建设作为政治发展的两个重要方面,那么这两个方面均不同程度地反映了传统政治文化的内涵和要求。但是对于"传统政治文化对当代政治发展的意义"这一重大课题来说,这毕竟只是提供了一个很小的线索,只能算是抛砖引玉。所幸的是,这本书收录了二十余篇有关传统政治文化的文章,内容广泛,主题多元,读者可能会从这些文章中获得更多有关传统政治文化现代化转型的知识,也可能据此更好地理解当代中国政治发展背后的传统文化因素。

我们相信,从政治文化的视角理解现当代中国的政治转型,是一项有意义的工作。如果说文化承载了过去的信息和知识,那么政治文化一定是承载了我们先人的政治智慧和能量,理解了当代中国政治发展背后的文化内涵,才可能更客观、也更自觉地面对我们祖先的政治遗产,从而更有信心地开创中国政治的美好明天。

研 究 方 法 论

"知识论"在中国传统政治思想史研究中的意义

——为什么需要对中国政治传统做"知识的拷问"

萧延中

根据索绪尔语言学的法则,可把中国政治思想史划分为"事件叙述"和"思维规则"两个层面。前者相对于索绪尔语言学中的"言语",而后者则相当于其理论中的"语言"。尽管古代政治思想家所处语境和面临问题不尽相同,但是他们却受到一套共同的思维模式所支配。这种具有"共时性"的思维模式,可以称之为中国政治思想史的"语法"。这种"语法"隐藏和渗透在中国传统的知识论体系之中。因此,对中国传统政治思想的知识结构和规则进行探讨,就成为推进该学科深入发展的途径之一。

作者试图说明,在中国政治思想史研究中,"知识论"的探究应当被置于一个重要的位置上。面对相同的历史"事实",学者们之所以会给出不同的解释,在很大程度上可能与"故人"与"今人"(可延伸至"今人"与"今人"之间)持有不同的知识系统有关。这里的"知识系统"一般是指建构问题的视角、抽象概念的方式、价值关怀的取向、逻辑推理的形式,甚至据以言说的语言等等诸多因素。正是由于研究者与被研究者(反映在历史研究中就是"今人"与"故人")持有不同的知识系统,所以,他们之间的交流才可能发生歧义、障碍和"误读"。由于"故人"已失去了当场辩论的机会,那么,我们如何保证"今人"的阅读理解对于制造它们的"故人"来说也同样是真实和有效的呢?我们依据什么判定古、今知识系统哪一种更具有优越性和优先性呢?究竟谁才有资格主持这种单方面的缺席裁决呢?显然,这些问题都是历史研究、特别是思辨倾向更为明显的思想史研究不能省略的前提。笔者认为,探讨甚至部分重构"故人"所持知识系统的要素、结构和性质,由"知识系统"自身去阐述这些疑惑,或许是解释上述问题的可能途径之一。

一、探讨中国传统政治思想的"语法"

现代语言学鼻祖索绪尔(Ferdinand De Saussure)在著名的《普通语言学教程》中,首次明确把"言语"(parople/speech)与"语言"(langue/language)区分开来。通俗地说,前者指即席或随机的"说话";而后者则指当人们"说话"时所实际遵循的"规则"。在"言语"的层次,人们将要说什么,选择哪些词汇,都是不确定的,用索绪尔的话说,这叫做"没有正面的规定,只有差别",所以呈"任意性";但在"语言"的层次上,人们无论说什么,都必须在一个系统总体或"格式塔整体"(Gestalteinheit,德语,原意是"完型性")中获得它的异质规定性。简言之,就是说话必须遵循语法,否则就会"语无伦次",无法交流。索绪尔在他之前语言学家大多以研究"言语"为重心,而他自己则"一开始就站在语言的阵地上,把它当作言语活动的其他一切表现的准则",把研究的重点放到了"语言"上。索绪尔说,相对而言,"言语"是属于一个更大范围的社会存在范畴,它的性质更复杂,横贯于个人与社会、物理与心理多重领域。而"语言是一种准则,是言语

活动的一个主要部分",是一个独立的系统总体或"一个分类的原则"。由于"言语"是变动不拘的,所以呈现"历时性",而"语言"则是相对恒定的,所以呈现"共时性"。假如"言语"是一种"个人的意志和智能的行为"的话,那么,"语言就是言语活动减去言语,它是使一个人能够了解和被人了解的全部语言习惯"①。

用并不专业的通俗解释表达,索绪尔实际上是说:"语法"[langue,"能指"(signifier)与"所指"(signi-fied)的系统结构]应当成为语言学研究的主要方面。

索绪尔的伟大贡献是多方面的,在中国政治思想研究的视域中,它启发我们对于人们思维规则的关注。一般所谓"思想史"主要表达和研究的是"思想的结果",也就是说,古人曾说过些什么,这些说法究竟是什么意思,以及这些思想对社会政治的发展具有什么样的影响。由于所谓"历史"一词本身就是"流动"的意思,如果事物(包括人类关系、自然事物和思维状态)处于一种凝固和僵死的状态,那么"历史"也就死亡了。所以,"历史"的本质在于"变化"。这就相当于索绪尔的"言语"层面。

依据索绪尔原理,"言语"是无序的。我们不能断定在一小时之后我们将要说什么,甚至我们也不能确切地预测下一句话中我们将使用哪几个具体的词语。运用到政治思想史研究,我们没有办法规定前一个思想家的断语将对后一代思想家会得到怎样的必然回应,也不能预测某一朝代必然地就一定要被另外的某一确切的朝代所替代。例如,我们事先不会想象,作为在人口、武力、疆域和文化方面都远不能与"大殷"相比的"小周",如何可能毁前者于一旦?某一皇子如何处于法统上弱势的地位之上,居然可能凭借所谓"谋略"而得以称帝?

我把这些具体的历史事件看作"言语",其中由于历史情境的极端复杂性而呈现偶然和随机的无序状态。所谓总结规律其实都只是"马后炮",并不具有严格逻辑和理论意义上的预测和推论功能。我们不可能确切地知道今后30年世界和中国将会发生什么事件,如果可以必然地导出

---

① 索绪尔:《普通语言学教程》,商务印书馆1980年版,第115页。

一个确定性的结果,那么就意味着"历史学"的彻底死亡,因为那样它就将被"科学"所彻底取代。有鉴于此,笔者才说"历史事件"(包括思想史论说),实际上相当于不断流动着的、无序的、自由的"言语"。

但是,索绪尔也同时告诉我们,任何无序的"言语"的背后都离不开"语言"的支配,在此"语法"的统治不仅是"专制的",而且是"绝对的"。失去了一套必须遵循的规则,虽不能说"言语"因此就失去了存在的理由,但的确会严重地损害其意义的表达,以至于产生致命的错误。例如,"我吃了"和"吃了我",在词汇角度上都是三个同样的字,只是由于排列组合不同而使其意义大相径庭。在这里"我"的位置的换位,意味着主语和宾语的倒置,其本质是因果关系的颠覆。所以,索绪尔认为,语言学研究的对象不能仅仅停留在对"言语"的把握上,更为关键的是要花工夫探讨那些"持续"、"稳定"、"有序"和"必然"的"语言"。用今天的话说,就是"语法"。发现和抽象出这些"语法"规则,我们就能对某种"病句",不仅"知其然"(读着不顺),而且还能"知其所以然"(结构错误),而要进一步研究语法规则生成要素条件的"所以然",则就更是语言学家的深层次研究任务了。简而言之,我们的意思是说,相对于"言语"来说,"语言"可能呈现出稳定的"必然性",而把握和探讨这种"必然性"的形态学,则不是无意义的臆想。

联系到政治思想史研究,我们假设:是否也可能存在一套基础性的、"必然性"的"思想语法"呢?正是这套"语法"装置,规定着人们(包括思想家和老百姓),必须去"这样地"而不是"那样地"思维,而失去了这套"语法"就将导致意义表达上不可思议的"怪异",从而被划入"异端"、"疯子"和"神经病"的范畴。我的导师刘泽华先生曾多次指出,在中国政治思想史上,批判某个具体君主的道德品质,甚至抨击整个王朝正统性的思想家大有人在,宣扬"天下非一家一姓之天下,天下人之天下也"的"公共政治理念"的思想,在中国思想史上也从未中断过。① 但是为什么在传统中国就创设不出近代以来民主政治的理论和制度模式?我们不能设想在唐

---

① 参看刘泽华:《春秋战国的"立公灭私"观念与社会整合》,载《洗耳斋文稿》,中华书局2003年版。

代"贞观盛世"年间,会出现"君主立宪"的思想要求。所以,唐太宗的"纳谏如流"与"政治民主"在性质上并不是一个问题。同理,不管如何论证,所谓中国传统意义上的"民本"与现代政治学意义上的"民主",在治理的功效上可能有所重合,但在政治理论的基本性质上则不可同日而语。学生揣摩,这或许正是刘先生倾心研究"中国的王权主义"的基本理由。① 至于"王权主义"的内涵如何界定,具体的研究方法如何选择,以及概括的结构如何抽象等等,学界可以讨论,后辈学者也可继续推进,但刘泽华先生此处明显是想概括出中国政治思想"之所以然"的某些带有"必然性"的要素。用我的话说,就是他不满足仅仅对于中国政治思想史的"言语"进行陈述,而要试图进入探讨中国政治思想史之"语法"分析的领域。挑战与创新并不就必然意味着成功,但其"问题意识"的分量则非同小可,且任重而道远也!

基于这样的一些考虑,笔者认为,当前的中国政治思想史研究,不仅应对其具体内容作进一步深入的开发和分析,换言之,不仅要对被"革命话语"所省略和压抑的事实进行复原性呈现,而且也需要同时加强比较政治思想史角度上的"思想语法"的探讨,发掘统摄传统中国人政治思维的同一性规则。只有这样,我们才能更为深入地理解古人关于政治事务的思想设计和基本原理,从而也才能检验今天的"我们"在多大程度上与其仍然发生关联。由此克罗奇"一切真历史必然是当代史"的命题,就会自动产出它的意义。

二、必需追问"知识是什么"

研究政治思想史,应当首先对"思想"做出界定。究竟什么可以叫做"思想"而什么则不是,起码需要有某种"默会知识"的支撑。所有已说出的"话"不能叫"思想",任何没有说出的"话"也不能叫"思想"。而只有形成系统的连续性思考,才可称之为"思想"。而我们通常则把具有这样一

---

① 参看刘泽华:《中国的王权主义》,上海人民出版社2000年版。

种性质的事物叫做"知识"。正是在"知识"中,隐藏着"思想的语法"。这样,我们就不可避免地进入关于"知识"的讨论之中。

既然把"知识论"放在如此重要的位置上,那么进一步的问题则是:究竟什么是"知识"? 就像政治家说不清"政治"一样,知识分子也往往说不清"知识"。其原因在于我们对"知识"太熟悉了,以至于达到了"忘却"的程度,就像我们时时在使用汉语,而却把它的语法和构词规则"忘"得一干二净一样。但是值得非常注意的是,在"熟悉性遗忘"机制的背后,隐藏着的却是两种不容乐观的后果:其一是对"并非所知"而"自以为是"的习惯因素;其二是我们已被自己已有的"知识"彻底地支配和吞噬,以致丧失了反思能力。我们把前者称为现代人的"解释霸权主义",而把后者称为自己的"思维帝国主义"。对于"知识"的"无知"就是显例。

知识论(epistemology or theory of knowledge)是哲学研究中的一个重要的基础问题,本文不能深入探讨。至于"知识"是什么?也存在着众多不同流派。[①] 出于表达的需要,这里姑且以法国思想家米歇尔·福柯(Michel Foucault)的分析作为我们论说的前提和起点。

在一个最一般的角度上,"知识"可以被视为维持"传统"之社会再生产的"文化基因"(the gene asthe culture in society)。这种"基因"的本质内涵是人们(主体)对外在事实(客体)创造性的理解与解释。通过理解与解释,联接起"人"与"物"之间的沟通桥梁。韦伯曾有句名言:"人是悬在由他自己所编织的意义之网中的动物"。美国著名人类学家格尔兹(C. Geertz)借用这一思想进一步说:"所谓文化就是这样一些由人自己编织的意义之网"[②]。"文化基因"被不断地复制、遗传和扩散,它是一个被称之为"后天性获得"(acquirement)的"集体行为"(collective action)过程。因此,社会学家曼海姆(K. Mannheim)说:"我们属于一个群体,并不仅仅因为我们生于其中,不仅仅因为我们承认属于它,最后也不因为我们把我们的忠诚和依附给予它,而是因为我们用世界以及世界上的某些事物的存在方式来看待它们。在每一个观念中,在每一个具体的含义中,都含有某

[①] 参见陈嘉明:《知识与确证:当代知识论引论》,上海人民出版社 2003 年版。

[②] C. Geertz, *The Interpretation of Cultures*, New York: Basic Books, Inc. Publishers, 1973, p.5.

一群体的经验结晶。"这样,当一个群体称"国王"时,这个"国王"的含义其实有着自己独特的内容,而对于另一个群体来说,"国王"只不过是指一个组织,就好像与邮政系统一样的行政组织。"我们给流动中的事物命名,不可避免地含有某种朝着集体行动的路线方向的稳定性。我们的含义的产生使事物的一个方面变得突出和稳定,这个方面与行动有关,并且为了集体行动而掩盖了构成一切事物基础的永恒的流动过程"①。我们可以从三个角度进行考察:第一,从"文化"的角度看,"知识"具有"同一性"(Identity)的特征。换言之,有资格称之为一种"文化"的系统,必定会有某种独特、恒久的精神气质贯穿其中。② 第二,从"基因"的角度看,"知识"则包括"语言"、认知、习惯、技术等方面的内容。它是在特定群体内数代遗传的具体行为。第三,"知识"还有一套系统的"编码规则",形成自己特有的逻辑推理机制。由于"基因"具有本质的属性(不可再分性,但可以重组),因此虽然它可以变异,但其本质属性仍发挥着主导性的作用。"知识"对思维方式和社会行为有着隐形的支配功能。也就是说,人们具有什么样的"知识模式"(Intellectual pattern),他们就会怎样地看待世界,就会赋予世界什么意义,就形成某种吉尔兹意义上的"世界观"(World view)③。

在汉语中,"知"与"识"被区分为两个不同的指涉单元。所谓"知"具有普遍而浅显的意思;而"识"则有专业和深度的内涵。与此类似,当代法国著名思想家米歇尔·福科在其名著《知识考古学》中,分别使用法语的两个词表达"知识"的内涵。他用 connaissance 一词表达"既定的形式知识"(类似于"识"),如,临床医学就是一种 connaissance,它发展出一套特殊的规则。通俗的理解就是"技术知识";他用 sazoir 一词表达"实践知识

---

① 曼海姆:《意识形态与乌托邦》,黎明译,商务印书馆2000年版,第23页。

② 关于"精神气质"(Ethos),吉尔兹作过清晰的解说:"一个民族的精神气质是生活的格调、特征和品质,它的道德、审美风格和情绪;它是一种潜在的态度,朝向自身和生活反映的世界"。参见吉尔兹:《文化的解释》,纳日碧力戈等译,上海人民出版社1999年版,第148页。

③ 在吉尔兹的论证脉络中,"世界观"是指一个民族的"认知的、存在的方面",是该民族"对实在物的描述,对自然、自身和社会的概念。它包容了其最全面的秩序观念。"简单地说,如果说"精神气质"是审美的,那么"世界观"则是认知的。参见吉尔兹著:《文化的解释》,纳日碧力戈等译,上海人民出版社1999年版,第148页。

和日常知识"(类似于"知")通俗的理解就是毋庸置疑的"一般性常识"。如,对中国人而言"子女孝敬父母"是一种不证自明的"道理"。福科认为,这后一种"知识"具有更广阔的指涉和更概括的特征。sazoir 是知识的总和,包括但又不限于 connaissance,它是"技术知识"之所以成立的理由。而正是这种"知识"对人有一种潜移默化的、无形的支配力量。例如,当你真正沉醉于传统"京剧"的语境中,那么,就避免不了诸如"明君良臣"、"仁义礼智信"和"青天意识"等等中国传统政治的价值理念和道德准则的渗透与影响,就会不自觉地受其支配。再如,数字,"1"和"2",在古希腊的"知识"中,可能就意味着某种实体的个数。从这种"知识"出发,就会发生数与数之间的量变关系,从而总结出一套数理逻辑;但同样的"一"和"二",在中国《周易》的"知识"中,就可能象征着"阴"和"阳"、"天"和"地"以及"男"和"女"、"君"和"臣"等等。从这种"知识"出发,不可能看到数与数之间的量变逻辑关系,而只能从中衍生出一套政治道德秩序。

从"知识考古"的角度出发,福科的研究并不是为"知识"而"知识"。我们之所以说他的思想深刻、敏锐的原因之一,就是他创造了著名的"权力—知识"(power-knowledge)的分析性概念,认为"知识"是"权力"之所以得以如此运行的前提条件,并具体描绘了"知识"对"权力"的支配过程。概括而言,福科的"权力—知识"理论可以从两方面理解:其一,"知识"为"权力"运作提供了某种明确的思维框架,"权力"正是依据它给出的理论和逻辑去思考、推理和判断,进而形成价值准则。这就是所谓的"知识政治"(politics of knowledge)。以后我们会看到,从中国传统的知识框架中不可能推导出西方以个人主义为基础"自由主义"理念。其二,或许更为重要的是,这种类似"传统"的"知识",还在潜意识层面强制性地建立了某种自明性,把某种"权力"运作看成是毋庸置疑的"理所当然"。这时,人们其实对"知识"具有某种盲目的信仰,换言之,他不仅已失去了对其进行审视与批评的能力,而且在根本上被窒息了这种欲望。福科认为,这种"理所当然"性,甚至成为现代权力合法性的重要根源。①

如此冗长地界定"知识",一方面试图说明,"传统"对今人为什么仍然具有支配力,无论这种支配是显现的还是潜在的,就是因为抽象的"传统"实际上是靠具体"知识"(sazoir)支撑的。就是"知识"所具有的"基础性"(positivite)和"历史先在性"(a priori historique)功能,不可抑制地发挥着作用。所以,不仅对"传统"的无知并不证明已摆脱了"传统"的支配;相反,只有对"传统"有意识的"陌生化"(即搁置"先知"强加给我们的认识和判断),恰恰成为我们真正认识"传统"和反思现在的机会;另一方面也试图使"知识"成为一种思路或视角,把它作为一种方法论基础,为我们的研究提供方向与框架。按照这一思路,我们对传统中国政治的探讨,就不是陈述历史文献的表层语言符码在"说什么",而是要考察人们依据什么非"这样说"而"不那样说"。用福科的语言表达,就是试图发掘支配、控制传统中国人思维、创制和行为的"话语结构"。论及具体问题,面对传统中国政治系统(包括思想、制度和行为)中的现实,知识论取向所关注的问题焦点可能是:一个其内部具有高度异质性要素但却活跃了数千年的政治共同体,是如何被有效组织并持续性巩固下去的?而对具体思想内容和价值的直接评述,则可能要被置于另外的一个层次。

三、以"方法论"替代"知识论"的误区

从一个广泛的角度看,目前中国学术界似乎隐约地存在着某种"方法论至上主义"的倾向。② 换言之,就是研究者潜在地认为,只要有能力发现深层次的"真问题",并且使用了适当的分析工具,那么,进一步的研究工作就只剩下论证的精致化了。研究者之所以会确立方法论的优先地位,可能是基于两点考虑:其一,一种能称得上是"理论"的东西,就

---

① 参阅李猛:《福柯》,载杨善华主编:《当代西方社会学理论》,北京大学出版社 1999 年版,第 393 页。
② 这里的"方法论"已内涵了"预设问题"的内容,即是说,它具有"分析工具"和"理论框架"双重含义。

已合理地具备了超越的"普遍主义"性质,因而它有能力涵括任何"特殊问题";其二,"理论"工具由一整套理路、术语和逻辑所组成,这就决定了它的工作就必然是分析性的,而不是描述性的。直言之,"普遍主义"和"分析取向",成为"方法论至上主义"的核心根据。毋庸置疑,与在自然科学领域一样,"方法论至上主义"也在社会科学领域取得了巨大成功。但我们也不得不承认,越接近与"文化"相关的人文学科领域,"方法论至上主义"的有效性就越呈现递减趋势。出现这种现象的可能原因大致有两方面:在时间维度上,所谓"普遍主义"总体上说就是"现代主义"的代名词;在空间维度上,所谓"分析取向"并不检验对其分析对象可能的"误读"。

从时间维度方面看,现代学者往往是站在"现代主义"的立场上观察和判断历史,这个过程一般来说是隐性的,观察和判断者本人并不觉察。我们在阅读"文本"前,一般要审查它的真实性,但是这种真实性往往并不是指所引资料本身是否"做伪",而是指研究者("读者")如何理解资料("作者")的"本意",以及从中"读"出了什么"意义"。仅就作者"本意"而言,如果"读者"偏离了"作者"的"本意",那么,无论其解释如何精致,我们都可以把它认作"误读"[①]。起码在历史学的规范上,"误读"出的研究结论,其有效性就值得大大质疑了。这就是说,当我们承认克罗齐"一切真历史都是当代史"的论断时[②],并不等于说可以用今人之心度古人之怀。恰恰相反,由于历史变迁的缘故,古人与今人之间在问题关怀、社会认知、知识结构和情感价值等等方面都将自然和必然地显示差别。研究者在很大的程度上只有"体验"古人生活的具体历史语境,设身处地地观察历史当事人所切实面临的难局,从而尽可能理解其最终结局的内在(也可能属于特殊的)逻辑,才能有效地实现"古今对话"。显然,如何避免"误

---

① 当然,从作者"文本"中"读"出作者本人也没想过的"意义",即所谓超越"文本"的意义,是常有的现象。如从《红楼梦》中"读"出"阶级斗争"理论,就是"读者"超越"作者"的典型体现。作为文学解释学,"读者"超越"作者"仿佛是分内之事,但这却是"作者本意"的外延和影响。对于这个问题的讨论已超出了本文论题的范围,还须参阅有关理论的深入研究。

② B. Croce, *History: It's Theory and Practice*. Tr. by D. Ainslie, New York: Russell, 1960, p.12. 此处 contemporary 一词具有"同时的"之意,所以此话也可译为"一切真历史都是同时代史"。

读"古人,仅靠一种新的研究方法是解决不了问题的。例如,在知识分类上,现代人持"统属性思维"(Subordination Thinking),而中国古人则持"关联性思维"(Correlative thinking)①。这些认知(cognitive)上的差别,显然不是"方法论"所能解决的。其次,"读者"的"预设问题"以及研究问题时所使用的分析工具也十分重要。在什么样的理论框架下叙述什么样的问题,显然与"读者"自身的兴趣、关怀、素养、价值,甚至信仰直接相关。即使在排除了意识形态偏见的前提下,面对同样一段资料,"解读"同样的一个"文本",研究者也往往会得出不同、甚至相反的结论。也就是说对同样一段资料,研究者会"读"出不同的"意义"。其中的差异可以说主要来源于他们不同的"问题意识",不同的"问题意识"又自然要求研究者选择不同的分析工具。而每一个特定的"理路",其论证都可以自圆其说。因此,激烈的学术论争往往是关于"分析工具"优劣比较的另一种表达。② 选择什么样的"分析工具",在很大程度取决于研究者所认同的价值立场,这就更超出了研究方法的范围。

　　由此可见,"预设问题"和"选择方法"还不是保证研究结论有效性的关键。研究者可以有意识地检验"问题"的意义深度,也可以事先对"分析工具"的合理性进行分析,但是人们容易忽略的恰恰是一个更为浅显、也更为基本的问题:古人究竟在"想什么"? 以及他们为什么"这样想"而不"那样想"? 这里需要说明的是,"想什么"与"说什么"具有不同的意义。"说出来的"固然必须以"如何想"为基础,但是我们不能用"说出来的"这样的结果去推断"如何想"那样的原因。因为,结论的一致性并不能作为前提一致性的证明。例如,中国古代的历法与西方现代的历法在数据结论方面可能非常接近,但前者持"地心说",后者持"日心说",可谓大相径庭。所以,"说什么"并不完全等于"想什么"。我们强调这一观点,用意在于说明,当研究者把思维的注意力聚焦在建构问题和寻求方法的时候,他

---

① 李约瑟:《中国古代科学思想史》,陈立夫等译,江西人民出版社1990年版,第374—375页。

② 参阅张静:《雷格瑞事件所引出的知识论问题》,未刊稿。感谢张静教授赐赠大作,使读者受益匪浅。

实际上就已经假定古人"说什么"就等于古人"想什么"了,进一步的推断必然是,研究者在"想什么"就等于古人在"想什么",所以理解古人自当不成问题。换言之,这时研究者实际上就已不证自明地肯定自己的"知识系统"就等于、甚至高于古人的"知识系统"。但是一个明显的事实却是:由于现代研究者的教育背景和知识训练已与古代"知识系统"相互隔离,在一定的意义上,我们的思维方式已与古人相距甚远,用一句极不严谨的玩笑话说,我们已经变成了一群"用汉语思维陈述西方观念的知识杂交物种"。因此,我们所关心和建构的"问题",在古人很可能压根就不曾设想过;我们认定的逻辑合理性,在古人看来也很可能只是一种"奇谈怪论",就像我们在一段时期内把纬书神话看作"病态冥想"一样;同样,古人所为之百般焦虑和异常困惑的难题,在我们可能压根就不以为是,甚至麻木不仁,因为这些"敏感"已被现代的学科建构和知识训练彻底淡化了,例如我们再也不会为出现"日食"而感到震惊和诧异。我们可以设问:在《史记》这样的古典"文本"中,难道可以"读"出"思想史与社会史之间关系"这样的现代问题吗?我们是否能真正分清《礼记》究竟属于"思想文本"还是属于"行为规范"?回答之所以可能是否定的,是因为在古人那里压根就没有"思想史"与"社会史"这样的分类范畴,压根就没有对"思想"和"行为"(在一定角度上"制度"只是"行为"规范的积淀)进行二分的意识。我们今天遇到的困惑,很可能正是我们"误读"古人所产生出的直接结果;我们今之所以会提出这样的"问题",实际上体现的是我们对自己割裂历史而产生后果的迷惑、警觉、省察和检讨。说得更直接一些,它可能只是由于我们"不懂古人而强以为懂"而不自知所形成的无目标的潜意识忏悔。所以,我们的"问题"是我们与古人之间"知识差异"的隐喻显现,我们的"困惑"也是由于自己"误读"历史所受到的警示和惩罚。

这里举一个关于如何解释"天圆地方"的例子。据《大戴礼记·天圆篇》记载:单居离对"天圆地方"的宇宙模式不理解,便问孔子之徒曾参:按"天圆地方"说,"天"(圆)如何才能盖住"地"(方)的四个角呢?曾参解释说:如果把"天圆地方"理解为"天是圆的,地是方的",那么,就是不懂孔子的学问。而按孔子思想的真意,所谓"天圆地方"是指"天道象是圆的,而地道象是方的"。换言之，天道是按照"圆"的特性和原则运行，而地道则按照"方"的特性和原则运行。"圆"是"圆通"、"通融"之意；而"方"则为"规则"、"限制"之意。所以，"君"就应像"圆"一样，具有无所阻碍地协调与沟通上下左右的能力，而"臣"则应象"方"一样，具备恪守规则，事必躬亲的政德。

这样，如果依据科学主义的形式逻辑原则，当把中国传统"盖天说"的"天圆地方"论纳入现代天文学系统中去分析，得出"混乱的假设"和"荒谬的想象"的结论，是自然而然的事；但如果像曾子一样在中国固有文化的思想脉络中对此命题进行说明，那么，人们可能会对中国思维以及中国政治将产生另外的理解。

在"天圆地方"的命题中，我们看到了两种完全不同的解读方式，进而得到两种完全不同的研究结论。但这个结果却不能证明任何一方的研究者自身缺乏思想的洞察能力，甚至与其所使用的分析工具无甚相关，因为我们面对的是两种不同的"思维方式"。进一步追究，导致不同思维方式得以形成的原因，又是基于两种不同的"知识建构"，有什么样的"知识建构"就必然形成什么样的"思维方式"。由此可见，"知识建构"与"解释技术"根本不是一个质量层次上的问题，甚至它也大大超越了一般方法论的范围。1931年，陈寅恪先生孜孜告诫说："凡著中国古代哲学史者，其对于古人之学说，应具了解之同情，方可下笔。盖古人著书立说，皆有所为而发。故其所处之环境，所受之背景，非完全明了，则其学说不易评论，而古代哲学家去今数千年，其时代之真相极难推之。吾人今日可依据之材料，仅当时所遗存最小之一部，欲借此残余片断，以窥测其全部结构，必须备艺术家欣赏古代绘画雕刻之眼光之精神，然后古人立说之用意与对象，始可以真了解。所谓真了解者，必神游冥想，与立说之古人，处同一境界，而对于其持论所以不得不如此苦心孤诣，表一种之同情，始能批评其学说之是非得失，而无隔阂肤之论"①。

基于上述分析，我们认为，在理论上明确区分古人（故人）"言说了些

---

① 陈寅恪：《冯友兰〈中国哲学史〉上册审查报告》，载《学衡》第74期（1931年3月）。

什么"和他们"究竟如何建构问题"是中国传统政治思想史研究的前提之一。通俗地讲,在中国政治思想的"语法"研究中,理解古人"想什么"和"如何想",在其重要性方面,要优先于他们"说什么"和"如何说"。因为,"知识"是"问题"的基础;"理解"是"批判"的前提。

中国思想研究的独特视角

——从《知识与文化》看"中国思想"研究之方法论问题

萧延中

中国著名哲学家张东荪先生早在二十世纪四十年代就已提出,应当把"中国思想"当成一个特殊的思维类型看待。他认为应从"比较中、西不同的思想范畴"和"考察中国文化内在需要"两个角度,建构"中国思想"研究的方法论体系,从而凸显"中国思想"的特质。本文是对张东荪先生上述思想的进一步解读,以期对目前"中国思想"的研究工作有所助益。

张东荪先生是现代中国最具独创性的哲学家之一,尤其在中、西文化比较研究方面,更显示出特别的穿透力。他早年翻译过柏拉图、休谟、柏格森和弗洛伊德等一批西方文化的奠基性著作,被称为"输入西洋哲学,方面最广,影响最大"的学者。① 20 世纪 40 年代,像维特根斯坦(L. Wittgenstein)、帕累托(V. Pareto)这些即使在当时西方思想界也并非震耳欲

---

① 郭湛波:《近五十年中国思想史》,北平人文书店 1936 年版,第 183 页。

聋的名字,就已经常出现在张东荪先生的著述之中了。他对"中国思想"的论述虽不可谓之多,但对于先秦"百家"要旨的领悟及其比较,特别是对宋学本质的圈点批评,却又都是那样地特色鲜明。这些足见他知识涉猎的广度和思想洞察的敏锐。1946年由商务印书馆出版发行的《知识与文化》一书,是他思想力作四部曲中的第一部(其他三部为《思想与社会》、《理性与民主》和《民主主义与社会主义》),该书具有相对完整的论说体系。"第一编:从知识而说到文化(关于知识的性质)"、"第二编:从文化而说到知识(关于知识的制限)"、"第三编:中国思想之特征"。学者们一般都把第一、二编视为全书的立论核心,而仅把第三编当成这一论证核心的经验验证。正是出于这样的逻辑考虑,人们对"第三编"的研究投入相对薄弱。[①] 但笔者则以为,如果以"不可替代性"为衡量准则,那么,张东荪先生对于"中国思想"自身特性的剖析,无疑是具有方法论意义的一个独立篇章,而不仅是其知识论研究的派生部分。今天重读这些论述,仍然会被其中那种表面上似乎漫不经心、实际上却深思熟虑的论说所深深吸引,并追寻着那些力透纸背的深刻"问题",试图展开另一条路径的探讨。

一、在"知识差异"的比较中"发现"中国

通常所说的"思想分析",面对的并不是事物和行为本身,而是解释致使这些事物和行为成为可能的理由。当关照这些"理由"时就会发现,我们实际上必然要借助于某些"概念"去思想,而且这些"概念"也必然在某种"框架"之中运行。我们的思考已受到先在的"概念"和"框架"的支配。换言之,思想是由概念和范畴所组成的,思想活跃于由概念和范畴所编

[①] 目前国内张东荪研究专家主要有张耀南(北京大学哲学系教授)和左玉河(中国社会科学院近代史所研究员)两位先生,其研究成果有:张耀南:《张东荪知识论研究》,台湾洪业文化出版事业公司1995年版;《张东荪对冯友兰的超越》,载《原道》1995年第2辑,团结出版社;《张东荪》,台湾东大图书公司1998年版;左玉河:《张东荪传》,山东人民出版社1998年版;《张东荪文化思想研究》,中国社会科学出版社1998年版;《张东荪学术思想评传》,北京图书馆出版社1999年版;张汝伦:《中国现代哲学史上的张东荪》,载《现代中国思想研究》,上海人民出版社2001年版,第481—501页。

织的指涉和表达的网络之中。事物和行为只有在这个网络关系中才能显示出意义。而这个"由概念和范畴编织而成的指涉和表达网络"就是所谓"知识系统"①。有什么样的"知识系统",人们就会赋予事物和行为以什么样的意义,从而就形成了不同的思想体系。专家们比较这些不同的思想体系,研究它们在知识进步中的位置和贡献,就成为了"思想史"。在这个意义上可以说,思想史研究就是"知识体系"之间差异性的比较。

以上概述并非本文作者的创造,而是对张东荪先生思想史观念的简要概述。基于中、西方哲学的双重理解,张东荪先生认为,要评价某种思想体系,必须首先考察其"知识系统"的性质与格局,这与其说是思想研究的必要深入,不如说是对它的基础还原。所以在阐发"中国思想之特征"这一论题时,他把中、西方"知识体系"的比较放到了极其重要的位置上。张东荪先生指出,所谓"知识体系"可以在"文化轨型"(cultural pattern)和"思想轨型"(thinking pattern)两个角度考察,社会学研究侧重于前者,而思想史分析则侧重于后者。如果说"文化轨型"关涉的是行为(activity),是如何"把行为变为习惯",使"行为之轨道化",那么,"在思想上这些轨道却就是概念。详言之,即是用作左右其他思想时的概念。这些概念在人们心中潜伏着。其潜伏是由于习惯与社会熏染。人们作思想时其潜伏的格局便起来,作为轨型,使思想在其中进行着。这些概念即上文所谓等于尺度的,专用以衡量其他"②。这也就是说,有什么样的范畴建构,就会产生什么样的思想格局。如果说,思想史研究并不仅是前人"事件评论"的言论汇编,而且更是某种概括"意义世界"的视角与方法,那么,概念和范畴本身以及它们之间的联系方式,就将成为思想史研究的重要方面。通过这些不同概念和范畴的比较,才能展现出各种思想体系之间的差别。而这些"差别"正是某种思想体系的特色之所在。

---

① 在《知识与文化》的"附录"中,张东荪先生收录了自己《从中国言语构造上看中国哲学》和《思想言语与文化》两文,对语言与思想和文化的关系做了详尽的专门阐述。严格地说,语言分析是知识分析不可逾越的路径,尤其是思想和文化研究不可或缺的环节,但由于本文目的的限制,这里一概省略。

② 张东荪:《知识与文化》,商务印书馆1946年版,第125页。

在宏观的角度上,中、西方思想的差别要比中国思想内部的差别大得多,所以在张东荪先生看来,进行中、西方思想的比较就成为判断中国思想之性质的第一步。他指出,西方文明是主智的文明(intellectual civilization),这种文明的特征是要追问终极实在,本质上是一种物理学,探讨自然界的物之内在法则,目的在于理解和支配自然。这"既满足了智性探索的欲望,也满足了为人所用的功能";中国文明则以人事(homocentric)和道德(ethicocentric)为中心,其突出特征是强调人类自身的状况和人际差属的关系。历史文化的高度发达,本身就极其明显地透露出了这种特质的信息。叙述历史上的故事,整理先人们的事迹,言说以往的记忆,其目的"并不在于求真,其真实的功能乃是在于垂训"。"所以中国人的历史学在其初只是伦理学的应用方面"①。"以易、书、诗、礼、乐、春秋而言,书是文告,春秋是纪事,二者皆属于历史范围,而诗是歌谣,一半属于乐,一半仍是史。礼是风俗仪式。独有易有些关于宇宙的组织"②。"中国思想"的设置格局之所以如此,在知识论方面的原因则是概念与范畴的建构有所不同。

为了比较中、西方思想的这些差别,张东荪先生归纳出"西方思想"的55对范畴和"中国思想"的20对范畴。

表1　西方思想55常用范畴表

singular(单一的)/plural(复数的)	independent(独立的)/dependent(依赖的)
positive(积极的)/negative(消极的)	determinate(断然的)/arbitrary(无常的)
partial(部分的)/total(整体的)	causal(因果的)/reciprocal(交互的)
extensive(广阔的)/intensive(密集的)	creative(独创的)/given(馈赠的)
existential(现存的)/subsistent(固有的)	integral(整合的)/divisible(拆分的)
immanent(内在的)/transcendental(直觉的)	natural(自然的)/artificial(人为的)
2elative(相对的)/absolute(绝对的)	structural(结构的)/functional(功能的)
particular(特殊的)/universal(普遍的)	analytical(分析的)/synthetical(综合的)
abstract(抽象的)/concrete(具体的)	general(概括的)/conditional(实况的)
formal(形式的)/material(质料的)	dynamical(动力的)/static(静力的)
original(本原的)/derivative(派生的)	simple(单一的)/composite(复合的)
actual(现实的)/potential(潜在的)	eternal(永恒的)/temporary(暂时的)
real(真实的)/possible(可能的)	identical(同一的)/different(差异的)

---

① 张东荪:《知识与文化》,商务印书馆1946年版,第104—105页。
② 同上书,第100—101页。

(续表)

essential(基本的)/accidental(附属的)	conjunctive(结合的)/disjunctive(分离的)
implicit(含蓄的)/explicit(明确的)	constructive(建构的)/destructive(毁坏的)
qualitative(质量的)/quantitative(数量的)	limit(限制的)/unlimited(非限制的)
immediate(直接的)/mediate(中间的)	generic(统属的)/specific(具类的)
active(主动的)/passive(被动的)	in principle(原则的)/on occasion(殊宜的)
substantial(实质的)/relational(关系的)	intrinsic(原本的)/extrinsic(附带的)
homogeneous(同质的)/heterogeneous(异质的)	a priori(优先的)/a posteriori(置后的)
necessary(必需的)/contingent(有条件的)	similar(相似的)/dissimilar(不同的)
finite(有限的)/infinite(无限的)	elementary(初步的)/fundamental(根本的)
mutual(相互的)/parallel(平行的)	rudimentary(初始的)/final(最终的)
in itself(自我的)/lv other(他者的)	definite(限定的)/indefinite(非限定的)
internal(内部的)/external(外部的)	mayor(主要的)/minor(次要的)
present(在场的)/absent(缺席的)	come to be(being)/cease to be(non being)
ideal(理想的)/real(现实的)	as means/as end

资料来源:张东荪,《知识与文化》,商务印书馆1946年版,第127—128页。资料原文中并没有翻译,中文译文如有错误,由引用者负责。

表2　中国思想20常用范畴表

有/无	本/末	反/复	顺/逆
阴/阳	实/虚	正/负	离/常
先/后	始/终	主/从	同/异
自/他	分/合(全)	上/下	内(中)/外
公/私	治/乱	能/所	体/用

资料来源:张东荪,《知识与文化》,商务印书馆1946年版,第130—131页。

中、西思想体系之间的明显差异,在于划分范畴的标准有所不同,而其背后则隐藏着两种不同的认知方式。上述所谓"思想轨型",其实就是指"思想"(借助于语言)被"安排"在这样一个范畴框架之中运行。每一种框架都会产生不同的逻辑,这种特定的逻辑决定了思想的不同性质,但它们之间没有高低之分,也不涉及对错问题。就此而论,中、西思想的差别属于"性质"的不同,而中国思想内部之间的差别则属于"问题"的不同。①

---

① 近期有关的研究成果,见:E. Nisbett, Kaiping Peng, Incheol Choi and Ara Norenzayan, "Culture and Systems of Thought: Holistic vs. Analytic Cognition", *Psychological Review*, 2001 Vol. 108(2):291—310.

为了说明中、西方思想范畴的差异,张东荪先生专门就西方的"本质"(英文 substance 也可译为实质、根据、理由等)与中国的"本"这两种基本范畴进行了比较。

在西方,范畴划分以"本质"(substance)为标准。① 这个"本质"是事物与事物相区别的根本依据之所在,或者说,"本质"是该事物之所以成为该事物而不是它事物的理由(reason)。所以在 sub-stance 的词意中本根就内含有"理由"的意思。具有相同"本质"的事物属于"同质"(homo-),具有不同"本质"的事物属于"异质"(hatero-)。不同"本质"的事物被归类在不同"界"(kingdom)的框架之中,它们之间具有明确的界限,不能相互混淆。这就是"范畴"(category,也可译为"分类")一词的基本含义。如在自然方面,"生物"之中有"植物"和"动物"两"界";在"植物界"又产生"木本植物"和"草本植物"两"门"……。在"动物界"则产生"脊索动物"和"无脊索动物"两"门";在"脊索动物"门之下再产生"哺乳"和"鱼"两"纲";在"哺乳"纲下再划分出"食肉"、"杂食"和"草食"三"目"。这样,一方面,"人"不能在"门"的框架下混同于"植物";另一方面,"人"仅作为"杂食动物"之一种,其自身也不具备超越其他生物的性质。在哲学方面,事物按不同的"性质"被划分为"客观的"和"主观的",由于二者"异质",所以必须区别,不能混淆。这就是所谓的"从属式思维"方式(subordination thinking)。

由于按照"本质"的准则划分世界,其问题指向则是"世界究竟是由什么所构成的"。这种思维取向反映在自然事物方面,就很容易地导出"实数"、"质量"和"元素"等概念;而反映在政治事物方面,就必然产生"主权"的观念。因为这些东西都是某一事物之所以成为它自身的基本要素,

---

① 在哲学方面,像 noumenon(本体)/phenomenon(现象);sustenance(实质)/relation(关系);quality(质量)/quantity(数量)等成对的基本范畴之间,存在着内涵上的接近性,但在具体所指方面还是有所区别的。至于 noumenon(本体)与 ontology(本体论)之间的区别,就显得更为细微了。有学者指出,noumenon(本体)这一概念在西方其实也是在 16 世纪以后才出现的。最早见于德国哲学家 Rudolphus Goclenius(1547—1628)的著作,后在 18 世纪为沃尔夫所采用。张东荪先生文中将 relation 相对应的 sustenance 作为中、西文化比较的焦点,是极具深意的。假如他用与 phenomenon 相对应的 noumenon 作为比较的焦点,那么,诸如"道"、"气"、"理"等明显具有本体论意义的范畴,就不易理解了。

是该事物与它事物区别的原因。所以,没有"主权"的政治,就像没有"实数"的数学、没有"质量"的物理学和没有"元素"的化学一样地不可思议。显然,在这样的思维框架中,"人"只是动物类别中的一种,其本身并不具备任何超越其他事物的理由。换言之,作为一种"特殊动物"的人,其自身并不是创造其他事物的源头,不能被当成判断和决定其他事物的最后依据。① 显而易见,只有具备了"本质之本质"(the substance of substances)性质的东西,才可能拥有终极实在的创始意义。这个具有超越万事万物的创始能量究竟是什么?唯一的答案只能是 God! 自然万物,包括"人"在内,只不过是这种终极实在的形象彰显而已。由是,在西方思想体系中,"宗教"又成了一个"绝对必要的领域"。涉及政治方面,作为君主个人,无论其身份多么显贵、权力多么广大、财富多么丰盛,但在理论上都不足以构成产生"政治主权"的终极理由,而这种具有"本质之本质"性质的权力,只能逻辑地归属于"神"了。所以,从基本范畴设定的角度上看问题,在西方思想中,诸如"'科学'与'宗教'在'本质上'具有内在的同一性";"理论上'君权'不可能是'绝对的',而必须经由'神授'";甚至在一定意义上"'神学'(theology)是西方思想的'理论'(theory)基础"等一系列命题,才能被完整地理解。

相对而言,中国人范畴划分则以"功能"(function)为标准,而这个"功能"的出发点和归宿点都不是超越之"神",而是"人"自身。所以,在中国传统政治思想中,所谓"身体政治"极其发达。② 众所周知,汉语中"本"字也是一个基本的范畴,但其含义则与西方的"本质"(substance)截然不同。中国的"本"字是与"末"相对应的,"本"指"树根","末"指"树梢",是一个具有强烈"图形"联想的"生命隐喻"③。"本"就像树根,"树根"就是

---

① 显然,笛卡儿著名的"我思故我在"命题是对这种范畴的重大突破,所以我们才称他为"理性主义启蒙哲学"的代表人物。
② 参阅黄俊杰:《中国古代思想中的"身体政治学":特质与涵义》,载《国际汉学》第 4 辑,大象出版社 1999 年版,第 200—220 页。
③ 有意思的是,在甲骨文中没有"本"、"末"两字,只有"木"字,"本"是"木"下加一横,"末"则是"木"上加一横,这说明"本"、"末"范畴都是后来发展出来的意识。参阅马如森:《殷墟甲骨文引论》第八章,东北师范大学出版社 1993 年版。林西莉的《汉字王国》(山东画报出版社 1998 年版)则从西方人的眼光中看到了更多的汉字信息。

"种子"(generator)成长的生命表征。这个"生命"从种子到枝干再到末梢,形成了一种不能颠倒的成长秩序。在这个秩序中,"种子"具有本源性,而"枝干"和"末梢"则是其派生物。在逻辑上,本源的为先为优,派生的为后为次,所以这个"生命秩序"又必然呈现两条法则:其一是"等级原则",即愈接近于"本",等级就愈高,地位也愈重;其二是"秩序原则",即"本"对于"末"构成"因"与"果"的决定关系,进而形成支配秩序。进一步引申,从"等级原则"就会衍生出"主—从"的范畴;而从"秩序原则"中又会流淌出"顺—逆"的范畴。由于"本—末"具有核心范畴的性质,所以,万事万物,凡有生命的事物,都遵循着生命秩序"本—末"绝对不可倒置的基本原则。

其实我们已经看到,如果说"本—末"范畴还相对具有哲学意蕴的话,那么,"主—从"和"顺—逆"范畴则就已直接地体现出政治伦理色彩了。简单地说,"家族"本质上也是一种生命共同体。"父"是家族血缘的发生源泉(gene),因而是"本",而"子"则是这一源泉的派生物,所以为"末",两者之间的关系和秩序是不能颠倒的。推演到更大的政治生活范围,"君"就是"本",而"臣"则是"末",他们之间的关系与父子关系同构。所以张东荪先生说:"中国人对于秩序不仅是取平面的意思,并且是必须含有上下的意思。换言之,即不仅是英文的'order',而且必须是英文的'hierarchy'……故本末的范畴所以才形成这样统属的秩序"①。总之,无论是植物、动物还是人类,也无论是"自然"、"人事"还是"制度",由于在其内部具有"生命功能的同一性",所以等级和秩序原则对于它们就都具有普遍的适用性。这就是所谓的"关联式思维"(correlative thinking)。

明白了中国人设定范畴的原则是"重视事物外在功能、作用和事物运动的形式,从而引出功能原则的倾向",即"从功能的角度了解其本质",我们就清晰地看到了关于"越古、越老就越好"的"历史意识"和关于"主—从"、"顺—逆"这样的伦理和政治秩序的思想根源。我们也就不会觉得从"树根"这样的"图形"推导出"顺民"和"逆臣"这样的政治价值判断,有什

---

① 张东荪:《知识与文化》,商务印书馆1946年版,第135页。

么不可思议的逻辑错误了。这样,我们就能确切地理解为什么前汉大儒董仲舒在其皇皇大著中反复对"人体之上半部分(本)优越于下半部分(末)"进行严肃论证。① 我们也能清楚地说明为什么在中国文化系统中,天文、医学、数学、政治、化学和道德都统统被混合在一起。② 最后,我们更能顺畅地接受为什么在中国固有的认知框架中并没有给"神"留下最终判决的绝对位置,而家族中的"祖宗"却充当了一个不可或缺的权威角色。

当把西方范畴中的"本质"(substance)与中国范畴中的"本"作一比较之后,范畴设定对于思想性质的限定意义就突出地显现出来了。我们把张东荪先生的表述整理成表格,中、西思想起码在六项要素上具有差别。(见表3)

表3 中、西思想方式差别比较表

比较主题	中国思想	西方思想
思想本质	比附论(analogy)	本体论(ontology)
表现形式	符号(symbol)	形式(form)
思维目标	道德历史(moral history)	终极实在(ultimate reality)
终极实在	政治(politics)	宗教(religion)
论证方法	文化解释(interpretation in cultural)	因果分析(analysis in cause)
关照层面	具体(concrete)	抽象(abstract)

资料来源:根据张东荪,《知识与文化》,商务印书馆1946年版整理而成。

此种限定意义告诉我们,不同的思想范畴决定了不同的思想性质。粗糙地直接套用西方范畴框架去分析中国思想,存在着相当大的学术风险。很可能由于混淆不同思维范畴而在思想史研究的对象方面"张冠李戴",对于特定思想史内在理路的概括也会"随心所欲"。虽然在表层论说上振振有词,但在深层理路上却是离题万里。比如,用"民本"去比附"民主"就是显著的例证之一。而有意识地在中国故有的范畴框架中去解读

---

① 董仲舒云:"天地之象,以要为带,颈以上者,精神尊严,明天类之状也;颈而下者,丰厚卑辱,土壤之比也;足布而方,地形之象也。是故礼带置绅,必直其颈,以别心也,带以上者,尽为阳,带而下者,尽为阴,各其分。阳,天气也,阴,地气也,故阴阳之动使,人足病喉瘘起,则地气上为云雨,而象亦应之也。天地之符,阴阳之副,常设于身,身犹天也,数与之相参,故命与之相连也。"(《春秋繁露·人副天数》,上海古籍出版社1989年版,第75页。

② 参见李约瑟:《中国古代科学思想史》,陈立夫主译,特别参考"第六章 中国科学之基本观念",江西人民出版社1990年版。

历史资料,则是避免研究失误的措施之一。

二、在社会适应的框架中寻求"理由"

研究经验证明,仅仅从概念和范畴角度去解读思想史是远远不够的,因为那样势必忽略产生思想差别的历史层面的分析,这对于不同民族之间"思想格局"差别的分析尤其如此。作为学贯中西的哲学家,张东荪先生对此非常敏感。他指出:"范畴虽是思想的格局,当然使用起来有左右思想的力量。然而范畴的发生却又由于思想自身的发展。哲学的思想与理论的知识以及观察的态度在此足以改变范畴,用以左右后来的思想。所以范畴是随着文化而发展的有增加又有改变,并不是一成不变的"①。这也就是说,某种特定的思想体系是某种特定社会结构的产物。在"社会结构的要求"与"思想体系的回应"之间,构成了某种互动的适应状态,由此使某一社会形态进入一种自然而然的"生活—思想的路径"之中。一种文化之所以能长时期持续性地存在,在很大程度上就依赖着这种"自恰的路径"(becoming path)。所以,张东荪先生认为,研究"社会需要"的外部情境又是分析"思想格局"内部逻辑必不可少的环节。简而言之,特定思想的根基一定发生于具体社会历史情境(historical context in such society)的土壤之中。所谓进入历史情境,就是说不能以实际上体现了今人"社会需要"的现代观念去理所当然地推测和评价古人,而要以当时的"社会需要"作为衡量和判断历史思想之本来意图和原始动机的准绳。在这种意义上,愈是在今天的逻辑中显得极不合理、甚至是不可思议的思想,但它们确曾是长期支配过去思想世界的主流意识,它就愈应当引起研究者的重视,就愈是值得去重新发现和仔细分析。这种现象很可能意味着某种具有"特殊性"的思想方式和逻辑结构在发挥着作用。在"今日之非理性"与"历史之理性"的张力之中,可能隐藏着太多的"思想权力"的秘密信息。在一定程度上,我们必须"在思想框架内看思想",这样才能对"思

---

① 张东荪:《知识与文化》,商务印书馆1946年版,第129页。

想"进行"释读"。所以,对"历史情境"的高度关怀,就不只是为了准确理解思想原意,而且更是"思想史"研究之根本价值和研究魅力之所在了。

正是在这一思想前提的指导下,张东荪先生对"儒家为什么能成为中国思想的主流"这一问题,做出了不同于前人的独特分析。他指出,在纯粹"思想"的意义上,并不能说儒家就比其他思想流派更为深刻,但在中国家族主义的社会结构中,"人"成为宇宙万物的重心,人们对社会人际关系的解释要远远超越对自然现象的探索。这样,政治和道德问题自然成为思想话语的优势主题。在这一社会情境中,儒家那一整套"忠"、"孝"、"仁"、"义"的政治伦理学说,正好与中国社会结构的需要相符合。而且这套政治伦理,起码在理论创始的原意上,发挥着"平衡与调试"的社会功能。例如,"所谓'忠'完全是社会政治上实际的要求。'忠'与'逢恶'完全不同。例如甲嗜酒,其子苦劝其戒之。甲本人自然是不高兴。但其子却是'孝'。如果用于君臣之间,即为忠臣,反之,每天拿好酒送他吃,则不是孝,不是忠,乃是逢恶。因为饮酒是伤身的。……可见,中国旧式的忠孝,在表面上是顺的(即顺君父之意),而实际上却是逆的(即反乎君父之意)。顺的无需要。只有这个逆的一方面,在社会上政治上有需要"[①]。所以在中国社会早期,儒家倡导的亲、仁、孝、悌等观念并非无的放矢,恰是当时社会需要的反映。当"家族主义"扩张为"天下主义"的社会格局以后,分封建邦被中央集权所替代,中国社会形成了"权力政治的君主制度"。随着政治权力的集中,必然从中产生两种不可避免的后果:一个是君主之个人权力的膨胀与扩张;另一个则是政治权力的迅速腐败。二者相辅相成。因为,政治权力一旦不受限制,个人意志的随意性就会损坏权力的自然平衡,绝对的权力必然走向绝对的腐败。这时抑制腐败的政治因素也就必然同时出现,否则政治系统将由于要素失衡而陷入崩溃。秦王朝的短命就是"绝对权力"迅速走向毁灭的典型范例。张东荪先生说:虽然集中权力是统治者所梦寐以求的,但是这对他们来说也有不可避免

[①] 张东荪:《知识与文化》,商务印书馆1946年版,第119页。

的副作用。"权力政治总不免于要自身中毒。好像贪吃酒的人,愈吃便中毒很快。但是有吃酒的嗜好的人却是总要吃。不过亦有些人觉得旁人劝他戒酒是好意与爱他。即是中毒便有需要去时时注射血清,纵使不能尽去其毒,却至少可以使其毒不致加速的进展,便可延长寿命。士阶级对于权力政治的君主制度,正好像血清注射之于自身中毒的人"①。"于是乃有士阶级出来,一部分去作官僚,以助帝王经营广大的领土,另一部分却真代表士的使命,专作由下而上的对抗力,以谋政权与人民利益得一个'平衡化':……士阶级在政治上是好像一个通风穴,一个清血针,比较上近于对抗,不近于维持;而在社会上却正相反,乃是社会的一种维持力。社会上家庭间全靠这种人主持伦常与礼法"②。所以,"儒士"就在政治和社会的双重角度上发挥着"劝戒"与"维持"这两种相反的功能,实际上起到了延长"权力政治的君主制度"寿命的明显效果。"由于政权如果集中了,(集中)于君主一人之手,自然而然会腐化下去,或流于暴虐,故实际上需要一个救济的办法。这不但社会上需要有此,即君主自身有时亦觉得有此需要"。儒学之所以能超越其他思想流派而长期占有思想上的正统地位,实在与其"用柔软的态度以救济暴政"的功能有关。③ 应当指出,这种特殊的"文化治疗",毋宁说是中国政治结构中诸社会要素适当(suitable)配置的必然结果。其中,各种要素的不可或缺性是一方面,而这些要素的适当组合则又是另一方面,并在此基础上形成了某种地地道道的"中国政治机制",使该结构变得"活"多了,呈现出自我调节和高度适应的有机特征。所以,"儒家之所合乎社会政治所需要的地方却不在于有被利用的可能性。而反在其足以用柔软的态度以救济暴政,致使政治不至于十分趋于暴虐。这种柔软的态度即只是诤谏与劝阻,而和反抗不同。故训'儒'为'柔',想来即以此之故"。进一步,既然"儒士"把自我定位在"君师"和"民导"的使命上,那么就"不能不在自身上先有一个根据,就是自己必须有极高度的修养。换言之,即必须把自己先弄得和圣人贤人一样,然后才

---

① 张东荪:《知识与文化》,商务印书馆1946年版,第110页。
② 同上书,第109—111页。
③ 同上书,第110页。

足以感化他人"。所以,道德问题在儒家那里就显得极为重要和突出了。儒家讲究"达仁","养浩然之气",把"修身"看成"齐家"、"治国"乃至"平天下"之基本功,道理就在于此。①

中国传统政治不仅在组织理念上呈现"思想与社会相适应"的状况,在纯粹的思辨命题方面也反映出这一特征。"人性论"的争论可以算作其中之"最"了。关于"人性"的判断问题,在中国先秦历史上就有孟子"性善论"和荀子"性恶论"两种不同看法。按张东荪先生的看法,所谓"思想研究",首先不是去简单地赞成或反对哪种理论,而是应当对这些理论的历史背景、逻辑前提和目的动机进行考证。这样做的目的也不是对各家观点本身给出"真与不真"、"对与不对"或"好与不好"的价值判断,而是"立于旁观地位以看其是否从这些(文化)需要上而推出来的。如果是的,那便可以说是合乎逻辑的"②。

从孟子的情况看,在他生活的那个年代,诸侯争雄,暴政已见,所以孟子就在政治方面强调"仁政"以解时弊。而在思想方面,孟子又提倡"集义",即通过"礼让"、"敬长"等修身教育,以维护等级差属的社会秩序。前者强调政治改善,后者提倡个人训育。要把二者贯通一体,于是就有了"人性"论说的思想要求。因为,只有坚持人性本善,把"仁政"、"集义"说成是人性中固有的要素,才能证明恢复这种固有之物的合理性。这样就形成了"善(固有)→恶(变体)→善(恢复)"的一套逻辑;荀子的时代已与孟子不完全一样了,他所面临的已不仅是诸侯暴政,而且是更进一步的政治纷乱。这时人性恶的方面暴露得更为明显,他要解决的是如何使人不得不安守秩序的问题。安守秩序于何处?约束自我的依据又何在?于是"礼"自然成为他强调的重心。要约束于"礼"就必须在理论上给个理由,只有相信人性本恶,才能解释"人"被"礼"所约束的必要性和恰当性。于是又形成了"恶(固有)→善(改良)"的另一套逻辑。孟、荀的区别只是根据论证的自恰要求,预先设定了善、恶在逻辑前提上的先后次序,但在其根本目的方面却是完全一致的,都是以最后成善为最终关怀。所以说,虽

---

① 张东荪:《知识与文化》,商务印书馆1946年版,第109页。
② 同上书,第111页。

然两者针对不同的历史条件,提出了实现善的不同方法,但是就其思想性质本身而言,应属于同一类型,在政治思想上并没有发生什么根本的"颠覆"和"革命"。所以,张东荪先生说:"故理论知识根本上只是'理由化'(justification)。其作用在于文化,而不在于其对象,亦即使文化上发生变化,而不在于真正说明对象是什么。因为其据点是政治要求和社会要求,在这些据点上架一个桥,把它们连起来,即是理论。所以理论本身亦就是文化的产物"。如果我们脱离历史背景和问题情境,直接面对对象本身,硬要去辩论人性善恶的横竖曲直与真假对错,那么我们就掉进了"伪问题"的陷阱,因为"性善"、"性恶"本来在各自的思想系统中都有其独立的充分依据,"人性在本质上是不能实证的"①。所以,张东荪先生的结论是:"从文化的观点来看,逻辑、形而上学、道德、政治都在一个需要上打成一片。……表面上是逻辑,暗中只是一种社会思想;表面上是形而上学,而暗中只是一个道德问题;表面上是道德理论,暗中只是一种政治运动。再换言之,即某种政治运动必需要某种道德为基础;某种道德必需要某种形而上学为其保障;某种形而上学必需要某种逻辑为其工具。所以文化是个整个的"②。"理论只是填满文化上要求间的空隙,而使各种要求以联络,遂得一满足"③。换言之,所谓政治理论,即是"对于社会秩序作一个'合理的辩护'(rational justification),以便容易使人们相信。其实以人之有君臣父子等于宇宙之乾坤坎兑,乃是一种'比附'(analogy)"。由于比附方法具有极大的暗示力(suggestive power),所以它在思想上功用是最大的。实现了这一"满足"与否,应成为判断某种思想体系,特别是政治思想体系的客观标准。④ 至于历史上某种思想体系是否符合今天的社会需要,则是应另当别论的一个问题。

---

① 张东荪:《知识与文化》,商务印书馆1946年版,第111页。
② 同上书,第222页。
③ 同上书,第111页。
④ 同上书,第100页。

三、凸显"中国思想"之特质

在把中国文化与西方文化作了一番分析比较,再把传统思想置入历史语境中进行解释之后,张东荪先生概括出了"中国思想"的若干鲜明的特征。简要来说就是:"中国思想"是没有"本体"的"整体主义"体系。由于这一因素的影响,在政治思想方面,中国传统中不仅绝无"民主"理念可言,而且也不能产生绝对独裁的理论体系。

张东荪先生说,在西方思想中所谓"本体"(即本质),是指万事万物的那个"底子",即宇宙的原材料(ultimate stuff or substratum),所以其思想的重心就放在"质料"方面,因此对于物理的考察就成为自然而然的事情了。而"中国人却始终只有'整体'(integral whole)的思想,即主张万物一体。我们不可把'整体'即认为是'本体'"。《周易》中虽然没有"本体"思想,但其形式则是一种典型的"有机哲学"(organic philosophy),其中的"太极"、"太一"被当成了宇宙的原始,由"一"而"化"(becoming)出了万事万物。"整体"就是把宇宙当成"一个",即所谓"万物一体"是也。因此就极容易把"材料本身"与"材料所造者"混为一谈。最典型的例子是,"生"在中国文化中占有极其重要的地位,但中国人从不问"生是什么"(材料本身)?而只是关心"如何以生"(材料所造者)?这种"问题意识"的特征证明:"不注重'本体'的倾向已经成为中国思维的一种心理习惯了"①。"因此我们中国人所追求者不是万物的根底,而是部分对于整体的适应。这就是所谓天与人的关系"。"所谓适应即是天人通。中国思想自始至终可以用'天人关系'四字概括其问题"。落实到社会政治层面上,"中国人的'君'、'臣'、'父'、'子'、'夫'、'妻'完全是一个'函数'或'司职',由其互相关系,以实现社会全体。故君必仁,臣必忠,父必慈,子必孝。如君不仁,则君不君;臣不忠,则臣不臣;父不慈,则父不父;子不孝,则子不子。等于目不能视便是盲,目盲便不能再成为目;耳不能听便是聋,耳聋便不

---

① 张东荪:《知识与文化》,商务印书馆1946年版,第101页。

能再成为耳。此种君臣父子的职司是等于乾、坤、巽、离、坎、兑、震、艮,在宇宙上各有定位一样。这便是以宇宙观直接应用于社会与政治。大概古代人们所以需要宇宙观之故乃是目的在于确定社会秩序"①。

所以,如果说"中国思想"有什么最为突出的特征的话,那么,"整体性思维"无疑应首当其选:"于是中国(思想)可以说只有四部门,一曰宇宙观,二曰道德论,三曰社会论,四曰政治论。这四部门完全不分开,且没有分界,乃是浑然连在一起而成一个实际的系统的。中国是以一个宇宙观而紧接着一个社会论,这个社会论中包含着公的方面是政治,私的方面是修养的道德。显然是以宇宙秩序比拟社会组织,以社会组织决定个人地位。故中国人的修养论依然是具有政治性质的。……总而言之,中国思想是把宇宙、社会、道德、政治等各方面会合在一起来讲,而形成一个各个部分互相紧密衔接的系统(closed system)。决不能单独抽出其一点来讲。倘不明白此理,而以其中某某点拿来与西方思想比较其相同处,则必定有误解。因为抽出来的便会失了其原意"②。"中国的思想始终不离所谓整体主义,即把宇宙当作一个有机体。……这个整体思想在表面是讲宇宙,实际上却是暗指社会。即把社会当作一个有机体,个人纯是为社会服务,所谓尽性,所谓知命,都是指此"③"若中国的旧有名词来表达之,则于社会的秩序名曰'人伦'(human order);于自然的秩序名曰'物则'(natural order);于神的秩序名曰'天理'(divine order)。而所谓混合的秩序即是人伦、物则、天理之合一"。构成了一个"神秘的整体论"(mystic integralism)④。

同时,由于在这个混合的思维系统中,"主观"(subjective)与"客观"(objective)并无严格的区分,"只是想以整体思想作为个人在社会上尽其职能的形而上理论依据而已。这种形而上学乃是为了社会上的作用而起的",所以,"个体"从"总体"中分离出来的意识就不很发达⑤。而从这个

---

① 张东荪:《知识与文化》,商务印书馆1946年版,第102页。
② 同上书,第101页。
③ 同上书,第99—100页。
④ 同上书,第181页。
⑤ 同上书,第117—118页。

思想格局中衍生出来的"空间",就只能是整体之中各因素之间的"关系","空间"只是物与物之间相对位置的等级秩序(relative positions in hierarchical order);而"时间"也就不会被认为是一直流淌着的无限矢量,而必然是流动于整体内部之中的周期循环秩序(periodical order)了。"这些都与社会政治有直接关系。前者足以助社会之有阶级与身份,后者足以解释政权之代替(即革命)。故严格讲来,中国思想上只有'转换'(alternation)而没有'变化'(change)"①。由于在万物整体框架中,"空间"只是"等级",反映在"家族"(社会)中是"父—子",反映在"家国"(政治)中则是"君—臣";"时间"只是"循环",反映在"人"是代际接替,反映在"族"则是种姓繁衍。显然,在这个"等级的空间"与"循环的时间"完全重叠交错的结构之中,不可能生长出"个体的人"(person),至于"个人主义"(individualism)的社会价值就更是无从谈起了。而缺乏独立的"个体"观念,就绝不可能理解"自由"究竟为何物。② 这样我们就很容易地理解,传统中国中"士"的阶级虽然具有政治教化的使命,但决不会采取西式的功利主义方式,因为功利主义是以个人为出发点的。③ 熟悉西学理路的张东荪先生指出,"凡以个人本位的反可因各个人相同而趋于共利。有共利则彼此而相安。中国没有功利主义,每一个士皆自以为替天行道。于是你一个道,我一个道,反而有互相冲突情形发生了"④。这是说,"整体主义"的认知方式只能是得到"分散的社会",而"个体认知"的理论前提则反可得到

---

① 张东荪:《知识与文化》,商务印书馆1946年版,第102页。
② 哈耶克在《个人主义:真与伪》一文中,对"个人主义"与"自由"的关系做出了相当精彩的论证。参阅《个人主义与经济秩序》,北京经济学院出版社1989年版,第1—31页;另外参阅史蒂文·卢克斯:《个人主义》,阎克文译,江苏人民出版社2001年版。
③ 张东荪先生是在西方伦理学体系的框架下使用"功利主义"(utilitarianism)概念的。这一思想强调"道德"与"利益"之间的相关性,而把实现"最大多数人的最大幸福"作为解决道德纷争的根本原则。在这个意义上,"功利主义"与"快乐主义"不同,它不再强调个人的满足与幸福,而是"社会的普遍利益"。这个"社会的普遍利益"是一个整体,一个总额评价。一个社会是否道德,就看这个"总额的数量"是否有所增加。但是"功利主义"不仅不否定"个人利益",而且毋宁说是"个人利益"的扩大和延伸。因为"个人拥有获利的权利必须以尊重别人也拥有同样的权利为前提"是"功利主义"的理论准则。所以我们就不难理解,为什么著名的"功利主义"理论家边沁、密尔、西季维克无一例外地都是公民自由和政治自由的坚决捍卫者。参阅何怀宏:《公平的正义》,山东人民出版社2002年版,第60—70页。
④ 张东荪:《知识与文化》,商务印书馆1946年版,第111页。

"公共的社会"的道理。

在《知识与文化》一书中,张东荪先生最为刺激的论点应当是"中国自始至终无民主主义的政治,同时亦决无赞成专制或独裁的政治理论"①的说法。乍听起来,这一结论的后半部分近乎痴语。但张东荪先生自有其论说的依据和道理。在肯定了"中国思想"具有"整体性结构"的前提之后,张东荪先生接着推论:如果说中国政治只是一个绝对专政的体系,那么就会形成"君→民"这样支配与被支配不可逆关系。但实际上,中国政治思想的结构却是"天↔君↔民↔天"的循环圈。在这其中,"天"这个因素发挥着重要的政治作用。"'天'有两个意义:一是等于西方的'nature';一是等于西方的'God'。会合起来却颇似中世纪学者的'natura naturans'。有时就代表那个整体,即人亦包括在内。有时却只代表人以外的其他宇宙部分,用以表明人必与其他相适应。总之是由于整体作背景,则'天'方起作用。天之起作用于社会政治上更是显然的。中国人论到政治的好坏问题,无不把天视为标准。其于治者与被治者之关系中,亦必以天为第三者插入其间。……治者在一方面是统治人民,在它方面却须被指示于天,即由天所指示。人民在一方面须受统治于治者,在它方面即其好的方面则民意即等于天意。故天、治者与人民,三者是互相关系的。即治者承天命而治人民;人民被治于治者而又自代表天意。这种三角关系可以成为循环。在这一点是先秦各派却是共同的,他们都是取法于天"②。

当然张东荪先生的洞察还不止于此,因为作为一位信仰民主主义的严谨哲学家,他所说"专制或独裁的政治理论"完全是在近代政治思想的意义上使用的。他在别处曾反复指出,所谓政治上的"绝对主义"(absolutism)体制,只是近代西方民族国家兴起以后的产物,是"国家主权"(sovereignty by the nation-state)理论替代"神授主权"(sovereignty by the divinity)理论的必然延伸。对"神授主权"论展开批判的理论基础是"自然法"和"契约论",即政治社会是人与人之间冲突与协商的一个结

---

① 张东荪:《知识与文化》,商务印书馆1946年版,第103页。
② 同上。

果,它在本质上与"神"无涉。这就是启蒙学派对"君权神授"的否定。但否定"神权"的绝对性并不等于就可直接推论出"民主"理论。因为在世俗意义上,"民权"和"君权"都属于"人权"。虽然二者不同,但在否定"神权"的意义上则有共同之处。简言之,启蒙学派既是"人民主权观"的思想来源,也是"君主主权观"的理论依据。显然,被张东荪先生名之为"权力政治的君主制度"的传统中国政治,就其性质而言,并不具备西方意义上民主理论的特征,即与"人民主权观"无缘;同时也不是马基雅弗利、特别是霍布斯基于"契约论"而建构起来的"君主主权观",所以也产生不了从其理论体系中派生出来的"绝对君主主义"(absolute monarchism)。这样,被张东荪先生名之为"权力政治的君主制度",只是在中国特殊历史环境(包括地理、人口、文化、制度和社会诸多因素)中土生土长的独特政治产物。不能简单地与西方近代政治体系中的"绝对君主主义"相混淆。①

张东荪先生此意的深刻之处在于:中国政治的脉络必须从中国的逻辑出发,特别应从中国固有的知识体系的建构原意中去寻求解答途径。"中国政治"实是一种"类型学"意义上的、在本质上有别于西方经典理论的思想和体制,有待于学者深入探讨。张东荪先生的论证之所以与众不同,就在于它摆脱了"既非民主的必为专制的"的简单二分法(dichotomy)

---

① 关于"政治专制主义"的论证已超出了本文的范围,但在这里又是一个回避不了的问题,故请参阅斯金纳:《近代政治思想史·下卷·宗教改革》,奚瑞森、亚方译,商务印书馆2002年版;吉登斯:《民族、国家与暴力》,胡宗泽、赵力涛译,北京三联书店1998年版;佩里·安德森:《绝对主义国家的系谱》,刘北成、龚晓庄译,上海人民出版社2001年版(特别需要参考的是该书"亚细亚生产方式"的一章,见第494—590页)。另外,美国芝加哥大学已故政治学教授邹谠先生,1986年受聘于北京大学名誉教授致辞时提出了20世纪中国政治属于"全能主义"。他说:"'全能主义'(totalism)的概念与30年代中国和西方当前一般理论家所使用的'极权主义'(totalitarianism)不同。它指的是一种指导思想,即政治机构的权力可以随时地、无限制地侵入和控制社会每一个阶层和每一个领域。'全能主义政治'则是以这个指导思想为基础的政治社会,但仅限于表达政治与社会关系的某一种特定形式,并不涉及该社会中的政治制度和组织形式。至于中国传统的君主专制可称为'权威主义政治',但它们与德意志、意大利在三、四十年代的'极权主义政治'、个人独裁,在理论和实践上也不同"(见《光明日报》,1986年8月11日;或参见邹谠:《二十世纪中国政治》,牛津大学出版社(香港)1994年版,第1—10、69—72页)。

思维模式,体现了某种提炼"特殊政治类型"的明显意图。① 张东荪先生明确指出"逻辑是人类思想上的普遍规则",但"逻辑是由文化的需要而逼迫出来的,(逻辑)跟着哲学走。这就是说,逻辑不是普遍的或根本的,并且没有'唯一的逻辑'(logic as such),而只有各种不同的逻辑"②。所以,以"物则"、"人伦"、"天理"合为一体的中国文化,就有可能成为世界各文明类型一种别具一格的"单元",对它的分析也相应地应有一套独特的方法。诸如像"民主—专制"、"自由—约束"、"文明—野蛮"、"国家—社会"等一系列概念,其实在其表层之下均有一整套思想体系的历史支撑。当把这套概念当作分析"中国思想"的工具时,应当首先"对分析工具进行分析",理解分析工具自身的基础原理,进而判断这种工具的适用性和可能性。如果先入为主地把源于西方历史文化的某些价值体系和分析工具,不加修正地直接作为分析"中国思想"的潜在的评价体系,那么我们就免不了陷入自我矛盾的焦虑之中:如果认为"中国思想"已经死了,那就意味着我们的批判是多余的;如果认为它至今还支配着社会,那又证明了它仍有强大的生命力。

究竟如何摆脱这个学术判断的死结,可能还得退回到那个最基本的问题上去,这个问题就是:中国到底是一个什么样的社会?这样的社会究竟又拥有怎样的文化?

---

① 美国著名解释人类学家吉尔兹(Clifford Geertz)专著《巴厘岛:19世纪的剧场国家》一书(上海人民出版社2000年中译本),已用田野调查的实证分析,证实迥异于欧美政治模式的国家形态的确存在。但他的这一研究是否适用于古代中国政治则存在争议。参阅 James Laidlaw, *On Theatre and Theory*: *Reflections on Ritual in Imperial Chinese Politics*, Cambrigde University Press, 1999, pp.400—406。英国著名的马克思主义史学家佩里·安德森(Perry Anderson)也直截了当地说:"迄今为止,如果说对欧洲历史已经进行了大量翔实的学术研究,那么相比之下,对于非欧广大地区的历史在大多数情况下仅仅是走马观花,隔靴搔痒。但是,在程序上有一个十分显然的教训,即绝不能先建立欧洲进化的规范,然后把亚洲的发展情况归入遗留的一个统一范畴。凡是在封建欧洲之外的历史领域进行严肃的理论探讨,都必然会取代传统的一般性的比较(同欧洲的比较),实事求是地建立一种具体而准确的社会形态和国家体系的类型学。这种类型学尊重它们各自结构和发展的重大差异。只有在无知的黑夜,一切不熟悉的形象才会具有相同的颜色"(参见佩里·安德森:《绝对主义国家的系谱》,刘北成、龚晓庄译,上海人民出版社2001年版,第545—549页)。

② 张东荪:《知识与文化》,商务印书馆1946年版,第198—199页。